新时代浙江省全面深化改革与县域发展实践研究

占张明 等著

浙江工商大学出版社
ZHEJIANG GONGSHANG UNIVERSITY PRESS
·杭州·

图书在版编目（CIP）数据

新时代浙江省全面深化改革与县域发展实践研究 /
占张明等著. — 杭州：浙江工商大学出版社，2020.9
ISBN 978-7-5178-3946-0

Ⅰ. ①新… Ⅱ. ①占… Ⅲ. ①改革开放－研究－浙江
②县级经济－区域经济发展－研究－浙江 Ⅳ.
①D619.55②F127.55

中国版本图书馆 CIP 数据核字（2020）第 120070 号

新时代浙江省全面深化改革与县域发展实践研究
XINSHIDAI ZHEJIANGSHENG QUANMIAN SHENHUA GAIGE YU XIANYU FAZHAN SHIJIAN YANJIU
占张明 等著

责任编辑	沈明珠
封面设计	林朦朦
责任印制	包建辉
出版发行	浙江工商大学出版社
	（杭州市教工路 198 号　邮政编码 310012）
	（E-mail：zjgsupress@163.com）
	（网址：http://www.zjgsupress.com）
	电话：0571-88904980,88831806（传真）
排　版	杭州朝曦图文设计有限公司
印　刷	杭州宏雅印刷有限公司
开　本	710mm×1000mm　1/16
印　张	27.25
字　数	443 千
版 印 次	2020 年 9 月第 1 版　2020 年 9 月第 1 次印刷
书　号	ISBN 978-7-5178-3946-0
定　价	88.00 元

编辑委员会

序　言

　　改革开放是我国的基本国策，必须牢牢把握和坚持。当今世界正处在大发展大变革大调整时期，经济全球化、网络信息化、世界政治经济格局多极化等为和平发展注入了诸多不确定性因素。我国也面临着跨越中等收入陷阱、中美贸易摩擦加剧、新旧动能转化等风险和困境。随着自然资源禀赋减少、人工成本上升、人口红利衰退和老龄化的加剧，依靠粗放式的发展模式已经不能释放更多的改革红利，经济社会的发展面临着来自于政治、经济、社会和文化方面的新问题、新挑战。对此，党中央做出精准判断——十八届三中全会首次提出要进行全面深化改革，为不确定的世界格局注入确定的因素。从国内改革进程来看，中国特色社会主义进入新时代，改革开放已进入深水期、攻坚期，全面深化改革势在必行。

　　改革开放四十余年来，浙江省依靠以县域为载体的块状经济模式取得了巨大的发展成就与社会效益，一跃成为我国改革开放方阵中的排头兵。浙江省现处于全面建设惠及全省人民的更高水平的小康社会阶段，必须坚持全面深化改革，以更深层次的改革开放为引领，促发展。近年来，余杭区委、区政府认真学习贯彻习近平总书记系列重要讲话精神，坚持以"八八战略"为指导，秉持"求真务实、诚信和谐、开放图强"的浙江精神，共建"一带一路"，积极融入长三角一体化区域发展，理论联系实际，不断开拓创新。在此背景下，浙江省涌现出了一批在党建与政治、经济与生态、社会与文化建设方面成效较为突出的县（市、区）。借此机会，我们通过对浙江省县域发展所取得的成就进行梳理，并与省内外兄弟县（市、区）进行比较，从而达到交流合作、经验互鉴、指导改革的目的。基于此，《新时代浙江省全面深化改革与县域发展实践研究》问世了。在此，简要概括全书的创作背景、框架内容、特色亮点，并以此代序。

全国、全省党校工作会议精神,《中国共产党党校(行政学院)工作条例》及中央办公厅《关于加强中国特色新型智库建设的意见》文件,都要求地方党校应着力为地方党委和政府决策服务,有条件的要为中央有关部门提供决策咨询服务。这就要求党校不仅要发挥其对党员干部进行培训、教育的功能,而且要发挥其理论优势,在党委和政府决策时提供专业性的意见或建议。杭州市委党校余杭区分校高度重视发挥浙江省县级党校智库研究中心平台作用,秉持智库联盟的合作共赢理念,力求打造便捷高效的交流合作平台,努力实现资源共享、信息共享和成果共享,为浙江省地方发展建言献策。基于这一背景,本书由杭州市委党校余杭区分校牵头,收集汇编了温岭、义乌、柯桥等县(市、区)党校教师的优秀科研成果。这些研究成果立足于新时代浙江省经济社会发展的实践探索,深入考察了区域发展一体化、基层社会治理、党建引领、生态文明、文化自信等内容,为更好地实现浙江省经济社会高质量发展出谋划策。

通读全书,我认为至少有三大亮点。一是理论与实践结合紧密。本书从实际出发,用理论指导实践,用实践丰富和完善理论。其收录的论文多为现阶段浙江省不同县域在经济、政治、社会、文化等各方面的实践探讨。作者运用马克思主义理论,比较不同县域的发展实践,发现问题、提出问题并尝试解决问题,使本书不仅具有一定的学术研究参考价值,还可以为各级党委政府决策咨询提供依据。二是研究内容广泛深入。本书研究内容聚焦浙江省县域发展较为前沿和热点的问题,包括服务型数字政府、长三角一体化、基层治理现代化、新时代三农问题、文化自信与保护传承等,且作者能够做到学术态度严谨、求真务实、锐意创新。三是研究方式方法科学。本书既有案例研究,又有文献研究,为新领域、新问题的探讨提供了丰富的现实材料;既有定量研究,又有定性研究,为保证论文的科学性提供了有力的数据支持和理论支撑。总体来看,研究文章观点新颖,论证有力,材料丰富,为解决当前发展问题提供了新思路、新方法、新视角。

本书的研究探索表明,随着改革开放的不断深入,不同县域由于在经济政治和文化传统方面的差异,会在发展实践的不同方面面临着差异化的“成长的烦恼”。我们要认真总结在全面深化改革阶段所取得的经验与教训,正确把握进一步改革所面临的问题与对策。为此,我们要破解发展的路径依赖,提升区域治理体系与治理能力现代化水平,激发微观主体活力,推动经济社会发展的质量变革、效率变革、动力变革。各县域之间要相互借鉴先进经验,取长补短,以竞争提效率,以合作谋发展。同时,我们也要清醒地认识到,改革必然是一个曲折的过程,不同阶段蕴含着不同的机遇与挑战。我们只有迎难而上,化危为机,将改革进行到底,才能实现区域经济社会高质量发展,才能实现中华民族伟大复兴的"中国梦"。最后,期望作者们能够一如既往地保持优良学术风尚,以问题为导向,以理论做指导,以实践求真知,争创更多优秀的咨政作品,为各级党委政府提供更具前瞻性、战略性、针对性的对策建议。

本书编写组

2020 年 7 月

目　录

第一篇　党建与政治篇

第四篇　文化篇

绪　论

杭州市委党校余杭区分校课题组①

　　党的十九大以来,党和国家事业发生了历史性变革,中国特色社会主义进入了新时代,我国面临的国际经济政治形势、社会发展主要矛盾、发展动力、发展目标、实现方式等都产生了深刻的变化。中国经济发展的动力来源于改革开放,而浙江经济在持续深入的思想解放和改革开放中不断实现高速增长,呈现出了独特的"浙江模式",其中非常重要的一环就在于浙江省的县域发展。

　　为了更好地回应现实发展对基础理论的需求,全面总结浙江省改革开放40年、中华人民共和国成立70周年以来的历史经验与总结教训,基于我省县域发展的实际情况和阐述习近平同志改革思想指引下进一步推进县域全面深化改革开放的路径和要求,浙江省县级党校智库研究中心(智库联盟)和杭州市委党校余杭区分校牵头组织编纂了本书。本书在浙江省县级党校智库研究中心"新时代浙江省全面深化改革与县域发展实践"主题征文的获奖作品中进行编选,力图用代表性强、理论性深、案例新颖的篇章以飨读者,并总结改革开放40年、中华人民共和国成立70周年以来浙江省县域改革发展的实践经验。同时,也试图在中国处于百年未有之大变局的这个时期,深入反思浙江省县域发展面临的一些问题,以期对浙江县域发展的未来能有所思考和启示。

　　浙江省县域飞速发展从"省直管县"和扩权强县改革开始。其发展过程实际上坚持贯彻全面深化改革思想,紧扣着全面深化改革为什么改、为谁改、怎么改等重大理论问题,并用浙江县域的实际发展给出了践行全面深化改革思想的

① 课题组成员:占张明、杨洋。

现实回应。以下从浙江省县域发展的特点、经验和面临的挑战及一些展望出发,进行问题的阐释。

一、改革开放以来浙江县域全面深化改革的历史回顾

县域发展是国家经济发展和社会稳定的重要基础与必要条件。浙江省县域改革发展整体过程大致呈现出一定的内在特征,内含一定的规律性。学界在关于县域发展的研究中,提出了一些发展方式、发展领域和发展性质上的特点,但随着经济社会发生深刻变化,原有的规律和特征也发生了一定的变化。大致可以从改革发展模式、改革发展程度和改革发展性质三个方面进行梳理。

1. 模式上从各具特色,到协同合作,再到一体化发展

浙江省县域改革发展模式,经历了从各具特色,到协同合作,再到一体化发展的变化。一个国家选择何种发展模式,受到其自然资源情况、历史文化传统和产业发展程度等与发展密切相关的因素影响,县域发展同样如此。20 世纪初,浙江省相关部门结合专家学者观点,将浙江省县域发展分为四大模式,分别为:产业发展工业化的萧山模式、专业市场国际化的义乌模式、农业经营规模化的温岭模式和经济发展生态化的安吉模式。

随着经济社会发展,原本基于县域地方特色的单一发展模式,越来越难以满足新的社会需求,浙江省县域发展逐渐走向协同合作发展。依托单一特点的发展模式,在发展初期能够较好地产生规模化效益,形成鲜明的区域特色,但也受制于发展元素单一,存在发展后劲不足等问题。在保持自身特色的基础上,浙江省各县(市、区)开始寻求协同合作,以谋求取长补短、优势互补。这种协同合作表现在各县(市、区)内部的城乡、产业、地区的协同发展上,各县(市、区)多次围绕"统筹发展与协调发展"的主题进行交流合作。还有一些有条件的县(市、区)与省外地区进行合作发展。如嘉兴市嘉善县坚持接轨上海第一战略,突出实现小县大开放,立足做大发展平台。

2019 年 5 月,中共中央政治局审议通过了《长江三角洲区域一体化发展规划纲要》,将长三角一体化发展上升为国家战略,这更为浙江县域发展提出了明确的一体化发展目标。浙江省各县域抢抓长三角一体化发展大机遇,把握高质

量发展新动力和新优势,努力进行各种尝试,将国家战略转化为未来的县域发展实效,全面融入国家区域发展战略中。以杭州市余杭区为代表,提出"全力打造杭州接轨大上海融入长三角桥头堡"的目标,明确了融入一体化创新体系,加快长三角"双创"协同发展等要求,全面推进区域一体化发展。

2. 领域上从以经济发展为主到覆盖社会各领域

浙江省县域发展大体上经历了从以经济发展为主,到全面覆盖社会各领域的过程。与国家层面的改革逻辑一样,县域发展的改革也是从经济领域开始,在取得了一定的成果之后,再延伸覆盖到社会其他各个领域之中。改革伊始,县域改革发展是经济改革与财税体制改革交织进行的,以"省直管县"的方式推动和实现。但这个过程经历了一定的时间,直到 20 世纪初,由财政上的"省直管县"实现了改革突破,进而才调动了县域发展的积极性和主动性,有了后来的浙江县域经济蓬勃发展。用今天的眼光回头去看,当时的经济发展存在着追求政绩心态、单一 GDP 评价体系和扩大财政收入目的等情况,是以牺牲一些其他发展因素为代价的增长。

随着经济的进步,县域发展中的一些其他问题逐渐暴露了出来,单凭量的增长难以满足广大人民群众对生活各方面质的需求。相应地,全面深化改革也从经济领域延伸覆盖到其他领域。在浙江省县域改革中,突出的以"最多跑一次"政务改革为代表。自 2016 年正式提出以来,"最多跑一次"改革一直坚持习近平同志在浙江工作时大力倡导的加强机关效能建设要求,坚持以人民为中心的发展思想,以群众需求为改革方向。浙江省县域改革中,"最多跑一次"政务改革按照"四项清单一张网"的要求,以刀刃向内的自我革命精神,突破了小部制行政机构设置的藩篱,将行政资源投向关乎千家万户的义务教育、公共医疗、社会福利、劳动就业、环境保护、社会安全等各个领域,切实改善人民群众的生活质量。"最多跑一次"在浙江的提出和推行,与浙江良好的经济发展基础有着密切的关系;而从经济改革到行政改革的扩展,又减少了相关公共产品和公共服务的支出,降低行政成本,反过来从体制机制方面推动了经济发展。

推进政务改革的显著效果,带动了社会其他领域的改革。"最多跑一次"的理念深入浙江县域改革之中,不断推进延伸至基层社会治理、公共交通出行、医疗卫生服务等多个领域,唱响了覆盖社会全领域的全面深化改革"大合唱"。例如舟山市普陀区,依据"最多跑一次"改革理念,将改革延伸到社会综合治理方面,创新建设社会治理综合服务中心,涵盖了化解矛盾纠纷的 15 个部门、12 个专业的行业性调解组织。在浙江省的其他县市区和其他领域,覆盖社会全领域的全面深化改革也势不可挡。

3.性质上从管理改革转向治理改革

浙江省县域改革在性质上,经历了从管理改革转向治理改革的过程。2013 年党的十八届三中全会通过《中共中央关于全面深化改革若干重大问题的决定》(以下简称《决定》),提出了"治理"的概念,提出要推进国家治理体系和治理能力现代化。《决定》将以往通常使用的"管理"改为"治理",虽然只有一字之差,但其内涵和外延都发生了巨大的变化。相对于"管理"在内涵上的居高临下和单打独斗,"治理"的提出是理念上的巨大进步,其落脚点是增进人民福祉,着眼于维护最广大人民的根本利益。从"管理"到"治理",不仅仅对政府职能做了新的定位,更是对职能的转变有了新的要求,是一次管理性质上的深刻变革。

然而从"管理"到"治理"的转变并非一蹴而就的,在很长一段时间内,浙江省县域改革仍然是一种以政府收益为中心的目标管理导向改革,存在着改革标签化、重复化、两极化等问题。通过长时间的探索后,政府将目光放到整合、平衡政府与群众之间的偏好差异上来,这种改变才由表及里。一边是政府从自身治理的主体地位跳出,增强了客体地位;而另一边,原本作为治理对象的社会客体,也成为治理的主体之一。

这种改革性质上的深刻转变,呈现出由点及面的特点。以浙江省余杭区的"最多跑一次"改革为例,在改革对象上,从政府与社会之间的"最多跑一次"("外跑")扩展到了政府机关内部的"最多跑一次"("内跑")。在改革程度上也不再拘泥于办理事务的次数,更拓展到了办理事务的地点,探索进行"最多跑一地"的尝试。2019 年 5 月,浙江省委政法委制定印发《关于探索建设县级社会治理综合服务中心(信访超市)的指导意见》,标志着浙江省"最多跑一地"改革从地方探索转向规范性的全省实践,由一个"点"扩展到多个"面"上。从"管理"到"治理"的转变,标志着浙江省的县域发展是性质上的深层次改革,实现了"店小二"的角色转变,真正在简政放权、做服务型政府方面迈出了坚实的一步。

二、新时代浙江省县域发展的一些实践经验

党的十八届三中全会审议通过了《中共中央关于全面深化改革若干重大问题的决定》,提出了推进经济、政治、文化、社会、生态等全方位改革的战略目标。浙江省各地县域发展实践在不同领域稳步推进,形成了一些独具特色、优势鲜明的实践经验。

1."党建＋"模式赋能政治建设新动力

党的建设工作是我国政治建设的一大法宝。步入新时代以来,"党建＋"模式运用新的方式不断赋能政治建设新动力。浙江省在县域发展中,一直将党的领导落实到一切工作中去。但党建工作长期面临着"写在纸上、挂在墙上",与发展"贴不紧、两张皮"的问题,存在着党建工作没有活力的状况。党的十九大把"坚持党对一切工作的领导"作为新时代坚持和发展中国特色社会主义基本方略的第一条,并将其写入党章。新时代以来,浙江省县域发展充分发挥主观能动性,认真贯彻落实新时代党的建设总要求,把党的建设贯穿到经济社会各个领域、改革发展每个环节。

一方面,在县域发展中,政府机关采取"党建＋"模式,以大党建为统领实施系列措施。"党建＋"模式以党建为统领,将日常工作、机关建设、重点项目、管理服务、绩效考核等方方面面内容纳入其中,并列出党建统领清单,让党的政治领导力发挥到改革的重点上。大党建统领把党的群众组织力聚焦到改革的难点,使党的社会号召力跟进到改革的堵点上。如杭州市余杭区 2019 年重点抓党建引领基层民主协商工作,从注重顶层设计、过程管理、跟踪问效、全域推进四个方面入手,有效促生基层党建工作的活力,为县域发展奠定了扎实的基础。这个"党建＋"案例在前期入选中央、省基层党建创新案例的基础上,被《人民日报》报道点赞。

另一方面,"党建＋"模式极具生命力和发展活力表现为在非公党建方面的创新型尝试和突破。浙江省县域发展的一个非常重要的部分是民营经济,但一直以来因为结构性原因,党的建设工作在这方面进展不大。十九大召开以来,浙江省县域发展转变工作心态,采取"党建＋"的模式提供对民营经济的服务管

理,并充分利用民营经济自身的特点,创新出形态多样的党建发展模式。如浙江省温州市著名企业奥康皮鞋,党员大会上的多彩形式成了公司的靓丽风景线,成功唤起员工对党建工作的热情;余杭区阿里巴巴公司视党建工作为企业人力资源管理的源头,直接借鉴了多种党建管理模式实施员工管理;湖州市长兴县通过多管齐下,通过全方位系统推进社会组织党建、常态化协同推动党建的"两个覆盖"、标准化规范实施对组织的分类评估和品牌化创新探索"党建+"模式等手段,在长兴县的社会组织党建工作上取得了极大成效。

总体来说,"党建+"模式通过大党建统领和非公党建尝试两条路,在新时代的党建工作中不断赋能政治建设新动力,着力构建党建与县域发展深度融合、互促共进的体制机制,切实把党的组织优势、政治优势,转化为推动浙江县域发展的强大动力和整体合力。

2.农村"文化礼堂"促生精神融合新价值

浙江省在县域发展中创设农村"文化礼堂",是满足人民群众精神文化需求、促生精神融合新价值的重要举措。在2017年中国特色社会主义迈入新时代后,我国的社会矛盾已经转化为人民日益增长的美好生活需要和不平衡不充分的发展之间的矛盾。浙江省县域发展处于全国前列,经济发展速度较快,农民人均纯收入连续29年居全国省区之首。浙江人民能更为直接地感受到社会矛盾中发展的不平衡和不充分,突出体现在人民对精神文化的需求上。而这种需求和不平衡,又在浙江农村地区较为突出。一方面是因为原有的乡土格局受到商品经济飞速发展的冲击,另一方面随着城镇化的进程,农村的传统文化习俗随之消解。这导致在节假日时,浙江农村地区人民对精神文化生活难以满足,赌博酗酒情况严重,社会风气经受较大的负面冲击;同时,浙江农村地区宗教势力乘虚而入,吸收了大批群众信教,甚至出现了一些基层党员"不信马列信鬼神"的情况。

为了满足人民群众对精神文化生活的需求,浙江省决定建立综合性农村文化礼堂,使其成为农民群众开展文化活动、丰富精神的家园。2013年以来,浙江省委省政府顺应广大农民的期待,始终把文化礼堂建设摆在首要位置。这些农村文化礼堂以"文化礼堂、精神家园"为主题,在文化特色鲜明、经济社会发展较好的历史文化村、美丽乡村精品村或特色村,集学教、礼仪、娱乐于一体,巩固了农村地区基层群众的意识形态阵地。短短数年间,从无到有、从小到大、由点到面、由盆景到风景,农村文化礼堂如繁花次第盛开在浙江省广大乡村,成为民有所乐的乡村"会客厅",传承文脉记忆的"乡愁基地",凝心聚力的"精神家园"。到 2020 年 1 月,全省已有 10000 家以上的高水平农村文化礼堂,实现了中心村全覆盖,惠及全省 80% 以上的农村人口。

浙江省对农村文化礼堂的建设大体上通过四项举措。一是强化顶层设计,打造农村文化综合体;二是统筹资源力量,建设公共文化服务标准化均等化主平台;三是突出价值引领,构筑农民群众精神家园;四是健全长效机制,推动文化礼堂成为永不谢幕的"村庄客厅"。在此基础上,各县(市、区)根据自身特色寻求建设农村文化礼堂的创新。如宁波余姚市着眼于从空间聚合到精神融合的农村文化礼堂建设的精神探寻。注重思想内涵传承,发挥农村文化礼堂的价值引导力;注重功能布局特色,激发农村地区的文化生命力;注重分类推进服务,增添文化礼堂的活动吸引力;注重典型示范品牌,增强标杆号召力;注重指导扶持管理,确保农村文化礼堂的运作执行力。农村文化礼堂建设最终提升农民群众的思想道德和科学文化素质,发挥文化对人的精神抚慰作用和凝聚作用,培养共同价值取向,筑牢农民群众精神支柱。

浙江省农村文化礼堂建设可谓成果斐然,初步形成了身有所憩、心有所寄、梦有所圆,"此心安处是吾乡"的精神家园,在新时代中促生了精神融合新价值。

3."枫桥经验"推广带动基层社会治理新发展

"枫桥经验"是浙江基层综治工作的典范,也是化解基层社会矛盾的典型,它的不断推广带动了浙江县域基层社会治理新发展。20 世纪 60 年代初,浙江省绍兴市诸暨市枫桥镇的干部群众在社会主义教育运动中创造了"依靠和发动群众,坚持矛盾不上交,就地解决,实现捕人少、治安好"的经验,毛泽东同志亲笔批示"要各地仿效,经过试点,推广去做"。"枫桥经验"由此诞生。在此后 40 多年的时间里,尽管中国大地上经历着翻天覆地的变化,我国基层矛盾的性质和特点也发生了历史性深刻变化,但"枫桥经验""为了群众、相信群众、发动群众和依靠群众"的核心要义未曾改变,这也就支撑着它总能与时俱进,在不同的时期发挥不同的作用。

"枫桥经验"以其独特魅力吸引了从中央到基层的各地政府高度关注。2013 年,时任浙江省委书记的习近平同志在浙江纪念毛泽东同志批示"枫桥经验"40 周年大会上明确指出,要充分珍惜"枫桥经验",大力推广"枫桥经验",不断创新"枫桥经验",切实维护社会稳定。2018 年中央政法工作会议提出,要以总结推广新时代"枫桥经验"为契机,提升城乡基层社会治理现代化水平。浙江省县域发展中,有诸多举措都是在吸取"枫桥经验"养分的基础上得以实现。如在推动创新城乡基层社会治理新模式上,实施依靠群众、发动群众"网格化管理、组团式服务"的基层社会治理;在推动形成共建共治共享的社会治理新格局上,持续探索基层民主协商,完善镇街、村社、网络三级协商组织架构,梳理专题协商议事目录;在构建社会矛盾风险综合防控新体系上,浙江全省打造一站式的县级社会治理综合服务中心,实现"最多跑一地"等。

"枫桥经验"契合着现代治理理念,蕴含着丰富的现代治理因素。在 2019 年 10 月末,党的十九届四中全会提出要坚持和完善社会主义制度、推进国家治理体系和治理能力现代化。浙江省县域改革发展经历了从"管理"到"治理"的转变,管理偏重于单一权威自上而下的强制、命令、服从,而治理则强调多元主体的共同参与和管理,强调政府与社会的互动,即强调社会各方面力量的参与及共治。这正是"枫桥经验"的核心内涵之一:"发动和依靠群众",强调社会各方面力量的参与及共治。只有顺应时代要求,创新群众工作方法,让人民群众参与到社会治理中来,才能真正把"枫桥经验"坚持好、发展好,才能实现治理能力现代化。究其根本而言,就是"枫桥经验"以人民为中心的理念。以人民为中心要求坚持人民主体地位,而发动和依靠群众,坚持矛盾不上交,就地解决问题,正是"枫桥经验"最突出的特点。

总体而言,"枫桥经验"虽产生时间较长,但总能与时俱进,历久弥新,在浙江县域改革发展中不断得到推广,持续带动基层社会治理新发展。

4. 创新发展带来经济聚集新变化

在全球进入信息化和后工业时代之际,传统的生产要素越来越难以满足发展需求,各类创新发展不断涌现,为浙江县域改革发展带来了经济聚集新变化。随着创新发展不断进步,增长乏力的困境、环境保护要求、人民生活水平提高等因素对浙江县域经济提出了挑战。改革开放 40 多年来,浙江立足于市场化、民营化的先发优势,克服了工业化基础薄弱、资源贫乏、外部资本投入不足等种种局限,创造出了令人瞩目的浙江现象、浙江模式和浙江经验。原先过多依赖资源要素投入的粗放增长方式遭遇严峻挑战,块状经济面临"低小散"问题的困境,浙江省县域经济发展必须寻求新的变化。

以民营企业为主的浙江省县域经济,纷纷以数字化发展作为经济新旧动能转化的变化点。随着技术创新不断发展,浙江各县(市、区)逐渐意识到信息数字作为一种新的生产要素,可以实现对其他生产要素的重组融合,实现资源的配置优化。早在 2003 年,浙江省就启动了"数字浙江"建设。2017 年,浙江省委经济工作会议提出,把数字经济作为"一号工程"来抓。2018 年,全省数字经济五年倍增计划制定实施。数字经济发展呈现出良好态势,日益成为浙江省经济增长的主引擎、转型升级的主动能和创业创新的主阵地,成为推进县域高质量发展的强大支撑。整体上,浙江省数字经济发展取得了以下成效:数字产业发展势头强劲,规模和能级不断提升;产业数字化转型深入推进,促进传统产业提质增效;新业态新模式引领发展,创新活力不断迸发;数字浙江建设取得新进展,全社会信息化水平不断提升。如杭州市余杭区,数字经济水平处于全省前列,并持续引导和扶持企业推进智能制造,各领域数字化转型加快,生产性服务业数字化发展趋势明显。而海宁市则大力发展数字经济核心产业,以"数字产业化、产业数字化"为主线,积极推进数字经济一号工程,培育数字经济产业新体系,"两化"融合工作纵深推进,成为全省首个通过验收的"两化"深度融合国家综合性示范区。

特色小镇,作为创新发展的浙江现象,正以蓬勃之势引领一轮产业转型、城市建设提升的新浪潮。特色小镇是相对独立于市区,具有明确产业定位、文化内涵、旅游功能、社区特征融合叠加的发展空间载体。它被赋予了全新的时代内涵和浙江特色,不是行政区划单元的"镇",也不是传统工业园区或旅游功能区的"区",更不是政府大包大揽的行政平台,而是同业企业协同创新、合作共赢的企业社区,是企业为主体、市场化运作、空间边界明确的创新创业空间。浙江省县域经济的特色小镇作为经济创新发展的重要举措,一是推进经济转型升级的内在需求,二是促进创业创新培育新产业的重要途径,三是扩大有效投资的重要抓手,四是推进城乡统筹发展的创新实践,五是传承和展示独特地域文化的有效载体。浙江省县域特色小镇发展,形成了产业特色鲜明、体制机制灵活、人文气息浓郁、生态环境优美的鲜明经济发展特征。比如杭州市余杭区的梦想小镇在信息经济和金融方面聚集了大量的优势资源,西湖区的云栖小镇则成了云计算产业的生态聚集地。而嘉兴市秀洲区的光伏小镇、湖州市长兴新能源小镇、舟山市朱家尖禅意小镇、绍兴上虞e游小镇等等,将各种类型的创新发展点变为了实实在在的新型生产要素。浙江特色小镇作为省内重点打造的创新发展、经济发展新模式,已成为全国特色小镇建设的典范和标杆,赢得了中央领导的高度肯定。

可以看到,各种类型的创新发展不仅是经济增量的重要环节,更是经济发展体制转型的关键一招,涉及工作生活的方方面面,为浙江省县域经济发展带来经济聚集新变化。

5."两山"理论重塑生态建设新环境

"两山"理论科学论断的提出和践行,为浙江省县域改革发展重塑了生态建设的新环境。"两山"理论指的是"绿水青山就是金山银山",是 2005 年时任浙江省委书记的习近平在浙江安吉县余村考察时提出的,他指出在实践中对这"两座山"之间关系的认识经过了三个阶段。第一个阶段是用绿水青山去换金山银山,不考虑或者很少考虑环境的承载能力,一味索取资源。第二个阶段是既要金山银山,但是也要保住绿水青山,这时候经济发展与资源匮乏、环境恶化之间的矛盾开始凸显出来,人们意识到环境是我们生存发展的根本,要留得青山在,才能有柴烧。第三个阶段是认识到绿水青山可以源源不断地带来金山银山,绿水青山本身就是金山银山,我们种的常青树就是摇钱树,生态优势变成经济优势,形成了一种浑然一体、和谐统一的关系。

浙江省县域改革发展实施了一系列行之有效的措施来践行"两山"理论,并积极探索"两山"转化之道。一方面,浙江经济快速发展的主要力量是民营经济,民营经济在没有引导和约束较少的发展过程中,大多处于第一个阶段,往往是靠山吃山,靠水吃水,对周围的生态环境造成了较为严重的破坏。面对这样的情况,浙江从 2004 年以来连续实施 4 轮"811"生态环保专项行动,生态环境污染趋势已得到有效遏制。同时,通过治水拆违、农村面源整治、村容村貌改造、治污泥歼灭战等一系列专项行动,逐个重点击破,形成合围之势。另一方面,浙江省从抓机制创新到解决长远根本,对全省 GDP 考核实行差别化的评价指标体系。2014 年,浙江省政府宣布不对丽水考核 GDP 和工业增加值。并首创空间、总量、项目"三位一体"的新型环境准入制度,率先实施生态保护补偿机制,积极推行排污权有偿使用和交易等,实行最严格的生态保护制度和最严厉的执法管理制度,形成了浙江推进生态文明建设的强大动力。

浙江省各县域通过对"两山"理论的践行,重塑了生态建设新环境。安吉县的竹海是该县的标志,但一开始却通过开矿卖石进行发展。在村里关闭矿区、走绿色发展之路后,安吉县余村的旅游年收入已达到 1500 万元,是十多年前矿区卖石头的 5 倍之多。安吉县余村的绿色发展之变,不仅重塑了生态建设新环境,更成为"绿水青山就是金山银山"重要理念最生动的佐证。又如 20 世纪 80 年代到 21 世纪初,浙江省浦江县以水晶玻璃工艺品加工制造出名,带动了地区脱贫致富。但水晶磨珠产生的水晶废水废渣直接排放入河,浦江全境河流渐成牛奶河、黑臭河,水域污染非常严重。到 2013 年,浦阳江畔打响了全省"五水共治"的第一枪,浦江县委县政府按照"以治水为突破口推进转型升级"的要求,对水晶产业开展行业整治,"园区集聚、统一治污、产业提升",通过三年治水去沉垢痼疾,实现了水域生态环境的重塑。再如诸暨市寻求绿色蜕变转型之旅、海曙区连珠智慧治水产业链等等,可以说浙江省每个县域都经历了绿水青山的几个阶段转变,这才造就了今天浙江县域生态的美好环境。

三、浙江省县域发展在全面深化改革中的一些挑战及展望

没有改革,就没有浙江的今天,更没有浙江的明天。浙江在经济发展速度、社会治理程度上都走在全国前列,县域发展更是成为全国榜样。浙江省在中国特色社会主义迈入新时代时,一方面要肯定自身所取得的傲人成绩,另一方面也应总结过往发展的经验,并审慎地分析当下仍然存在的、乃至于在将来仍然需要面临的一些问题。其中有些或是结构性的困境,有些或是将要遇到的挑战,有些是长期以来存在的问题。笔者大致按照纵向沟通、横向比较与整体观照分为三类,以供参考。

1. 顶层设计与基层落实之间的落差

在国家治理体系纵向的权力关系中,县一级是最基础的层级,它既是国家意志贯彻的最末端,也是人民群众与政府机关打交道的最直接一端。基层的改

革往往触动最大，也是情况最复杂的。当宏观的国家意志下贯到执行末端与基层实际相碰撞的时候，就难以避免地会产生一些落差。

浙江县域改革发展中，以"党建＋"模式固然可以赋能政治建设新动能，但"党建＋"模式的推行带来一个直观结果是基层工作量的增加。对于政府机关内部而言尚可接受，其原本就有党建工作和任务，只不过是以新的方式展开和进行。但对于社会组织或企业的非公党建部分来说，除了小部分大型知名企业，大部分中小型企业在推行党建工作时都存在困难。同样的员工要在同样的时间内，多做与企业盈利目的无关的工作，这对大部分企业而言等同于直接增加营业成本。所以"党建＋"模式在社会组织或企业的非公党建部分，往往是起步艰难，收效甚微，甚至有大量的企业采取"上有政策，下有对策"的方式应付了事。而在一些政府机关内部，出于政绩需求而进行自加压力，在真正落实时也难免有"雷声大，雨点小"的现象。

2. 特殊个例与普遍适用之间的错位

在各县市区横向比较中，从个案到普遍的经验推广一直是被普遍使用的方法。在具体过程上，发展地方特色—总结提炼经验—个别试点证实—全面扩展推广的模式虽行之有效，但仍然需要注意到这其中有一些错位之处。一些地方特色或经验能够被成功推广使用，其背后确实存在普遍适用的规律性原理。如"枫桥经验"的内在逻辑是"为了群众、依靠群众、发动群众"的原理，能够在各地普遍适用推广开来。但一些地方特色或经验并不具有普遍适用的规律，甚至存在着极大的偶然性因素。如余杭区数字经济水平在 2015—2017 年一直保持在全省各县（市、区）前三甲，2019 年度更是位列榜首，这其中阿里系数字经济和未来科技城系数字经济占据余杭区数字经济的绝大部分，很难在其他县域推广数字经济的发展经验。这既有国家政策的影响，也有地理位置的优劣，更有相当程度的偶然性因素。

浙江全省各县域的特色小镇发展如火如荼，但也确实存在着特殊个例和普遍适用之间的错位。在浙江省特色小镇 2018 年度考核中，有 5 个特色小镇被降格，9 个被警告。这一方面是因为相关特色小镇在目标责任不实、前期谋划不够、特色产业不强、产出效率不高、融合程度不深、政策理解不透等 6 个方面存在着共性短板问题。另一方面也反映出特色小镇在发展时有着一定鲜明而不可复制的特点,难以形成在内容上一通百通的经验,更非所有地方县域发展适宜采取特色小镇的发展模式。

而小范围内纵向来看,这种普遍适用和特殊适用的错位关系还存在于上下级规定动作与自选动作的错位中。在浙江省县域改革发展中,各地根据自身特色和发展方向均各有所长,有时会出现下级单位动作快于上级部门,下级单位经验做法更为先进的情况。但相关情况尚未来得及上报,只能按照上级要求而不得不做一些略显落后的工作,形成重复工作、倒退动作的情况。

3.有序发展与无序竞争之间的矛盾

改革开放以来,浙江省县域发展一直快速推进,但往往存在着省级规划有序发展,县域之间无序竞争,协同发展存在困难的情况。一方面,县域之间在相同发展资源和因素上存在利益的相互博弈,协调机制不健全;另一方面,特色不够明显的县域之间存在同质化竞争、资源错配等现象。浙江号称江南鱼米之乡,水乡古镇世界闻名,但各个古镇从景观风貌到商品售卖,都存在着极为严重的同质化、重复化、商业化、快餐化等问题。

近年来,各县市区都意识到人才、项目等发展机遇对于区域发展的重要性,抢人大战、抢项目大战的戏码不仅上演于全国范围内的东西部地区,更在浙江省各县域之间风起云涌,火药味极浓。尤其2019年,中共中央将长三角区域一体化发展上升为国家战略,浙江省各县域之间抢抓长三角一体化发展大机遇,对一些热门行业、重大项目蜂拥而起,甚至在一些文件措辞中都有雷同提法。同时,各县市区领导都会前往上海举办各种形式的“碰头会”,共商长三角一体化区域协同发展等重大议题,但在具体事情的对接上往往缺少具体牵头的人或部门,许多工作难以协调,无法解决困难。

除此之外,城乡和区域、经济社会发展不够平衡的问题仍然存在。一方面不同县域有着多元化的发展要求和发展方向,不同类型的发展不该用单一评价指标进行衡量;但另一方面在现有的发展评价体系中,经济发展程度仍然是最主要的评价标准,多样完整、权重合理的评价体系始终难以形成。一些走绿色发展道路的县市区经济发展水平提高后劲不足,大部分在综合排名中仍然落后于走产业发展道路的县市区。

县域发展在浙江省改革发展中起基础性作用,县域经济发达是富民强省的重要依托,也是浙江省发展的特色优势。2017 年,浙江省在嘉善召开的嘉善县域科学发展示范点建设现场交流会中,省委书记车俊明确提出了要加快建设"特、富、美、安"新县域。这既是目标又是要求,既是认识论又是方法论,为我们在新时代进一步推进浙江省全面深化改革和县域发展实践指明了方向,提供了根本依据。在今天看来,这样的要求仍然符合当下和未来县域发展的需要。虽然在过往的改革发展之中浙江省县域发展已经取得了相当的成效,成为全国县域发展排头兵,但各种发展内涵也在随着时代的进步而不断丰富完善,对今后的浙江省县域发展提出了更高的标准。在当前长三角区域一体化发展上升为国家战略的绝好发展机遇期,县域发展如何在统筹有序的整体规划中解决无序竞争问题,进一步形成既能协同有序,又能形成良性竞争的局面;在后工业时代数字信息化发展如火如荼的趋势下,如何突破发展瓶颈,进一步将各类创新要素转化为推动经济发展的生产要素,在保持经济增量的基础上实现提质增效、产业转型升级;在十九届四中全会提出要推进国家治理体系和治理能力现代化之际,如何在县域发展中结合地方特色提升区域治理现代化水平。这些都将是浙江省县域发展在当下和将来要面临的长期现实难题。

变化是最扎实的答卷,事实是最有力的证明。当今世界正处于百年未有之大变局中,新时代浙江省全面深化改革与县域发展实践研究,就是将县域发展作为我国变革发展的基本内容,探索其中蕴含的规律,积极应对挑战,努力抓住机遇,以县域发展推动中国进步,为实现两个百年计划提供最富有生命力的内部环境!

新时代下浙江省县域全面深化改革与发展可谓生机蓬勃,成果显著。但无论是已有的经验,抑或是面临的挑战,都远非寥寥几笔、个别案例可以说清楚的。在绪论中只是简单地拎几个特点鲜明,以大家耳熟能详的案例进行举例。各地在全面深化改革与发展实践中都有着自己独特之处,对不同读者、不同地方的发展启示也不尽相同,便不在此处赘述,只待能在后文中擦出思想火花,也算是略尽本书编纂之义。

第一篇 党建与政治篇

余杭区改革开放以来马克思主义信仰教育基本经验研究

杭州市委党校余杭区分校课题组[①]

摘　要:马克思主义是一种科学的理论,是迄今为止人类思想史上最科学、最严密、最有生命力的一整套世界观和方法论,是我们进行社会主义现代化建设的根本指导思想。马克思主义信仰是对马克思主义科学理论本身的信仰。本文着重在深刻把握马克思主义信仰教育内涵的基础上,提出了改革开放以来余杭区马克思主义信仰教育的四个发展阶段以及存在问题,同时也总结了余杭区马克思主义信仰教育的基本经验及启示,并有针对性地提出了进一步加强马克思主义信仰教育的对策思考。

关键词:马克思主义信仰教育;余杭区;基本经验;路径研究

马克思主义从产生到发展,表现出强大的生命力。这种强大的生命力根植于它的以实践为基础的科学性和革命性的统一。马克思主义之所以是公认的真理,在于它不会永远停留在同一水平上,而是永远向更高的水平发展。我们党走过的 98 年,是在风云激荡中高擎马克思主义伟大旗帜、在披荆斩棘中坚定马克思主义信仰的 98 年,是不断将马克思主义的基本原理和中国革命、建设、改革的具体实际情况相结合的 98 年。习近平同志在党的十九大报告中强调指出:"意识形态决定文化前进方向和发展道路。必须推进马克思主义中国化时代化大众化,建设具有强大凝聚力和引领力的社会主义意识形态,使全体人民

---

① 　课题组成员:占张明、陈华杰、杨洋、包瑞生。

在理想信念、价值理念、道德观念上紧紧团结在一起。"在当下,抓好马克思主义信仰教育工作就必须坚持推进马克思主义中国化时代化大众化。马克思主义信仰教育的内容是博大精深的,也是包罗万象的,既包括理想信念教育、思想政治教育、中国特色社会主义信念教育、共产主义理想教育,也包括马克思主义基本原理教育、毛泽东思想、邓小平理论、"三个代表"重要思想、科学发展观教育,更要突出马克思主义中国化最新成果——习近平新时代中国特色社会主义思想的教育。推进马克思主义信仰教育,关键在于确立马克思主义在意识形态领域的指导地位,坚持用社会主义核心价值观引领社会风尚,自觉运用马克思主义基本原理指导实践工作。

一、改革开放以来余杭区马克思主义信仰教育的发展历程回溯

改革开放以来,余杭在建设高度物质文明的同时,努力建设高度的社会主义精神文明,积极推进各层面马克思主义信仰教育工作,始终坚持求突破、创特色、争一流的工作理念、方法,走出了一条契合自身实际的马克思主义信仰教育新路子。总体上看,改革开放以来,余杭马克思主义信仰教育的发展历程大致分为四个阶段。

1. 第一阶段:从恢复整顿到重塑信仰(1978—1986)

在经历"文化大革命"之后,全县马克思主义信仰教育工作处于整顿恢复时期,面临的主要任务是集中精力拨乱反正,尽快摆脱长时间"左"倾错误给党和国家的事业发展带来的束缚,重建实事求是的马克思主义思想路线。这一时期,全县深入开展了关于真理标准问题的讨论,批判了"两个凡是"的错误思想,批判了林彪、"四人帮"反革命的极"左"路线,进一步肃清其流毒。1978年6月搬迁到新校址的县委党校,认真贯彻全国党校工作会议精神,通过举办学习班、读书班等,反复地向党员、干部、群众宣传党的十一届三中全会以来的路线、方针、政策,认真学习《关于建国以来党的若干历史问题的决议》《关于党内政治生活的若干准则》、新党章,成为宣传、捍卫马列主义、毛泽东思想的重要阵地。通过恢复和健全"三会一课"制度,严格党的组织生活,加强党员教育,有计划、

有步骤地进行整党。普遍开展"双争"活动,先后在全县范围内开展了普法教育,党员群众的法制观念有所提高,思想和作风也有了明显改善。党的十二大后,全县开展了社会主义精神文明的宣传教育以及"五讲四美三热爱"群众性活动,办好青年民兵俱乐部,培养劳武两用人才,制定完善各种文明礼貌公约、守则和乡规民约,建设以"安居乐业,环境整洁,重视文化科学和道德风尚"为主要内容的文明乡村、文明单位、文明街道,评比五好家庭,大力表彰和宣传各方面的先进单位、先进人物和先进经验,把思想政治工作做到千家万户,做到生产和经济建设的全过程中,坚持实事求是的思想路线,坚定不移地同中央保持政治上的高度一致。

2. 第二阶段:从探索改革到拓展提高(1987—1992)

经过整顿和重建,马克思主义信仰教育工作重新走向正轨。这一时期,重点在于宣传贯彻党在社会主义初级阶段的基本路线,持续保持余杭的经济、政治、社会发展的良好秩序。党的十三大以后,全县及时组织干部、群众认真学习十三大文献以及十三大制定的一系列方针、政策,开展了3次大的教育活动,不断健全党内民主生活会制度和党员活动日制度。在坚持"三会一课"等行之有效的传统教育方法的同时,不断摸索党员教育的新形式,建立和健全了县委理论学习中心组的学习制度。此时的县委党校不断加大干部教育培训力度,不断提升干部队伍马列主义、毛泽东思想素质和文化素质。从1987年开始普遍建立了乡镇业余党校,机关、企事业单位也开始建立党员教育阵地,使党员教育实现经常化、系统化、制度化。在党员干部教育中,逐步从学历教育转到岗位培训上来,并对广大农村党员,以乡镇党校为阵地进行党员冬训,不断摸索党员教育的新形式。与此同时,建立了县精神文明建设指导委员会,具体研究、协调全县精神文明建设方面的工作,经常性地对广大群众特别是青少年进行爱国主义、社会主义、集体主义和自力更生、艰苦奋斗以及遵纪守法的教育,深入基层开展了有理想、有道德、有文化、有纪律的公民教育活动。1989年开始,全县农村各基层党组织均成立路线教育领导小组,使党在农村的各项方针、政策得到贯彻落实,推动了农业生产发展,促进了农村精神文明建设。1990年前后,县委建立了精神文明建设联席会议制度和思想政治工作研究会,部署全县性的思想教育和精神文明建设工作,不断加强城乡文化事业建设,大力繁荣广大群众文化生活,把精神文明建设渗透在整个物质文明建设之中。

3.第三阶段:从与时俱进到全面发展(1993—2012)

这一时期,随着我国社会主义市场经济体制的逐步建立,余杭经济社会问题和矛盾也日趋增多,马克思主义信仰教育所面临的形势变得更加严峻和复杂。在干部教育培训方面,以建设高素质党员干部队伍为目标,按照"三讲""四自""双思"教育以及"三个代表"学教活动的要求,促使广大党员干部更加坚定社会主义、共产主义理想信念,提高马克思主义理论水平和解决实际问题的能力。同时,切实加强理想信念教育和廉洁从政教育,建立健全党风廉政建设宣传教育联席会议制度,"大宣教"工作格局得到进一步巩固。创新教育培训形式和内容,对区管干部、机关干部、基层站所干部及一般党员干部,按照不同要求,针对不同的需求,实施全方位、分层次宣传教育,大规模开展"420"①和"750"②等干部培训工程,探索"一主体四课堂"培训格局,深入实施领导干部"学习力、创新力、执行力"的提升活动,在学习实践科学发展观活动、"创先争优"活动中取得明显成效。在基层党员群众教育方面,积极实施农村党员、干部现代远程教育工作,实现网络传输全覆盖,以文化礼堂建设为载体,全面开展"送课到基层,理论进家门"活动,普遍开展了评比"三户一村"③等各种形式的精神文明建设活动。在公民教育培训方面,特别是青少年中,深入开展社会主义荣辱观教育、社会主义思想教育、革命传统教育和社会公德教育,大力倡导爱国、敬业、诚信、友善的道德规范。

4.第四阶段:从全面发展到有序建构(2013年至今)

党的十八大以后,余杭切实履行全面从严治党主体责任,深入学习贯彻习近平总书记系列重要讲话精神,坚定"四个自信",践行"两个维护",牢牢守住意识形态斗争主阵地,扎实开展党的群众路线教育实践活动、"三严三实"专题教育和"两学一做"学习教育,积极实施基层党建"三大主体工程",推进"三个全覆盖",落实"三大指数"过程管理,创设党员固定活动日、网格党员活动阵地等平

---

① "420"培训工程:指在全区中青年干部中,每年选派20名到国内外锻炼培训,20名到省内区(县、市)挂职,区级部门与乡镇各下派上挂20名。

② "750"培训工程:指选派50名区管正职领导干部到中央党校和同济大学培训,50名重点骨干企业业主到北京大学培训,50名中高级科技人才到同济大学等相关院校培训,50名社区党组织书记到浙江大学培训,50名中青年干部到中央党校和同济大学培训,50名非公企业党组织负责人到中央党校培训,50名村党组织书记到区委党校培训。

③ "三户一村":指双文明户、五好家庭户、遵纪守法户、文明村。

台载体,党员的身份意识、先进意识逐步唤醒,党组织的战斗力、凝聚力不断增强。持续深化"周三夜访夜学"、"百千万"蹲点调研、"一村一社区一机关"结对共建暨"千名干部进村社访民情解民忧""千干联千企访千才"活动,推动党员领导干部真正沉到基层,让马克思主义信仰教育真正落到民生实处。此时期的党校,在党员干部教育培训方面,要求在"启航计划""菁航计划""远航计划""兴航计划""续航计划""领航计划""护航计划"和"导航计划"等重点班次,开展马克思主义信仰教育相关内容不低于70%。同时,积极推进镇街党校规范化建设,探索构建区—镇街党校两级联动机制。在基层党员群众教育方面,以社会主义核心价值观为引领,广泛开展"美丽余杭人"选树活动,传承良好乡风、家风、学风,倡导全民终身学习。持续开展"送课到基层,理论进家门"活动,着力发挥"理论达人"宣讲效应,扎实开展社科组织"走亲连心三服务",推动社会科学普及宣讲团开展工作。

二、改革开放以来余杭区马克思主义信仰的现状分析

改革开放以来,社会各种思潮不断交融交锋,文化与意识形态领域持续受到挑战,马克思主义信仰所代表的崇高理想和精神追求面临着被日益销蚀的可能。为更好地掌握改革开放以来余杭区马克思主义信仰教育的现实状况,课题组通过广泛的调查研究,从党员干部、基层群众、青少年学生等视角深入剖析当前余杭区所面临的马克思主义信仰危机问题。

(一)马克思主义信仰的主流现状

改革开放以来,随着社会急剧变化及多元价值观的冲击,部分领导干部、基层群众等群体的马克思主义信仰存在着不同程度的偏差。少部分党员干部功利性强,自主学习的意识与动力缺乏;一些普通群众接受马克思主义信仰教育较少,参与程度不高;青少年学生对马克思主义信仰教育的认同度有待提高。为进一步深入详细地把握余杭区改革开放以来的马克思主义信仰教育状况,课题组以余杭区内党员干部、基层群众和青少年学生为代表人群,通过实地走访、座谈交流、问卷调查等形式,对1000余名基层党员干部群众进行了马克思主义信仰现状调查,相关调查结果如下。

1. 余杭区马克思主义信仰整体现状概述

根据对党员干部、基层群众和青少年学生等代表人群的抽样调查显示,余杭区马克思主义信仰状况整体良好。总体而言,马克思主义信仰占据主流。在有效问卷中,数据显示 87.93％的人对马克思主义"信仰坚定",并且认为树立坚定的马克思主义信仰对个人生活"非常重要";有 2.23％选择了"不相信",认为对个人生活"没有影响"。但延伸到马克思主义的具体内涵时,有 47.01％的人认为共产主义远大理想的信仰"一定到来",42.63％的人对共产主义远大理想"不知道、无所谓",或者仅仅"可能实现",还有 10.36％的人认为共产主义远大理想"不能实现"。

在对马克思主义的自主学习方面,大部分人会进行马克思主义的学习,但在学习动机上非常不同,基本上呈现出信仰、工作和培训三分天下的局面。有 37.90％的人是出于"信仰需要"而主动学习的,而 34.04％的人是因为"工作需要",25.61％的人则是因为"培训安排",还有 1.10％的人认为学习马克思主义是被动接受的。

而对学习马克思主义的内容而言,只有 14.91％的人认为自己对马克思主义"有一定的研究",37.36％的人认为自己"比较了解",还有 37.01％的人认为自己只有"了解一些",其余则是"完全不了解"。对马克思主义经典原著的研读状况和原理掌握程度更是参差不齐,一半多的人仅仅是偶尔翻过书,而在剩下的一半中,11.93％的人表示"有完整地阅读过几本",而"阅读过相当一部分,并进行过深入思考"的只占 10.88％,21.75％的人则从没看过马克思主义经典与原著。

就马克思主义信仰教育课程及效果而言,有 20.35％的人认为开设马克思主义信仰教育课程"有但不多",认为"有相当数量"的则占了 45.44％,只有 23.86％的人认为马克思主义信仰教育课程"非常丰富"。而在已经开设的马克思主义信仰教育课程中,绝大部分人表示能引起兴趣,仅有 3.51％的人认为没兴趣。在接受相关的课程学习后,97.89％的人认为对自身帮助很大,能够较大增强对马克思主义信仰的了解程度。

2. 党员干部的马克思主义信仰现状

党员干部是马克思主义信仰的排头兵。余杭区党员干部的马克思主义信仰走在前列,但仍有个别党员干部存在着精神懈怠、作风不实、学习意识不强等现象。在实地走访和干部教育的过程中发现,有一些党员在参加固定党日活动时刷卡后便离开,对活动与学习则不以为然。课题组以《共产党宣言》为例进行针对性调查,可喜的是98.43%的人都不同程度地读过原文,74.39%的人能说出《共产党宣言》的发表时间,其中43.16%的人能准确地说出发表时间,31.23%的人能说出年月;但尚有24.91%的人表示"听别人说起过,但不知道大概何时发表"。在是否坚信共产主义远大理想一定实现的问题上,有87.01%的党员干部认为共产主义远大理想的信仰"一定到来",还有22.63%的党员干部认为共产主义远大理想"可能实现"。在发挥马克思主义信仰宣传的个体作用方面,有20.72%的人会经常与家人朋友谈论马克思主义信仰,21.05%的人会与拥有其他信仰的人交流探讨,9.12%的人会在社交媒体上发表、转发、评论有关马克思主义信仰的内容。

3.基层群众的马克思主义信仰现状

基层群众是马克思主义信仰的基础力量。与党员干部相比较,余杭区基层群众对马克思主义的信仰程度,以及对马克思主义理论的正确认知都有待提升。在接受问卷调查的群众中,有70.14%的群众相信马克思主义,其中仍有相当一部分群众同时信仰其他宗教。从实地走访和送课进基层的调研情况来看,基层群众学习马克思主义信仰教育的课程不容乐观,仅有39.19%左右的群众接触过相关的马克思主义信仰教育课程,并且56.14%的群众认为马克思主义信仰教育课程"没啥感觉",并且"感觉不出来"自己在接受教育培训后马克思主义信仰有所增强。

4.青少年学生的马克思主义信仰现状

青少年学生是马克思主义信仰的后备力量。从当前来看,余杭区青少年群体对马克思主义的认知总体上呈认可态度。在调查对象中,青年学生党员占据了青少年马克思主义信仰群体的较大比例。但是,也存在一些不容忽视的问题,如部分青少年的共产主义理想淡化、政治热情不高、人生观不够积极等。接受调查访问的青年学生党员中,有相当一部分人表示自己对入党的动机"说不清楚"或是"为了个人发展"。一方面,余杭区青少年学生的思想觉悟和奉献精神低于预期。在调查过程中,我们还发现,仍有以理科生为代表的众多青少年学生不能准确把握马克思主义理论体系的基本内容,对马克思主义信仰的相关内容表示"不太清楚"。另一方面,马克思主义信仰差异化特征较为明显,多元差异、动态变化(不稳定性)构成了青少年信仰的主要格局①。许多青少年在坚持马克思主义信仰的同时依然有受到国外意识形态掌控的可能。需要指出的是,在内外因的综合作用下,青少年马克思主义信仰时刻处于动态变化中。

(二)马克思主义信仰(教育)存在问题及其原因分析

改革开放以来,余杭区马克思主义信仰状况存在的问题是综合的、多方面的,是老问题与新问题、共性问题与个性问题、表象问题与深层次问题的交错。总体上看,基层党员、干部、群众的马克思主义信仰危机主要表现为在多元信仰的冲击下,马克思主义信仰虽有弱化可能,但是仍旧占据主流地位。

1. 马克思主义信仰因"利"言信多于因"义"言信,功利化追求多于内在精神需求

随着拜金主义、享乐主义和极端个人主义等不良思想的影响,有些人在选择马克思主义信仰时呈现出信仰动机功利性趋向。主要表现为,一是入党动机功利化。有些人加入中国共产党的初衷是想利用这个身份找工作或寻求更好的发展机会。甚至有些人衡量民主党派和共产党哪个对自己发展好,就加入哪个党。当被问及加入中国共产党的目的时,"为了工作方便"占5.51%,"觉得总会有好处"占1.87%。二是信仰选择标准功利化。"有用与没用"成为一些人选择信仰的标准,宗教信仰与马克思主义信仰,哪个能给自己带来的实际利益更多,就选择哪个。同时,马克思主义信仰存在政治生活"口号化"倾向,甚至个别党员干部在政治生活中高喊信仰马克思主义,但实际上是不信马列信鬼神,对党员信教问题存在模糊认识。其中值得注意的是,一些人由于难以适应社会结构调整和激烈的社会竞争,对现实世界感到失望,由此从无神论转向神灵世界寻求庇护。近年来,以基督教为代表的宗教在余杭发展十分迅猛,信教人数一直处于较快上升的态势。三是学习目的功利化。一些党员平时不重视学习,加上工作繁忙等原因,放松了对马克思主义理论的学习。他们更多地将理论学习看作是一项政治任务,甚至部分人认为还是一种负担。

---

① 掌海啸:《引领"95后"青年重塑马克思主义信仰》,《人民论坛》2017年第4期,第120—121页。

2.马克思主义信仰教育较多地依靠外在的行政力量,自主学习的意识与动力缺乏

马克思主义信仰的宣传教育主要依靠行政力量推动,没有真正做到理论性和实践性的有机统一,突出表现为马克思主义信仰的形式化。所谓马克思主义信仰的形式化是指马克思主义信仰通过行政力量来宣传,难以真正深入党员干部群众的内心,导致社会大众对马克思主义理论缺乏基础性认知和结构性认同。这就不难理解,在自主学习马克思主义经典的问题问卷中,仅有 10.88% "阅读过相当一部分,并进行过深入思考"。大部分人是基于书本知识的泛化理解,未能真正认识到马克思主义理论同中国社会发展的内在逻辑和历史必然性,缺乏自主学习的意识和动力,导致一些人对马克思主义的认知出现偏差和质疑。与此同时,在市场经济的影响下,马克思主义世界观在一定范围内遭受较大的冲击,加之马克思主义信仰教育机制的不健全造成社会大众对马克思主义价值取向产生世俗性认知。

3.马克思主义信仰教育的方法与形式不够喜闻乐见,党外群众的参与度与认同度有待提高

与时俱进是马克思主义的核心理论品质。在新的时代环境与传播体系下,对马克思主义的宣传也应与时俱进。虽然在已开设的马克思主义信仰教育课程中,绝大部分人表示能引起一些兴趣,但其中认为能引起很大兴趣的仅占 29.48%,仍有 67.01% 的人认为仅仅有些兴趣。这个问题反映出当前马克思主义教育管理机制不到位,开设的课程形式与党员干部群众所期望的仍有一定的差距,主要表现为宣传教育手段单一、不够接地气。尤其是在青少年思想政治教育中,灵活多样的教学方式应用不多,填鸭式教学现象依旧没有得到有效改观,教学过程大多照本宣科,空话套话多。个别学校教师受西方政治的影响,且自身的马克思主义理论功底不扎实和政治素养较为匮乏,对中国特色社会主义道路、理论、制度和文化不了解、不自信,在马克思主义理论教育和宣传上还存在一定的盲点和薄弱点。这种远离群众生活实际和感知习惯的教学内容、形式,容易使他们对马克思主义信仰产生厌倦甚至逆反心理,马克思主义大众化的教育水平有待进一步提高。

三、改革开放以来余杭区推进马克思主义信仰教育的基本经验与启示

马克思主义是我们立党立国的根本指导思想。背离或放弃马克思主义,我们党就会失去灵魂、迷失方向。改革开放以来,余杭一直根据自身发展实际,不断进行各种尝试和探索,使得马克思主义信仰教育的发展契合了中国化、时代化、大众化的发展趋势和发展方向。

(一)坚持注重马克思主义信仰教育的组织保障和体制机制建设

首先,在思想上高度重视信仰教育的组织保障工作。始终把马克思主义理论作为看家本领,灵活运用辩证唯物主义和历史唯物主义,在不同时期普遍而深入地组织党员干部进行马克思主义理论的学习和教育。在恢复整顿的初期,余杭就建立了精神文明建设联席会议和思想政治工作研究会,不断健全党员干部教育培训机制。近年来,余杭大力开展各层面的党员干部教育培训工作,建立健全主体班培训联席会议制度,发挥区委宣讲团作用,积极开展了"理论宣讲到基层"活动,这一切都为马克思主义信仰教育提供了坚实的组织保障。其次,十分注重马克思主义信仰教育的体制机制建设。以制度为抓手,用组织的体制化力量巩固思想阵地,保证马克思主义信仰教育在思想和行动上的主导地位不动摇。改革开放伊始,先后恢复健全了"三会一课"制度、党内民主生活会制度、党员活动日制度、干部培训制度、个人保证制度、"两公开一监督"制度等,出台了各具特色、各有重点的马克思主义理论学习制度。最后,以务实的作风和有效的举措抓紧抓实马克思主义信仰教育。不断在全区(县、市)范围内深入进行集体主义、爱国主义、社会主义、共产主义以及中国特色社会主义理论体系的教育学习。从《邓小平文选》《陈云文选》到《习近平治国理政思想》《习近平新时代中国特色社会主义思想学习纲要》《习近平关于"不忘初心、牢记使命"论述摘编》,从"三优一学"活动到"两学一做"学习教育、"不忘初心、牢记使命"主题教育活动,不断地向广大党员干部和人民群众,系统地教育灌输马克思主义信仰。

（二）坚持完善马克思主义信仰教育内容结构、方式方法的时代性

恩格斯早就说过："马克思的整个世界观不是教义，而是方法。"进行马克思主义信仰教育必须以科学的态度认识对待马克思主义。首先，坚持与时俱进。马克思主义信仰教育的主要内容必须与时俱进，紧跟时代步伐。改革开放后，增加了邓小平理论学习内容；进入 21 世纪后，先后增加了"三个代表"重要思想、科学发展观的学习内容；进入新时代，确立了习近平新时代中国特色社会主义思想的重点学习内容。可以说，在每个不同的时代都有不同的发展主题，从拨乱反正向前看、全力以赴搞四化到适应新形势、开创新局面，从建设两个文明、开启全面改革到加强党的建设、夺取现代化建设新胜利，从把握机遇、建设新余杭再到迈入"全域"时代，马克思主义信仰教育内容永远随着时代实践主题的发展而不断扩展。其次，坚持问题导向。在恢复整顿阶段，马克思主义信仰教育面临的是拨乱反正，明确思想路线的问题，结合"真理标准大讨论"进行；在改革探索阶段，马克思主义信仰教育面临的是如何从增量保质进行经济建设问题，结合经济大踏步前进开展；在全面发展阶段，马克思主义信仰教育面临的是如何实现跨越式和全域性发展问题。最后，坚持运用先进技术。从改革开放到现在，马克思主义信仰教育经历了黑板的宣传画与海报，纸质化的书本、语录，收音机、电视机的传播，以及网络信息技术、互联互通的新时代融媒体的普及，使马克思主义信仰教育从传统单一性的载体变为广大人民群众能触手可及的现代多样性的载体。

（三）坚持加强马克思主义信仰教育大众化的针对性、科学性与实效性

加强马克思主义信仰教育的大众化，要提高针对性、科学性与实效性。首先，提高马克思主义信仰教育对象的针对性。摸排清楚各个时期机关、企业、农村党员群众的不同特点，根据调查研究的结果有所侧重地进行教育。针对机关党员干部，坚持党性党风教育，坚持实事求是原则，提倡"廉洁、服务"精神；针对企业党员职工，侧重倡导奋发进取、开拓创新的精神；针对农村党员和广大群众，宣传艰苦创业、勤劳致富的精神。其次，增强马克思主义信仰教育大众化的实效性。在搞清楚大众需要什么样的马克思主义信仰教育

内容的前提下,结合经济工作和生活实际进行,将马克思主义信仰教育融入日常生活、文化娱乐活动中,形成良好的马克思主义信仰教育氛围。最后,加强马克思主义信仰教育大众化的科学性。主动深入群众,深入基层,了解群众需求,采取群众喜闻乐见的形式,勇于尝试讲故事、顺口溜,用通俗生动、简明易懂的语言,坚持讲事实、摆道理,以理服人、以情动人,使马克思主义信仰教育为大众所乐于接受。

(四)坚持构建马克思主义信仰教育的区域特色化路径

首先,构建具有中国特色的马克思主义信仰教育"统一战线"。运用实事求是的思想方法和工作路线,将各条战线的党员干部群众统一起来,以党政机关的领导干部为主,充分调动组织、宣传、工会、共青团、妇联等各方力量,包括城镇、农村的最广大人民群众,形成马克思主义信仰教育的"大宣教"工作格局,以及多层次、全方位的马克思主义信仰教育网络。其次,立足于区域优秀中华传统文化进行发力。余杭马克思主义信仰教育,牢牢扎根于自身五千年良渚文化、源远流长的运河文化和蜚声海外的禅茶文化之中,紧密结合"茶圣"陆羽、科学家沈括、"一代儒宗"章太炎等余杭发展历史中出现的文化名人,以及精致和谐、天人合一的人文特色,大气开放、与时俱进的时代精神和竞争、创新、务实、开拓的浓厚氛围。最后,采取以马克思主义为主、包容并蓄的态度和方法。坚持唯物史观和唯物辩证法,用马克思主义信仰教育干部群众,同时,包容和尊重其他不同思想、宗教信仰,让马克思主义信仰和中国特色社会主义信念在广大党员干部群众的头脑中深深扎根。

四、进一步加强余杭区马克思主义信仰教育的路径选择及对策思考

时代是思想之母,实践是理论之源。在马克思主义的中国化、时代化和大众化的推进过程中,余杭形成了诸多基本经验和宝贵启示,对进一步加强马克思主义信仰教育有着"知往事,谏来者"的作用。针对余杭如何才能更好地开展马克思主义信仰教育,课题组提出五个方面的思路与对策。

（一）坚定马克思主义信仰教育的基本原则及目标定位，增强马克思主义信仰教育的创新力

一要增强马克思主义信仰教育的区域实践创新。马克思主义是时代活的灵魂，提升马克思主义教育的创新力就要将马克思主义信仰教育放在更加突出的位置，同时结合余杭改革开放实践的理论成果武装广大党员、干部、群众，焕发出马克思主义信仰教育的区域实践生机。二要凸显马克思主义信仰教育的方式、方法创新。从传统的"一言堂"式课堂说教，转变到现代的"群言堂"式的研究讨论；从对相关讲话、文件精神的集中学习，转变到对经典、原著的思考分析；从对抽象理论的重复灌输转变到现场教学。三要强化马克思主义信仰教育的实践导向。余杭发展日新月异，生活生产环境不断变化，马克思主义信仰面临的教育环境、教育需求及教育重点都是全新的。马克思主义信仰教育要积极结合"三服务"活动，整合"周三夜访夜学""民情直通车""亲清直通车"等既有载体，着眼实际民生问题，切实增强为人民群众服务的教育实效。

（二）完善马克思主义信仰教育的载体平台与实施机制，增强马克思主义信仰教育的组织力

一是健全马克思主义信仰教育的组织与架构。强化宣传部门、党校等相关部门的职能作用，继续深化开展"送课进机关"活动、"送课到基层，理论进家门"工作，让广大党员干部群众接受系统性的马克思主义信仰教育。二是完善马克思主义信仰教育的平台与载体。坚持使用与时俱进的传播媒介，结合应用"城市大脑·余杭"平台，善用时代平台，巧用传播方法。同时，进一步推动镇街基层党校规范化建设，让马克思主义信仰教育充分在基层生根发芽。三是建立长效实践机制。在抓体制机制的落地实践中，做到有组织、有反馈、有保障。在开展马克思主义信仰教育的过程中，持续深化"两学一做"学习教育活动，建立马克思主义信仰教育反馈机制，实现马克思主义信仰教育制度化、规范化、常态化，做到"学习有反馈，教育有回响"。

（三）增强马克思主义信仰教育的主要内容及实践体验，提升"真信"马克思主义的信仰力

首先，要在内容上切实满足人民群众的精神文化需求。马克思主义信仰要对人民群众的精神文化需求进行正面回应，持续不断地深入开展"我们的价值观""我们的节日""发现真、善、美，传递正能量""我学习我践行"等社会主义核心价值观系列主题实践活动。组织多方面的网络传播志愿者，开展例如"太炎读书会"、余杭社科人文大讲堂等活动。其次，要在形式上能广泛而深远地感染人民群众。提高马克思主义信仰教育的信仰力，要重视传播和作用方式，拓展宣传广度，动员各方面的力量，开展对象化、分众化、通俗化、互动化宣讲，从群众的日常活动、切身体会与接受水平出发，真正做到用潜移默化的方式浸润人心，用广泛认同的情感引起大家共鸣，让马克思主义精神"飞入寻常百姓家"。最后，要在道理上令人信服地总结余杭发展规律。提升马克思主义信仰教育的信仰力，需要对余杭的发展历程进行精炼总结，认清余杭当下历史方位，扛起使命担当，结合"三个全域"建设，落实长三角一体化发展国家战略，为实现高质量可持续快发展凝聚全区人民的力量。

（四）挖掘马克思主义信仰教育在工作生活中的作用，激发"真用"马克思主义的实效力

首先，党员干部要敢于在日常生活中"树旗"。所谓"树旗"就是要表明阵营，要结合"三严三实"专题教育，持续进行"双争""双创"活动，旗帜鲜明地表明自己属于马克思主义阵营，信仰马克思主义、无神论和共产主义，而不是有神论、虚无主义或资本主义。其次，党员干部要敢于在工作生活中"发声"。坚持群众路线，继续深入开展"蹲点基层找短板"的专项活动，有组织、有意识、有目的地将马克思主义信仰教育融入公共文化建设与传播中。发挥人民群众主观能动性，将马克思主义信仰变为通俗有趣、朗朗上口和意味鲜明的文化艺术作品，让群众自发地加入到传播马克思主义信仰的队伍中来，坚定而嘹亮地发出马克思主义信仰之声。最后，党员干部要敢于在意识形态领域"亮剑"。不断加强中国特色社会主义理论体系宣讲普及，建设扩充讲师团师资库，毫不退让地同其他不良意识形态进行论辩斗争，打造专业的马克思主义宣教团队，巩固马克思主义信仰阵地。

(五)引导干部群众进行自我教育,内生"真学"马克思主义的原动力

一要将学习和兴趣结合起来。内生"真学"马克思主义原动力,一定要从娃娃抓起,高度重视未成年人思想道德建设工作,让未成年人从小树立起学习马克思主义的兴趣与愿望。二要将理论学习和理想抱负结合起来。要坚持以"四项活动"深化"我的中国梦"主题教育实践活动,将马克思主义信仰教育结合在民族复兴、中华崛起的时代大背景下,并与绝大多数人的理想抱负联系起来。三要将"真学"落到经典原著中。领导干部要坚持进行"读经典、学原著"活动,做好《习近平谈治国理政》等理论读物的学习宣传工作,掌握马克思主义的精神实质。在经典原著的学习教育中,要让党员干部充分感受并体验到马克思主义思想的强烈感染力、语言文字的激烈感染力和马克思主义精神的极度张力,唯有如此,才能真正促使党员干部从内心发出学习马克思主义的原生动力,才能真正学习到马克思主义跨越民族、超越国别、飞跃时代的不朽精神。

参考文献

[1] 中共杭州市余杭区委党史研究室.中共杭州市余杭区历次代表大会文献汇编(1955—2006)[B]. 2011.

[2] 中共杭州市余杭区委党史研究室.余杭改革开放30年[M].北京:方志出版社,2008.

[3] 中共杭州市余杭区委党史研究室.改革开放以来中共余杭历史专题集[B]. 2017.

新媒体条件下主流意识形态大众认同问题调研分析

——以余杭区村（社区）基层党员为研究对象

赵丽萍

（杭州市委党校余杭区分校）

摘　要：新媒体条件下意识形态建设的重心在于主流意识形态的大众认同问题。作为新媒体的重要代表，网络媒体具有和传统媒体诸多不同之处，这些新特点改变了信息的传播方式，也给主流意识形态的传播带来挑战。意识形态领域的建设历来为各国所重视，而主流意识形态只有得到大众认同才能真正取得效果。网络空间中，个体的自主性得到提升，主动权掌握在"受众"一方。在这种条件下，如何使主流意识形态得到大众的认同是意识形态领域建设的关键环节。

关键词：新媒体；主流意识形态；大众认同

当今世界，国与国的激烈竞争不仅仅表现在经济、政治、军事等领域，更表现在意识形态领域。意识形态话语权的掌握程度成为各国综合国力竞争的一个重要方面。而我国主流意识形态在当今社会下正遭受西方资产阶级思想文化的不断冲击，承受着来自各方面的挑战。经济发达的资本主义国家将其意识形态与商品相结合，利用资本与商业输出的方式来迷惑我国民众；政治上鼓吹普世价值，以其基本利益点为出发点大肆鼓吹西方政治外交政策；思想上，利用影视作品带来的强烈感官刺激和人们的猎奇心理宣扬自由主义价值观念，企图通过和平演变的方式在思想和心理上种下西化与分化我国的毒种。而在当前社会中,随着科学技术的不断进步,以网络为途径,以新媒体与自媒体为主要表现形式,成为意识形态工作的全新领域。而当下我国广大人民群众对主流意识形态的认同度也有着新的变化与特点,尤其是在网络文化条件对传统文化冲击较大的情况下。

一、新媒体与主流意识形态

(一)以网络为主要载体的新媒体

网络是信息化时代的主要产物之一,代表着先进生产力,是中国利用"后发优势"实现跨越式发展的重要依托。以信息化带动工业化,并实现国家、社会治理的现代化是国家的战略方针。所以,发展网络技术是中国实现快速发展的必由之路。并且,随着国家层面的推进,在网络发展方面中国已经取得巨大的成绩。2015年,中国网民数量近7亿,居世界第一。城乡网络覆盖率达95%,电子信息制造业达11.1万亿元,全国网络零售交易额达3.88万亿元,中国已经是名副其实的"网络大国"。网络被称为"第四大媒体",相比于传统的报刊、广播、电视而言,网络应用技术具有高度综合性,既有硬件领域的半导体技术、信息传输技术、多媒体技术,又有软件领域的数据库技术、数字压缩技术,同时具有存储和加工传输数据的功能。网络的信息传播具有多中心性、公共性、即时性,网民的信息传播参与具有隐蔽性、目的双重性、目标指向不确定性的特点。相对于传统意识形态传播的"单向性""权威性",网络时代的特点给主流意识形态传播带来新的挑战,辩证来看,也为主流意识形态的传播带来了诸多机遇。因为网络技术本身并没有道德价值属性,真正的价值判断决定因素还在于现实中存在的"人"。

(二)意识形态及其主流

以历史唯物主义的视角来看,意识形态是统治阶级的意志的反映,是建立在本国经济基础和社会关系之上的。其存在的价值是为统治阶级的合法性做论证,因此统治阶级往往将符合本阶级利益的意识形态扩展到全社会,"包装"成国家意志。在封建制度、资本主义制度下,由于存在社会剥削,意识形态在本国具有"虚假性""欺骗性"的特点。但是,在取消了剥削的社会主义国家,意识形态去除了"欺骗性"的弊病,在这种前提下谈论意识形态,更注重强调其"科学性"的属性。当然,不管在何种政治制度下,意识形态对内的思想凝聚作用,对外的思想防御作用都是一致的,这也是意识形态固有的"工具价值"所决定的。作为一种客观存在,意识形态具有鲜明的阶级性和相对独立性。意识形态的阶级性是首先要明确的属性,这是阶级社会的必然结果,但是资本主义国家为了掩盖阶级上的差异性,对本国意识形态的"阶级性"避而不谈。社会主义国家不仅不会回避这一属性,还会坚持以阶级的立场对意识形态进行强化,使其服务于"人民"对国家的统治,以维护最广大人民群众的根本利益。尽管意识形态属于"上层建筑",是根植于现实社会的经济基础与社会关系的,但是意识形态一旦形成,就具有相对独立的特点。已然形成的意识形态有可能滞后于国家经济社会的发展,偏向于保守。还有另一种情况,在本国经济社会比较落后的情况下,意识形态领域也有可能会呈现对现实情况超越性的繁荣。

主流意识形态是指一定时期内一个社会占主导地位的意识形态。当前我国主流意识形态是以马克思主义为核心内容和理论指导的社会主义意识形态,它起着维护社会稳定、促进社会变革和引领社会发展的作用。习近平总书记强调,新时代建设社会主义事业要具有"四个自信",即中国特色社会主义道路自信、理论自信、制度自信、文化自信。以"四个自信"作为主流意识形态的主要内容,在新时代下既具有理论合理性又具有逻辑自洽性。

二、大众认同分析

抽象理论的巨大力量不在于其自身,而是通过取得大众的认同,经由大众的实践才能成为改造世界的力量。在理论与实践二者之间,存在一个"媒介",这就是"大众认同"。主流意识形态是理论层面的抽象存在,其对维持社会的稳定团结,抵御外来不良思想的侵蚀意义重大。"批判的武器不能代替武器的批判"。作为国家意志形式存在的"主流意识形态"只有内化为个体层面的个人意志,才能发挥其重要作用,从而体现自身价值。因此,研究"大众认同"的概念内涵和具体表现形式是使主流意识形态发挥作用的根本性前提。

(一)认同的辩证关系

以马克思主义实践论的观点来看,认同是一种关系,是主体对客体具有价值的一种主体性肯定判断。认同具有以下辩证关系:

首先,认同是"同一性"与"差异性"的辩证统一。认同是主客体之间的关系,那么主体和客体之间首先存在着同一性和差异性。也就是说,在主体对客体的认同性评价中,是因为客体与主体具有某种同一性,才得到了主体的认同,但是客体必然也存在与主体的不相容之处,当这种"差异性"不足以消解其"同一性"的时候,那么主体便会对客体产生肯定性评价,即"认同"。

其次,认同是"自我"与"他者"的辩证统一。在主体认知客体的过程中,基本的逻辑前提是"自我"与"他者"产生关联。没有主客体的交往实践,认同就无从谈起。尽管认知行为是主体启动的,认知的结果表现为主体的价值判断,但是没有客体,主体就无法完成"认知"这一过程,认同也就失去了基本的前提。从认识论的视角来看,这种"自我"与"他者"的共在性是认同的基本特征之一。

最后,认同是静态性和动态性的统一。在交往实践中,主体在判断客体的时候,区分客体与自身的"同一性"和"差异性"并对客体产生"认同"或者"不认同"的判断。这种判断的产生是基于主体的以往认知背景、当下的心理状态、情感状况等,而主体的这些状态在判断的当下具有"固定化"的特点,所以,主体一旦认同,这种结果在一定时间段内可以持久保持,也就是具有一定的静态性。同时,静态性不是绝对的静止,因为主体和客体都处在不断的发展变化过程中。主体的知识构成、心理素质、理性思辨能力、情感状态是随着时间而变化的,因此对同一事物的认知也会随着自身的变化而产生不同的判断。另外,客体所处的环境背景、客体自身的状态也是随着时间在不断变化的,当客体的状态与主体"同一性"小于"差异性"的时候,那么原来的认同也就会变为"不认同"。从这点来看,认同又具有动态性。

(二)大众认同的三种类型

在对余杭区基层党员的实地调研中,我们发现大众认同表现为三种类型:理性认同、价值认同和情感认同。

1.理性认同是最高的认同形式

理性认同是大众在充分了解主流意识形态构成体系的基础上,对其理论的自洽性、合理性、现实指向性的肯定性评价。这是大众认同的基本前提,也是大众认同的基础。任何主流意识形态,如果不具有理论上的科学性,那就会成为"愚民政策",也许可以取得一时稳定人心的效果,如果不能形成科学的理论体系,就不能在广大知识分子之间产生影响,当其不能合理解释时代变迁中的种种现象时,就会失去群众的信任。只有科学的、实事求是反映现实状况的理论体系,才能有效地应对来自各方面的思想冲击,为人民政权的合法性论证,保证国家政权的稳定和社会的安定。因此,意识形态领域的理论建设具有基础性意义,是意识形态领域的"基础科学"。当今时代的主流意识形态的理论认同,就是要将"四个自信"讲明白,在广大学者之间产生正面影响,也要求广大学者以"四个自信"为学术根本,在各自的领域做出贡献,从而引领广大群众为社会主义现代化事业而奋斗。

2.价值认同是大众认同的核心要素

我国的主流意识形态具有鲜明的导向性——人民为中心的价值观一以贯之于其中。从历史的脉络来看,"民本思想"是儒家文化的核心。所以,以人民为中心的主流意识形态价值观有其历史根基。同时,实现"人的全面自由发展"是马克思主义的价值追求。中国传统文化与马克思主义的价值追求的融合性为主流意识形态的价值导向做了准确的定位。人民群众作为主流意识形态的客体,首先感受到的是主流意识形态对其利益的捍卫,那么其"为我"的价值尺度就对主流意识形态做出肯定性判断。更高一层的,当人民群众个体的价值观与主流意识形态的价值观相契合的时候,也就是人民群众将"为了广大人民群众的利益而奋斗"作为自身存在的价值追求时,这种认同感将会有更深层的力量。

3.情感认同是大众认同的重要支撑

情感认同是一种感性的认同,是建立在大众感情基础上的认同。这种认同的主观性很强,而且其内在的力量也最深厚。在革命年代,无数英雄儿女为了民族的独立和国家的富强牺牲了自己的宝贵生命,正是在无数先烈的浴血奋战下,中国共产党才带领广大人民推翻"三座大山",建立了社会主义新中国。进入社会主义建设阶段,中国尽管走过弯路,也犯过错误,但是在现代化进程中我们只用了 40 年的时间,就走完了西方国家 200 多年的历程,没有共产党的坚强领导是无法取得这样伟大的成就的。因此,作为中华儿女的这种自豪感也是情感认同的重要体现。作为中国人,生下来的那一刻,我们的生命就深深烙印下了自身民族的特点,爱自己的民族和国家是不需要理由的,这种无理由的"爱"正是情感认同的重要体现。尽管情感认同具有"感性"特点,但是这种认同并不排斥"批评"。马克思主义理论体系作为主流意识形态的领导力量,向来强调"发展变化"的规律,向来具有自我革新的旺盛生命力。因为追求进步是马克思主义哲学的本质特点之一,所以接受批评,主动自我批评是主流意识形态的固有属性。我们接受一切友好的批评,但不接受无端指责,更不接受恶意诋毁,这是情感认同的生动表现。

三、新媒体条件下主流意识形态面临的挑战

新媒体在某种程度上是先进生产力的代表,极大地改变着人们的生产生活方式,拓宽了人们的交往空间。由于新媒体自身的技术性特点,使得新媒体空间多种信息多元共存,并且人们获取信息的便捷程度、丰富程度极大提高,这给主流意识形态的传播带来了新的挑战。

新媒体因其技术性,使得其传播模式给多种思潮创造了存在的条件,多元文化思潮的存在对主流意识形态的内容本身又造成了冲击。

(一)主流意识形态传播模式面临的挑战

1.意识形态传播主体自身素养欠缺

意识形态传播主体由国家的党政宣传部门、教育系统的工作者构成,在传统媒介条件下,传播者对大众是自上而下的理论灌输,具有身份不对等性,大众的学习模式采用听课、记笔记、思想汇报等模式,具有强制性。传统的方式更多依赖的是政治权威,很难调动大众的"知情意",做到传播内容的入脑入心。新媒体条件下,受众具有更多的选择空间,传播行为的主动权在受众一方。并且,网民的年龄构成呈现年轻化的趋势,青年网民具有感性化、激情化、幼稚化的特点,这都给传统的"灌输式"宣传模式造成巨大挑战。因此,要求传播主体需要

熟悉新媒体的运作特点，具备一定的网络技术操作能力，同时更要具备扎实的理论功底。并且在新媒体条件下进行传播，更需要改变教学模式，做到平等沟通，传播的内容又要生动有趣，深入浅出。只有这样才能吸引大众，起到传播的效果。

2. 网络空间中主流意识形态的信息资源存在瓶颈

网络的强大信息传输功能是建立在海量数据库资源基础上的，但是在网络空间，主流意识形态的信息资源是相对匮乏的。网络由美国发明，核心的技术都掌握在西方国家手里，并且，网络是随着资本主义的全球扩张而实现自身发展的。网络空间的内容90%以上是英文，先天带着资本主义的逻辑，西方国家就是用自身在网络空间的信息主导权来对其他国家进行思想渗透的。因此，突破核心技术的瓶颈，打造一批适应于中国本土的品牌网站，筑牢主流意识形态的阵地，建立网络空间主流意识形态的数据库是一项迫切的任务。

3. 主流意识形态传播的制度保障亟待加强

网络空间中的交往具有匿名性、不受物理空间的限制，因此有些道德水平不高的网民在网络空间中会放纵自己的行为，甚至钻法律漏洞，利用网络空间的特点获取非法利益。比如，网络诈骗、网络知识产权侵犯等。网络空间法治化建设落后是一个共性问题，因此主流意识形态的传播必然也受其影响。比如网络空间出现的"恶搞英雄模范"事件，就对主流意识形态的传播造成非常大的负面影响。针对这些问题，需要加快立法，以制度化的形式保障主流意识形态的顺利传播。

（二）主流意识形态的传播内容受到冲击

随着中国开放步伐加快，并且以更加自信的姿态走向世界舞台的中心，中国的交往范围也前所未有地扩大了。随着与各国在经济、政治领域互动来往日益频繁，各国间的文化交往日益凸显其特殊作用和价值。文化是一个国家的灵魂，是一个民族兴旺发达的不竭动力。在国际交往中，文化承担着强化本国人民归属感的重要作用。资本主义全球扩张模式是西方开创出来的，与之相伴的是西方为中心的话语体系，西方国家对落后国家的"霸权主义"更多地表现在文化领域，掌握文化影响力就掌握了话语权，也就掌握了权力。因此，当今世界的革命已经不再仅仅是传统的武装暴力，而是"文化战"。在中国融入国际交往的进程中,有几种思潮契合了网络传播的特点,对中国的主流意识形态影响较大,如果不能清楚地辨析其本质,将会使主流意识形态面临严重的冲击,不能很好地坚持主流意识形态的主体地位。

历史虚无主义的冲击。历史虚无主义的特点是将历史的客观存在性虚无化,通过否定既往宣传的历史存在的合理性来否定当前政权的合法性。苏联时期,赫鲁晓夫否定斯大林,这被西方国家拿来大做文章,成为西方势力攻击社会主义政权合法性的有力武器。加之苏联没有充分重视网络、传统媒体领域与西方的"意识形态阵地的斗争",结果导致国内民众对自己国家的政权失去了信心,在与美国的对抗中不战而败。我国的网络中也充斥着大量的否定前国家领导人、恶搞英雄模范的信息,这些信息披着娱乐的外衣,很容易被大众拿来消遣,这为历史虚无主义的蔓延提供了绝佳的土壤。

无政府主义的冲击。无政府主义在网络中的传播并非是真的想建立一个"没有政府的社会",往往是拿来对现存政府进行恶意抨击。抓住现存政府的一些不当之处,大肆渲染,宣传建立一个"自由、民主、没有权威"的社会。这个社会的阶级基础是"小资产阶级",由于该阶层的人数众多,网民的主体也存在于该阶层中,因此在网络环境中影响巨大。

新自由主义的冲击。新自由主义在美国的里根总统和英国的撒切尔夫人的推动下在全球范围内传播开来。新自由主义在经济上强调私有制,倡导自由竞争;政治上强调国家的中立,反对国家对经济的过度干预;文化上强调多元文化的共存。由于其披着华丽的"自由、民主"外衣,很容易被民众混淆,认为我国的国有经济不符合市场经济制度,认为我国的宏观调控不符合自由竞争的市场原则,抨击国有企业存在的合理性。回应新自由主义的种种"似是而非"的诘难,应该从历史中寻找答案。东欧剧变之后,西方国家资本迅速涌入,而这些国家也为了使本国尽快融入西方经济体系而对境外资本敞开大门,结果国内经济被境外资本洗劫一空,国有资产大量流失,国家经济命脉受控于他国,本国的独立自主性受到严重侵害。高扬主流意识形态的主体地位,坚定社会主义事业的"四个自信",是解决好这一思潮冲击的有效手段。

民主社会主义的冲击。民主社会主义是建立在"不触动资产阶级经济基础"之上的改良方案,要求和资本主义共存共荣,并通过"价值革命"实现国家向社会主义的过渡。由于这种思潮具有"软弱性",迎合了大部分资产阶级和小资产阶级维护自身利益的需要，所以在网络空间很有市场。但应清醒地认识到，民主社会主义和马克思主义具有本质上的不同。它是建立在唯心史观基础上的哲学，维护小资产阶级的利益，不愿意触动资本主义经济基础。不可否认，民主社会主义对现前社会具有一定的借鉴意义，但是这并不成为其否定马克思主义历史存在合理性的依据，也不足以说明自身的科学性。由于民主社会主义往往披着"马克思主义"的外衣，往往更具有迷惑性，在网络空间蔓延开来对主流意识形态冲击很大，这是非常值得警惕的。

四、增强主流意识形态认同感的对策建议

主流意识形态对国家的稳定团结，对社会的安定和谐，对民众的精神归属感具有十分重大的意义。必须强化主流意识形态在思想层面的主体地位，坚持主流意识形态对各种社会思潮的引领，同时积极同各种反动的意识形态进行勇敢的斗争。

1. 强化主流意识形态的理论建设工作

结合当下新媒体条件，有效转化话语表达体系，明晰主流意识形态与非主流意识形态的关系，在进行意识形态教育宣传时要更为细致准确地把握主流意识形态，明确主流意识形态的核心力量。完善新时代下"中国化马克思主义"的理论建设，走出苏联框架的"马克思主义"，着重阐释马克思主义的时代性问题，发挥其在"人文关怀"方面的理论内涵，赢得当代大众的心理认同感。大力弘扬革命文化、优秀传统文化，将其纳入社会主义意识形态的主体地位，为增强民众的文化归属感提供文化基础保证。

2. 建立主流意识形态的常态化引导机制

新媒体条件下，各种思潮涌动，同时充斥着大量的现实层面的冲突问题。理论与现实交融碰撞，境内与境外共存共生。在这样的复杂环境中，大众往往会失去自己的判断力，政府部门应该适时运用自身的"公信力"，明确判断各种焦点问题的是非曲直，并发表自己的见解，从而引导大众在主流意识形态的范围内凝聚共识。组建网络意识形态工作专家团队。培养一批有深厚理论素养的网络评论员、专家学者、意见领袖，这些专家团队的积极发声与主动引导将有

效地把大众的思想凝聚到主流意识形态的价值观中来,尤其是对当前热点事件的点评发声,会使民众在烦冗的信息海洋中有思想归宿。建立网民与政府互动机制。突破以往的政府"单向传播模式",鼓励网民合理发声。调查表明政务的公开不仅不会降低政府的影响力,反而有利于民众对政府进行监督,提升大众对政府部门的政治认同感。同时,民众的合理发声可以使政府部门有效了解大众的真实诉求,为精准解决意识形态领域的问题提供现实依据。

3.建立长效危机监管机制

意识形态领域的斗争是"没有硝烟的战争",具有高度的抽象性特点,但是,一旦意识形态领域出现问题,结果都是非常严重的。尤其是互联网时代,也许一个不起眼的事件经过网络的传播发酵,将引发更大范围的人心动荡。"茉莉花革命""伊朗大选后的社会动荡"都证明了这样的事实。面对突发情况,作为"主体"的意识形态工作者,应该着力做好以下三个方面工作的思想重视、行动高效。作为意识形态领域的工作者,应该对意识形态领域的问题的严重性、广泛性有清醒的认识。当危机发生的时候,能够迅速判断事件的属性以及所隐含后果的严重性。在采取行动的时候,进行多部门协同合作。成立危机应对指挥小组,协同各方力量处理好所面临的危机。加强立法,做到有法可依。法律是统治阶级意志的体现,在我国,法律具有"人民"属性。只有将相关监管合法化,具有法律效力后,才能为监管者提供行为遵循,同时也赋予其监管行为合法化的身份。否则弹性空间过大,使得监管部门无从下手,难免导致"一抓就死,一放就乱"的管理后果。培养意识形态治理人才,建立意识形态治理长效机制。组建专业团队,对主流意识形态的传播进行长效监管,在意识形态领域遇到问题的时候的早期进行有效防范,初期进行预警,中期进行应急操作,后期进行总结防范,形成网络舆情危机监管长效机制。

参考文献

[1] 马克思.1844年经济学哲学手稿[M].北京:人民出版社,1985.

[2] 马克思,恩格斯.德意志意识形态[M].上海:群益出版社,1947.

[3] 马克思,恩格斯.马克思恩格斯选集第一卷[M].北京:人民出版社,1995.

［4］陈锡喜.马克思主义:意识形态和话语体系［M］.上海:华东师范大学出版
社,2011.

［5］朱兆中.当代中国的价值追求:坚持马克思主义在意识形态领域指导地位的
思考［M］.上海:上海人民出版社,2012.

［6］侯惠勒.弱化与强化:意识形态的当代走向与马克思主义的话语权——论邓
小平理论和"三个代表"重要思想的一大理论创新［J］.毛泽东邓小平理论研
究,2004(6):3-10.

［7］张骥,申文杰.马克思主义意识形态话语权在我国思想宣传领域面临的挑战
与实现方式探究［J］.当代世界与社会主义,2011(1):163-168.

［8］吴晓斐,王仕民.论大众文化的意识形态性表达［J］.岭南学刊,2017(3):
35-40.

［9］袁三标.从话语权视角看国家意识形态的现代性转化［J］.理论导刊,2006
(12):27-29.

中华人民共和国成立70年以来农村基层党建工作的回顾与展望

——以杭州余杭区为研究对象

陈华杰

（杭州市委党校余杭区分校）

摘　要：中华人民共和国成立70年以来，余杭农村基层党的建设工作紧紧围绕经济社会发展的大局，保持思想建设、组织建设、作风建设的同步推进，积极扩大党建工作覆盖面，扎实推进基层民主政治建设，创造性地开展工作，取得了较好的成效，可谓创新不断，亮点纷呈，为余杭的经济社会发展提供了强大的政治保证，切实提升了农村基层党建工作的科学化水平，有不少经验做法在全国、全省、全市得到推广和借鉴。在纪念中华人民共和国成立70周年之际，回顾和总结余杭农村基层党建工作的发展历程和基本经验，对进一步提升农村基层党组织的凝聚力、战斗力，特别是加强党对农村基层社会的领导具有非常重要的意义。

关键词：中华人民共和国成立70年；农村基层党建工作；回顾与思考

中华人民共和国成立70年以来，党的基层组织建设在党的建设新的伟大工程中，是一项战略性、前瞻性的党的建设事业，是最能体现时代活力和创造力的一项基础性建设，而提高基层党组织的战斗力必须通过基层党建工作的与时俱进、不断创新来实现。中华人民共和国成立70年以来，我们在加强党的基层组织建设的同时，结合实行改革开放，建立和完善社会主义市场经济，发展社会主义民主政治，创新基层社会治理的新形势、新要求，不断致力于推进基层党建工作的创新与发展。中华人民共和国成立 70 年以来,尤其是进入 21 世纪以来,余杭区委在大力推进本地区经济社会发展的同时,十分注重农村基层党的建设,不断创新工作机制、举措和思路,可谓创新不断,亮点纷呈,为余杭的经济社会发展提供了强大的政治保证。回顾和总结余杭农村基层党建工作的发展历程和基本经验,对于进一步提升农村基层党组织的凝聚力、战斗力,特别是对新时代加强党对基层社会的领导具有深远的历史意义。

一、中华人民共和国成立以来余杭农村基层党建 工作模式的发展历程回溯

自中华人民共和国成立以来,余杭农村基层党的建设除十年“文化大革命”时期,始终坚持求突破、创特色、争一流的工作理念、方法,走出了一条契合余杭农村实际的基层党建工作新路子。对于余杭农村基层党建工作的探索和创新之路,本文认为,大体可分为五个历史阶段。

(一)第一阶段:从初步建立到十年动荡(1949—1978)

1951 年 3 月底,中央召开第一次全国组织工作会议,通过了《关于整顿党的基层组织的决议》和《关于发展新党员的决议》,对整党和建党工作进行具体部署。在这一时期,余杭县[①]人民在党的领导下经过土地改革、镇压反革命、剿匪反霸、抗美援朝、“三反”、“五反”等运动,人民政权日益巩固,经济、社会秩序日趋稳定,人民生活日益安定,基层党建工作蒸蒸日上。1953 年后,随着第一个五年计划的实施和社会主义改造的逐步深入,面对新的形势和任务,迫切需要两县县委根据中央和省、地委的要求,对中华人民共和国成立后这几年的工作进行全面、系统的总结,从两县实际出发,适时调整工作方式、方法,对今后工作的指导思想、工作任务、工作重点和发展方向等重大问题做出统一部署。当时,主要的任务是整顿发展壮大基层党的组织,清除一切暗藏的反革命分子,以纯洁

---

① 余杭县的前身为杭县和余杭县。1949 年 5 月 2 日、3 日,余杭县、杭县相继解放。两县解放后,经上级党委任命建立中共余杭县委员会和中共杭县委员会。

我党的组织,确保党的各项政治任务的完成。此后,农村基层党建工作主要围绕加强广大社员的集体主义思想,坚定走人民公社道路的决心,正确解决大集体和小集体、集体和个人的关系,正确解决供给制和食堂问题上的思想问题。"文化大革命"时期,各级基层党组织经常性地开展群众性的评论党员的活动,坚持"阶级斗争不完结,思想整顿永不止",同时也在一定程度上慎重地发展新党员,并重视搞好整团建团工作,依照无产阶级先锋队的面貌建设好基层党组织。

(二)第二阶段:从恢复整顿到完善加强(1979—1986)

改革开放后,余杭农村工作面临的主要问题是如何尽快摆脱长时间"左"倾错误给农村事业发展带来的束缚,顺应农民群众的改革诉求,推进以家庭联产承包责任制为主要内容的经济体制改革,恢复农业生产,解决农民的温饱问题。经历"文化大革命"之后,余杭农村基层党的建设处于整顿恢复时期,深入开展了关于真理标准问题的讨论,批判了"两个凡是"的错误思想,反复地向党员群众宣传三中全会以来的路线、方针、政策,重点是恢复农村基层党组织工作,提出建立正常的党的生活秩序,恢复和健全"三会一课"制度,严格党的组织生活,加强党员教育,有计划、有步骤地进行整党,普遍开展了"双争"活动,农村基层党员、干部的思想和作风有了改善。同时,这一时期农村基层党组织十分重视对社会治安的综合治理,先后在全县范围内开展了普法教育,提高了党员群众的法制观念,并继续打击严重刑事犯罪和严重经济犯罪活动,促进了社会治安和社会风气的明显好转,为推进全县改革开放和社会经济发展打下了坚实的思想和组织基础。

(三)第三阶段:从探索改革到拓展提高(1987—1992)

这一时期,重点是发挥农村基层先进党组织的示范作用,开展党员"双争双评"活动,积极慎重地发展新党员,尽快改变农村一部分后进党组织的面貌。以发展农村集体经济为中心,切实做到充分发挥农村基层党组织对基层党员群众的领导作用,切实抓好抓实农村党的建设工作,建设好村级领导班子,特别是配好村级党组织书记,并探索推行村干部养老保险工作,认真解决好村干部的报酬问题。同时,对后进村党组织,采取得力措施,分期分批进行整顿;结合农村党的基本路线教育,在全县农户中开展评定"双文明户""五好家庭户""遵纪守法户"的"三户"工作。1989 年,全县农村各级党组织均成立路线教育领导小组,层层试点,逐步铺开。通过教育,从而使党在农村的各项方针、政策得到贯彻落实,推动了农业生产发展,促进了农村精神文明建设。1990 年,开展了声势较大的扫黄和除"六害"活动,使社会风气有了进一步好转。20 世纪 90 年代初,为了帮助集体经济薄弱村发展经济,县里从机关抽调一批年轻干部到这些村任职,并取得了明显的成效,同时开展了党员"双争双评"活动。①

(四)第四阶段:从城乡统筹到全面加强发展(1993—2012)

随着我国社会主义市场经济体制的逐步建立,农村社会问题和社会矛盾也日趋增多,农村基层党组织建设所面临的形势变得更加严峻和复杂。这一时期,按照发展社会主义市场经济的要求,找准农村基层党建与实际工作的结合点,分类指导,整体推进,发挥了基层党组织的战斗堡垒作用。大胆选择一批政治强、作风实、有开拓精神、有商品经济头脑的党员,充实到村级领导班子,担任主要领导,增强农村党支部的战斗力。把开展建设小康村活动,作为农村党组织的主要任务,"强村、富民、奔小康"的整体能力有了较大提高,小康村建设的目标基本实现。此后,随着农村集体经济收入的不断提高,基层党组织着重围绕"五个好"的目标,着力解决农村"有人办事、有钱办事、有章理事"的问题,全面提高农村党建工作的水平。值得一提的是,2005 年,塘栖镇唐家埭村举行村民委员会换届选举,采用国内首创的"自荐海选"②,即无候选人的直接选举方式。21 世纪以来,积极开展"三级联创""先锋工程""领头雁"工程建设和"星级村"创建活动,实行集体经济相对薄弱村集团式帮扶,坚持开展"驻村入户进社区"活动,不断丰富农村党组织"五个好"建设内涵,全面推进农村、社区党建工作,充分发挥了农村基层党组织在新农村建设中的领导核心作用,被评为全省农村基层组织建设先进区。

(五)第五阶段:从全面发展到"党建十治理"(2013 年至今)

这一时期,切实把抓好党建工作作为最大的政绩,创造性地提出"党建十"

---

① "双争双评"活动:指争当先进党支部、争当优秀共产党员、民主评议党支部、民主评议党员。
② "自荐海选"是总结"海推直选"和其他地区"海选"经验的基础上依法创新,实现了村干部村民选、村务村民理、村情村民知、村策村民定、村事村民管的农村基层民主政治建设。

模式①,特别是围绕"党建＋治理",重点抓好完善"党建＋村级治理"②,以及"党建＋社区治理"体系③,坚持党建工作重心向基层下移,推动支部建在网格上,深化党建网、综治网"两网合一",促进网格化、信息化"两化互动",形成了大党建统领大联动治理工作机制④。近年来,农村基层党建工作严格按照中央和省市区相关要求,扎实开展党的群众路线教育实践活动、"三严三实"专题教育以及"两学一做"学习教育,积极推进服务型党组织建设,深化"网格化管理、组团式服务、片组户联系"工作,实施基层党建"三大主体工程",推进"三个全覆盖",落实"三大指数"过程管理,创设党员固定活动日、网格党员活动阵地等平台载体,基层党员的身份意识、先进意识逐步唤醒,基层党组织的战斗力、凝聚力不断增强。同时,在全区层面上,持续深化"周三夜访夜学"、"百千万"蹲点调研、"一村一社区一机关"结对共建暨"千名干部进村社访民情解民忧""千干联千企访千才"活动,在推动党员领导干部真正沉到基层,深入联系服务群众,解决实际民生等问题上起到了应有的作用。

二、中华人民共和国成立以来余杭农村基层党建工作的主要创新做法及成就

自中华人民共和国成立以来,余杭农村基层党建工作不断适应形势的变

---

① "党建＋"工作方式写入省委十三届七次全会《中共浙江省委关于全面加强基层政权建设的决定》。

② "党建＋村级治理":建立健全以村党组织为领导核心,村民委员会为主导,村民为主体,村务监督委员会、股份经济合作社、群团组织、专业技术合作社、社会组织等共同参与的村级基层治理架构,健全自治、法治、德治相结合的村级治理体系。

③ "党建＋社区治理":建立健全以社区党组织为领导核心,居委会为主导,居民为主体,居务监督委员会、群团组织、驻社区单位、业委会、物业公司、社会组织等共同参与的社区治理架构,健全自治、法治、德治相结合的社区治理体系。

④ 全力构建"党建＋治理"的三横一竖"王"字形运行机制,核心在于为基层党组织和党员在基层社会治理中发挥作用提供强有力的体制机制支撑。做优区级整体联动"顶线"。成立大党建统领大联动治理工作领导小组,由区委书记担任组长,下设大联动办公室(挂在区委办公室),搭建信息集成和大联动指挥两大平台,统筹整合部门工作力量,形成"一盘棋"。做强镇(街)部门联动"中线"。坚持条块联动、块抓条保,属地统领、捆绑考核,条条抓审批执法两头,块块抓中间管理、条块共抓社会管理和服务。做实村(社)网格干群联动"底线"。依照城市型、城郊型、农村型、专属型分类划分基础网格,建立网格支部,配备网格长、网格参与员、网格协管员、网格指导员"一长三员",制定网格工作职责清单,落实好职责。做通上下贯通运行机制"竖线"。开发大联动 App、钉钉工作群、微信公众号等,建立对上对下、对内对外、终端后台、线上线下的大联动信息系统,形成村(社)网格—镇(街)—区级平台三级流转机制。

化、时代的需要和上级的要求,探索出了一些富有自身特色的工作经验、做法与成绩。

(一)创新农村基层党建工作组织方式,不断扩大党的工作覆盖面

加强党对农村工作的领导,健全党管农村工作领导体制,构筑适应新时代要求的农村基层党建新格局。一是创设"党建＋"工作模式。以党建工作引领推动农村经济、生态、综治、文化等各项事业全面发展的工作模式,进一步推进全面从严治党向基层延伸、自上而下层层传导,使广大党员有需要、有平台、有意愿参与到党建工作中来,铺就了一条基层党建和工作创新双向发力、同向发展的长效之路。二是形成了民主选举机制。开展以村党支部(总支、党委)"公推直选"、村委会"自荐海选"为主要内容的选举机制,以村"两委"联席会议、党员议事会、村务大事民决、村民代表会议为主要内容的决策机制,以村民自治章程和村规民约为主要内容的管理机制,以村务公开、民主评议村干部、村干部任期或离任审计为主要内容的监督机制。三是尊重和保障党员主体地位。推行党员协商票决制,畅通党员参与村社重大事项决策讨论的渠道;推行党员提案制,以制度形式及时收集和听取党员的意见、建议和呼声;推行党员代表票决制,由全体党员推选党员代表,对有关重大事项进行票决;扩大党内民主,公开公平地选好基层党组织书记。四是实体党建与虚拟党建的有机结合。利用"互联网＋",创新党建载体,"线上＋线下"的学习模式。将村党组织班子建设、队伍建设、制度建设、网格党建等方面情况纳入信息化管理平台进行量化考核,努力激发党组织的创造力、凝聚力和战斗力。

(二)优化农村基层党务干部选拔培养方式,不断巩固党的执政基础

着力构建农村基层党建新格局,加大农村基层干部的培养使用力度,形成一支强大的农村"领头雁"队伍。一是始终坚持"任人唯贤"的原则。引进优秀的大学毕业生、民营企业家、工商界人士和各类专业技术人员回到家乡担任基层农村干部。同时,从全区面上打破地域、职业、身份、学历等因素限制,组织机关部门、镇街和企事业单位优秀青年入村担任农村指导员。二是始终坚持"群众公认"原则。探索实施面向社会公开选拔村党组织书记,规范选拔任用程序,村党组织换届选举从实行"两票制"到"两推一选"到"公推直选",村委会换届选举从有候选人选举到无候选人选举的"自荐海选"等一系列民主选举机制,在全

区推行村务大事民决等民主决策制度。三是建立绩效考评体系。实现联绩计酬，不断提高管理水平，推行"公职化"任职。制定严格的绩效考评体系，坚决破除农村基层干部工作积极性难题，建立综合性、立体式、全方位的可操作考核评价体系。对优秀村社党组织书记选拔为镇乡领导班子成员，加大表彰奖励力度。四是完善日常监督机制。坚持开展换届后村社班子战斗力情况"回头看"，规范村级监督组织运行机制，构建积极有效的民主监督体系。明确村民监督委员会、社监会（监事会）、村纪委的工作职责和具体事项要求，形成上级组织、村级监督组织、党员群众为主体的监督网络，畅通党内外监督渠道，建立健全不合格村党组织书记正常退出制度。

（三）加强农村基层党员发挥作用的教育引导，充分发挥党员先锋模范作用

在社会主义市场经济体制建立以后，如何更好地调动农村党员的积极性，进一步发挥他们的先锋模范作用，这是农村基层党建工作的重要课题。一是加强理想信念教育。提倡和弘扬社会主义核心价值观，增强党员自我净化、自我完善、自我革新、自我提高的能力。增强党员教育培训的吸引力和感染力，注意把青年党员的党性教育与提高工作技能结合起来，把政治功能作为建设"最强网格支部"的重要内容，优化网格党建组织体系。二是充分发挥舆论导向作用。以生动鲜活的身边典型，宣传先进党组织和优秀党员，增强共产党员的身份认同感及群众支持，引领良好家风、村风、民风的形成。积极推动网络、微博、微信等现代传媒的运用构建，区级层面、镇街层面注重整合培训资源，建立网上党校，开展农村基层党员集中轮训工作。三是健全党员分类管理机制。建立经常性、制度化的党员评价机制，科学统筹党员固定活动日，适当按照分类管理要求进行各类活动，完善细化相关具体环节规定。严格实行流动党员活动制度，采取就地管理、动态管理的办法，让外来人口、青年群体等充分融入网格党建，切实做到情况清、流向明、管到位。

（四）创新农村基层党建工作责任落实机制，确保党建工作落到实处

党建抓实了就是生产力，抓细了就是凝聚力，抓强了就是战斗力，坚持把抓好党建作为最大政绩，把党要管党、从严治党的要求落到实处。一是建立一套

科学规范的运作机制。推行"三务四公开"、村级事务民主协商工作机制,基层农村工作有序推进。同时,健全完善村党组织书记队伍监督、管理、考核等各项机制,规范化水平进一步得到提升。二是落实党建引领经济社会发展机制。决不让制度只挂在墙上、停在文件上,通过党建引领助推经济社会发展中心工作。特别是在集体经济薄弱村消除工作、特色小镇建设、三改一拆、美丽乡村建设、五水共治、G20杭州峰会维稳安保等工作中,余杭全面做实网格党建,通过网格支部全覆盖、组团联村全覆盖、党员联村全覆盖,层层深入基层党建的工作链条和责任链条,推进支部建在网格上。三是完善党员作风预警机制。对涉及的党员和组织采取打招呼(绿色预警)、当面谈话(黄色预警)、廉政警告(红色预警)等形式,及时提醒或整改。同时,建立健全党内关爱、帮扶、激励机制,增强农村基层党组织的凝聚力和向心力。

三、中华人民共和国成立以来余杭加强农村基层党建工作的主要经验及启示

考察中华人民共和国成立以来余杭加强农村基层党建工作,对于我们今后进一步以创新的精神推进基层党组织工作的建设,意义非常重大。

(一)要始终坚持解放思想、实事求是,不断创新工作理念和工作方法

如何更有效地开展农村基层党建工作,这需要系统的、整体的哲学思维。在不同的历史时期,所面临的形势和任务也是不一样的。在此背景下,农村基层党建工作怎样才能取得更大的突破,不断提升整体工作水平,这必须进一步解放思想、实事求是。从历史和现实的经验来看,需要解决好农村基层党建工作的覆盖面,以及农村基层党建工作的实现形式等诸多问题。我们非常注意在经济社会发展不同的历史时期,根据所在村的经济社会发展不同阶段特点和党建工作面临的主要矛盾,有针对性地开展党建工作。具体表现为在贯彻落实上级精神时,注重创造性的同时,还注重结合本地实际,有突出和有侧重,选准上级精神和本地实际的结合点,紧紧围绕发展村级集体经济和提高群众生活水平这一目标不动摇,实现贯彻上级精神和切实解决群众实际问题的高度统一,在党的建设工作中进行了很多创新,有不少经验做法在全市、全省乃至全国首创并得到推广。

（二）农村基层党建工作要始终保持思想建设、组织建设、作风建设的一致性

回顾中华人民共和国成立以来余杭农村基层党建工作的发展历程，与余杭历届党委、政府始终以思想建设为先，同步推进党的组织建设和作风建设的做法有很大联系。特别是经历"文化大革命"之后，余杭农村基层党的建设工作就非常注重思想建设、组织建设、作风建设三者的高度统一。在整顿恢复时期，全县各级党组织深入开展了关于真理标准问题的讨论。从 1985 年 6 月至 1986 年 11 月，全县党员分三批参加整党。通过整党，全县党员不同程度地增强了理想宗旨观念、党纪法制观念和党风党性观念。1989 年，全县农村各级党组织均成立路线教育领导小组，层层试点，逐步铺开。20 世纪 90 年代，为了帮助集体经济薄弱村发展经济，县里从机关抽调一批年轻干部到这些村任职，并取得了明显的成效。进入 21 世纪，余杭积极推进"领头雁"工程建设，"五好"村党支部建设，精心组织"双思"教育、"三个代表"学教活动，开展在职党员"双报到"、"点亮微心愿"、冠名党员服务站"百站千人万次"等党员服务活动，形成了"驻村入户"、民情恳谈会等好的做法。十八大以后，深化党建网、综治网"两网合一"，促进网格化、信息化"两化互动"，建立健全社会治理大联动工作机制。

（三）确保改革创新有不竭动力，要始终以尊重基层和群众的首创精神为基础

余杭历届党委、政府始终坚持党的群众路线，经常研究部署加强作风建设，采取一系列行之有效的措施。首先，始终以解决经济社会发展中的热点和难点问题为着力点，依靠人民群众的创新创造精神，积极探索"党建＋"工作模式，实施关爱民生工程，坚持在工作重点和难点上寻求突破。其次，坚持党建工作重心下移，深入基层组织，加强党的基层组织的作风建设和效能建设，加大基层党组织的反腐倡廉力度。再次，把关爱和服务党员作为保持党组织生机和活力的重要途径。近年来，余杭区各级党组织高度重视困难党员的关心关爱关怀工作，全面开展以生活帮扶、身心抚慰、情感关怀和归属呵护为主要内容的关爱工程，切切实实提升了党员的归属感，有效地凝聚了基层党员人心。同时，还建立了党员困难互助金，专门用于补助生活出现重大困难的党员家庭，增强了党员的组织归属感和宗旨意识。

(四)基层党建工作的手段和方法要始终与信息化发展相适应

在互联网的信息化时代,农村基层党建工作如何适应这一时代变迁与特征,关系到党建工作的有效性、及时性和覆盖面。一是探索新兴媒体平台建设。推进农村基层党建工作信息化建设,通过优化"余杭党建"网站、创新"余杭党建"电视栏目,以及做实"远教博客"、远教互动直播系统、党建手机平台等载体建设,进一步探索网上党支部、党建微信互动群等网络党建模式,有效增强农村基层党建工作的生机与活力。二是改进联系服务党员模式。通过现代信息技术手段以及实地走访调研等了解民意民情,密切与人民群众的联系,解决群众的实际问题,拓宽了党员和群众反映意见的渠道。同时加强对流动党员的网络化服务管理。三是建立信息化管理考核方式。依托余杭区基层党建信息化管理平台,建立村(社)党组织堡垒指数信息化管理模块,将村(社)党组织班子建设、队伍建设、制度建设、网格党建等方面情况纳入信息化管理平台进行量化考核,逐步做实做强网格支部。

四、结论与展望

自中华人民共和国成立以来,余杭历届党委、政府坚持解放思想、推进农村基层党建工作的创新与发展,在不同的历史时期和基层党建工作的不同领域,先后形成了各具时代特色的基层党建工作模式和方法,农村基层党建工作与经济社会发展的联系越来越紧密。但是,从运行的情况看,当前一些机制的科学性还需进一步探索。余杭要打造全省"两个高水平"建设先行区,成为名副其实的全省榜样,必须紧紧围绕中国特色社会主义的伟大实践,不断研究解决事关农村基层党建工作全局的关键性重大问题,努力开创农村基层党的建设工作新局面。

参考文献

[1] 中共杭州市余杭区委党史研究室.中共杭州市余杭区历次代表大会文献汇编(1955—2006)[B].2011.

［2］中共杭州市余杭区委党史研究室.余杭改革开放 30 年［M］.北京：方志出版社,2008.

［3］中共杭州市余杭区委党史研究室.改革开放以来中共余杭历史专题集［B］.2017.

［4］冯建波.改革开放以来宁波基层党建工作在创新中发展的经验及启示［J］.中共宁波市委党校学报,2011(4):19-25.

服务型数字政府建设的浙江实践

——以义乌"无证明城市"建设为例

钱泓澎

（义乌市委党校）

摘　要：服务型数字政府的建设，是深入推进"互联网＋政务服务"，建设"数字中国"的重要抓手，也是顺应信息化新趋势、再创营商环境新优势、建设人民满意的服务型政府的时代要求。义乌通过政务大数据平台和信用城市等技术和制度创新，实现了"无证明城市"的建设。有效深化了"最多跑一次"改革，实现了技术理性和政务服务的有机统一，为国家治理体系和治理能力的现代化建设提供了一个微观样本。

关键词："无证明城市"；服务型；数字政府

一、研究背景

数字政府治理蕴含了人类由工业社会、工业文明向数字社会、智能文明演进背景下数字治理共同体的构建，有助于实现社会生活的数字化与国家治理现代化之间的协同。数字政府建设既是推进"数字中国"建设的重要内容，也是促进国家治理能力现代化的必由之路。2018 年 7 月，浙江省政府颁布《浙江省数字化转型标准化建设方案（2018—2020 年）》，方案中提出，以政府数字化转型为先导，撬动经济和社会各领域数字化转型，重点任务之一就是助力政府数字化转型，全力打造智慧政府。旨在通过"政府理念创新＋政务流程创新＋治理方式创新＋信息技术应用创新"的"四位一体"架构实现对政府全方位、系统性、协同式的变革,创造出"市场有效、政府有为、企业有利、百姓受益"的体制机制新优势。从这个角度来说,加快推进政府数字化转型,全面提升政府履职的数字化、网络化、智慧化水平,以数字政府建设深化"最多跑一次"改革,推动政府治理变革从量变到质变、从理念到实践、从技术到应用的全面改变等具有重大意义。

作为政务服务的重要组成部分,提供证明是政府义不容辞的责任。但是长期以来,各种重复证明、循环证明和"奇葩证明"屡见不鲜,由此导致的证明多、证明烦、让老百姓跑断腿等问题,给人们平时的工作、生活带来许多困扰。因此,2018 年 6 月 15 日,国务院办公厅印发了《关于做好证明事项清理工作的通知》,文件中对做好证明事项清理工作做出了重要部署。同年 8 月 17 日,义乌市人民政府新闻办公室发布通告,截至 2018 年 7 月底,义乌已分四批公布取消市内 270 项证明材料。这标志着义乌市在全国首先实现了"无证明城市"的建设。"无证明城市"的建设的技术基础是城市大数据系统,通过公共数据资源整合、归集、共享、开放,深化"掌上办""一证通办"和涉企便利化改革,利用公共数据共享管理发布平台实现部门间的数据共享,变"群众跑腿"为"数据共享",实现群众"零跑腿"。"无证明城市"的成功建设标志着向服务型数字政府的建设迈出了坚实的一步。

二、文献综述

浙江省的"最多跑一次"改革是一项以问题为导向的改革,对政府职能体系、运行机制和流程再造都提出了多种改革命题和要求,由此在一个新时代下为全局思考规划地方治理现代化提供了一个突破口。[1]此项改革准确把握了国务院"放管服"改革的内在逻辑,统筹推进减少政府审批、创新监管、优化政务服务,将"最多跑一次"的理念贯穿于政府依法全面履职的各个方面。[2]"最多跑一次"改革形成的层层倒逼、层层递进的推进机制,将有效推动政府职能转变、政府管理模式和行政流程变革以及大部门体制改革和府际关系调整,形成行政体制改革和政府治理体系现代化的完整路线图。[3]从更深层次看,"最多跑一次"改革秉持互联网思维中开放、共享、合作的理念,将逐步打破传统政府部门之间各自为政的条块化、碎片化治理倾向,各职能部门相互依靠、相互协同,共同构成了整体性政府的治理框架。[4]要求政府进行全面且深刻的流程再造和政府转型是"最多跑一次"改革的必然要求,因此 2018 年 5 月浙江省提出的数字政府建设就是从"最多跑一次"改革衍生出来的重要技术和制度创新。但是对于数字政府建设,更多的研究停留在理论和省域实践层面。王少泉研究了我国数字政府治理的现状、问题以及推进途径,认为我国当前数字政府建设的主要难点在于治理网络整合难度大,理论基础不深,实际举措不多。[5]周雅颂研究了我国第一个省级政务数据平台"云上贵州",从其建设现状来看,存在着明显的"条块分割"和"数据孤岛"现象,并未实现政务数据的"聚通用"。[6]王剑侯等人分析了浙江民政系统的数字化转型,有一定的效果,但是与整体政府的数字化建设仍然有一定的差距。[7]黄建伟等人从伦理学角度研究了基层数字治理存在的问题,基层数字治理如"小马拉大车",基层行政人员往往力不从心,同时基层数字治理"表层"的光鲜在一定程度上掩饰了其"深层"的黯淡,基层政府"表层"上在这一阶段的信息提供和公共服务似乎进步不小,但深入其"内核"之后发现,在官民互动、电子民主和政社合作等方面较为空洞。[8]而从欧美数字治理的效能来看,各国政府普遍面临着透明不足、问责不够、信任缺失、财政紧张等一系列问题。作为对政府治理面临的新挑战的回应,西方开始了从电子政务向数字时代治理转型[9],西方的数字治理通过技术手段实现了从传统公共行政向现代公共治理的转变,从以"政府为中心"发挥功能向以"民众为中心"发挥功能转变,其公共行政的价值理性开始回归,这也是数字时代治理理论在发展过程中将工具理性与价值理性之间的非均衡状态再平衡,运用数字技术来实现地方治理的效率与公平。[10]从以上研究可以看出,对于已有的数字政府实践来说,着重于省域层面的简单探索,问题重重并缺乏微观实践。西方的数字政府建设领先于我国,已实现地方治理的理性化和科学化。而对于浙江省已经进行了 3 年的"最多跑一次"改革来说,数字政府的建设是当前改革的重点和难点。而对于义乌"无证明城市"的建设,缺乏理论研究。

本文认为,"无证明城市"的成功建设本质上是数字政府建设的显性成果。本文以"无证明城市"建设为例,研究数字政府建设中的微观机制,技术基础和价值理性。对于"放管服"改革的微观推广,"最多跑一次"改革的深化,数字政府的建设,夯实"无证明城市"的基础有一定的贡献。

三、"无证明城市"建设中的难点和堵点本质上
就是"最多跑一次"改革的难点和堵点

"无证明城市"是一种"新公共服务"的范式,是政府职能由"管控"向"服务"理念转变的一个抓手。通过改革倒逼职能部门深入转职能、转方式、转服务。但是在建设过程中,困难重重,既有法律和制度上的阻碍,也有技术上的不足。

(一)"证明"定义难、梳理难、取消难

首先,证明材料作为事项办理要件,表现形式多样、种类烦冗复杂,目前没有统一明确的概念、范畴和认定标准。证明不同于证据。我国诉讼法明确规定,证据是"证明案件真实情况的一切事实",各种证据"必须经过查证属实,才能作为认定事实的根据"。这里"事实"是站在马克思主义哲学的高度,把以事实为根据的"事实"理解为"一种客观存在的反映"。而在政务服务及其涉及领域来看,对于政务证明材料,本文认为,本质上是行政证明,是指行政主体对相对人提出的、尚未肯定其真实性的事实和法律关系,予以审核以肯定其真实性并加以表明的行政行为。因此,政务服务领域的"证明"与法律范式的"证明"有所不同,对于证明的定义需要在相关法律指导下,结合地方实际进行定义。

其次,"证明"梳理过程是对各部门自身职能的重塑过程,通过自我梳理,厘清部门职责,是职能部门自我革命的重要一步。而数量多,材料杂,是证明梳理过程中的主要难题。义乌市共收集汇总全市各单位和镇街梳理的证明材料1646项(不包括银行系统)。经多轮逐项审核,剔除一般办事材料871项和各类证照537项,将40个部门和单位的238项证明材料纳入清理范围,这238项证明材料在2017年办件量达到了307182件。

最后,尽管义乌市已就证明明确了定义,但是仍然存在各类奇葩证明,主要有三类。(1)不合理的证明材料。如群众在申请人才住房补贴时,要求申请人所在单位提供"人才住房补贴当年起接下来5年不会离职的证明"。(2)无权开具的证明材料。如群众在应聘入职时,要求到村(社区)开具"无犯罪记录证明"。(3)无法核实的证明材料。如群众在申领教师资格证时,要求到村(社区)

开具"思想品德鉴定证明"。此类证明的存在证明了职能部门存在的不适应、不符合市场经济发展的管理职能,也间接证明了政府对微观经济领域的过多干预。

(二)减证明向基层延伸,部门间数据共享

"无证明城市"的建设中关键一步是镇街停止市内证明的开具,但是在实际调研中发现,基层群众对已经减掉的证明知晓度不高,一些部门没有将取消证明的情况传达到基层,群众出于办事习惯仍去村(社区)开具证明的情况时有发生。另外,镇街一级的代办员对于证明事项的理解有偏差,导致群众来开证明时无法准确识别是否属于已取消证明或者以其他方式处理的证明。在当前全市的无证明工作微信群中,每天仍有一定数量的代办员咨询是否需要开具某证明,严重影响了群众对于"无证明城市"的获得感。

证明材料繁多的原因之一是信息不共享。法律的限制以及行政体制的障碍是数据孤岛产生的最主要原因,也是一些证明存在的主要原因。在打破数据孤岛的过程中发现,一些部门对数据对接不积极,不能在规定时间内对接到位。有的部门对接数据需要上一级直管单位同意,之后才能给出接口。此外,数据的对外共享难也是堵点之一。以金融业为例,银行作为垂直部门,担心数据安全问题,信息共享平台一旦出现信息泄露将导致不可预估的风险,因此银行业一直拒绝共享其数据信息。

四、政务数据数字化为化解"无证明城市"
建设中的难点和堵点提供了技术支撑和制度保障

(一)政务数据线下标准化是线上标准化的前提和基础

1. 证明定义的标准化

为了在实践中进行全面、精准清理,义乌对"证明材料"进行了界定,即群众(或市场主体)未持有、由市内权威部门开具、针对特定事项的具有举证意义的盖章类材料。但是不包括证照和证据类材料。此外,为方便群众办事,需要向市外相关单位出具的证明材料仍然保留,不纳入清理范围。

2.梳理方式的标准化

在前期部门摸清证明底数阶段,重点围绕本单位要求办事群众(企业)提供的证明材料(需求侧)和对外出具的证明材料(供给侧),双向展开梳理,相互对照。在需求侧方面,全面梳理本系统所需证明的名称、法定依据和处置意见;在供给侧方面,逐项收集证明名称、使用单位、证明用途等基本信息。双向对照最大限度地避免了证明遗漏情况的发生,为减证明材料改革奠定了扎实的基础。

3.取消方式的标准化

为了打造"无证明城市",市内所有证明材料通过六个"一律取消"清理到位。主要包括:(1)凡是没有法律法规明确规定的证明类材料,一律取消;(2)凡是开具证明的部门、镇街或村居无权查证、无法开具的证明材料,一律取消;(3)凡是能够通过申请人现有的证件、凭证办理的,一律取消;(4)凡是能通过申请人书面承诺等信用管理手段解决的证明材料,一律取消;(5)凡是能通过部门间会商核查或实地调查核实的证明材料,一律取消;(6)凡是能通过"义网通办"等大数据信息平台实现数据信息互联共享的证明材料,一律取消。

证明定义和梳理方式的标准化为取消方式的标准化提供了现实基础。当证明定义标准化之后,将各类证明事项数据归类统一于大数据库,即"义网通办"平台,依托信用城市建设和个人证件等基础数据,用直接取消、个人承诺、信息共享和部门核查等四种方式代替所有证明。270项证明,其中直接取消104项证明,用个人承诺替代证明65项,用信息共享替代证明54项,用部门核查替代证明97项。

(二)"信用城市"建设中的政务数据为"无证明"城市建设提供了一个法制保障

在全面建设无证明城市之前,义乌已创新推行信用承诺审批机制,变"事前管审批"为"事后管信用"。信用取代了烦琐的证明材料,为讲诚信的企业和个人办事降低了制度性交易成本。作为全国社会信用体系建设示范城市,义乌市全面归集了包括52个政府部门在内的1187项信用数据,形成了覆盖约37万法人和其他组织、企业,以及220万自然人超过1亿条的多维信用数据库,在此基础上建立了完善的信用评价和奖惩机制。以个人承诺方式取消的证明材料,就是建立在完善的信用管理体系基础之上的。

在信用城市建设的基础上,为了打通因各系统数据信息未打通导致重复开证明的堵点,义乌专门设立数管中心,目前已归集全市 41 个部门 288 个信息项数据,总计约 3 亿多条,开放各部门查询账号 1425 个,实现了营业执照登记信息、人口基本信息、婚姻登记信息、不动产登记信息等数据共享,让相关部门变"坐着收收证明"到主动协作核查,目前已累计查询约 11 万次,相当于让群众少跑了 11 万次。

五、"无证明城市"建设为数字政府建设提供了一个微观样本

习近平总书记在 2017 年中共中央政治局第二次集体学习时的重要讲话中指出:要建立健全大数据辅助科学决策和社会治理的机制,推进政府管理和社会治理模式创新,实现政府决策科学化、社会治理精准化、公共服务高效化。而作为社会治理模式的创新,"无证明城市"依托政府大数据平台,是转变政府职能,持续推进"数字政府"建设的创新实践。

(一)"无证明城市"是以公民为中心的公共服务体系创新

数据产生并流动于政府、企业、公民之间的行动网络中,在对数据实施有效的深度开发、有效管理和全方位实践应用的过程中,构建符合地方经济发展实际的数据环境,本质上就是创造价值的过程,既包括政府服务效率,也包括经济价值和社会价值,这一互动的过程将促进政府数据与公民社会数据进行连接,是对整体社会存量数据的重构。通过数据共享推动经济转型与增长,改善社会治理,增强公共管理和服务提供的智能化、个性化和精准度,创造政府与公民之间的合作的伙伴关系,有助于超脱就改革而改革的局限,以创新和增长来创造变革的情境,增进变革的动力。"相比于农业社会和工业社会的统计管理,'数字政府治理'更加强调数据融通和以人民为中心的'智慧服务',而且面对日趋'网络化'和'数据化'的'数字地球',数字政府治理体系的建构不仅响应了信息革命下社会发展的内在需求,同时也与全球治理体制变革具有密切的关联性与同构性。"[10] 在国家治理中,数字政府治理要通过数据的挖掘和智能化应用,增

强国家战略的科学性和对经济发展、产业转型的导向性,并在全球数字治理中,保障和提升中国式治理的影响。而在社会治理中,数字政府治理首要是公共服务领域的数字化。在"无证明城市"的建设中,实现了以公民为中心的公共服务,在提高效率的同时改善公民的政务服务体验,有效促进了公众与政府的良性互动。

(二)"无证明城市"是政府行政理性与数据技术价值的统一

数字政府治理认为,数字政府及其治理的实现取决于数字技术自身的能力、政府接受数字化的主动设计和选择,以及经济社会生活数字化变迁的互动。首先,我们已进入大数据时代,5G 甚至 6G 技术的成熟倒逼政府主动适应数据时代的变革,西方发达经济体数字政府建设之初所面临的问题就是当前"无证明城市"建设和深化"最多跑一次"改革面临的难点。其次,互联网技术驱动的政府治理变革需要与之相适应的组织、制度和文化变革为其提供基础条件。[11]互联网技术在政府数据化变革中既是一种工具也是一种动力,两者互为前提,政府服务变革需要技术变革率先带动社会进步,即生产关系的变革需要生产力的进步,而技术推动也需要政府体系的自我革新以适应社会的变化,并通过政府治理能力的创新推动社会进步,即生产关系对生产力具有反作用力。"无证明城市"通过证明的数据化模式取消了纸质证明,也通过"无证明城市"的建设,义乌市的大数据平台打通了各个部门间的数据壁垒,实现了相关证明或政务数据的共享,而这也是政务数据化的价值体现。最终,以技术驱动政府改革,以政府改革为数字治理创造条件,这是一个关于技术与治理之间良性互动的理想状态。

六、结　语

服务型数字政府是大数据时代政府治理的发展方向,其本质是"互联网＋政务服务"。浙江省的"最多跑一次"改革充分体现了大数据时代政府治理改革的基本取向,义乌市"无证明城市"的建设则是一种充分适应大数据时代的服务型政府改革实践,构建了数据流、业务流有机融合的政府运行机制。"无证明城市"建设的背后是大数据驱动下政府机关的流程再造和工作方法革新,通过取消证明,义乌打通了各部门、各机构间的信息孤岛,加快了政府的数字化转型,有效提升了治理水平,为政府治理体系和治理能力的现代化提供了一个经验样本。

参考文献

[1] 汪锦军.“最多跑一次”改革与地方治理现代化的新发展[J].中共浙江省委党校学报,2017(6):62-69.

[2] 张克.以“最多跑一次”改革领跑政府治理现代化[N].浙江日报,2019-03-06(4).

[3] 何显明.重塑政府改革的逻辑:以“最多跑一次”改革为中心的讨论[J].治理研究,2018(1):92-99.

[4] 浙江省委办公厅,浙江省人民政府办公厅.关于做好2019年全面深化改革工作的通知[Z].杭州:中共浙江省委办公厅,浙江省人民政府办公厅,2019.

[5] 王少泉.我国数字政府治理:现实与前景[J].贵州省党校学报,2019(3):87-95.

[6] 周雅颂.数字政府建设:现状、困境及对策——以“云上贵州”政务数据平台为例[J].云南行政学院学报,2019(2):120-126.

[7] 王剑侯,汪锦军,李洁,等.以“最多跑一次”改革推动民政数字化转型——浙江“互联网+民政”的创新实践与启示[J].社会政策研究,2018(4):74-89.

[8] 黄建伟,陈玲玲.中国基层政府数字治理的伦理困境与优化路径[J].哈尔滨工业大学学报(社会科学版),2019(3):14-19.

[9] 翁士洪.数字时代治理理论——西方政府治理的新回应及其启示[J].经济社会体制比较,2019(4):138-147.

[10] 戴长征,鲍静.数字政府治理——基于社会形态演变进程的考察[J].中国行政管理,2017(9):21-27.

[11] 杨国栋.数字政府治理的理论逻辑与实践路径[J].长白学刊,2018(6):73-79.

中华人民共和国成立以来公众对基层政府预算监督的演进逻辑与启示

——以温岭市参与式预算为重点

陈　鼎

（温岭市委党校）

摘　要：预算监督是政府财政监督的重要组成部分。中华人民共和国成立以来，公众对基层政府预算监督主要通过两种途径：一是委托县乡人大，及其常委会、人大主席团进行间接监督；二是通过政府搭建的公共平台进行直接监督。我国2014年新颁布的预算法第一次明确规定，县、乡人大举行会议审查预算草案前，应当采取多种形式，组织本级人大代表，听取选民和社会各界的意见。这项规定看上去是强调政府财政预算监督的重要性，实际上是对我国部分地区所开展的参与式预算实验的充分肯定。进而也预示着未来我国预算改革目标必将从预算管理走向预算治理。始于2005年的温岭市参与式预算，主要是将民主恳谈与县乡两级权力机关有机结合，共同开展预算监督，有效激发了基层人大工作的新活力。2010年，温岭参与式预算改革获第五届"中国地方政府创新奖提名奖"，并为新《中华人民共和国预算法》的制定提供了重要参考依据，其经验值得总结和研究。

关键词：基层政府；预算管理；预算监督；参与式预算；演进逻辑

一、研究的背景

预算管理是政府财政管理的基石,也是实现国家治理现代化的重要手段。[1]预算管理除了包括预算编制、预算审批、预算执行和预算绩效评估等环节之外,还包括预算监督环节,并且预算监督贯穿于整个预算管理的全过程。在新时代下,如何更有效地发挥预算监督在预算管理中的作用,将直接考验着各级党委政府的治理能力和治理水平,同时也会带来一定的外部压力。而这种压力,在转化为政府管好用好地方"钱袋子"动力的同时,还可以成为加强廉政建设的推力。2014年,我国新颁布的《中华人民共和国预算法》首次规定,县乡两级人大举行会议审查预算草案之前,应当采取多种形式,组织本级人大代表,听取选民和社会各界的意见。这一规定是对公众参与基层政府财政预算并进行直接监督的肯定,同时也是对部分地区兴起的参与式预算活动的认可,倒逼着基层政府财政预算从公开走向透明,从粗糙走向细化,从管理走向治理。然而,新《中华人民共和国预算法》的出台来之不易,是在对我国建立社会主义市场经济体制初期《中华人民共和国预算法》的基础上经过多次修改才形成的。虽然新《中华人民共和国预算法》还存在诸如预算的准确性难以保证、地方财政跨年度预算平衡难度大等问题,但其对预算编制的细化、透明预算的推动、地方政府性债务管理的规范、财政转移支付制度的完善,都发挥了重要作用。[2]

中华人民共和国成立以来,我国预算管理体制经历了多次大的变革。[3]而公众是否可以直接或间接参与对基层政府财政预算的监督,恰恰与预算管理体制的变革直接相关。中华人民共和国成立初期,我国实行"统收统支"的财政管理体制,即中央财政统一管理全国财政资金。地方财政作为中央的报账单位,代理中央征缴税收,并将全部收入上交中央,地方需要支出可向中央核报。这种收支两条线相脱节的财政体制是一种高度集权型的财政管理体制,虽然对于举全国之力办大事、稳物价,发挥一定的作用,但却很难调动地方发展经济的积极性,公众参与更是无从谈起。自1953年起,我国开始搞第一个五年计划,经济形势有所好转,转而实行"统一领导,分级管理"的财政管理体制,而且一直延续到1980年。这种体制下,地方虽然在形式上作为一级财政主体,但其财政管理权限很小,不是真正意义上的独立财政主体。1980年后,我国开始实行"划分收支、分级包干"的财政管理体制,并明确划分中央财政与地方财政各自的收入。地方财政也因此有了相对独立的主体地位。1988年至1992年,我国实行的是"财政包干"(即"交足国家的,留够集体的,剩下都是自己的")管理体制。但总体上并未摆脱计划经济体制的影响。[4]在党的十四大宣布实行社会主义市场经济体制以后,尤其1994年建立"分级财政"的财政管理体制以后,规定地方预算可以由地方立法机构自行审批。至此,县乡两级人大对基层政府财政预算监督才正式开始。不过,在监督的实践中也暴露出不少问题:一方面,人大对预算的监督,往往形式大于实质;另一方面,还存在诸如财政收支不透明、资金使用随意性大、部分支出游离于监督之外、资源配置效率不高、财政支出绩效约束不够等现象。于是,社会公众对财政预算改革的呼声越来越高。像温岭市、无锡市、焦作市、闵行区等一些地方不约而同地先后进行过参与式预算的尝试。其中,温岭市的参与式预算比较有代表性,而且实现了可持续发展,其做法是借民主恳谈平台,通过协商途径,实现公众对县乡政府预算全过程的监督,逐步形成了乡镇参与式预算、部门参与式预算、性别参与式预算、参与式预算绩效评估、参与式决算等几张响亮的名片,其经验值得总结和研究。

二、温岭市参与式预算的发展历程与探索

(一)第一阶段(2005—2008):参与式预算的原创形态

1.泽国镇参与式预算

2005年"两会"前夕,泽国镇由宣传办牵头,并会同镇人大主席团,把当年初步拟定的城市建设预算安排项目拎出来,召开民主恳谈会,让公众参与其中,并从30个初选项目中选出12个作为正式预算项目列入年度预算草案。其做法是:

(1)抽样选出恳谈代表。为了体现代表的广泛性和真实性,采取乒乓球摇号的方式,按照千人以上的村(居)抽选4人,千人以下的村(居)抽选2人,将每个家庭都在乒乓球上标上号码,凡抽中的家庭,选派一人参加恳谈会。最终随机选出275名恳谈代表。

（2）技术性安排恳谈过程。一是通过抽签将恳谈代表进行分组；二是各小组召开第一次民主恳谈会，并填写调查问卷表；三是镇政府领导与所有恳谈代表参加第一次集中恳谈，在主持人的"穿针引线"下讨论城建预算项目；四是各小组召开第二次民主恳谈会，继续讨论预算项目，第二次填写与前一次完全一样的调查问卷，并随后进行第二次集中恳谈，继续讨论预算项目安排。

（3）恰当地运用恳谈结果。两次问卷调查，以第二次问卷调查结果为准，并提交镇人代会进行表决。之所以如此操作，是因为在对两次问卷结果的对比中，发现许多代表所填写的问卷与第一次填写的有所不同，其偏好出现了转换，原因是在第一次集中恳谈时，经过各种观点的碰撞，恳谈代表接受了自己认为是有道理的选项。这样的选择更加理性、可靠。

2. 新河镇参与式预算

同年，新河镇也由宣传办牵头，会同镇人大主席团，在镇"两会"期间，专门增加半天时间，召开预算民主恳谈会。提前一个星期，将细化了的政府预算草案文本发至各村（居）各单位及"两代表、一委员"手中。在人代会期间的恳谈会上，让参会的人大代表及自愿参会的公众就预算草案文本（主要针对建设项目部分）进行审查、质询、辩论。人大代表可联名提出修正案，再通过表决的形式确定是否对部分预算项目进行资金上的调整。其做法是：

（1）细化预算草案。以往的预算草案，大致列到"类""款"为止，很少具体到"项"，即使有几个粗略的大项，也并未列出具体的支出小项，人大代表一头雾水。但本次预算首先从细化预算草案入手，将 2005 年的 1.07 亿元财政预算支出的十九项内容分别予以细化，并具体说明钱用到哪里、金额是多少，这样使得代表对资金的使用一目了然。

（2）采取"质询—回应"的方式展开恳谈。由于预算草案比较详细，为代表质询提供了便利条件。比如在镇政府车辆购置方面，有的代表认为行政管理费已经有 1600 万元，为什么还要另外花 70 万元购买小车？对此镇长的回答是，镇里的小车大都用了十几年，最"新"的也有 9 年了，有些车每年的修理费是一个不小的数目，所以还是买新车相对更省钱。至于为何行政管理费那么高，主要是因为镇里自聘人员比较多，并打算压缩这一块开支。

（3）修改预算草案。恳谈会后，镇政府领导与人大主席团、预算小组成员召开联席会议,对代表提出的问题进行讨论。讨论的结果:一是对支出的9个项目进行调整;二是把车辆购置费从70万元压缩到50万元;三是自聘人员开支减少45万元,把减下来的资金,安排到农村自来水工程等的补助上。本次草案修改涉及增减资金237万元,并在第二天的人代会上获得了通过。

(4)设立财经小组。专门设立人大财经小组(为全国首创)对镇政府预算执行情况进行经常性监督。五名财经小组成员在人大代表中产生,由镇人大主席团提名,人代会上表决通过。财经小组的主要职责:一是每季度听取镇政府预算执行情况的汇报;二是对预算执行过程中的资金调整情况向人大主席团汇报,临时召开镇人代会,进行审议表决;三是参与下一财年的财政预算草案编制。

(二)第二阶段(2008—2010):参与式预算的发展形态

经过泽国、新河两镇成功试验以后,在2008年的"两会"召开前夕,温岭市人大常委会研究决定把参与式预算推广到市交通部门,同时要求其他乡镇开始启动参与式预算。部门参与预算的主要做法:

1.审议部门预算草案

在2008年温岭市"两会"期间,市人大常委会召开交通部门预算民主恳谈,参加的对象除市人大代表外,还有应邀参会的普通市民、老干部、交通部门负责人代表。与会人员先集中听取市发改、财政、交通部门有关情况和人大财经工委初审情况的汇报,再通过分组和集中相结合的方式,就市交通局2008年部门预算进行深入恳谈。小组恳谈,主要根据恳谈代表的身份、属地情况分四组进行,要求每一位代表都提出意见和建议;集中恳谈,先由各组组长汇报分组恳谈情况,再通过部门与恳谈代表面对面协商,最后由市政府领导作表态发言。

2.跟踪监督部门预算执行

恳谈会后,由市人大常委会及时跟踪和督促交通部门逐条落实恳谈成果,对预算草案作进一步完善,并提交市人代会审查批准。在年中,市人大常委会再次召开交通部门预算执行恳谈会,接受部门领导对预算执行落实情况的汇报,以此来检视部门参与式预算的质量和效果。同时,通过本地各主要媒体对预算恳谈活动进行公开报道,让社会公众了解部门参与式预算民主恳谈的全过程。

(三)第三阶段(2010年至今):参与式预算的深化形态

2010年6月,为进一步推进民主恳谈与基层人大工作的结合,加强镇级预算审查监督,促进预算审查监督由程序性向程序性与实质性并重转变,以规范政府预算行为,市人大办公室专门出台了《关于开展预算初审民主恳谈,加强镇级预算审查监督的指导意见》。该意见从人代会前的初审到人代会正式审查再到人代会监督等各个环节都做了详细规定。2011年12月,市人大常委会出台了《温岭市市级预算审查监督办法》。该办法对部门参与式预算的审查和批准、预算执行监督、预算调整的审查和批准、决算的审查和批准、预算决算公开监督及责任追究等方面进行了详细规定。随着制度的不断完善,温岭市参与式预算逐渐走向成熟。

1. 温峤镇性别参与式预算

2010年,温峤镇在开展参与式预算民主恳谈的同时,开始试水性别参与预算。参加的对象主要以女性人大代表为主,另外邀请各村居妇女代表、党政干部、村干部参加。主要围绕该镇年度预算中涉及妇女儿童的部分预算支出进行恳谈。通过恳谈辩论,决定增加5万元年度幼儿教育、家庭教育经费,并将妇女活动经费从上年度的8万元提高到20万元,同时村文体场所和文体活动经费也有所增加。增加的部分会在年度预算的其他项目中扣除。性别参与式预算,充分显示了女性在平等条件下的政治参与潜能,提升了女性政治参与意识。

2. 泽国镇参与式预算绩效评价

2013年,泽国镇人大首次召开主题为"城建预算项目执行情况"的绩效评价恳谈会。参与者包括市人大领导、市财政工委领导、镇域各级人大代表、选民代表、智库专家、市财政局代表、会计师事务所代表、镇政府领导。一是对分管城建的副镇长所做的《2013年度城建预算项目执行情况》报告进行审议。二是分小组及大会集中讨论。各小组分别围绕交通治堵、公共自行车建设、城区环卫、污水处理、管网建设、市政养护、项目招投标等项目的进度、质量管理、社会效益、经济效益展开讨论,并进行第一次"满意度测评"(对测评表进行打分)。三是大会集中讨论。恳谈代表的询问"针针见血",评价有理有据。镇政府相关负责人一一解答。四是开展第二次"满意度测评",并以该次测评分数为评价依据。从前后两次测评结果看,第二次代表所打分数与第一次有所不同,说明通过各种观点的充分表达,恳谈代表更加清楚了该怎样去评判"是非曲直",进而做出理性选择。

3.泽国镇参与式决算

2018年8月31日,泽国镇召开人代会,首次引入民主恳谈对上年度预算决算进行协商。与会者以镇人大代表为主,公众自愿参与。协商前,听取镇政府领导所做的《泽国镇2017年度财政收支决算草案》报告和《2018年上半年财政预算执行情况和2018年财政预算调整(草案)》报告。协商中,首次采用"财经决算专题询问"的办法。为避免恳谈会上有可能因代表询问犀利而出现"被询人"尴尬的局面,会前镇领导进行了一次"实战演习",特意在一人大代表联络站召集代表和部分选民对决算草案进行讨论。果然在正式询问中,许多尖锐的问题真的被提出来,其中最突出的就是预算执行率低的问题。比如在2017年的预算中有一个"埭头蔡工业园区配套道路建设项目",计划两年投资280万元,第一年安排了80万元,但到2017年底政府只支付了该项目1万多元的前期设计费,执行率超低,镇长做了解释。在2018年预算安排中,该项预算只好往下调整,资金从200万元降到了120万元。这次参与式决算虽然是泽国镇人大对财政预决算监督工作的新尝试,但使得政府更加注重预算编制的科学性,提升了财政资金使用绩效,进而为参与式预算实践拓宽了渠道。

三、参与式预算可持续发展的演进逻辑

(一)社会主义协商民主的持续推动

习近平总书记在党的十九大报告中指出:"有事好商量,众人的事情由众人商量,是人民民主的真谛。"进入21世纪以来,随着国际国内形势的发展变化,政府通过简单粗暴的方式推动经济社会发展的路子越走越窄,在公众心中蕴藏着的对政治和行政事务参与的热情和愿望逐渐增强,一旦感觉自身利益受损,他们中的一些人就会试图寻找各种途径进行"发泄",加之传统官僚制给政府自身也带来了压力,倒逼着政府必须不断探寻加强基层治理创新的途径。一时间各种形式的基层协商民主应运而生,其中就包括参与式预算实践活动的兴起。[5]与此同时,在各种新闻媒体、学术界的传导和推动下,基层协商民主逐渐

引起了中央领导的高度关注。2012 年召开的党的十八大,首次对各地开展的基层协商民主做了肯定,提出了要健全社会主义协商民主制度,推进协商民主广泛多层制度化发展的总要求。这是参与式预算得以可持续发展的宏观因素。

(二)协商民主理论指导及技术支持

没有理论指导的实践是盲目的实践,参与式预算也不例外。参与式预算的逻辑基础是协商民主理论。这种理论并非纯粹的西式协商民主,也非纯粹的中式协商民主,而是在党的领导下注重西式协商民主技术运用的理论。这个理论发源于 20 世纪 80 年代的西方,原本叫"审议民主",即政治地位平等的个体,在一个开放的平台,对某一公共议题通过审慎的讨论、辩论和商议,最终达成共识,提交公共部门参考。[6]但被引到中国以后,使很多人产生了误解,以为中国比西方更早就有了协商民主,进而忽略了对协商民主中的"审议"内涵的理解。因此,有些地方在召开协商民主会时,往往不太重视技术环节,在没有展开审慎讨论的情况下,就宣布达成了所谓的某种"共识",给参会者留下了一个不好的印象,误以为把人召集来开个会,就是协商民主,实际上很多参会者并没有充分表达自己的观点。因此,下一次他们也就找不到继续参加所谓"协商会"的理由了。这样的协商民主自然会自生自灭。而温岭民主恳谈,在西式协商民主引介到中国之前,就已经开始重视"审议"的技术环节,使得参与者不断增强政治效能感和参会的积极性。这是参与式预算得以可持续发展的理论因素。

(三)基层协商民主平台的实践支撑

民主恳谈是温岭市原创型的基层协商民主形式。自 1999 年诞生以来,民主恳谈不断取得地方党委政府的大力支持,通过建章立制,形成了一套科学合理的运行规则,甚至将是否召开民主恳谈会纳入对基层的考核范围。因此,民主恳谈才得以可持续发展。但初期的民主恳谈主题往往以"议事"为主,这样就使得基层协商民主作用发挥不够充分。当民主恳谈发展到第 5 个年头的时候,恳谈会的组织者开始对主题进行创新,他们认为,既然民主恳谈的主要目的是增强政府决策的科学性、民主性,那么政府财政预算安排也应作为政府决策事项来看待,理应将公共预算纳入民主恳谈会的主要议题范围。其意义在于:一方面"议财"主题关系到公共资源分配的问题,可进一步调动公众参与的积极性;另一方面"议财"主题关系到政府减压的问题,当政府开支公开透明以后,政府因把钱花在明处而且资金使用高效,从而得到了公众的信任,改善了党群干群关系。因此,搭建民主恳谈平台开展参与式预算,无论是当地干部还是群众都是欢迎的。这是参与式预算得以可持续发展的实践因素。

四、几点启示

（一）参与式预算可持续发展的关键在于党委重视、人大有为、政府支持

其一,地方党委应当对参与式预算给予足够重视。毕竟党委是大政方针的制定者,作为预算改革创新项目的参与式预算决策必须由地方党委拍板。比如,2010 年 4 月,中共温岭市委专门出台《关于加强和改进新形势下人大工作的意见》,以便加快推进民主恳谈与人大工作的结合,提高公众的参与度,全面推广参与式预算。同年,参与式预算被纳入全市党建考核指标体系之中,并为推进这项工作提供了强有力的保障。其二,地方人大应当在推动参与式预算方面积极作为。根据相关法律,"本级财政预算需要经过本级人大审核通过",因此,地方人大在推进参与式预算工作中理当扮演主要角色,既要发挥地方权力机关的职能,"自上而下"督促政府公开预算,推动预算透明,切实管好"钱袋子",又要发挥人大代表的优势,凝聚最广泛的共识,构建"自下而上"促进参与式预算发展的运作机制,为公众参与提供制度化保障。其三,地方政府应当大力支持并自觉接受监督。对重大投资项目的监督,一般会给政府带来压力,若政府不支持参与式预算,就很难实施。而在温岭我们看到的是政府主动参与其中,并给予积极配合。乡镇干部说,"这是在减轻他们的压力"。

（二）参与式预算应由点到面、由下而上、由表及里、由柔变刚地向前推进

参与式预算是一个正在探索的新生事物,虽然在世界范围内尚找不到固定模式,但我们可以从温岭市参与式预算可持续发展的经验中,得到一些启示。其一,这是一个由点到面的过程。温岭市于 2005 年选择了泽国、新河两镇作为参与式预算的试点;到 2008 年,将其推进到 6 个镇、1 个政府主要职能部门;再

到 2010 年,将其推进到全部 16 个镇(街道)和政府所有主要职能部门。其二,这是一个由下而上的过程。温岭市在乡镇参与式预算取得成功的基础上,将其推进到市级层面,并相继开展了部门预算民主恳谈、代表联络站征询恳谈、常委会初审票决、人代会分代表团专题审议部门预算、票决部门预算、票决预算修正议案、政府重大投资项目监督、政府性债务监督等多种形式的部门参与式预算探索,不断拓展预算监督的内涵。其三,这是一个由表及里的过程。温岭市先把参与式预算做起来、程序搭起来,然后将参与式预算向实质性推进——不断强化公众对基层政府财政预算的监督。其四,这是一个由柔变刚的过程。温岭市在推进参与式预算的过程中,逐步将其列入对各镇(街道)、各部门年度综合考核的内容,并使之从软任务变成了硬任务,直至形成较完整的制度体系。

(三)参与式预算就是要让国家根本政治制度真正释放出应有的生机和活力

党的十八届三中全会提出要推动人民代表大会与时俱进,推进人民代表大会制度理论和实践创新,发挥人民代表大会制度的根本政治制度作用。事实上就是要让人民代表大会制度与时代同步,与改革同行,让我国这一根本政治制度真正释放出应有的生机和活力。温岭市开展的参与式预算,当初的朴素想法就是如何让纳税人的钱花得更明白、更值,以减少社会公众对党委政府的猜疑和抱怨。通过参与式预算的实践,人们发现其带来了许多预想不到的效果:一方面,政府财政预算的每一笔收入和支出都"曝光"在公众的眼皮下面,接受他们的"审视"与"询问",强化了公众对基层政府财政预算的监督;另一方面,人大预算审议和预算监督功能得到了真正的激活和发挥,一举扭转了过去基层人大无所作为的局面,摆脱了"橡皮图章"的尴尬,使公众真正感受到国家根本制度就在自己身边,党委政府是值得信任的。

参考文献

[1] 许正中.预算现代化是国家治理能力提升的重要抓手[J].国家治理,2018(16):26-31.

[2] 刘隆亨.新《预算法》的基本理念、基本特征与实施建议[J].法学杂志,2015

（4）：23-24.

［3］宋伟官.我国政府会计制度变迁问题研究［J］.财经问题研究,2014（4）：
83-88.

［4］陈少晖,廖添土.中国政府预算改革60年:历史演进与制度创新［J］.经济研
究参考,2009（63）：11-17.

［5］张敏.政府供给与基层协商民主生长:基于三地实践的考察［J］.学海,2016
（2）：80-87.

［6］陈怀平,吴绒.论审议民主与正义价值的内在逻辑——基于哈贝马斯的理论
框架［J］.云南行政学院学报,2014（5）：4-8.

社会组织党建：境遇、困境与突破

——基于浙江省 HZ 市党建实践的思考

殷荣林

（长兴县委党校）

[摘　要]新时代党中央对加强社会组织党建工作十分重视。2015 年 9 月中共中央办公厅印发《关于加强社会组织党的建设工作的意见（试行）》，对新形势下加强社会组织党建工作做出了全面部署。加强社会组织党建是新形势下加强党建全面化的需要，但目前在实践中社会组织党建存在着工作基础不够实、工作机制不够全、实际效果不够显等现象。要突破这些困境，需要在党建动态推进机制、责任落实机制、工作保障机制等方面进行强化。

[关键词]社会组织；党建；机制建设；标准化；规范化

社会组织是我国社会主义现代化建设的重要力量，是党的工作和群众工作的重要阵地，在协调推进"四个全面"战略布局中承担着重要任务。在各级党委政府的大力推动下，近年来浙江省 HZ 市社会组织党建工作取得了长足进展，覆盖面大幅提升，党组织的战斗堡垒和党员的先锋模范作用进一步得到发挥。以 2016 年为例，HZ 市有社会组织 2040 个（不含备案的城乡社区社会组织，不含已注销、待注销或运行不正常的社会组织），其中社会团体 1152 个、基金会 4 个、民办非企业单位 792 个、律师事务所 46 个、会计师事务所 26 个、税务师事务所 20 个，从业人员 48011 人。全市 2040 家社会组织中单独建立党组织的有 232 个，其中党委 10 个、党总支 4 个、党支部 218 个；联合建立党组织 124 个，覆盖社会组织 1506 家，党组织组建率达 85.2%。加强新时期社会组织党建工作是一个迫切的时代课题，通过加强社会组织党建工作，引领社会组织的正确发展方向，保证党的路线方针政策在社会组织全面贯彻落实，是事关改革、发展和稳定大局的重要课题。

一、新形势下加强社会组织党建的时代境遇

党的十八届三中全会提出，要激发社会组织活力，加快实施政社分开，加快转变政府职能。十八届四中全会将依法治国方略提到了一个新的高度，强调"发挥人民团体和社会组织在法治社会建设中的积极作用"，"发挥社会组织对成员的行为导引、规则约束、权益维护作用"。2015 年 9 月中共中央办公厅专门下发《关于加强社会组织党的建设工作的意见（试行）》，对加强社会组织党建工作做出全面部署，具有十分重要而深远的意义。社会组织党建工作迎来了新发展机遇。新时期加强社会组织党建工作显得非常迫切，是基于以下几方面的时代境遇。

1. 巩固党的群众基础与执政根基的需要

强大的组织资源，是我们党夺取政权和巩固执政地位的重要保证。我党夺取政权的一条重要经验，就是"支部建在连队"，计划经济年代这一经验演变为"支部建在单位"。随着改革的不断深入，随着社会转型期出现的角色转换加快的事实，许多"单位人"转变为"社会人"或某社会组织的成员，这势必要求创建一种不同于传统单位制的党组织建设理念与方式。社会组织具有民间性、公益性、基层性等特点，是群众的"自组织"，把党的组织工作覆盖到这一领域，有利于党的领导延伸到更广更多的群众，扩大党影响力的覆盖面，以此夯实党的执政基础。

2. 加快推进政府职能转变的需要

由社会组织进行行业自律，承担一些社会管理和公共服务，是国际上较为普遍的做法。当前，我国以"简政放权"为重点的新一轮政府机构改革和职能转变，主张将政府职能中"凡社会能办好的，尽可能交给社会力量承担"。与此同时，社会组织普遍存在发育缓慢、效率低下、活力不足等问题，缺资金、少人才成了共性困境，很多社会组织面对政府职能转移的项目心有余而力不足。在这个过程中，党建工作的有效介入，能够有效整合组织、人才等资源，提高社会组织承接政府职能的能力，确保改革的深入推进。

3.提高依法治理社会水平的需要

随着改革开放的深入、市场经济的不断发育完善,我们党面临的社会治理任务变得复杂而又繁重。计划经济年代,人的身份是单一的,社会管理的方式方法相对简单。改革开放后,人的身份多样化,人的思想趋于多元化,各类社会组织对人们思想行为的影响也越来越大。面对那些以前不曾见过、不曾想到、不曾认识的社会组织形态,面对人们思想的不断变化,各级党委政府绝不能坐等观望、被动防堵,而应顺势引导、加强领导,以法治的理念和方法,充分发挥社会组织党组织的积极作用,使之成为我们党领导依法治国的重要依靠力量。

4.推动社会组织健康发展的需要

改革开放以来,我国社会组织发展很快,已成为社会主义现代化建设的重要力量。但当前我国部分社会组织还存在不少问题及困难,例如少数社会组织内部建设不规范、自律性较差、诚信度不高、服务意识不强等问题。从 HZ 市来看,社会组织涵盖了经济、社会、文化、科技、教育等多个领域,业务涉及生产、流通、消费、社会保障等多个环节,承担着提供服务、反映诉求、规范行为等多项公共服务职能,要求各级政府必须高度重视和切实加强这一领域党的建设,努力把握社会组织的正确发展方向,积极培育扶持和依法管理社会组织,更好地服务于全市改革发展的大局。

二、HZ 市社会组织党建工作的创新实践

(一)主要做法

中央和省委相继出台《关于进一步加强社会组织党的建设工作的实施意见》后,HZ 市委认真贯彻落实从严治党新常态要求,坚持从薄弱处入手、短板处发力,以重点难点问题的解决,为推动社会组织党的建设全面进步、全面过硬做出了积极探索。

1.全方位系统推进社会组织党建工作

按照中央和省委的部署要求,结合 HZ 实际出台了《关于进一步加强社会组织党的建设工作的实施意见》,突出抓责任制、抓责任人这个关键,推动社会

组织党建工作任务落到实处。一是推行党建责任清单。根据年度党建重点工作、党建薄弱环节等，以项目形式列出两新工委成员单位年度责任清单，细化到人、量化到岗，配套建立日常考核、督查通报和述职评议等制度。同时，把社会组织党建工作纳入基层党建责任制和对县（区）综合考核、党委书记述职评议的重要内容，提高社会组织党建工作在县乡党委书记抓基层党建责任清单中的比重，倒逼种好党建"责任田"。二是健全工作推进机制。逐级分类健全领导体制和工作机制，充分发挥各级两新工委在社会组织党建工作中的重要作用。市委两新工委坚持每年召开一次社会组织党建工作现场推进会，每季度召开一次社会组织党建工作情况分析会，并直接联系指导22家社会组织党组织，及时总结经验，协调解决问题，将党建压力有效传导到了基层。三是强化基础保障力度。将社会组织党建工作经费纳入市、县（区）两级财政预算安排，社会组织党组织上交党费全额返还，做到派驻社会组织党建指导员全覆盖。同时，加强社会组织阵地建设，全市建成6个社会组织孵化基地，35个园区枢纽型党群服务中心与社会组织共享平台资源。

2. 常态化协同推动党建"两个覆盖"

针对社会组织变动快、人员流动大和党组织覆盖率不高等问题，将加强社会组织日常管理与推动"两个覆盖"相结合，确保社会组织党组织应建尽建。一是登记审批同步。会同民政部门进一步完善社会组织成立登记工作流程，在社会组织申请登记注册时，必须填写《新登记注册社会组织党建工作情况申请表》，收集党员会员信息，符合组建条件的立即着手组建党组织，实现党建工作全流程嵌入社会组织登记管理过程。二是年检审核同步。年检时，除对社会组织活动开展、财务状况等内容进行常规检查外，要求社会组织必须填写《社会组织党建工作情况年报表》，将党建工作情况一并纳入年检内容，规定对党建情况检查不合格的社会组织一律不得通过本年度年检。通过同步年检的实施，对全市社会组织的党建情况进行了拉网式摸底排查，为进一步开展工作提供有效依据。三是评估指导同步。坚持一手抓业务、一手抓党建，将社会组织党组织活动开展情况列为社会组织等级评估的重要指标，实现业务与党建双管齐下、同步推进的工作机制。同时，依托6个社会组织孵化基地建立社会组织党建服务中心，加强对孵化期社会组织的指导，推动社会组织与党组织同步孵化。目前，全市社会组织党组织覆盖率由 2010 年的 22％提高到 2019 年的 90％左右,社会组织党组织应建尽建率和工作覆盖率均达到 100％。

3.标准化规范实施对组织的分类评估

针对社会组织类型多样和活动不经常、不规范等情况,从不同领域、不同规模社会组织特点和运行规律出发,开展党建标准化分类评估工作,提高党组织活动规范化水平。一是制定个性化标准。将全市社会组织党组织划分为会计师事务所、律师事务所、商会组织、民办学校、民办医疗机构和其他类社会组织六类,突出活动开展、作用发挥和组织保障等三个方面重点内容,提出"组织班子好、党员队伍好、规章制度好、工作保障好、作用发挥好、社会评价好"等"六个好"的共性指标,又针对不同种类党组织设定不同考核内容,提出不同的个性指标,改变"一条杠""一刀切"的现象。二是开展参与式评估。分类评估工作与民政部门开展的社会组织评估工作同步进行,按照自评、考评和审核的步骤,每年开展一次并评定星级。在规则设计上,注重让社会组织党组织全程参与指标制定、开展评估等各个环节,力求达到以评促建、晋位升级的目的。三是注重经常性运用。将社会组织党组织的认证结果,与评比各级"党建强、发展强"先进党组织、优秀党务工作者挂钩,与社会组织等级评估挂钩,明确社会组织在评选4A 级及以上社会组织等荣誉时,一般要求社会组织党组织认证结果在四星级以上。

4.品牌化创新探索"党建＋"模式

针对社会组织党员发挥先锋模范作用缺平台、少载体等问题,积极引导社会组织党组织找准服务社会的切入点,通过"党建＋"模式,推动党员接受教育、发挥作用。一是以"党建＋服务"凸显优势。充分发挥社会组织机制、资源、人才等方面优势,通过参与社会治理、提供公共服务、承担社会责任,发挥在社会管理中的积极作用,形成了 DQ 县"红色诚信服务联盟"、CX 县"20 分钟便民圈"、WX 区"微五"行动等一批服务品牌。近年来,先后组织开展各类服务项目130 余个、服务活动 100 多场次。二是以"党建＋公益"激发活力。积极打造"你有梦想、我有行动"社会组织公益品牌,组织社会组织公益项目大赛,开展优秀志愿者、优秀服务项目评比活动,营造党员参与公益事业的良好氛围。同时,积极推进社会组织公益提升三年行动计划,推动更多公益组织脱颖而出。三是以

"党建＋网络"强化互动。积极适应社会组织和党员特点创新活动方式,加大党员教育短信平台、微博微信和应用 App 等建设力度,形成全方位、多层次、辐射式的移动终端党建集群,同时探索组建了 300 多个社会组织党组织和非公企业党组织参与的 HZ 两新党建微信联盟,推动社会组织党组织和党员线上线下互动交流、共同提升。

(二)面临的困境与问题

通过实践探索,HZ 市社会组织党建工作取得了一定的成效,但从平时工作掌握的情况和本次课题调研中发现,主要存在着以下几个方面的问题。

1. 工作基础还不够实

近年来,尽管通过社会组织党建标准化分类认证,推进了党的工作和组织在社会组织的覆盖,但党建基础还不够牢固。一是发展状态还不够稳。与非公企业等组织相比,我市社会组织存在数量不多、规模不大的现象,不少社会组织生存压力较大,因此在社会组织中开展党建工作的基础和环境还有待进一步提高和改善。二是覆盖质量还不够高。全市社会组织单独组建率仅在 15％左右,部分联建党组织则形同虚设,成为"空壳党组织"。三是动态掌握还不够全。当前,城乡社区社会组织面广量大,同时备案手续简单,提供给民政部门的资料和信息相对较少,导致对这一类社会组织的底数、情况掌握不清,且大多分布在全市乡镇(街道)的社区和村,管理和指导上很难做到面面俱到、实时准确。

2. 工作机制还不够全

在"分级负责、以条为主、条块结合"的原则下,社会组织党组织的隶属关系和管理体制仍存在一些不协调、不顺畅的现象。一是党建工作"归口管理"还不够到位。"分类管理"原则落实还不够彻底,有些社会组织归口"条""块"不明。比如,部分民办培训机构的党组织被归类到街道管理,而不是按"条线"归属教育主管部门管理,容易导致党建和业务分离。二是党员组织关系还不够顺。很多社会组织成员具有双重身份,既是某单位工作人员,又是社会组织成员。因此,社会组织及其党组织无法对其进行有效的管理,同时增加了党组织开展活动的难度。三是党建工作影响力还不够大。比如,一些社会组织负责人不是党员,或者社会组织内部领导机构中党员较少,导致社会组织党组织的权威性不足、影响力不够,一定程度上影响了党组织的规范管理和制度化建设。

3.保障措施还不够强

相对于非公企业党建工作,社会组织党建工作在经费、阵地和队伍等方面的保障较为薄弱。一是经费保障不足。很多社会组织对党建工作的经费投入较少,制约了党建工作的开展。二是阵地建设薄弱。成立党组织的356个社会组织中,虽然有活动场所的社会组织有315个(其中自建场所的社会组织有219个,与其他党组织共用的社会组织有87个,与社区共用的社会组织有9个),但大部分只是社会组织的会议室,阵地的学习教育、文体活动功能较弱。没有固定活动场所的社会组织有41家。

4.实际效果还不够显

党组织和党员在示范引领、服务发展、培养人才、凝心聚力等方面的作用还不够充分。一是党员示范带动作用不突显,"先锋模范"作用仍需提升。据问卷调查,认为社会组织中"全体党员作用较好"的为25%,认为"总体较好,个别一般"的为60.7%,认为"整体作用没发挥出来"的为10.7%,认为党员言行对其他人"偶有影响"或"影响一般"的为21.4%。二是团结凝聚群众还不够有效。从党员方面看,部分党员对社会组织党建工作的共识不足,对党建工作"没有激情";从党组织方面看,"思想引领"上手段单一、内容枯燥、形式僵化,导致社会组织职工群众对党组织认可度不高。

三、新形势下加强社会组织党建工作的突破点

(一)有形覆盖和有效覆盖相统一,健全动态推进机制

坚持问题导向,强化工作措施,以"双覆盖百日攻坚行动"为抓手,推进社会组织党组织应建尽建,每一名党员都能及时纳入党的组织并正常参加活动,实现党的工作全面有效覆盖。一是扩大组织覆盖。凡有三名以上正式党员的社会组织,都要按照党章规定建立党组织,其中组织结构紧密、党员人数较多的要单独建立党组织。仅有个别党员的,要本着就近就便原则,通过行业、区域统筹等方式,联合建立党组织。具备条件的社会组织党组织应建立相应的纪检组织。二是拓展工作覆盖。没有党员的社会组织,业务主管(指导)单位党组织、社会组织综合党委或属地党组织要按照"一对一"或"一对多"形式选派党建工

作指导员,确定一个先进基层党组织与其进行结对共建,通过建立工会、共青团、妇联组织等途径,做好联系职工群众、培养推荐入党对象等工作,加强动态管理,为建立党组织积极创造条件。

(二)柔性教育和刚性管理相统一,健全骨干培养机制

全面落实从严治党要求,着力加强以党组织书记为重点的党务工作者队伍建设,不断提高社会组织党建工作水平。一是选优配强党组织书记。注重把党性强、业务精、热爱党务工作、有一定组织领导能力和党务工作经验的社会组织党员负责人或合伙人、管理人员、业务骨干,推选到党组织书记岗位上来。社会组织内部没有合适人选的,上级党组织要及时统筹选派,可从退休或不担任现职的党员领导干部中选派,也可以从业务相关的党政机关党员中选任"第一书记"。规模大、党员数量多的社会组织党组织,配备专职副书记。二是教育培训党务工作者。把社会组织党务工作者纳入基层党务干部培训范围,依托各级党校、行政学院、干部学院和高校开展培训。按照分级负责的原则,市级层面每年抓好社会组织党组织书记专题培训班,各地和相关业务主管部门抓好社会组织党务工作者轮训。有计划地选派优秀的社会组织党组织书记、党务工作者到党政机关、国有企事业单位挂职学习锻炼。

(三)着眼长远和立足当前相统一,健全工作保障机制

坚持多措并举,进一步加大社会组织党建工作的保障力度,确保社会组织党组织"有钱办事""有人干事""有场所议事"。一是健全经费保障机制。各级组织部门每年从收缴党费留存总额中,按照不少于15％的比例专项用于两新组织党建工作。对新成立的社会组织党组织,按隶属关系由业务主管(指导)单位党组织、属地党组织或社会组织综合党委给予一定的党建工作启动经费。社会组织党员缴纳的党费,全额下拨社会组织党组织。社会组织应将党建工作经费纳入管理费用列支,可按照有关规定据实在企业所得税前扣除。二是健全阵地保障机制。按照有场所、有设施、有标志、有党旗、有书报、有制度的"六有"标准和资源共享原则,加强社会组织党建活动阵地规范化建设。党员数量较多、单独建立党组织的社会组织,采取资源整合、社会组织自筹、上级党组织支持相结合的方式建好用好活动场所;党员数量相对较少、联合建立党组织的社会组织,要依托业务主管(指导)单位党组织或属地党组织,落实相对固定的活动场所。

倡导机关企事业单位、乡镇(街道)、村(社区)党组织、园区党群服务中心与社会组织党组织场所共用、资源共享、活动共办。三是健全激励保障机制。县区级以上"党建强、服务强"的社会组织,优先列入承接政府转移职能和购买服务的社会组织推荐目录,优先获得公共财政和福利彩票公益金对社会组织的奖励扶持。党组织书记和专职党务工作者纳入思想政治工作人员专业职称评定对象,注重推荐优秀党务工作者作为各级党代会代表、人大代表、政协委员人选和劳动模范等各类先进人物人选,有条件的地方和单位要给予党组织书记(不含兼职的党政领导干部)和专职党务工作者适当的工作津贴。

(四)分类管理与分级负责相统一,健全责任落实机制

各级党委、各业务主管部门要切实加强对社会组织党建工作的领导,把社会组织党建工作纳入党建工作总体布局,从严落实党建工作责任。一是落实领导责任。健全"党委领导、部门联动、分类归口、区域托底"的社会组织党建责任体系和"组织牵头、工委运作、部门协同、整体推进"的工作机制。各级党委要把社会组织党建工作作为抓基层党建工作述职评议考核和相关部门领导班子、领导干部考核的重要内容;党员领导干部要带头建立联系点,深入了解情况,及时指导推动。二是明确部门职责。党委组织部门要牵头抓总、统筹协调,两新工委要抓好具体指导。民政、司法、财政、税务、教育、卫生计生、市场监管等部门要结合职能协同做好社会组织党建工作。加强对与行政机关脱钩的社会组织党建工作的领导,确保脱钩不脱管。三是健全管理体系。有业务主管(指导)单位的社会组织党建工作,由业务主管(指导)单位党组织分级管理。城乡社区社会组织党建工作,由街道社区和乡镇村党组织兜底管理。对不适合属地管理和没有业务主管(指导)单位的社会组织党建工作,依托民政部门设立社会组织综合党委,实行托底管理。深化"分类认证、星级评估"工作,加强对社会组织党建工作示范典型的培育。

参考文献

[1] 中国新闻网. 中组部:加强社会组织党建工作利于激发社会组织活力[EB/OL]. http://finance. chinanews. com/gn/2015/09-28/7548762. shtml.

［2］郑琦.社会组织党建值得重视的几个问题［N］.学习时报,2015-10-29.

［3］童强.上海"两新"组织党建工作的探索与实践［J］.上海党史与党建,2009 (3):49-51.

［4］陈韵.破除社会组织党建困境的几点思考［J］.党政干部参考,2017(4):3.

［5］张书林.围绕培育壮大公民社会推进新社会组织党建［J］.理论研究,2009 (1):20-24.

［6］秦海涛.新社会组织党建:现状、问题与对策——以江苏省为例［J］.理论探 索,2009(5)55-57,67.

习近平法治思想中"全民守法"的含义、困境与出路探讨

——考察宁波法治社会进程的一个维度

应　雁

（鄞州区委党校）

摘　要:习近平法治思想新"十六字方针"强调全民守法对于考察地方法治进程提供了一个全新的维度。全民守法不应该作为排在立法、执法、司法之后的末梢环节,而应该是法治社会的根基。以宁波市为例,党的十八大以来在"全民""守""法"等领域都有明显的进步,但其中也暴露出普法效果面临时代局限性、法律工具主义依然盛行、对法律认同存在偏差、公民权利滥用苗头凸显等问题,出现这些问题的原因可能是对规则的理性认同不足、德治与法治的融合不足、个体社会责任缺失与公民意识薄弱等。未来应该以升级普法理念、促进多样化法形式的交融、健全社会信用体系、完善社会治理参与机制为突破口,将全民守法视作撬动法治社会再上新台阶的"阿基米德支点",真正步入法治新时代。

关键词:全民守法;新十六字方针;法治社会;普法

党的十八大提出"科学立法、严格执法、公正司法、全民守法",之后,习近平总书记多次对此做出强调。同时,20世纪90年代提出、沿用多年的老"十六字方针"——"有法可依、有法必依、执法必严、违法必究"逐渐被替代。新老相较,除去立法、执法、司法领域的提法站位更为高远之外,处于守法环节的"全民守法"是一种全新的提法,将法律在社会中是否得到普遍遵守作为评价法治社会

的重要指标之一。"最重要的法律,既不是刻在大理石上,也不是刻在铜表上,而是铭刻在公民的内心里。"卢梭的经典传颂至今。"全民守法"对于法治的认识由表及里,探寻其"根基"的思想无疑开创了时代先锋,厘清其含义可为评价地方的法治进程提供新的视角。

一、问题的提出:"新十六字方针"的末梢环节?

新"十六字方针"中,前三个环节与最末环节并不存在当然的因果关系,即实现了"科学立法、严格执法、公正司法"并不必然意味着"全民守法"就能够实现。社会的价值是多元的,单纯依靠法律的奖惩难以形成公民的守法自觉;同理,法律治理的有限性也不能完全归咎于立法技术的不完善与执法司法的"不严格不公正"。越来越多的学者认为,问题有时可能出在"全民守法"环节。

以对待燃放烟花爆竹的态度为例,多地立法经历了"禁止—放开—禁止—限制"的过程。宁波市自 1994 年限制燃放烟花爆竹以来,也曾经历过严厉处罚的阶段,有的居民因在除夕夜燃放烟花爆竹而承担了"在拘留所过年"的后果,执法不可谓不严厉。可雷霆手段不仅没有彻底禁止燃放,还一定程度遭到民众的诟病,这背后不仅是民俗文化与环境保护的较量,更是地方立法与公民守法的博弈。现下各地均以"限制"为主,允许在规定的时间和区域合理燃放,对于违法(违规)燃放的处罚也以罚款为主,慎用行政拘留;民众也逐渐感受到清新与安全的重要性不亚于对传统风俗的坚持,对立法产生内心认同,表现为即便在允许燃放区域,燃放现象也逐年减少,立法—守法的良性循环由此建立。

文本上的法律欲产生实效,须经历被传播、选择、认可、内化、行动等过程,无一不指向"全民守法"环节。但是这一环节不是一面仅用来投射立法、执法、司法结果的"镜子",它"还是一种内生性的东西,有着自我生成、自我演化的能力和机制",①具有建构性。与过往我们过多地关注立法技术是否完善和执法司法过程是否严谨相比,"全民守法"这一具有内生性力量的环节不应该是末梢,

---

① 李娜:《守法社会的建设:内涵、机理与路径探讨》,《政治与法律》2018 年第 10 期。

而应当成为法治的重要基础。转型时期的法治如若遇到难题，诸如权大于法、逐利违法、监督不足等等之类，与其在立法、执法和司法环节精益求精，不如到守法环节寻找出路。

棘手的是，在实践层面"全民守法"又是"十六字方针"里最薄弱的环节，与日渐精湛的立法技术、日益规范的执法司法水平相比，"全民守法"显然是我国法治进程中的一块短板，守法社会的建设又天然具有广泛性和分散性，探讨它的含义、困境与出路就显得尤为重要。

二、"全民守法"作为法治考察维度

"全民守法"的"短板"地位并不影响其作为评价地方法治进程的一个维度，尽管在传统的评价体系中，这一维度时常淹没在立法、司法和执法的光芒之下。[①] 本文试图对中华人民共和国成立七十年来，尤其是依法治国三十年、习近平新"十六字方针"提出后的不到十年时间里，作为在法治建设中力争"勇立潮头"的宁波市在"全民守法"方面的变迁趋势做出分析和总结。

(一)"全民"

"全民"要解决的是守法广度，即普遍性的问题。当代法治精神达成共识之后，在应然层面"全民"始终被认为是守法的对象，即地方上的执政党（首要的执法主体）、国家机关（关键的守法主体）、公民、企业事业单位、社会组织（最广泛的守法主体）和外国人、外国组织、无国籍人。[②] 我们又可以从"普遍多数"和"关键少数"两个分类考察全民守法普遍性的发展进程。

1."普遍多数"

意指作为最广泛主体的公民、企业事业单位、社会组织，对于这一群体的普及，宁波经历着大众教育与精英教育双管齐下的普法路径，并无明显特征。近三十年来，伴随着七个五年普法规划的施行，以法制宣传教育为主要形式的普

---

① 即便是国际法治指数所列举出的 16 项评估标准，也集中指向执政权力的约束、法律的公开和稳定性、执法的高效和公正性和司法队伍的专业化，几乎不涉及公民守法领域的评估。本文也无意搭建起一个新的法治评价体系，仅为"全民守法"作为地方法治发展趋势的评价维度提供一个可能性。

② 单颖华：《当代中国全民守法的困境与出路》，《中州学刊》2015 年第 7 期，第 48—52 页。

法活动在社会上和公民中起到了法治意识启蒙的作用,规则意识、契约精神、依法维权意识都得到了强化。

2."关键少数"

"风成于上,俗化于下"。领导干部是推动法治的"领头羊",是践行法治的"风向标"。除了要求领导干部"学法知法"工作严格履行到位以外①,宁波还坚持践行领导干部"带头守法"。以 2019 年 2 月通过的《宁波市生活垃圾分类管理条例》的实施为例,生活垃圾分类的难点在于源头治理,全民都必须做出积极的分类行为(而非消极的不作为)才能保障立法的实施,这种一改公民传统生活方式的行为,对于全民守法提出相当高的要求。因此在该条例正式生效前,通过在各机关单位依靠党员先行、示范引领来推动垃圾分类工作的开展为立法的实施做出铺垫。强化责任落实,明确机关各级党组织书记是带头抓好垃圾分类工作的第一责任人,党员干部是垃圾分类实施的主力军,要求每位党员干部与所在社区签订"责任状",自觉向社区汇报生活垃圾分类的进度,接受社区监督,做到"人人承诺、天天一做、季季点评",以此带动全社会守法氛围的形成。

(二)"法"

社会主义法律体系逐步建成的同时,法律的形式趋向多元化。以人民为中心的地方立法、民间软法等激发着全民守法的能动性,为法治社会建设开启良性循环,新兴的法律形式赋予了守法新的含义。

1. 地方立法三十周年

2018 年是宁波被国务院批准为"较大的市"开始拥有地方立法权的三十周年。以往通过政策和红头文件就可以做出的地方决策现在越来越要求形式完备、位阶较高的地方立法。三十年来,市人大及其常委会坚持"不抵触、可操作、有特色"的基本原则,推进科学立法、民主立法、依法立法,制定了一批有质量、有影响、有特色的地方性法规共计 118 件,废止 34 件,现行有效 84 件。其中以

---

① 宁波市把能不能遵守法律、依法办事作为考察干部的重要内容。对特权思想严重、法治观念淡薄的干部要批评教育、督促整改,问题严重或违法违纪的,依法依纪严肃处理。定期组织公务员学法用法考试和依法行政工作考核。健全行政执法人员岗位培训制度,每年组织开展行政执法人员通用法律知识、专门法律知识、新法律法规等专题培训。加大对公务员初任培训,任职培训中法律知识的培训力度。

《宁波市环境污染防治若干规定》《宁波市文物保护点保护条例》《宁波市节约能源条例》《宁波市医疗纠纷预防和处置暂行办法》《宁波市政府服务外包暂行办法》等为代表的一批地方性法规和规章涵盖城市治理创新方面、生态城市建设方面、促进文明城市建设和保障民生事业发展方面,属于国家和省尚没有相关法律、法规规定的"先行性立法",蕴含着"宁波元素"和"宁波经验",展现了"宁波模式"和"宁波解法"。地方立法呈现出以下两个特点,为丰富公民守法的含义创造了良好的前提条件。

开门立法是宁波地方立法的一大特色。2016年2月,在宁波市十四届人大六次会议第三次全体会议上,《宁波市大气污染防治条例》获得高票通过。从群众的呼吁到社会的共识,再到立法加以规范,该条例的制定开启了宁波立法史上最大规模的一次开门立法。该条例立法过程中,宁波共听取了488名市人大代表和341名群众代表的发言,收集意见与建议1769条。同时,宁波29位市级领导干部代表和市人大常委会委员还带着法规草案,走进街道、村、社区人大代表联络站,面对面听取了111名市人大代表和151名人民群众代表的意见与建议。

另一个特点是地方立法出现由管理型立法向促进型立法的转变,法律的"引领"功能日渐显现,宁波市在这一方面有着明显的先行性。近年来主要有《宁波市科技创新促进条例》(2010)、《宁波市学前教育促进条例》(2011)、《宁波市职业教育校企合作促进条例》(2011)、《宁波市终身教育促进条例》(2014)、《宁波市文明行为促进条例》(2017)、《宁波市居家养老服务条例》(2018)等。这些地方立法不再局限于作为公众行为的"底线"和"高压线"来回答"不能做什么"的问题,而是提供一种前瞻性和预见性,"为人们预设一套符合社会经济发展规律的行为模式"①,以鼓励、引导的方式,促进社会行为健康有序运行。

2. 民间法的重振

从行政性整合走向契约性整合,是当代民主政治进程的必然选择。宁波商品经济历史悠久,居民多姓聚居,市场发育完善,民间法在经历历史"去粗存精"的大浪淘沙后,以崭新的面貌重新登上了社会治理的舞台,各种类型的市民公

---

① 郑曙光:《地方立法中促进型立法探析——以浙江地方立法实践为分析视角》,载《宁波大学学报(人文科学版)》2019年第1期,第114—121页。

约、乡规民约、行业规章、团体章程等社会规范堪称全国范本。近年来,民间"软法"的补强作用在社会治理中逐渐显现,尤其是在例如物居业三者关系的处理、农村乡风文明的振兴、社会契约精神的塑造等法律所难以涉及的问题上成效明显。

(三)"守"

全民由以义务为导向的消极守法观向以权利为导向的积极守法观的转变是法治现代化的重要标志之一,也是近年来呈现在宁波法治社会进程中的一大特色。

1. 消极守法

消极守法指的是"守"的第一层含义,可理解为以义务为导向的传统的守法观,强调"学法""知法",认为"不违法"即为守法。消极守法显著特点之一是以法的惩戒性引导社会守法习惯的形成,来达到调整社会关系的目的。比如宁波作为全国最早推行"文明礼让斑马线"的城市之一,对于私家车礼让习惯的养成一开始是依靠制度的约束——抓拍"试点样板路"上不按规定礼让行人的车辆,根据《中华人民共和国道路交通安全法》《宁波市文明行为促进条例》等规定,一律处以 100 元罚款并记 3 分,一段时间后市民形成习惯,在所有路段都能做到自觉让行。

另一个直观指征是犯罪率的变化。在经历社会转型时期一阶段犯罪率较迅速上升后,党的十八大以来,宁波的严重犯罪案件(市中级人民法院受理的一审刑事案件)数量始终较为稳定,结合人口增长速度,不难看出犯罪率甚至呈现下降趋势。

2. 积极守法

积极守法意指"守"的第二层含义,即守护法律,可理解为以权利为导向的守法观,强调"用法""尊法"。积极守法明显的特征是公民不单作为法律所规制的对象,而是作为主体依靠法律、运用法律化解矛盾,实现公平正义。近年来,全市法院受理的民商事案件数量年年呈较大幅度攀升,其中公民善于运用诉讼手段解决社会矛盾是一个重要原因。以宁波市中院受理的一审案件为例(图 1)。

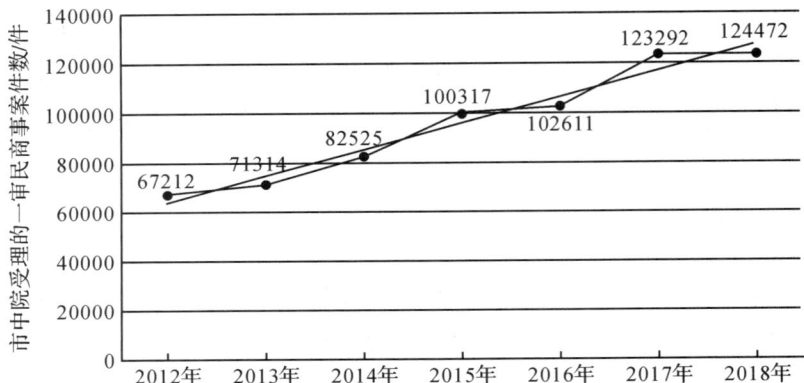

图1　近年来宁波市中级人民法院受理的一审民商事案件趋势

由被管理对象到法治社会的主体身份意识转变的过程中，公民认为自身合法权益被侵害，对于政府的具体行政行为也敢于运用诉讼手段维护，行政诉讼案件数量、政府机关败诉率、行政负责人出庭应诉比例的提高就是很好的佐证。尽管其中行政诉讼受案范围扩大是一个重要因素，但做出这一制度变革本身就包含对公民依法维权的呼声的回应。

政府信息公开是公民依法合理行使公共知情权以达到维护自身权益的一种方式。2012 年以来，宁波市依法申请公开的政府信息数量呈现大幅上升趋势，尽管这几年间政府主动信息公开的情况本身已经逐年优化（图 2）。

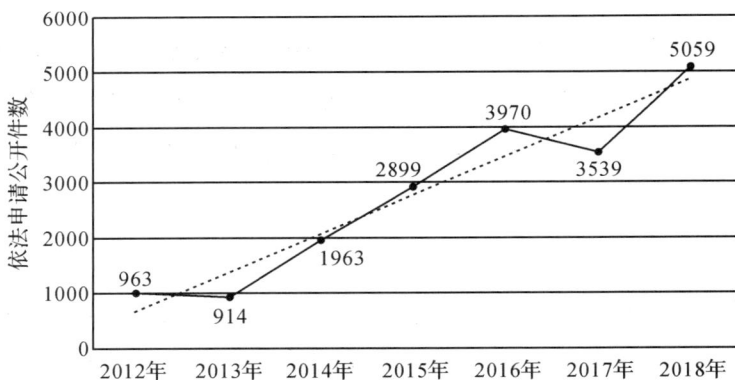

图2　近年来宁波市政府依法申请公开件数趋势

专门的法律工作者规模扩大也很好地印证了这一点（图3）。近年来宁波市律师事务所和律师的队伍均逐年壮大，尤其是近六年来律师的数量年均增长率高达 12.3%，高于全国（9.5%，统计至 2017 年）的增长速度，并且仍处于快速增长期。律师队伍开展多种形式的专项法律服务活动、积极参政议政、参与国家和地方立法、开展公益法律服务、担任村（社区）法律顾问、参与涉法涉诉信访案件处理,协助党委政府妥善应对和处置特大自然灾害、重大突发事件等,为法治社会的建设做出了重要贡献。这一数量的快速增长意味着公民在民主、法治、公平、正义、安全等方面的诉求逐步习惯于寻求专业化服务,法治意识注入文化内核。

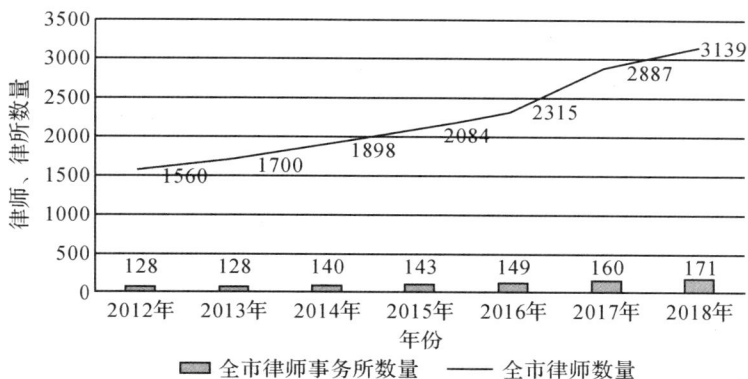

图3　近年来宁波市律师、律师事务所数量增长趋势

三、"全民守法"的困境及其成因

全民守法从各方面都取得了令人欣喜的成绩,但这一"欣喜"仅是纵向上的,相比过去公民的守法观念和守法意识有了较大提高,但现实层面中公民的守法仍面临多重困境,依然避免不了其成为"十六字方针"中的短板。

（一）"全民守法"的困境

1.普法效果面临时代局限性

我国三十多年的普法积累让公民已经具有相当的法律常识,尤其是"七五"普法所列举的系列措施中,侧重法律"六进",注重结合新媒体宣讲法律,注重法治文化的打造,等等。但在公民是否信任法律的选择上仍然犹豫不决,"知法而不守法"这一顽疾没有得到诊治。"法律必须被信仰,否则就形同虚设"。知晓不一定意味着信仰,当下的守法依然停留在"外在服从"阶段,局限于告知民众法律是什么,而从"知法"到"守法"之间缺少意识形态的认同作为桥梁,也就是更高层次的普法。

2.法律工具主义依然盛行

公民对于法律的认知一定程度上仍停留在工具主义的阶段,认为法律仅作为其实现自身利益的手段之一,主要的表现形式即适用法治方式的选择性:当法律有利于自己时,选择法律解决矛盾;当非法治手段有利于自己时,就站在法治的对立面。宁波市统计局于2018年5月下旬组织开展了公众社会心态电话调查显示,33.2%的公众认为遇到麻烦或纠纷时,不找法而找人的现象没有减少。[①] 面对社会矛盾,公民"信访信闹不信法"的现象始终存在。宁波市政府公开年鉴资料显示,近年来全市各级信访局年均受理的案件总量基本上在4万件(人次)以上[②],集体上访的数量仅在2014年就达到1327批17953人次,越级赴省上访数量达到50批453人次。

3.对法律的认同存在偏差

制定良好的法律得到普遍遵守自然是理想的法治环境,也是法治社会的常态,但实践中,在特定的时间点,立法—守法的良性循环并不总是成立,当法律(法规、规章)本身制定有瑕疵——更多时候是公民认为其制定有瑕疵,即法律的价值观与公众的价值观(甚至是利益)不一致时,公众无法对规则产生理性认同,守法的效果就会大打折扣。

4.公民权利滥用苗头凸显

公民权利意识的觉醒是法治社会发展的应有之义,但是这一意识如果欠缺正确的引导就很容易被滥用,陷入自由主义的泥潭。例如截至2016年8月底,宁波市关于政府信息公开88件行政复议案件中,其中有38件为同一申请人提出,比例高达43.2%。[③] 这类申请人中"老信访户""情感发泄户"占了多数比例,他们通过大量的政府信息公开申请向政府表达个人情绪甚至政治立场,一方面增加政府的工作负担,另一方面希望通过这种方式找到行政行为的漏洞。例如某机关工作者因故被开除后,分别向不同机关同时申请与其个人并无任何关系的信息公开申请百余件。

---

① 宁波市统计局:《2018年全市公众社会心态调查分析》,http://tjj.ningbo.gov.cn/art/2018/7/17/art_18620_2735468.html。

② 其中2015年4.4万件(人次),2016年2.19万件(人次),2017年4.0万件(人次)。

③ 吴培力、张鑫、贺翔:《合理规制政府信息公开申请权滥用的对策研究——以宁波市为例》,《统计科学与实践》2018年第2期,第18—21页。

（二）公民为什么守法？

守法缘何会陷入上述困境，须从守法机理上探寻原因。近代以来法学理论对于公民守法的研究成果可谓汗牛充栋，西方学者提出了社会契约论、功利主义论、暴力威慑论、法律正当论等学说，以被迫守法论和自律守法论的二分为主流。例如实证主义法学派开创者奥斯丁曾直言道："法律，是强制约束一个人或一些人的命令。"①并且按照这一学派的逻辑，守法只能是被迫的，强迫的手段就是惩罚；动机论者康德却认为守法完全是出于自律的，是基于对规则的理性认同，黑格尔等人也基本持这一立场；法经济学者则认为人们守法既不是因为惧怕威慑力，也不是因为尊重法律，而更多的是一种"利益刺激的问题"②。在我国，也有学者从经济学、伦理学、文化学、宗教学等方面进行了解读③，认为公民守法的动因与上述学科有关，守法经济链条的提出便是其中一例。实际上，公民守法的动因一定是以上多种因素的耦合，仅依靠法的强制性难以促成公民积极守法，也无法解释倡导性立法等的存在；反之单纯依赖自律论，则无法保证公民的认知始终与立法者的理性同步。单从法经济学或其他学科的理论出发同样很难一言以蔽之。

（三）公民为什么不守法？

正因为公民守法的原因是多元的，不守法的原因可能更加复杂。以公民习惯"信访不信法"而言，信访在大概率上给公众传递了"更为快速有效解决诉求"的信号，符合波斯纳"利益刺激"一说，同时也基于公民内心对于调解、诉讼等法治途径的不认同，而这种不认同甚至可以从我国传统法律文化中追根溯源。尽管学界习惯套用的破窗效应、劣币原理、过高的守法成本、过低的违法成本等原因在当下依然存在，我们也不能因此停止在立法、司法、执法环节源头治理的脚

---

① ［英］奥斯丁：《法理学的范围》，刘星译，中国法制出版社 2001 年版，第 30 页。

② ［美］理查德·A. 波斯纳：《法理学》，中国政法大学出版社 1994 年版，第 297 页。

③ 以经济为研究视角的文章，如李秋香：《论守法的成本与效益》，《兰州学刊》2005 年第 3 期；宋湘琦：《守法激励的经济分析》，《社会科学战线》2014 年第 12 期。以文化为研究视角的文章，如包振宇、徐李华：《论公民守法的文化推动力——从两种区域法治概念谈起》，《扬州大学学报（人文社会科学版）》2015 年第 2 期。以伦理学为研究视角的文章，如胡旭晟：《守法论纲——法理学与伦理学的考察》，《比较法研究》1994 年第 1 期。以宗教学为研究视角的文章，如郭忠：《守法义务的回报是什么——守法义务实现的难题和宗教弥补》，《时代法学》2014 年第 10 期。以上转引自刘振红：《基于人生境界的公民守法四层次说》，《山东社会科学》2019 年第 1 期，第 115—187 页。

步;但积极守法时代,我们还需要寻找公民没有尝试去守护法律的原因,或许是基于以下几点。

1. 对规则的理性认同不足

公民往往被动地接受法律是如何规定的,而很少被告知法律这样规定的原因是什么,这与精英化的法律职业共同体的建立不无关系。我国要建设法治国家,法律职业共同体的形成是必经之路,具有共同的法律语言、思维方式和知识背景的这一特殊群体已然形成,但是他们对于共同社会责任的承担似乎有所欠缺。普通公民仅凭朴素的正义观并不能完全准确理解法律规定的内在理性,尤其是面对规则与个人利益、传统认知等因素产生冲突的时候,对规则的理性认同愈发难以得到保证。

2. 德治与法治融合不足

社会主义的主流价值观如果与法律规则没有在社会中形成有效的融合,淳朴良善的社会秩序就难以建立。冯友兰提出的守法的其中一种境界,称为"出于义而守法"[①],即道德观能帮助公民在守法中确定基本的形态——"义务导向",以及更高一级形态——"情感导向"。守法时带有"痛痒相关"的感情色彩,是促成消极守法向积极守法上升的有效因素。

3. 个体社会责任缺失与公民意识薄弱

美国智库兰德公司在 2010 年发表了一个关于中国的报告,预测中国 2020 年后将成为世界上最穷的国家,原因之一即是中国人不了解他们作为个体对国家和社会应承担的责任和义务。[②] 结论显然偏颇,但观点不无逻辑:不懂得参与社会治理、漠视"为权力而斗争"的公民群体,能够出于敬畏法律而消极守法已然达标——事实是消极守法在权责清晰的私人领域或许成效显著,一旦进入边界不明的公共领域便显得动力不足。各城市垃圾分类工作的艰难推进就很好地佐证了这一点——更遑论其以国家主人翁的态度能够主动守护法律、捍卫法律在日常政治、生活中的权威了。

---

① 刘振红:《基于人生境界的公民守法四层次说》,《山东社会科学》2019 年第 1 期,第 115—187 页。
② 胡国梁:《积极守法:一个被忽视的法治维度》,载《中南大学学报(社会科学版)》2015 年第 1 期,第 66—72 页。

四、"全民守法"的实践展望

基于造成守法困境的成因,应当从以下方面尝试寻找突破口。

(一)升级普法理念

未来的普法应当完成从"外在服从"到"内在认同"的转变,重点论证法律规则的合法性与合理性。同时,普法者不仅要让民众看到法律的刚性与权威性,同时要让民众感受到法律的柔性和有限性[①],普法者不再盲目地履行一般意义上的"灌输"职责,守法者也不能继续做"不动脑筋的观众",双方的关系向一种良性的互动转变,在普法与守法之间搭建起一座具有"社会黏合"功能的桥梁,即由下达转变为"合意"——对生活经验、风俗习惯乃至群众最朴素的正义观的理解与回应。

(二)促进多样化法形式的交融

软法之治与"软硬兼施"的法律体系的兴起已成为法治社会发展不可避免的趋势,多样化法的形式的交融有助于公民守法习惯的培养完善。软法之治的推行过程意味着公共权力向社会转移,公民社会的自我管理、自我约束、自我调节能力在这一过程中充分发挥,守法习惯的形成是水到渠成的。与此同时"硬法"依然发挥国家强制力,"软硬兼施"的法律体系"内外兼修",全方面激发公民的守法意识。软法应当更"软",意味着国家在公共治理领域应该更加摒弃命令式的管制思维,关注和回应多元利益诉求,倚重协商民主,推崇认同、共识与合意;硬法更"硬",意味着法律规则的实施应该更加注重其"不可避免性",而不是"严厉性",以保证"硬法"威慑力的科学理性。

(三)健全社会信用体系

社会信用体系的建立健全是推进守法社会建成的有力抓手。信用体系的建立有助于公民由人格信任心理模式向标签认证的现代心理模式转变,使诚信

---

① 吕明:《在普法与守法之间——基于意识形态"社会黏合"功能的意义探究》,《南京农业大学学报(社会科学版)》,2012 年第 3 期。

有序的市场秩序得以形成。建立健全征信系统、守信激励和失信惩戒机制将是守法社会建设的必经之路。例如 2018 年厦门市个人信用评价产品"白鹭分"上线,让诚实守法的市民在图书馆、公共自行车免押金等 8 个领域享受优惠便利便是行之有效的做法。

(四)完善社会治理参与机制

有效的公民参与社会治理机制的缺失,使得公民不得不借助于社会舆论、特殊社会关系、不合法途径等非制度性途径参与社会治理,影响社会治理决策,破坏社会治理主体之间的信任关系。尤其是当社会组织发育不成熟,无法起到承接政府转移的职能的作用,会使社会治理陷入恶性循环。打造多样、丰富、畅通的公众参与平台将是守法社会建立的必要条件。尤其是在社会综合治安、城乡规划、环境保护等领域,有序引导下的社会组织通过自我约束、自我管理机能的发挥,能有效疏通公民利益表达渠道,防止权力滥用,使公民权利在合法有序的状态下运行。

五、代结语——加速法治进程的阿基米德支点

法治社会建设道路漫漫,七十年来我们着力推进有之,摒弃亦有之,风雨之后社会主义法治体系初步建成,法治社会的蓝图日渐清晰。如果说攻坚之路上存在瓶颈,那一定是与日趋完善的立法、执法、司法相匹配的守法之心。亚里士多德说:"虽有良法,要是人民不能全都遵守,仍不能实现法治。"七十年来的实践表明,只有用法律,法律才有用,将全民守法作为新时代法治社会建设的"阿基米德支点",促成全民"信任立法、配合执法、倚赖司法、努力护法",是法治社会再上新台阶的不二选择。

参考文献

[1] 李娜.守法社会的建设:内涵、机理与路径探讨[J].政治与法律,2018(10):20-33,197.

[2] 单颖华.当代中国全民守法的困境与出路[J].中州学刊,2015(7):48-52.

［3］郑曙光.地方立法中促进型立法探析——以浙江地方立法实践为分析视角[J].宁波大学学报(人文科学版),2019(11):114-121.

［4］吴培力,张鑫,贺翔.合理规制政府信息公开申请权滥用的对策研究——以宁波市为例[J].统计科学与实践,2018(2):18-21.

［5］刘振红.基于人生境界的公民守法四层次说[J].山东社会科学,2019(1):115-187.

［6］奥斯丁.法理学的范围[M].刘星,译.北京:中国法制出版社,2001.

［7］波斯纳.法理学[M].苏力,译.北京:中国政法大学出版社,1994.

［8］吕明.在普法与守法之间——基于意识形态"社会黏合"功能的意义探究[J].南京农业大学学报(社会科学版),2012(3):118-123.

［9］胡国梁.积极守法:一个被忽视的法治维度[J].中南大学学报(社会科学版),2015(1):62-77.

新时代基层党组织组织力提升的实践路向研究

——基于桐乡市一村一镇一街道特色党建工作的考察

许　威

（桐乡市委党校）

摘　要：提升组织力，是今后加强基层组织建设的重点方向，是解决一些基层组织弱化、虚化、边缘化问题的迫切需要，是把党建设得更加坚强有力的重要途径，意义重大深远。本课题正是在充分调查研究桐乡市在党建工作和提升基层党组织组织力方面形成特色的村、镇、街道，立足实际，以点带面，分析总结基层党组织组织力提升的经验与启示，并以此为基础，结合相关理论框架指导，研究指出基层党组织组织力提升的方向与实践路向，能够为全面提升基层党组织组织力研究积累理论素材和提供案例借鉴。

关键词：基层党组织；组织力；实践路向；党建工作

习近平总书记在十九大报告中提出，要以提升组织力为重点，突出政治功能，把基层党组织建设成坚强战斗堡垒。提升组织力，是今后加强基层组织建设的重点方向，是解决一些基层组织弱化、虚化、边缘化问题的迫切需要，是把党建设得更加坚强有力的重要途径，意义重大深远。因此，认真研究新时代基层党组织组织力的内涵，厘清提升基层党组织组织力的工作方向和重点，探索通过提升组织力全面加强新时代党的基层组织建设的实践路径，是当前深入贯彻落实党的十九大精神的重要课题。而基层党组织组织力的提升是一个系统工程，需要进行全面、整体、协调的部署与推进。就基层党组织的层级方面而言,分别考察研究村(社区)、镇(街道)党组织组织力的提升举措、存在问题,进而进行统筹并分析总结经验,十分必要。本课题正是在充分调查研究桐乡市在党建工作和提升基层党组织组织力方面形成特色的村、镇、街道,立足实际,以点带面,分析总结基层党组织组织力提升的经验与启示,并以此为基础,结合相关理论框架指导,研究指出基层党组织组织力提升的方向与实践路向,能够为全面提升基层党组织组织力研究积累理论素材和提供案例借鉴。

一、文献综述:组织力的时代内涵、内在逻辑与提升方向

(一)新时代基层党组织组织力的内涵与概念界定

组织力是一个组织行为学概念,源于西方组织理论的相关研究,是组织结构力和组织文化力的综合体现(吴茂朝,2018),组织力的强弱关系着组织能否实现良好健康的发展。而以马克思主义为理论指导的中国共产党领导的基层组织组织力,则主要指基层党组织为完成其承担的职责任务、实现党组织的工作目标而组织凝聚动员影响基层社会各方面力量的能力(黄海清,2018)。在论及基层党组织的组织力时应当关注和强调其政治功能和红色属性,组织力的结构组成理应包括基层党组织在其职权范围之内宣传上级党的路线、方针、政策,服务、带领和发动群众的内容成分,作为一种合力,基层党组织的组织力应由动员力、发展力、监督力、管理力、执行力、知识力、战斗力和凝聚力所组成,是一个具有一定层次感的、由不同力合成的立体化的力(高振岗,2018)。

(二)新时代提升基层党组织组织力的内在逻辑与重要意义

党的十九大报告首次明确提出了增强党的群众组织力的新要求,新要求的提出反映了新时代提升基层党组织组织力的必要性与重要意义。纪中强(2018)从基层党组织对党的建设的重要性的角度分析认为增强党的群众组织力是贯彻党的群众路线的根本路径,是消解党脱离群众危险的重要法宝,是提升党长期执政能力的必然选择,是实现党执政使命的重要保障。吴茂朝(2018)分别从历史和现实的逻辑指出提升基层党组织组织力是马克思主义政党建设的重要理论和历史经验,是基层党组织建设存在薄弱环节的现实诉求。徐炳祥

（2018）通过梳理中国共产党提升党的基层组织组织力的历史进程，分析了新时代提升党的基层组织组织力面临的突出问题，指出了新时代全面提升基层党组织政治功能和组织力的重要意义。孙海涛（2018）认为基层党组织组织力的强弱，始终是决定党的凝聚力和战斗力强弱的关键所在，对于党的事业发展具有重要的意义。从相关的研究中可以看出，历史的经验和现实的诉求是新时代提升基层党组织组织力的内在逻辑，是解决一些基层组织弱化、虚化、边缘化问题（刘明义，2017），增强基层党组织战斗堡垒作用的迫切需要。

（三）新时代提升基层党组织组织力的着力点和重要抓手

新时代在提升基层党组织组织力上不能毫无重点地全面展开，要以强化政治功能为核心把握重点工作和相关抓手，以党支部建设为重点突出纪律建设（黄海清，2017），要提升基层党组织的覆盖率，强化从严管党治党的责任落实，为提升组织力建设谋划构建科学规范的制度标准以推进党组织组织力提升工作的落实（孙海涛，2018）。郭忠厅（2017）认为应该围绕"人民群众坚定听党话、跟党走"这个核心目标，通过"引领"来提升人民群众觉悟，通过"服务"来满足人民群众的利益诉求，再通过"群众路线"这一党的生命线来发挥党的服务作用与引领作用，如此方能多管齐下不断激发党提升群众组织力的内生动力。在提升基层党组织组织力的过程中应明确基层党组织所具有的马克思主义政党的属性，以保持与人民群众的血肉联系、服务人民群众为目标，不断提升基层党组织服务群众的能力，寻找服务人民群众的动力，增强基层党组织在群众中的魅力（徐炳祥，2018；吴茂朝，2018；高振岗，2018；冯俊，2017）。

综上所述，学界对基层党组织组织力的概念、提升方向和内在逻辑的研究日益丰硕，新时代要以加强政治建设为导向提升基层党组织组织力的思路也得到诸多学者的认同。然理论上升为指导方针政策，继而指导具体实践将是一次必须跨越的重大飞跃，任重而道远。由上述所梳理分析的相关文献来看，目前就如何抓住提升基层党组织组织力的方向和重点，指导具体的基层实践的案例与研究尚不多见，此应为今后基层党组织组织力提升研究所侧重的领域。本研究正是以此为出发点，力图通过对地方特色党建工作模式的分析，从镇、街道、村不同层面的基层的党组织成功经验中探寻组织力提升的方式方法和路径，并在此基础上进行提炼和提升，以期为新时代提升基层党组织组织力提供可借鉴和推广的实践路向。

二、典型案例：基层党组织组织力提升的探索与实践

基层党组织组织力的提升是一个系统工程，需要进行全面、整体、协调的部署与推进。就基层党组织的层级方面而言，分别考察研究村（社区）、镇（街道）党组织组织力的提升举措、存在问题，进而进行统筹并分析总结经验，十分必要。因此，本课题组充分调查研究桐乡市在党建工作和提升基层党组织组织力方面形成特色的村、镇、街道，立足实际，以点带面，分析总结基层党组织组织力提升的经验与启示，并以此为基础，结合相关理论框架指导，研究指出基层党组织组织力提升的方向与路径。

（一）一村典型：党建引领"三治融合"，构建共建共治共享格局

高桥街道越丰村自 2013 年启动"自治、法治、德治"建设工作试点以来，始终以党组织建设为引领推动自治、法治、德治建设融合发展，并在共建共治的创新实践中进一步增强了基层党组织的战斗力和基层党员的先锋模范作用。

1. 夯实基层党组织工作基础，增强党组织基本建设

一是完善提升红色阵地建设，在完成党群服务中心和网格支部党员先锋站建设的基础上，精心设计布局党建特色先锋长廊、文化广场、党建茶馆，构建"村党委＋网格党支部＋党员先锋"站活动阵地组织架构。二是加强提升村级干部队伍建设，以"讲政治、敢担当、善作为"为标准选配村级带头人，以毕业大学生、退伍军人、致富带头人为对象充实干部储备库。三是实行入党积极分子预审预警机制，从严规范入党程序，同时对党员开展"双先指数"考评，要求"亮身份、晒业绩、作表率"。四是充实提升基层服务能力，在建立"网格化管理、组团式服务"制度的基础上，将党建指导员、网格长、党员干部纳入网格服务团队，为有需要的居民提供全程"红色代办"。

2. 搭建平台创新载体，增强农村党建工作的支撑点和着力点

一是按照前期准备、宣传动员、组织起草、征求意见、表决通过和备案公布"六个步骤"组织起草《越丰村村民自治章程》《越丰村村规民约》，并将村规民约与党的建设、法律法规和日常生活相融合。二是建立百姓议事会和乡贤参事

会,涉及村民集体利益的重大事项由百姓议断,构建民众参事议事机制,拓宽基层民众参与渠道。三是组建百事服务团、法律服务团、道德评判团,借助社会组织和相关专业力量提升为群众服务的能力。四是党委充分发挥党建引领作用,在深化"三治融合"的实践中,用好"党建"法宝助推经济社会发展,使全体村民共享发展红利,增强村民的主人翁意识,加速推进工作进度。

(二)一小镇做法:"强基固本""亮诺提质"优化党建服务功能

濮院毛衫时尚小镇规划面积 3.5 平方公里,覆盖羊毛衫市场、针织产业园区、古镇有机更新区域及城镇居住区,是国家级特色小镇。在增强党组织建设方面,濮院毛衫时尚小镇结合自身特点着重提升党建服务企业能力,充分发挥"支部建在连上"的优良传统,实现党组织全链覆盖,实施服务管理标准化,不断优化提升基层党组织的服务功能。

1."强基固本":组织全链覆盖,组织活动体系规范化

一是充分发挥"支部建在连上"的优良传统,在行业协会、产业平台、集聚园区建立党支部,实现党组织在产业链上的有形、有效覆盖,同时建立小镇综合党委,实现共建组织体系、共享党建资源、共办教育活动、共树先锋形象、共筑服务平台等"五共"模式。二是以党员志愿服务为平台,整合小镇资源,建立党员组团服务机制,推动服务活动的全员参与,让所有党员都有平台、有载体发挥先锋模范作用。三是完善党建服务企业发展工作机制,建立小镇党建联席会议制度,定期研究、沟通、协商小镇党建工作,同时梳理细化党建工作"三清单一报表",即责任清单、项目清单、考核清单和党建报表,开展工作党建成果动态评估和绩效化管理,以提升党建工作质量。

2."亮诺提质":党员履职服务实现联动,提升服务品质

一是实现网上与网下的联动。建立网上虚拟党组织并组织党员经营户在网上开展"实名亮证亮承诺"活动,推动电商党员送服务,为企业和商户开展电子商务提供业务指导和信息支撑,同时要求小镇市场里党员经营户"亮身份、亮承诺、亮形象",实施亮牌经营。二是实现党员与人才的联动。通过成立海归毛衫人联谊会、新生代(青年)企业家创业联谊会党建联盟等载体,增强党员与人才的互动,更好地为小镇人才服务。三是实现党组织与群团的联动,打造特色小镇"党群联盟",实现党群工作平台的多方参与、统筹协调和整体推进,实现小

镇综合党委各党群组织所拥有的党群阵地、党群资源的共享和开放,构建"党群工作者＋社工＋志愿者"工作机制,激发党群共建共享活力。

(三)一街道经验:强机制、明制度,精耕基层党建责任田

桐乡市梧桐街道现有基层党组织89个,基层党支部210个,党员5200多名,涵盖村、社区、机关直属和两新等不同类型党组织。针对复杂的基层党建现状,梧桐街道党委坚持将党建与各项中心工作同谋划、同部署、同推进、同考核,明权确责、建章立制,精耕基层党建责任田,使基层党组织组织力得到了有效提升。

1. 明权确责,党建任务清单化,确保党建工作有专人管有专人做

一是实施基层党建项目化运作机制,书记领办党建项目,明确基层党组织书记抓党建责任清单,落实班子成员"一岗双责",强化基层党组织书记、党务骨干的管党治党意识。二是以两新党务红领队、新生代(青年)企业家党建联盟的创建为载体,增强基层党务工作骨干队伍建设,推动党建工作向实里走、深里走,发挥党务工作者的红色引领作用。三是设立年轻干部成长学堂、建立村(社区)后备干部库,加大对年轻党员干部的培育力度,提升年轻干部对党建工作的认知度与重视度,完善基层党建工作活力机制,确保有人干事。

2. 建章立制,组织建设规范化,确保党建工作有章可循有制可依

一是围绕支部设置、党员发展、党员档案、党员教育、党员关心关爱完善相关制度,党建工作开展做到依章而行、依制而作,如以支部主题党日为重点,以"红色星期六"、固定活动日等为抓手制度化、规范化开展基层党组织组织生活。二是建立"双述职、双评议"的基层党组织制度,在党员干部中广泛开展述职述廉,由各村、各单位全体党员、村民代表、监督委员会成员、县镇人大代表、老干部、驻村镇干、各联合支部书记共同对全体村干、镇直单位负责人述职述廉情况进行公开评议、量化测评。同时设立党组织书记例会、论坛制度,提升党组织书记抓党建意识、增强管党治党责任心。三是不断整合资源,深化党建共建机制,构建党建共同体,成立两新组织联合党委,减少党组织"空白点",着力推动党的工作全覆盖。

三、启示与经验：基于一村一镇一街道 特色党建工作的考察

基层党组织是党在基层社会组织中的战斗堡垒，也是加强和创新组织建设的前沿阵地。党组织组织力的增强与提升工作更多探索在基层、更多创新在基层、更多经验源于基层，从基层党组织建设的创新实践中寻找典型案例，发掘经验启示，无疑能够以点带面为基层党组织组织力提升提供借鉴、明确方向路径。

（一）要将突出政治功能、强化红色引领作为重点和核心贯穿组织力提升全过程

基层党组织作为党在基层的战斗堡垒，其重要作用和功能之一就是要为党凝心聚力，如此才能具有强大的战斗力。因此，基层党组织要具有强大的组织力，突出政治功能、强化红色引领是重中之重，这是解决"心往一处想、劲往一处使"的重要环节。分析基层组织工作成功案例不难发现，经济社会的持续健康发展离不开党的引领和组织建设的增强。作为"三治融合"建设发源地的越丰村，其共建共治共享治理格局的形成离不开基层党组织红色引领作用的发挥。突出政治功能、强化党建引领，一方面强化了基层党组织在基层工作中的主体意识和责任，明确了功能定位，推动"抓党建就是抓关键"落到实处，为基层党组织组织力提升提供了基础和保障。另一方面，从个体层面在客观上明确基层党员的身份角色，推动党员先锋模范作用的发挥，在实际工作中增强党员的核心意识、看齐意识，解决基层党员作用发挥不足的问题，为基层党组织组织力提升凝聚共识和力量。

（二）要不断探索"党建＋"新模式，在改革创新中提升基层党组织组织力

当前的基层党组织建设中不断涌现出"党建＋"工作模式，这种模式是在系统思维的指导下，将党建工作恰当融入经济社会发展的方方面面，推动党建工作与中心工作相融合的新举措。抓党建就是抓发展，党建工作与中心工作不应割裂开来，但是不同性质的党建工作与中心工作都要抓、都要抓好就需要谋思

路、想办法将二者较好地融合起来,需要与时俱进地探索创新出"党建＋"模式,即"党建＋"各项业务,如党建＋治理、党建＋电商、党建＋产业等。"党建＋"模式的创新,一方面能够增加党组织在各领域的覆盖率,发挥"支部建在连上"的优良传统,彰显党领导一切的根本原则,为各领域发展提供政治保障,促进经济社会实现可持续、高质量发展。另一方面,在各业务领域突出红色引领作用的同时也将服务带到了各个领域各业态,完善和强化了基层党组织为民众办事、为群众服务的服务体系,做到哪里有需要,哪里就有党组织就有党的服务引领,这无疑能够提升基层党组织的凝聚力和影响力。

(三)要不断创新党组织服务形式、完善服务体系,在增强群众获得感中提升组织力

基层党组织要提升自身的影响力、凝聚力和向心力,不断创新服务形式、增强服务能力是一个重要的支撑点。只有不断完善群众利益表达机制、民主决策机制、力量整合机制和监督评价机制,群众才能在我们的服务工作中有真切的获得感。获得感提升了,群众方能一心向着党、一直跟党走,基层党组织的组织力也将因此而得以彰显。审视濮院毛衫时尚小镇的党建工作,完成党组织的全链覆盖,开展组织活动体系的规范化以及个体党员的"亮诺提质"等工作,正是在不断创新服务形式、完善服务机制的基础上实现了服务无处不在、组织时时关心的良好局面,大大提升了群众的获得感。创新党组织服务形式、完善服务体系、提升服务能力,一方面让群众办得了事、解决了问题,获得了实惠,增加了党组织在群众心中的分量,遇到问题想到党,时时刻刻拥护党。另一方面,基层党组织和党员服务能力的提升过程也是不断学习的过程,不断地学习能够在破解党员干部"本领恐慌"的同时满足其自身发展和自我实现的需要,进而增强基层党组织的凝聚力和战斗力。

(四)要在基层党组织的标准化规范建设中提升基层党组织组织力

基层党组织的标准化规范建设是加强党组织建设的重要内容。不以规矩不成方圆。基层党组织的标准化规范化建设,就是为基层党组织和基层党员明确了如何行如何止的规矩和制度,也必将进一步增强基层党组织的政治性和纪律性,推动基层党组织的高质量建设。实践中实施"党建任务清单化""党组织

组织生活制度化规范化""设立党组织书记例会、论坛制度"等举措,使得基层党组织的工作开展有章可循、有制可依,具有了可持续性和长期性,一以贯之,久久为功,基层党组织的战斗堡垒作用就可以得到有效发挥。同时,基层党组织的标准化规范化建设在实际的操作过程中往往具有了独特的地方特色,有地方经验的成分(如梧桐街道),这就使得相关标准具有较强的可操作性,易于实施而且成效可见,在增强基层党组织内部向心力与凝聚力上将发挥重要作用。而且基层党组织的标准化规范化建设无疑将进一步增强组织的服务功能,让群众进得了门、见得到人、办得了事,办得好事,那么群众也将愿意听党的号召,拥护党的领导。

四、方向与路径:新时代基层党组织组织力提升的若干思考

新时代我国的经济社会发展处在新的历史方位上,呈现出新的历史特点,这是最大的现实,也是推进基层党建工作的历史依据,提升基层党组织组织力也要从这个现实出发寻求新时代下的新方向、新路径、新策略。同时结合当前基层党建工作的地方典型案例和经验启示,从地方上的创新实践出发,以点带面探寻组织力提升的方法路径是本部分的主要内容,具体如下。

(一)与时俱进,把握新时代社会发展特点是提升基层党组织组织力的前提和基础

"与时俱进"是中国共产党与生俱来的优秀品质,也是中国共产党能够始终带领人民、领导人民取得举世瞩目成就的重要因素。与时俱进方能把握时代脉搏,方能做到实事求是,方能时刻保持中国共产党的先进性,方能推动党的建设伟大工程不断取得新的胜利。因此,新时代基层组织力的提升也要做到与时俱进,从当前经济社会发展的现实出发。而当前最大的社会现实是我国社会的主要矛盾已经转化为人民日益增长的美好生活需要和不平衡不充分的发展之间的矛盾。人们比以往任何时候都更加向往幸福美好的生活,对物质以外的精神文化方面的需求越来越高,渴望拥有较高的获得感,这就要求基层党组织在提升组织力的时候要更多关注基层群众的诉求,从群众的诉求出发,明确问题导

向,切切实实去解决群众最关心的问题、最在乎的事情。基层群众的普遍诉求和利益表达就是基层党组织的工作的方向,从此方向出发,既能在工作中少走弯路,又能集中精力为群众的美好生活做出实实在在的努力,增强群众的获得感,获得基层群众对基层党组织工作的认同,进而提升基层党组织的影响力、凝聚力。

(二)突出政治功能,增强政治领导力是提升基层党组织组织力的目标和要求

"求木之长者,必固其根本"。中国共产党是一个政治组织,政治属性应是基层党组织的根本属性,政治功能是其基本功能。政治领导力的高低直接影响着基层党组织战斗堡垒作用的发挥和组织力的强弱,因此基层党组织建设一定要突出政治建设这条主线,将政治建设放在首位。一是要学理论,学习马克思主义基本原理,用习近平新时代中国特色社会主义思想武装头脑、指导实践,持续深入推进"两学一做"学习教育常态化制度化。实践需要科学理论的指导才能明确方向,做到事半功倍,而马克思主义中国化的最新理论成果只有在实践中才能发挥其真正效力,故而科学理论的学习只有在做中学,在学中做才能够内化为党员干部的行动自觉,进而增强"四个意识",坚定"四个自信"。二是要坚定执行党的政治路线,把贯彻执行政治路线作为党性原则的第一要求。作为一个使命型政党,要完成我们的初心和使命需要全国上下一盘棋,全党上下一条心,方能凝聚出最大合力,这就需要基层党组织在把方向、谋大局、定政策、促改革上与党中央保持高度一致。三是要加强党组织对各领域社会基层组织的政治领导,通过政治思想领导、组织嵌入,善于把党组织意图变成各类组织参与基层治理的有效举措,引导各类组织做好群众工作。

(三)严肃组织生活,严格组织制度是提升基层党组织组织力的保障和关键

严肃党的组织生活是落实全面从严治党要求的关键,严格组织制度是实现全面从严治党向基层延伸的必然要求。一个组织一个政党是否具有强大的战斗力,其纪律性是一个重要的衡量指标。古往今来能够取得长久胜利的军队都是纪律严明的军队。历史上,我们党的军队的战斗力也是在"三大纪律""八项

注意"等严明的纪律、制度中逐步获得并提升的。当前党内组织制度日益完善，组织生活也有翔实明确的规章制度，将制度运作起来，把纪律规矩守起来，可以说依然是提升基层党组织组织力的重要途径和法宝。这就要求严肃党内政治生活，认真落实"三会一课"、民主生活会、组织生活会等制度，在落实制度的时候以指导实践和解决问题为导向，关注每个党员干部的自身成长和发展，避免形式主义、防止走过场。要坚持民主集中制，不断扩大基层民主，捍卫每一位基层党员干部的权利，调动党员干部参与党务活动的自觉性、自主性、积极性。当前的社会特点是人们渴望得到尊重，需要表达自己、提升自身价值，基层党员干部也不例外，要做到变"要求基层党员干部去做"为"党员干部主动要求去做"，提升基层党组织的内生动力，则坚持民主集中制，探索党内基层民主的多种实现形式是重要途径之一。再者要加强党内监督和执纪问责，运用执纪问责四种形态，确保党的路线方针政策和决策部署以及各项规定落到实处。

（四）树立榜样，发挥党员先锋模范作用是提升基层党组织组织力的重要举措和抓手

行为主义心理学认为个体的学习以及社会行为的习得在很大程度上是依赖于模仿，而模仿的对象也就成为个体行为学习的榜样，由此可见榜样在塑造个体行为方面的巨大影响力。因此，基层党组织组织力的提升不可不重视榜样力量的塑造，不可忽视党员先锋模范作用的发挥。回顾中国共产党走过的辉煌历程，我们之所以能够赢得民心、能够善做善成，是与我们党一心为民、热血奉献分不开的，生死抉择的重要关头总有一个又一个共产党员身先士卒，冲在最前面，用自己的行动和热血担起中国共产党人的初心和使命。中国共产党曾经用热血奉献的伟大品格获得人民的支持和拥护，成为人民的榜样，今天依然要重视榜样的树立和党员先锋模范作用的发挥，为人们树立学习的榜样和行动的方向，提升党组织的号召力和影响力。同时在融媒体时代，要善于使用群众喜闻乐见的方式方法将党员中的好榜样、先进事迹宣传好，贴近生活、真情实意地讲好榜样的动人故事，让群众认识到榜样在身边、榜样可学而至，如此才能提升群众对榜样的认可度，对党的工作的认同度，基层党组织的组织力也将因此而获得提升。

参考文献

［1］倪健民.组织力［M］.北京:人民出版社,2009.

［2］陈春燕,时圣玉.关于农村基层党员队伍思想建设问题的思考［J］.现代交际,2017(10).

［3］吴茂朝.提升基层党组织组织力路径探析［J］.沈阳干部学刊,2018(3).

［4］纪中强.增强党的群众组织力的必要性、难点及路径选择［J］.岭南学刊,2018(3).

［5］高振岗.新时代党的基层组织提升组织力的理论探源与实践路向［J］.探索,2018(2).

［6］习近平.要让群众信任决不仅仅靠权力［N］.人民日报,2005-05-30.

［7］冯俊.人民拥护和支持是党执政的最牢根基(聚焦十九大报告·从严治党)［N］.人民日报,2017-11-06.

第二篇 经济与生态篇

长三角一体化背景下柯桥融杭接沪的路径研究

——基于与顺德、昆山、嘉善"融接"模式的比较

柯桥区委党校课题组[①]

摘　要：习近平同志在浙江工作期间,对绍兴发展做出重要指示:"绍兴要放在'长三角'的范围来审视你们的发展地位,调整发展战略。"当前随着长三角一体化上升为国家战略,区域合作开启了新征程。位于杭州湾金南翼的绍兴,正处在杭州与宁波这两大副省级城市中间,是环杭州湾经济区一个重要节点,是浙江融入长三角一体化的关键。柯桥作为绍兴临杭最近的区,是绍兴接轨沪杭都市圈的"桥头堡"。课题组通过剖析"融接"成效较好的"顺德—番禺""昆山—嘉定""嘉善—金山"三地经验,为柯桥打造融杭接沪示范区提供对策建议。

关键词：长三角一体化;融杭接沪;区域治理

湾区经济以其开放性、创新性、宜居性和国际化的特性,已成为带动地区经济发展的重要增长极和引领技术变革的领头羊。省委、省政府高度重视并积极推进大湾区战略,绍兴市委、市政府提出了"融入长三角、接轨大上海、拥抱大湾区、共建大绍兴"的战略思路。作为绍兴临杭最近的区(县市)之一,柯桥区正围绕"绍兴大城市建设的排头兵、接轨沪杭都市圈的桥头堡"的战略定位全线发力,通过融杭接沪实现借船出海、借梯登高、借势发力,向全国十强区迈进,同时不忘以他人为师、博采众长,在成功的典型里汲取力量。

[①] 课题组成员:鲁立新、李建忠、李华、邱昊、费婷(统稿)、杨乾忠、杨晓辉、朱丹清、袁文卓。

一、他山之石：顺德、昆山、嘉善"融接"模式

当前"融接"比较成功的有"广佛同城"模式、"昆山融沪"模式和"嘉善接沪"模式。课题组针对上述三种模式进行解剖，从社会、交通、产业和政府四个维度进行分析，具体如下。

（一）顺德—番禺"融接"的自愿合作模式（附表 1）

顺德—番禺"融接"作为"广佛同城化"的先行示范区起步较早，其发展历程大致分为三个阶段。第一阶段：20 世纪 80 年代，城市规模扩大使城市空间邻近性提高。第二阶段：20 世纪 90 年代，广佛因产业、生活、生产服务方面联系加强而逐步展现粘连发展态势。第三阶段：2000 年以来，互动频繁的"广佛生活圈"形成并呈现区域一体化的发展趋势。

顺德—番禺"融接"模式为两地政府的自愿合作模式，这种模式的特点主要表现为四个方面。特点一：合作意向，为主动的开发性合作。顺应民间自发交融的大趋势，在两地政府合作之前，双方百姓已在居住、就业等方面实现较大程度的互通。特点二：推动力量，为地方政府自发性。广州、佛山两地政府在"广佛同城"进程中自主召开联席会议 28 次，推动了 186 个重大项目的合作与落地。特点三：合作模式，为资源共享型模式。实现了居住、就业、教育、医疗等公共资源的共享。仅教育合作领域，就有 9 院校拟定了"广佛生"指标。特点四：合作深度，为全方位整合式合作。大至关乎城市兴衰的产业发展，小到居民生活工作学习的各个方面，实现全方位整合式合作。

（二）昆山—嘉定"融接"的历史承接模式（附表 2）

昆山—嘉定"融接"作为长三角一体化发展的先行地，其发展历程大致分为四个阶段。第一阶段：20 世纪 70 年代到 90 年代，兴办经济技术开发区和各乡镇工业小区以奠定工业发展基础。第二阶段：20 世纪 90 年代初到 90 年代末，积极吸收浦东新区的辐射，经济建设步入以外向为主的新时期。第三阶段：21 世纪初到 2012 年，着力打造与上海有所区别、互有侧重、合作配套的产业发展格局。第四阶段：2012 年至今，全方位、多领域对接上海。

昆山—嘉定"融接"模式为历史承接模式,这种模式的特点主要表现为四个方面。特点一:区域错位促进产业融合。昆山开发区侧重接轨自由贸易港,昆山高新区侧重接轨科创中心张江高新区,花桥经济开发区侧重接轨虹桥商务区。特点二:重点推动临界区融合发展。昆山找到了与上海协同发展的最大公约数——嘉定青浦与昆山的临界地区。如昆山正配合上海推进安亭、白鹤、花桥城镇圈区域协同规划编制。特点三:以交通互联互通挖掘融合深度。昆山把交通作为先行领域,终点站为昆山花桥的上海地铁 11 号线成为全国首条跨省地铁。特点四:以公共服务接轨提升民生质量。昆山与上海在公交一卡通、医保结算、共建医院等方面做了不少探索,正在积极推动医保、养老等公共服务资源实现优势互补。

(三)嘉善—金山"融接"的主动对接模式(附表 3)

嘉善—金山作为"长三角一体化"的先行示范区县,其融合发展大致分为四个阶段。第一阶段:20 世纪 80 年代初,嘉善开始与上海的嘉善籍党政领导和专家学者开展横向合作联系。第二阶段:20 世纪 90 年代,嘉善县以"上海的后花园和菜篮子"为自身定位提出了接轨上海的发展战略。第三阶段:21 世纪初(2003—2008 年),嘉善县实施"接轨上海开放带动"战略,进一步探索接沪之路。第四阶段:2008 年至今,嘉善与上海市在交通及科教文卫等多个领域建立协作并取得显著成效。

嘉善—金山"融接"模式为嘉善主动对接模式,这种模式的特点主要表现为四个方面。特点一:"主动对接"带动双方协同合作。形成"一三五七九"嘉善现象,即 10%嘉善人到上海工作、学习、生活,30%以上工业品成为上海企业配套所需或通过上海进入其他地区,50%农产品销往上海市场,70%游客来自上海,90%外资和港澳台资及县外内资是受上海辐射影响而进入嘉善。特点二:"服务先行"带来双方互惠互利。20 世纪 90 年代,嘉善的目标定位是建设成为上海的后花园、菜篮子,重点在农业上服务上海的餐桌经济。特点三:"产业升级"促进双方资源共享。"起步在上海,发展在嘉善""孵化在上海,转化在嘉善"成为常态。特点四:"全面合作"加深双方融合深度。战略领域及公共服务领域的合作提升了两地市民在医疗卫生、文化教育、交通旅游等方面的便捷度,增强了获得感。

二、攻玉之方：顺德、昆山、嘉善"融接"模式的启示

（一）区域协同创新

借鉴嘉沪、昆沪"融接"的主动对接模式，主动对接，接轨杭州制定涉及钱杨新城等毗邻地区的协同规划编制。

1. 加强顶层设计，贯彻规划先行

深化"友好城区合作协议"精神，成立"融杭接沪协调小组"，进一步加强区域层面协同发展协议及规划力度。按年度编制工作任务清单并分解落实，统筹谋划和督促协调各项工作，协调小组重点协调解决区域协同发展过程中的信息互通、对策互商、发展互惠等问题。建议两地工作磋商会每季度至少召开一次。

2. 强化政策衔接，确保服务共融

全面梳理柯桥与杭州、上海的相关政策、规章制度及办事规则的差异，研究制定承接杭州、上海功能相关配套政策。在公交一卡通、医保结算、养老、旅游等公共服务政策上实现新的突破，实现共享共建，惠及两地老百姓。延伸"最多跑一次"改革覆盖范围，在两地实现跨城办理企业服务，实现办事窗口的互通互办，两地市民不再需要往返两地"跑证"。

3. 探索联席机制，形成发展合力

建立干部人才交流机制、创新要素合作机制、联动招商机制、产业转移税收利益共享机制、毗邻区域对接合作机制等。定期举行两地磋商会，负责重点规划、项目的协商和落地。把适合柯桥区产业转型升级、经济高质量发展的人才和资本吸引到柯桥，让柯桥区便捷的地理条件、完善的基础设施、较低的运营成本发挥出更大的优势，实现地区发展的互利共赢。

4. 打造智慧新城，优化空间布局

加速推进智慧城市建设，持续性地将各项工作数字化、网络化，将城市的各项基础设施与服务建立起连接，提供给市民更加便捷有效的城市服务和畅通和谐的城市环境。优化城乡空间布局，重点抓好轨道交通沿线、临杭产业带、运河

文化带、西南生态环以及市场区、科技城、特色小镇等重点区块建设,通过产业、科技、文化影响力的全面提升,实现柯桥城市能级跃升。

(二)交通互联互通

借鉴上述三种融接模式,把交通作为关键领域先行突破。

1.强化交通建设要素保障

加强政府层面协调沟通,求同存异,共同发展。优化交通规划方案,解决两地开发战略定位不一致、空间布局不一致、开发时序不一致的问题,争取最大程度破除政策、资金、技术的制约。强化杭绍两地交通、国土等相关部门的对接合作,成立专门的融杭道路建设指挥部,尽早确定相关交通工程建设模式、建设主体、建设标准和建设规模,主动对接,提前审批,及早动工。

2.制定交通融杭时间表路线图

加强与萧山的主动对接,加大磋商力度,争取实现柯桥—萧山两地17条"断头路"(高速4条,快速路3条,其他道路10条)早日连通,在通勤"1小时互达"基本成型的基础上逐步缩短互达用时。具体来看,要加快建设杭绍台高速及杭绍台跟杭金衢的连接线,加快推进杭州中环的开工。同时,建议增设柯桥至萧山的公交线路,加大班车频次(目前只有对开2条线路)。

3.创新交通运管机制

探索杭绍轨道交通"一张网""一张票"模式,使两地公交卡互联互通,开发杭绍一卡通;完善高速收费结算模式,缩短过路时间;实施高速公路收费优惠政策,减免两地互通部分路段过路费用;建立毗邻地区公交线路运营管理机制;探索客运班线公交化运营模式;推动海关特殊监管区建设,借势构建空港、海港网络。

(三)产业协作共赢

借鉴昆沪、嘉沪模式中的"融入、配套、服务、协同"模式,建议把柯桥的二、三产业目标定位为上海的后花园、杭州的创业地,重点在产业上配套杭州,生活上服务上海。要抓住上海疏解非城市核心功能以及杭州加快数字经济建设的机遇,尤其是要借好生产制造业和现代服务业溢出的两支利箭(见表1)。

1."借梯登高":推动产业转型升级

在生产制造业方面,研究梳理上海非核心功能疏解清单,主动对接上海全球科创中心和 G60 科创大走廊,重点承接逐步退出上海主城区的装备、机电、医药等制造业。在现代服务业方面,加快发展面向上海、杭州市场的会展业和休闲、健康养老等生活性服务业,有效承接核心城市现代服务资源和消费市场的外溢,积极融入沪杭旅游一体化。紧抓 2022 年杭州主办亚运会时机,主动争取赛事筹备对接。

表 1　承接上海、杭州重点产业一览表

产业		上海	杭州
生产制造业	重点区域	张江	大江东、滨江
	重点行业	装备、机电、医药	航空、汽车、互联网经济
现代服务业	重点区域	西南区域迪士尼等	西湖风景区、湘湖风景区
	重点行业	旅游休闲业、健康养老业	

2."借鸡生蛋":加强灵活"引智"

借助中心城市上海、杭州的优势,探索离地飞地式创新合作。积极对接上海张江、漕河泾及杭州城西大走廊、城东智造大走廊等品牌开发区,着眼全产业链,综合运用以商引商、基金招商、驻点招商等手段开展精准化招商,引进一批具有引领性、带动性、成长性的大项目、好项目。按照飞地模式,重点承担"异地研发孵化"等功能。

3."借题发挥":打响"老绍兴·金柯桥"旅游品牌

充分发挥水乡、酒乡独特的自然文化资源优势,引进一批具有文商旅融合典范的行业领先企业,依托小镇古镇,连片打造特色文旅商圈,打响"老绍兴·金柯桥"旅游品牌,让柯桥成为沪杭市民周末游、短途游的首选,并让游客"玩得好,留得住"。

（四）民生共享共融

1. 建好一座新城

借鉴昆山—嘉定"融接"模式和"花桥经验"[①]，重点打造临界区域融合发展，重点规划好钱杨板块，争取在 3 至 5 年内建设一座宜居宜业的现代化智慧融杭新城。借助地缘紧邻、文化同根的特点，在购物、居住、就业方面加强联系，实现连片发展，形成集群效应，逐步与萧山实现同城。

2. 集聚一批高端人才

居住置业方面利用"低房价"、低人口密度的比较优势，借着杭绍城际列车通车在即的东风，研究出台一套具有可操作性的政策法规，对符合条件的高学历人才在置业、落户等方面给予相应的利好政策，吸引杭州人到柯桥周边买房置业居住，唱好"工作在杭州，居住在柯桥"的大戏。

3. 举办一系列文化走亲活动

建议在两地接合部建设一座文史博物馆，集中展示杭绍两地的相关史料、人物事迹等，把两地文化同根同源的特点显性化。采取多种形式的宣传引导，让两地树立"一家人"观念。利用两地良好的文化、旅游、体育、会展等资源，与萧山、滨江、余杭进行文化走亲，共同举办体育赛事和节会展会，增进两地的文化认同和心理认同。

4. 建设一批国内名师名医工作室

深化拓展与杭州上海等地知名高校医院合作，建设一批国内名师名医专家工作室。加强两地教育医卫人才工作交流和联合培养。建立完善重大疾病联防联控和应对突发公共事件联动机制。加强与杭州医疗保险合作，提出医保互通方案，让两地居民享有更好的医疗资源。

（五）环保联防联控

1. 定好"风向标"：以统一标准加强联合执法

环保标准透明化。公开"晒"出各自环境准入标准，以协商为前提制定便于

---

① 花桥经验：主要指的是江苏昆山花桥镇依托长三角区位优势，自 20 世纪 70 年代以来，侧重接轨上海虹桥商务区，以区域错位促进产业融合、重点推动临界区融合发展、以交通互联互通挖掘融合深度、以公共服务接轨提升民生质量，促进花桥特色小镇发展、经济融合发展的一系列做法和经验。

临界区域双方协同管理的规章制度,明晰权责。环保执法联合化。完善污染防治互动机制,针对大气污染和水污染,建立环保部门联合预测预警和应急联动机制。加强跨区域流动源的监管,分享固定源治理的经验,携手打赢蓝天、碧水、净土保卫战。

2. 用好"鞭策器":以信用互通倒逼环保自觉

将信用评价体系引入生态环境领域,联合建立环保领域信用体系,在失信行为评判标准互认、数据归集共享机制建立、联合惩戒措施落地等方面加强合作。设立企业环境信用评价"红黑榜",运用市场手段引导倒逼企业加强环保自律。

3. 走好"平衡木":以生态补偿寻求利益平衡

对涉及上下游的河段(或水域)实行跨区域生态治理。借鉴新安江生态补偿机制,签订相应河段生态补偿协议;设置补偿基金,以年度水质考核结果为依据进行补偿,激励双方就上下游环境治理问题定期协商,实现利益平衡。

三、结　语

在长三角一体化发展上升为国家战略的背景下,杭州都市圈的发展已然成为浙江的不二选择。柯桥,作为绍兴大城市建设的排头兵、接轨沪杭都市圈的桥头堡,必将在推进高质量发展的浪潮中迸发出新的活力。

附表1:

"顺德—番禺"模式

2018 年	顺德区	番禺区
地区生产总值(亿元)	3163.9	2079
增速	6.2%	4.1%
常住人口(万)	248	171.93
面积(平方公里)	806	530
主要产业	家电、家具、燃气具和日用品	珠宝、电子、通信、化工、游戏
百强区/县(市)排名	1	10

	2018 年	顺德区	番禺区
社会维度	居住、购物	到对方城市买房、购物	历史上有"顺番县",两地地缘紧邻、文化同根同源,心理距离相近。实现两地购物、居住、就业联系加强,形成"广佛生活圈"。
	教育	院校拟订"广佛生"指标	
	就业	到对方城市就业	
	空间	连片发展	
交通维度	公交	109 条公交线路	两地规划、交通部门联合开展道路系统衔接建设,双方交通卡票、系统互通,通勤"30 分钟互达"逐步成型。
	地铁	广佛地铁、广珠城际	
	高铁	南广、贵广的高铁	
	路网	建成道路 25 条	
	规划	《广佛两市道路系统衔接规划》	
产业维度	产业结构	顺德:二、三、一 番禺:三、二、一	两地产业发展重点交错,双方优势产业交集仅发生在电气机械及器材制造业上,内部同构情形很低。
	传统产业	顺德:家电、家具、燃气具和日用品 番禺:珠宝、电子、旅游、音响	
	新兴产业	共建装备制造、汽车及零配件、智能家居、珠宝首饰、电子商务、工业设计、现代物流	
	合作平台	1.广州站南商务区 2.中德工业服务区、广州国际创新城等国家级平台 3.广东省珠宝玉石交易中心、中国慧聪家电城等资源要素交易专业平台 4.广佛"互联网＋易通关"改革	
政府维度	协议政策	《广州市佛山市同城化建设合作协议》《深化创新驱动发展战略合作框架协议》《广佛肇经济圈发展规划(2010—2020 年)》	两市可跨城通办的政务服务事项涉及 1426 件。 在两市落实的 186 个重点合作项目中,涉及城市规划 24 个,交通基础设施 74 个,产业协同 31 个,生态环境保护 16 个,社会民生 41 个。
	常设机构	联席会议,28 次;46 个项目可实现办事窗口的互通互办	
	合作项目	186 个重点合作项目	

数据来源:2019 年政府工作报告

附表2：

"昆山—嘉定"模式

2017 年	昆山市	嘉定区
地区生产总值（亿元）	3520.35	2151.7
增速	7％	8.6％
户籍人口（万）	86.27	68.28
面积（平方公里）	927.68	463.55
主要产业	IT、光电、半导体、小核酸、生物医药、智能制造	高端制造业和高科技产业；"四新"即集成电路及物联网、新能源汽车及汽车智能化、高性能医疗设备及精准医疗、智能制造及机器人
百强区/县（市）排名	1	—

社会维度	居住、购物	到对方城市买房、购物	在昆山花桥镇，有不少来自嘉定的工作者，挂着"沪C"牌照的小汽车在镇上并不鲜见。
	情感	文化同源	
	就业	到对方城市就业	
	空间	连片发展	

交通维度	公交	60 班	两地基本已实现同城化发展，便捷的公共交通使得百姓在生活和工作中紧密结合，不分你我。
	地铁	轨道交通 11 号线	
	高铁	131 趟	
	路网	沈海高速、京沪高速、沪宜公路、曹安公路、宝钱公路、浏翔公路	

产业维度	产业结构	昆山：二、三、一 嘉定：二、三、一	昆山"融沪"计划的重点：1.创新发展 2.现代服务业 3.制造业 4.旅游产业
	传统产业	昆山：化工、电路板 嘉定：汽车产业	
	新兴产业	昆山：IT、光电、半导体、小核酸、生物医药、智能制造 嘉定：集成电路及物联网、新能源汽车及汽车智能化、智能制造及机器人	

续　表

2017 年		昆山市	嘉定区
政府维度	协议政策	2018 年,苏州市与嘉定区共同签订了《嘉昆太协同创新核心圈战略框架协议》	昆山花桥与嘉定安亭的"双城共建"战略合作协议签订以来双方合作主要内容: 1. 两地磋商会每 10 天举行一次; 2. 签署《嘉昆太协同创新核心圈战略框架协议》; 3. 安亭花桥共建长三角一体化发展先行示范区推进办公室启用,并推动跨区域公交 325 路开行。
	常设机构	两地磋商会、安亭花桥共建长三角一体化发展先行示范区推进办公室	
	合作项目	建设嘉昆太协同创新核心圈。建设环淀山湖战略协同区。建设花桥—安亭—白鹤城镇圈和跨区科技城。争取将昆山南部四镇纳入淀山湖世界级湖区规划。支持花桥实施"双城共建、双区联动"战略。加强与上海医疗保险合作,提出医保互通方案	

数据来源:当地年鉴

附表 3:

"嘉善—金山"模式

2018 年		嘉善县	金山区
地区生产总值(亿元)		582.6	759.9
增速		8.5%	7.4%
户籍人口(万)		39.3	79.8
面积(平方公里)		507.68	530
主要产业		木业、轴承、电子信息	石油、化工、旅游、智能装备
百强区/县(市)排名		50	
社会维度	居住、购物	金山→嘉善买房养老居多,嘉善→上海市区购物居多	两地地域相近、人缘相亲,往来密切,和谐相处。两地电话号码共用 021 区号,文化走亲、党员活动往来频繁。
	情感	语言相近,风俗相通	
	就业	到对方城市就业	
	空间	连片发展	
交通维度	公交	莲朱专线、莘金专线、931 路等 30 余条公交线路	"半小时高铁圈、一小时通勤圈"已初步实现,正以"同城同圈"为目标: 1. 加快铁路轨道规划建设; 2. 加强公路公交对接; 3. 推进航空港建设; 4. 深化港口航道互通。
	地铁	地铁 9 号线、12 号线(上海段)	
	高铁	嘉善南—金山北动车 40 分钟(日均 20 班次)	
	路网	杭甬高速、沪昆高速等	
	规划	沪嘉城际轨道(嘉善段)、苏嘉甬铁路、沪昆铁路(嘉善段)高架改造	

续　表

2018 年		嘉善县	金山区
产业维度	产业结构	嘉善：二、三、一 金山：二、三、一	嘉善围绕构建"总部在上海，制造服务在嘉善"的产业协作模式，并致力于实现"研发在上海，转化在嘉善"。
	传统产业	嘉善：木业 金山：石油化工	
	新兴产业	嘉善：电子信息、先进装备制造、生物医药和医疗器械、节能环保 金山：旅游业、智能装备、新一代信息技术、生命健康、新材料	
政府维度	协议政策	2016 年 3 月，嘉善·金山"沪浙毗邻地区一体化发展示范区"正式签约	两地合作项目涉及战略合作、产业平台合作、科技创新、公共服务等领域。
	常设机构	嘉兴市人民政府驻上海联络处嘉善县工作部	
	合作项目	2018 年 6 月，在全面接轨上海示范区推介会上，两地"齐步走"，围绕规划对接、产业平台合作、基础设施对接、公共服务合作等主要任务完成 35 个重大项目签约；2018 年 12 月，举行"青春点亮健康梦"金嘉平青年医师论坛暨医务青年人才一体化发展启动仪式	

数据来源：2019 年政府工作报告

附表 4：

柯桥—萧山"融接"现状

2018 年		柯桥区	萧山区
地区生产总值（亿元）		1455	2110
财政收入（亿元）		198.6	393.79
常住人口（万）		130	150
面积（平方公里）		1066	1420.22
主要产业		纺织印染	化纤纺织
百强区/县（市）排名		12	5
社会维度	居住、购物	各自城市居住、柯桥到杭州萧山购物	两地地缘紧邻、文化同根同源，购物、居住、就业联系加强，特别是在纺织印染这块，但两地还没形成"柯桥—萧山城市圈"。而且从某种程度上讲，萧山的吸引力比柯桥大，存在虹吸效应。
	情感	文化同源	
	就业	柯桥到萧山就业居多	
	空间	各自发展	

2018 年		柯桥区	萧山区
交通维度	公交	2 条(566 路、740 路)	通勤"1 小时互达"逐步成型,杭绍城际在建。随着嘉绍大桥、杭甬高铁、钱江通道、杭甬运河、萧山机场柯桥航站楼等项目先后投用,杭绍城际轨道交通、杭金衢连接线、杭绍台高速及杭州中环柯桥段等重大交通工程积极推进,距杭甬沪路程分别缩短至半小时、1 小时、2 小时。
	地铁	杭绍城际(在建)	
	高铁	杭甬高铁	
	路网	杭金衢连接线、杭绍台高速及杭州中环柯桥段等	
产业维度	产业结构	柯桥:2.5∶50.5∶47 萧山:3∶39.5∶57.5	两地主要产业都集中在纺织、印染、化纤领域,同构化严重,存在竞争关系。
	传统产业	柯桥:纺织印染 萧山:化纤纺织	
	新兴产业	柯桥:高端纺织、时尚创意、先进装备制造、建筑产业现代化、旅游 萧山:工业大数据产业,信息安全产业、互联网为主的软件和信息服务业,集成电路设计、量子通信、智能传感器为主的电子信息制造业	
政府维度	协议政策	友好城区合作协议	今后双方将在联手推进区域一体化发展、加强跨区域交通基础设施规划建设合作、合力实现都市区生态联防联控、推进优势产业发展互利共赢、构建文化旅游新格局、深化社会领域的交流与合作等领域开展全方位务实友好合作。
	常设机构	/	
	合作项目	规划中	

数据来源:2019 年政府工作报告

基于空间计量的浙江省县域经济
集聚与发散研究

冯利斐

（杭州市委党校余杭区分校）

摘　要： 作为省域经济增长的支撑，县域有其特有的经济运行规律，因此，对县域经济增长的收敛性分析有着特殊意义。本文基于浙江省 52 个县（市）1978—2017 年的数据，采用空间计量模型，对浙江省县域经济集聚和发散进行实证研究。研究表明：早在 20 世纪 70 年代，浙江省的县域经济之间就存在着显著的空间相关性；以各县域实际人均 GDP 标准差的变化来考察，结果表明，浙江省并不存在 σ 收敛，即浙江省县域经济呈发散现象，县域间经济发展差距在扩大，同时浙江省县域经济空间集聚现象明显，即人均 GDP 高的地区倾向于与人均 GDP 高的地区相邻，人均 GDP 低的地区倾向于与人均 GDP 低的地区相邻；此外，浙江省县域经济间也不存在显著的绝对 β 收敛趋势，即使将时间分为六个子阶段来考察各阶段收敛趋势和发散趋势也各不相同。

关键词： 县域经济；收敛性分析；空间计量

中华人民共和国成立以来，浙江省的经济社会发生了巨大的变革。在这七十年的历程中，浙江省作为中国经济最活跃的省份之一，在充分发挥国有经济主导作用的前提下，以民营经济的发展带动经济的起飞，形成了具有鲜明特色的"浙江经济"，人均居民可支配收入连续 20 多年位居全国省区之首，实际已达到中等发达国家水平。但是，伴随着改革的不断深入，一些深层次的问题也开始显现出来，一个重要的问题是，与前期相比究竟浙江省地区间人均 GDP 差距正在逐渐减小、贫困地区逐渐赶上富裕地区,还是贫困地区由于持续存在甚至不断扩大的生活水平差距已经分化为两大不同阶层? 如果差距进一步扩大,区域间经济发展的不平衡会成为浙江省经济协调发展的一大阻力,并且经济差异发散趋势的蔓延将有悖于浙江"两个高水平"及六大浙江的战略目标,也不利于浙江省整体未来的可持续发展。因此,检验浙江省内县域经济的差异与收敛的真实状况,以进一步探索各市县之间经济增长的特点以及差异变动的特征,对浙江省自身以及其他省份经济发展政策的制定具有现实的参考价值,进而对提高浙江省资源配置效率、促进其整体经济健康均衡的发展具有重要的现实意义。

一、文献回顾

国外对于经济增长收敛性的研究较早。综合来说,国际上关于区域经济增长是收敛趋势还是发散趋势存在两种对立的观点。一种是新古典增长理论为基础的平衡增长论,即随着边际效用递减及技术的一致性,最后落后地区与发达地区的差距会缩小。Baumol(1986)通过对 16 个国家将近 100 年的数据分析后发现,国家间经济增长存在较强的收敛性。[1] Barro 和 Sala-i-Martin(1992)对美国 48 个相邻地区进行实证分析,得出贫困地区与富裕地区的差距在缩小,也即经济增长存在收敛现象。[2] 另一种是以内生经济增长理论为基础的不平衡增长论,技术进步会实现规模报酬不变,使得发达地区和落后地区差距会进一步扩大。如 Karl Gunnar Myrdal. G(1957)和 Albert Otto Hirschman(1958)等人指出由于扩散效应和回波效应,区域发展不平衡不可避免。[3] Lucas(1988)把人力资本加入模型得出经济贫困地区与富裕地区发展差距会进一步扩大的结论。[4]

国内关于经济增长的收敛性研究起步虽然较晚,但成果比较多,由于具体方法、变量选取、时间段不同,得出的结论也不尽相同。魏后凯[5](1997),刘强[6](2001),徐现祥、李郇[7](2004),林光平、龙志和、吴梅[8](2004),吴向鹏(2006)[9],吴玉鸣[10](2010),潘文卿[11](2010)等学者通过分析得出我国经济增长存在收敛趋势,但张焕明[12](2004)、王志刚[13](2004)、周亚虹[14]等(2009)等学者得出中国经济增长不存在收敛趋势,而是存在发散趋势,也有学者如林毅夫、蔡昉[15]等人得出中国经济增长没有绝对的收敛和发散趋势。

从国内外的文献中可以看出,较多学者在考察经济增长收敛性问题时以全国范围、省域层面作为研究对象,研究的时间节点也各不相同。本文在讨论经济增长收敛问题时,重点将浙江省的县域经济作为研究对象,时间节点的选取上是用 1978—2017 年的统计数据,来考察分析改革开放四十年来浙江省县域经济间发展的平衡性问题。

二、模型选取

经济增长收敛(Convergence)是指一个国家或地区人均产出的增长速度与其初始水平存在负相关关系,即发展水平较低的国家,发展速度会更快,各国的发展水平会趋向接近。换言之,即落后国家或地区具有比发达国家或地区更快的经济增长速度,这种增长速度上的差异将不断缩小落后国家或地区与发达国家或地区之间的经济差距,并最终趋于一个经济发展的稳定状态。

(一)若设 y_{it} 为 i 国或地区 t 时刻的人均 GDP,y_{i0} 为初始状态人均 GDP

因此平均经济增长率为

$$\frac{\ln y_{it} - \ln y_{i0}}{t} = \alpha + \beta \ln y_{it} + \varepsilon_{it}$$

β 前为负号,表示初始状态越差,则增速越快,即存在绝对收敛现象;如果 β 前为正号,则说明初始状态越差,则增速越慢,贫穷地区和富裕地区的差距会变大,经济增长存在发散现象。

(二)δ-收敛

δ-收敛是用来衡量区域增长差距的静态指标,如果相关国家或地区的增长差距减小,则认为存在 δ-收敛现象。衡量增长差距的常用方法如下:

$$CV = \frac{\ln y_{it} - \ln y_{i0}}{t}$$

其中 y_i 是 i 地区的人均实际 GDP,y 是一国人均实际 GDP 的平均值,如果

CV 值越大,表明地区增长差距就越大,如果 CV 值出现下降,则表明存在 δ 收敛。

(三)β-收敛

β-收敛是指根据资本边际报酬递减规律,相比较而言,落后的国家或者地区增长率比富裕国家的增长率要高,导致随着时间的推移,落后国家和富裕国家的差距会减少并收敛到相同的发展水平,具体定义如下:

$$\log \frac{y_{iT}}{y_{it}} = \alpha + \beta \log y_{it} + \varepsilon_{it}$$

其中 y_i 是 i 地区的人均实际 GDP,y 是一国人均实际 GDP 的平均值,如果 β 的值为负,则说明地区间差距呈缩小趋势。

三、实证结果

(一)σ-收敛

表 1   1978—2017 年浙江省县域人均实际 GDP 的 Moran's I

年份	Moran'I	sd(I)	z	p-value
1978	0.6491	0.0783	8.4777	0.000
1979	0.7492	0.079	9.6696	0.000
1980	0.6694	0.0779	8.7818	0.000
1981	0.6902	0.0784	8.9911	0.001
1982	0.7277	0.0786	9.4453	0.000
1983	0.6581	0.0797	8.4417	0.001
1984	0.6568	0.0793	8.4678	0.000
1985	0.6394	0.078	8.3859	0.001
1986	0.6422	0.0789	8.3257	0.000
1987	0.6003	0.0794	7.7456	0.001
1988	0.6012	0.0756	8.1468	0.000
1989	0.6629	0.0808	8.3861	0.000

续　表

年份	Moran'I	sd(I)	z	p-value
1990	0.589	0.0791	7.6321	0.001
1991	0.5805	0.0791	7.5247	0.000
1992	0.5979	0.0751	8.1571	0.001
1993	0.6768	0.0819	8.4432	0.000
1994	0.6788	0.0809	8.5723	0.000
1995	0.6752	0.0773	8.925	0.001
1996	0.6764	0.0816	8.4694	0.000
1997	0.6676	0.0812	8.4027	0.001
1998	0.6621	0.0809	8.3659	0.001
1999	0.664	0.0784	8.6569	0.000
2000	0.6592	0.0783	8.6066	0.000
2001	0.6609	0.0785	8.6064	0.000
2002	0.6477	0.0799	8.2904	0.000
2003	0.6414	0.0827	7.9335	0.001
2004	0.6395	0.0806	8.1166	0.000
2005	0.6436	0.0784	8.3967	0.000
2006	0.6521	0.0804	8.2935	0.001
2007	0.6405	0.0791	8.2832	0.001
2008	0.6277	0.0792	8.1111	0.001
2009	0.6311	0.07811	8.1301	0.000
2010	0.6401	0.07901	8.2205	0.000
2011	0.6389	0.0806	8.2104	0.001
2012	0.6499	0.0821	8.3211	0.001
2013	0.6503	0.07951	8.4311	0.000
2014	0.6419	0.0811	8.3659	0.001
2015	0.6506	0.0813	8.4112	0.001
2016	0.6478	0.0794	8.2415	0.000
2017	0.6512	0.0811	8.2989	0.000

注:数据来源于《浙江省统计年鉴》

　　根据数据的可获得性,本文选取了 1978—2017 年浙江省各县市的相关数据。从表 1 可以看出,在 1978—2017 年期间,浙江省县域经济单元的人均实际GDP 的全局 Moran 指数都为正数,呈正态分布,并且 Moran 指数通过显著性检验。这也说明 1978—2017 年这四十年里,浙江省县域的人均 GDP 存在显著的空间自相关性,即各地 GDP 并非随机分布,而是有空间集聚的特性。

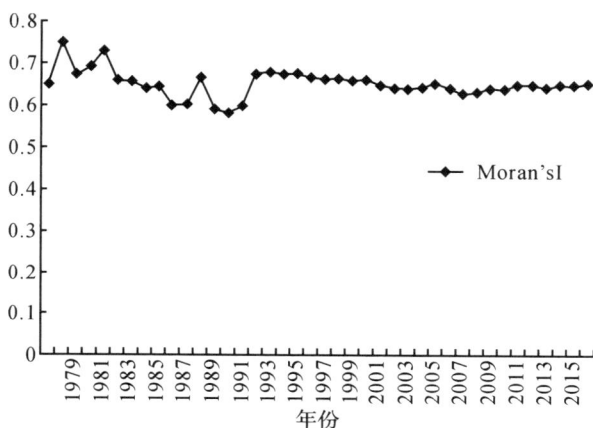

图 1　1978—2017 年空间自相关(Global Moran's I)

　　由图 1 可以看出,这四十年来浙江省全局自相关的 Moran's I 统计值比全国的整体波动范围(全国的平均值是在 0.55 以下)要大,但是浙江省的数值高于 0.6。此外,可以看到,浙江省的 Moran's I 数值在 1993 年之前波动幅度较大,处于不稳定状态,这可能是在改革开放以来的十多年中我国经济处于计划经济向市场经济转变的过程,市场不成熟,制度也不完善,浙江当时也不例外。从 1994 年开始到 2017 年浙江省全局自相关的 Moran's I 数值开始趋于稳定,只在 1994—2005 年间轻微下降,2005—2017 年间呈轻微上升趋势,整体还是非常平稳,基本处于 0.65 这个数值。从四十年来人均 GDP 的趋势来看,浙江省县域实际 GDP 处于轻微而稳定的上升态势,即有逐渐发散的趋势,也即随着改革开放的不断深入和持续,浙江省整体经济实力有了很大的提升,同时浙江民营经济比较发达,使得浙江 52 个县域间经济的交流增多,地区空间依赖性增强,也使地区间的发展差距在扩大。

(二)浙江省局部区域空间自相关

Moran'sI=0.6491

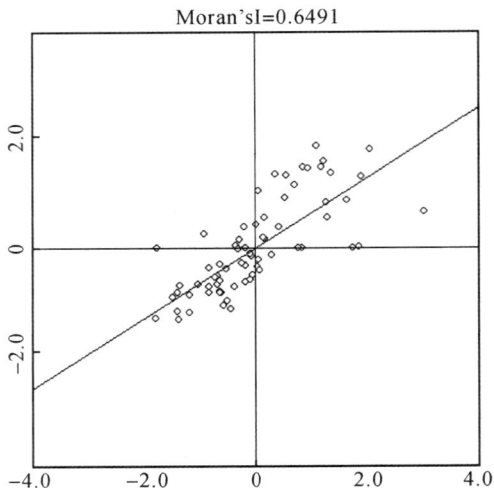

图2　1978 年浙江省人均 GDP Local Moran 散点分布

Moran'sI=0.6277

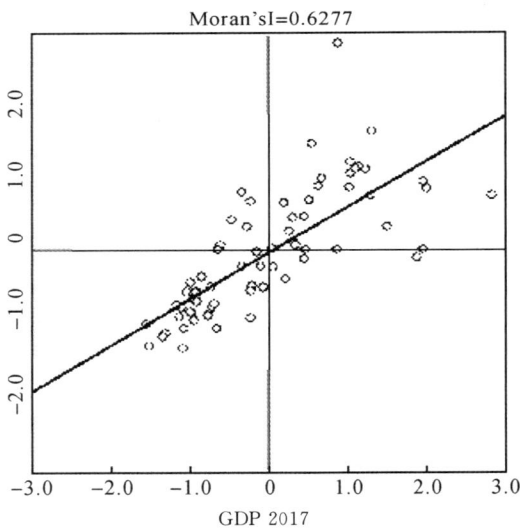

GDP 2017

图3　2017 年浙江省人均 GDP Local Moran 散点分布

由图 2、图 3 可知,浙江省县域地区实际人均 GDP 并不是随机分布的,而是有高度的空间聚集性和自相关性,绝大多数地区位于第一和第三象限,即处于高高聚集与低低聚集的态势地区占绝大多数。这种现象在 1978 年、2017 年都非常明显,所以可以说明在浙江一直存在高度的空间聚集性和自相关性。

综合来看,2017 年的 Moran's I 值比 1978 年存在共建地理上的延续性,并且处于第一象限也即经济发展靠前的是浙江的东部沿海地区,位于第三象限也即经济发展靠后的是浙江的西南地区,浙江县域经济呈现区域块状性,高收入地区持续集聚,同时低收入地区持续集聚,区域空间的相互作用显著。

(三)分区域内部差距及区域间差距的 Theil 指数分析

通过上面的分析可知,浙江省全域性以及分地带的考察收敛现象都不显著。为了进一步考察浙江省内部区域差异的特征,笔者根据大部分学者的划分方式将浙江省所有县、市、区划分为四个区域——浙东北地区、浙东南地区、浙中地区、浙西南地区。浙东北地区包含杭州、嘉兴、湖州、宁波、绍兴、舟山;浙东南地区包含温州、台州;浙中地区包含金华;浙西南地区包含丽水、衢州。同时用 Theil 指数的变化及其分解技术来考察浙江省内部差异以及四地带间差异,即

$$T = T_{BR} + T_{WR}$$

其中 T_{BR} 代表地带间差异,是由各地带人均 GDP 占全省人均 GDP 相对比重的加权平均来表示;T_{WR} 代表地带内部总差异,是由各地带内部差异的加权平均来表示,而各地带内部差异是由该地带各县域人均 GDP 占该地带人均 GDP 相对比重的加权平均组成,即

$$T_{BR} = \sum_{i=1}^{4} \left(\frac{GDP_i}{GDP} \right) \ln \left(\frac{GDP_i / N_i}{GDP / N} \right)$$

$$T_{WR} = \sum_{i=1}^{4} \left(\frac{GDP_i}{GDP} \right) T_i$$

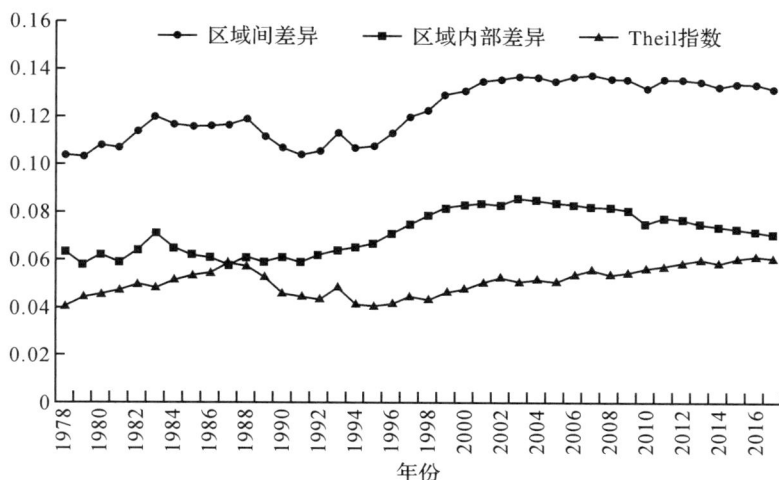

图 4　浙江省人均 GDP 的 Theil 指数及其分解

基于以上公式,得出了四十年来浙江省人均 GDP 的 Theil 指数变化、区域间差异和区域内部差异的变化情况。由图 4 可以看出,四十年来浙江省区域内部差异整体上明显要大于四个区域的区域间差异,同时浙江省整体性发展水平差异与区域内部差异的走势较一致。二者都是从 1978 年到 1984 年呈现上升趋势,1985 年之后有平稳的下降趋势直到 1988 年,在之后的将近十年里又是缓慢上升直到 2003 年,2003 年之后到 2010 年这几年比较平缓,2010 年后到目前是处于平稳下降趋势。

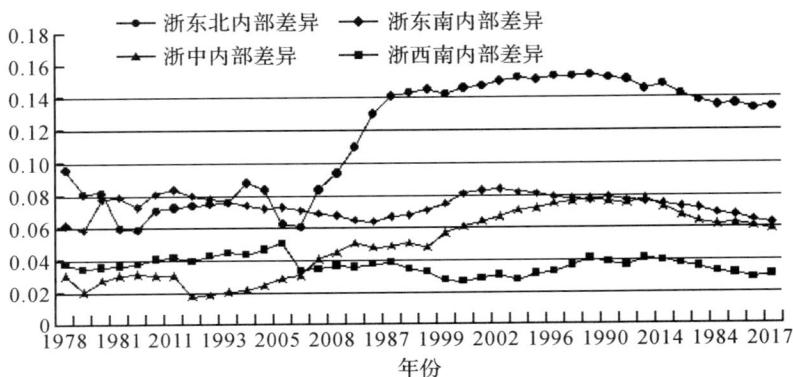

图 5   浙江省四区域各自内部差异的 Theil 指数

在分析了区域内部整体差异的基础上,再来考察各区域内部的差异变化。从图 5 可以看出,浙东南地区县域经济间的差距在 1990 年到 1998 年迅速扩大,之后 2008 年保持稳定,到 2008 年之后有稳定的下降趋势,浙东南地区县域经济间的差异水平明显高于其他三个区域的内部差异;浙中地区县域经济的差异从 1978 年到 1985 年处于平稳的上升趋势,在 1985 年出现下降后一直处于平稳的上升趋势,直到 2010 年前后开始处于平稳的下降趋势;浙东北地区县域经济的差异有一定波动,但整体变化较小,2002 年之后开始平稳的轻微的下降趋势,下降趋势的出现比其他三个区域要早七八年;在这四个区域中,浙西南地区县域经济间的差异水平相对而言是较小的,一直在 0.02 到 0.04 之间轻微波动。整体而言,在 1995 年之后,浙东南地区县域经济间的差距水平一直高于区域内部整体差异,浙中地区和浙东北地区县域经济间的差距水平与区域内部整体差异相当,浙西南地区县域经济间的差距水平比区域内部整体差异要小。

(四)分阶段的绝对 β-收敛

由以上分析可知,在1978—2017年的四十年里,不论是浙江省整体还是区域内部都不存在确切的收敛趋势,所以本文根据浙江省在这四十年间区域发展政策和国家宏观政策的调整,将这四十年划分为六个子阶段(1978—1984,1984—1991,1991—1997,1997—2004,2004—2010,2010—2017),运用空间误差模型来考察浙江省县域经济增长收敛情况,具体结果如表2所示。

表2　各阶段绝对 β-收敛的空间误差模型估计结果

时段	1978—1984	1984—1991	1991—1997	1997—2004	2004—2010	2010—2017
年数	6	7	6	7	6	7
α	0.1817	0.14870	0.0536	−0.0279	0.0632	0.0587
	−0.0104	(0.0141)	(0.0912)	−0.2884	−0.0065	−0.0212
β	−0.0315	−0.0153	0.0024	0.0016	−0.0035	0.0052
	−0.0184	−0.1654	−0.8407	−0.3506	−0.2813	−0.2354
λ	0.461 (0.0000)	0.5412 (0.0000)	0.657 (0.0000)	0.713 (0.0000)	0.3996 (0.0000)	0.4678 (0.0000)
R^2	0.2039	0.3081	0.5578	0.5088	0.5466	0.5512

注:数据来源同表1。

从表2的估计结果可以看到,随着时间的推移,模型的收敛系数 β 的符号由负到正再到负取值为正再回归到负数,具体是第一个阶段(1978—1984)模型的收敛系数 β 的符号为负数,说明从1978年到1984年这个时间段内,浙江省县域经济增长是收敛性的,即初始人均 GDP 越高的地区经济增长速度较慢,初始人均 GDP 越低的地区经济增长速度较快,但模型的整体拟合优度 R^2 并不高,说明此时用空间计量模型来估计不是最佳选择,因为可能当时正处于改革开放初期,是以家庭联产承包责任制为主,各县域间的空间相关性不高。

到第二个时段(1984—1991)时,模型的收敛系数 β 的符号仍然为负值,说明从1984年到1991年这个时间段内,浙江省县域经济增长仍然延续上个时间段的趋势,即县域经济增长是收敛性,与第一阶段相比,此时空间计量模型的整体拟合度提高了,也说明浙江省县域经济增长的空间相关性越来越强,空间集聚的特征更明显。收敛系数 β 较第一时段有所提高,但是未能通过10%的显著性检验,所以县域经济增长的收敛趋势开始放缓。

到第三个时段(1991—1997)时,收敛系数 β 的符号已经变为正值,说明浙江省县域经济的增长在这个时期不是收敛而是发散,即初始人均 GDP 越高的地区经济增长速度较快,初始人均 GDP 越低的地区经济增长速度较慢。这与浙江当时的实际情况也是吻合的,因为当时的改革已不再局限于农业领域,开始转向工业领域,城市经济体制改革、国企改革、对非公有制经济的引导和鼓励不断兴起。此时空间计量模型的整体拟合度提升较大,说明在浙江省县域经济增长的空间相关性越来越强。

到第四个时段(1997—2004)时,收敛系数 β 的符号仍然为正值,但数值比上个时段要小,说明在这个时期尽管浙江省县域经济增长仍处于发散趋势,但是这种趋势在逐渐减弱。因为此时从宏观层面讲是我国经济体制改革进入深化阶段,从浙江省区域层面讲是在国家确定的总体方针下,继续深化农村发展、完善所有制结构、理顺产权关系、深入推进国企改革、社会保障改革等。

到第五个时段(2004—2010)时,收敛系数 β 的符号为负值,这说明浙江省县域经济增长由前期的发散趋势转变为收敛趋势,即人均 GDP 较高的地区经济与 GDP 较低的地区经济差距在缩小。该阶段浙江实施"八八战略",推进现代化企业改革和产业转型升级。

到第六个时段(2010—2017)时,收敛系数 β 的符号为正值,说明这个阶段浙江省县域经济增长又呈发散趋势,即各县域经济差距又开始扩大,但这种发散趋势是否会在未来一直持续还不够清晰,有待时间的检验。

四、结　语

第一,中华人民共和国成立以来,尤其是改革开放后,浙江省县域经济不存在全域性的 σ-收敛,即中华人民共和国成立以来浙江省整体经济实力有了很大的提升,同时也使得地区间的发展差距在扩大。

第二,中华人民共和国成立以来,浙江省县域经济空间集聚现象明显,即人均 GDP 高的地区倾向于与人均 GDP 高的地区相邻,人均 GDP 低的地区倾向于与人均 GDP 低的地区相邻,这种现象在浙江东北部和浙江西南部最明显。

第三,浙江省县域经济间不存在显著的绝对收敛趋势,但将时间分为六个阶段来考察,在 1978—1984 和 1984—1991 这两个阶段县域经济增长呈收敛趋势,在 1991—1997 和 1997—2004 这两个阶段县域经济增长呈发散趋势,在 2004—2010 这个阶段县域经济增长呈收敛趋势,2010—2017 这个阶段又呈发散趋势。

参考文献

[1] BAUMOL WJ. Productivity Growth, Convergence, and Welfare: What the Long-Run Data Show[M]. New York: American Economic Review, 1986, 76(5).

[2] BARRORJ, SALA I M. Regional Growth and Migration: A Japan-UnitedStates Comparison[J]. Journal of the Japanese and International Economies, 1992(6).

[3] KARL G M. Rich Lands and Poor [J]. International Economic Review, 1957.

[4] LUCAS R E. On the Mechanics of Economic Development[J]. Journal of Monetary Economics, 1988, 22, (1).

[5] 魏后凯. 中国地区发展[M]. 北京:经济管理出版社, 1997:7-10.

[6] 刘强. 中国经济增长的收敛性分析[J]. 经济研究, 2001(6):70-77.

[7] 徐现祥, 李郇. 中国城市经济增长的趋同分析[J]. 经济研究, 2004(5): 40-48.

[8] 林光平, 龙志和, 吴梅. 中国地区经济 σ 收敛的空间计量实证分析[J]. 数量经济技术经济研究, 2006(4):14-21, 69.

[9] 吴向鹏. 市域经济空间结构:理论、演化与优化[J]. 重庆社会科学, 2006(6): 18-22.

[10] 吴玉鸣. 中国省域经济增长趋同的空间计量经济分析[J]. 数量经济技术经济研究, 2006(5):101-108.

[11] 潘文卿. 中国区域经济差异与收敛[J]. 中国社会科学, 2010(1):78-84, 222-223.

［12］张焕明.扩展的 Solow 模型的应用——我国经济增长的地区性差异与趋同[J].经济学(季刊),2004(3):605-618.

［13］王志刚.质疑中国经济增长的条件收敛性[J].管理世界,2004(3):25-30.

［14］周亚虹,朱保华,刘俐含.中国经济收敛速度的估计[J].经济研究,2009(6):40-51.

特色小镇与其他创新创业平台比较研究

单　凯

（杭州市委党校余杭区分校）

摘　要：浙江省特色小镇的兴旺发展，为创新创业平台打造提供了新的浙江经验。虽然诸如黑龙江、北京等地区在更早年便提出过"特色小镇"的建设规划，但"特色小镇"作为一个创新创业平台的概念却真正兴起于浙江，浙江也是目前最先由地方各级政府推动特色小镇群建设的省份。

关键词：特色小镇；其他创新创业平台；比较研究

浙江省特色小镇的兴旺发展，为创新创业平台打造提供了新的浙江经验。虽然诸如黑龙江、北京等地区在更早年便提出过"特色小镇"的建设规划，但"特色小镇"作为一个创新创业平台的概念却真正兴起于浙江，浙江也是目前最先由地方各级政府推动特色小镇群建设的省份。那么，特色小镇作为一类创新创业平台，与国内外其他创新创业平台相比，其独特价值和发展优势在哪里？

一、问题的提出

学者们普遍赞同，特色小镇并不是一个单纯的行政产物，而是一类创新创业平台。如盛世豪（2016）等提出特色小镇是集特色产业的创新、生产、销售、服务功能于一体的新兴产业空间组织形式；卫龙宝（2016）等认为，特色小镇是以某一特色产业为基础,汇聚相关组织、机构与人员,形成的具有产业特色与文化氛围的现代化群落;马斌(2016)则提出特色小镇是相对独立于市区,具有明确产业定位、文化内涵、旅游业态和一定社区功能的创新创业发展平台,区别于行政区划单元和产业园区。2015年,时任浙江省省长李强就提出,特色小镇不是行政区划单元上的"镇",也不同于产业园区、风景区的"区",而是按照创新、协调、绿色、开放、共享的发展理念,结合自身特质,找准产业定位,科学进行规划,挖掘产业特色、人文底蕴和生态禀赋,形成"产、城、人、文"四位一体有机结合的重要功能平台。

2018年浙江省出台的《特色小镇评定规范》里正式明确,特色小镇是具有产业定位、文化内涵、旅游业态和一定社区功能的创新创业发展平台,相对独立于城市和乡镇建成区中心,原则上布局在城乡接合部。而对于浙江省特色小镇作为创新创业平台的独特优势,一些学者也提出了独到的见解。如李明超(2017年)等提出,浙江省特色小镇确立了市场化导向的运作机制,打造人本导向的产城人文四位一体平台,创新政府服务管理的体制机制,在块状经济向城市经济转型过程中培育形成了具有小空间大集聚、小平台大产业、小样本大示范等特点的特色小镇。陈立旭(2016年)则认为,特色小镇的文化软实力打造,有助于对创新创业者产生吸引力和向心力。

事实上,作为创新创业发展平台,特色小镇也不是浙江省的首创。浙江省现有的各类特色小镇在其他地方都能找到相类似的发展载体,诸如美国硅谷、法国依云小镇、埃因霍温高科技园区(High Tech Campus),以及国内的贵州茅台小镇等,都对浙江省特色小镇的建设产生深远影响;而正在建设中的深圳天安云谷等,与浙江省的特色小镇建设模式形成了相得益彰的有机竞争态势。

如埃因霍温高科技园区(High Tech Campus)被视为"全欧洲举足轻重的科技园区",追求开放文化的价值是这个创新创业平台的最大特色之一。瑞士的施皮兹、威吉斯、菲茨瑙等诸小镇,则真正实现了"三生融合"的内在意义。美国格林尼治对冲基金小镇突出地理位置的独特价值。而诸如国内深圳的天安云谷,则是另一种形式的城市特色小镇。智慧城市的设计,企业化的运营管理,孵化器与风险基金、私募基金比邻而居,大数据的运用突破了传统楼宇经济的范畴,营造了一个闭环的创新创业生态环境。

二、特色小镇与其他创新创业平台的比较

与这些现有或历史存在过的各种创新创业平台相比,浙江省的特色小镇既有发展共性特征,也有其独特发展优势。目前在国内与特色小镇竞争共存的创新创业平台中,有基于行政建制的特色小城镇,也有不断规范建设的产业园区(高新园区),而历史上存在的传统企业主导的发展平台也具有一定的比较研究价值。

(一)特色小镇与特色小城镇的比较

在特色小镇最初出现时,一直被简单等同于特色小城镇。特色小城镇指的是以传统行政区划为单位,特色产业鲜明,具有一定人口规模的建制镇。

与特色小镇的运营模式突出政府主导、规划统领、统筹城乡一体化相比,特色小镇突出政府引导、企业主导和市场化运作。

与特色小城镇面积一般在20平方公里左右相比,特色小镇突出"亩均论英雄",对于小镇面积有一定限制,主要控制在3平方公里左右,以此与特色小城镇地理位置由历史形成相比,小镇建设位置则经过专门选择,一般定在城乡接合部,以充分利用城乡接合部生态较好、地租便宜、连接城乡的优势,达到突破城乡业态的效果。

与特色小城镇追求一定规模的人口相比,特色小镇更加聚焦中高端创业人才的集聚。特色小城镇的人口因血缘、乡缘、业缘相联系,在中长期人口变动幅度不大。而特色小镇的人才集聚主要基于业缘,人才流动较大。

虽然特色小镇和特色小城镇两者存在着较大的差别,但在一些地区,特色小镇和特色小城镇是嵌套式发展。如贵州赤水河边的仁怀镇,本身就是一个标准的特色小城镇,主要特色产业就是基于当地独特水土资源的白酒产业。而在仁怀镇内,则同时存在着一个茅台酒厂所打造的以白酒制造、酒文化营造、制酒工艺展示、互动式体验为主体的特色小镇。相类似地,在浙江诸暨市大唐镇,全镇的主要特色就是基于传统县域经济的袜子制造产业。而在大唐镇内部,则打造了一个以高端设计、品牌打造、产学研结合的袜艺小镇。

（二）特色小镇与产业园区（高新产业园区）的比较

特色小镇与产业园区的最大区别在于，产业园区以厂房经济为主导，而特色小镇以工作室经济为主导。事实上，无论是县区主导的产业园区还是地市主导建设的产业园区，本质上都是一种以生产为主要内容的发展平台。相比产业园区更加注重产品的生产，特色小镇则突出产品的研发和品牌打造。事实上，特色小镇和产业园区应该是互补的。浙江省基于传统县域产业而成长起来的特色小镇，必定是由有一定生产规模的产业园区所支撑的。特色小镇位于该地区产业链的顶端，而产业园区则是产业链的主体组成部分。

高新产业园区是传统产业园区或者工业园区的一个变体。从聚焦中低端产品生产制造向中高端产品设计、制造转变，但依旧属于厂房经济范畴。在一些高新产业园区，虽然设计研发比重已经越来越大，但依旧与聚焦于研发和品牌打造为根本的特色小镇不同。

（三）特色小镇与楼宇经济的比较

楼宇经济是一种城市经济，建在城市内部，而特色小镇一般建在城乡接合部。一些城市的楼宇经济虽然也注重产品的设计和研发、品牌打造功能，但相比城市楼宇经济，特色小镇为设计师们提供了一种更为舒适、更为自由的工作空间。而如深圳天安云谷等平台，也是基于楼宇经济所打造的一个创新创业平台。在这里，同样入驻了大量的初创企业、设计公司、风险投资公司等，形成了独特的城市产业生态，在工作时间这里集聚了几万工作人员。

基于楼宇经济的城市创新创业平台往往是封闭的。林立的高楼大厦也不是浙江所要的特色小镇。浙江省特色小镇创新创业平台则更加开放。与天安云谷相比，特色小镇内行业间或者跨行业的技术、理念、产品能够实现更为频繁的交流与合作。而除了承担产业发展功能外，特色小镇还要承担一定的旅游、交流功能，工作环境相对也更为舒适。

（四）特色小镇与传统企业平台的比较

过去基于计划经济的工厂（或者俗称的单位），也和特色小镇一样，基于业缘而将人才集聚在一起。在国外，也有类似的"公司镇"的变体存在。但单位除了经济功能外，还承担了企业员工包括生老病死全程的社会服务，企业职员一般生活在厂区。

相比之下,特色小镇也具有一定的"人"的功能,但这类服务功能主要是为创新人才的创业服务。这种服务,主要是围绕企业创办过程中的业务指导、行政审批服务、中介服务、法律援助等等,一般的生活服务主要还是由周边的城市或城镇来提供。创业者主要居住在小镇周围甚至较远区域。

三、特色小镇的独特价值与发展优势

特色小镇存在的独特价值,就是其所营造的良好的创新创业发展生态,在目前浙江省的产业体系中具有不可替代的作用。这个不可替代的作用主要表现在四个方面,也是特色小镇的发展优势所在。这些发展优势势必会吸引更多创新创业主体进入特色小镇,以享受特色小镇带来的发展红利,反过来又推进特色小镇的新一轮发展。

一是推动高端研发设计。这类研发设计不是单个企业的单打独斗,也不是产业园区封闭体系下的各自发展,而是一种开放的创新生态环境打造。开放带来技术的广泛交流和创新思维的频繁碰撞。这也是目前浙江省提出的"亩均论英雄"理念的应有之义,为浙江省中低端产业实现"腾笼换鸟""凤凰涅槃"提供了新的抓手和新的模式。

二是打造中高端品牌。中高端品牌也是浙江制造所缺少的。但特色小镇的品牌打造不是单个产品品牌的市场推广,而是一种地方集体品牌的集聚。除了提升小镇产品品牌价值之外,特色小镇本身就是一个品牌所在。一旦在特色小镇中出现一个中高端品牌,带来的价值不仅仅赋予了本产品,而且赋予了小镇内的其他品牌和其他产品,真正实现品牌打造 $1+1>2$ 的价值。

三是集聚行业顶级人才。这个人才集聚不是当地政府主动的人才招引,而是一种中高端人才的主动集聚。这归功于特色小镇开放的小镇文化和开放的发展模式。这改变了过去县域经济吸引人才难的局面,打通了城市人才向县域流动的通道,有效改善了浙江较发达县域只能集聚低端劳动力的问题。

四是创新城市治理模式。过去城市建设和农村建设是截然分开的,城归城,乡归乡。而特色小镇作为一种创新创业平台,以工作室经济模式连接起城市和乡村,连接起城市楼宇经济和县域厂房经济,打破了城乡界限,在过去"摊大饼式"的城市建设模式之外提供了一种新的选择。

四、结　语

浙江省的特色小镇建设发源于浙江省本土的市场经济环境。特色小镇聚焦产业发展"微笑曲线"的研发设计和品牌打造两端,是目前正在推动经济转型升级的浙江所必需的。而特色小镇所具有的独特创新创业发展生态环境,能够有效吸引中高端人才主动集聚,打破城市发展边界。这些既是特色小镇存在的独特价值,也同时意味着,简单复制浙江省特色小镇,往往容易出现水土不服的问题。

"浙江制造"品牌培育助推民营
经济高质量发展研究

——以试点县海盐为例

邱　雪　蒋群萍

（海盐县委党校）

摘　要: 民营经济要实现高质量发展,必须把发展经济的着力点放在实体经济上。海盐作为浙江省工业强县,强大的制造业是经济走在前列的法宝。但与省内其他地区类似,海盐也存在制造业"大而不强"、企业品牌弱等问题,成为民营经济高质量发展的瓶颈。"浙江制造"品牌培育试点是海盐必须抓住的契机,以点带面,全力打造一批品质高端、技术自主、服务优质、信誉过硬的"浙江制造"优质品牌,助推民营经济高质量发展。

关键词: 民营经济;浙江制造;品牌培育

"推动制造业高质量发展"是中央经济工作会议确定的 2019 年要重点抓好的七项工作任务的第一项,"围绕推动制造业高质量发展,强化工业基础和技术创新能力,促进先进制造业和现代服务业融合发展,加快建设制造强国"是 2019 年《政府工作报告》提出的具体要求。无论是中央经济工作会议还是省委经济工作会议,都发出了一个共同的强音:提升质量是全国和浙江省经济工作的主线。相比中国其他省份,浙江对于制造业有着很深的情结。几十年专注于自己的领域,这是浙商"工匠精神"的体现,"浙江制造"品牌建设将成为中国制造向中国创造转变、中国速度向中国质量转变、中国产品向中国品牌转变的浙江实践。自 2016 年被列入全省第二批"浙江制造"品牌培育试点县以来,海盐稳步推进"浙江制造"品牌培育工作,成效显著,为其他地区的品牌培育工作提供了可以复制、学习和推广的经验。

一、海盐民营企业发展现状分析

改革开放40年来,海盐民营经济的发展促进了工业化和城镇化的快速发展,已成为城乡融合发展的主动力,税源财力的主渠道,解决就业和民生的主平台。民营经济活,海盐经济强;民营经济优,海盐产业优;民营经济稳,海盐社会稳。截至2018年10月,剔除核电因素,在全县规上工业企业中,民营企业数量已经达到87.3%,并创造了73.7%的工业增加值,84.7%的税收,61.2%的出口和81.1%的就业。

(一)县内规上工业企业中的民营经济发展情况

通过对2014—2018年全县规上工业企业产值的分析(见表1、图1)可以看出近5年海盐规上工业企业总产值逐年增加,其中民营经济产值总体较为稳定,2018年稍有下降,但在县内工业企业总产值中的占比逐年下降,2018年下降明显。

表1　2014—2018年全县规上工业企业产值

单位:万元	2018年	2017年	2016年	2015年	2014年
县内工业总产值	8942897	8560834	8256984	8139293	7231482
国有及国有控股企业	2392930	2016413	1961739	1952843	1446958
外商及港澳台商投资企业	1359244	1184070	1073769	952877	973524
民营经济	5190723	5360351	5221476	5233573	4811000

通过对2018年度全县规上工业经济效益的分析(见表2、图2)可以看到,民营经济企业数量占了绝大多数,是海盐企业的主力军,但从占总数的百分比来看,86.85%的企业只占了59.82%的主营业务收入,说明主营业务收入不高;利润总额占比更少,说明民营企业虽然数量多,但业务收入不占优势,企业利润低。亏损企业亏损额占比相当高,说明海盐企业亏损多发生在民营经济当中,需要引起重视。而86.85%的企业只占到32.57%的银行贷款,说明民营经济在贷款融资方面得到的支持力度仍然不够。

（万元）

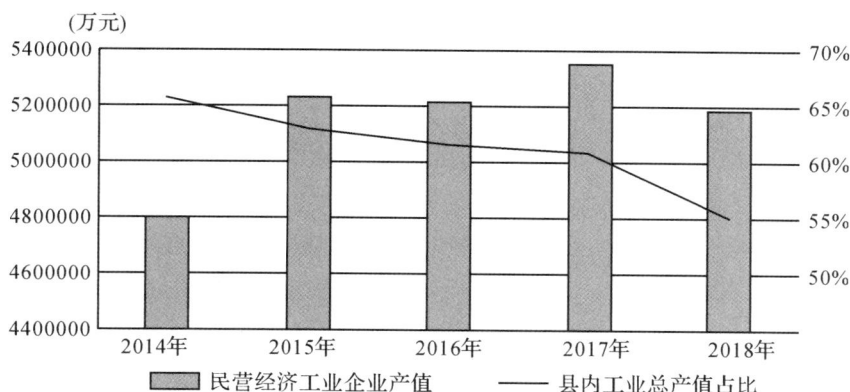

图 1　民营经济工业产值及占比

数据来源：2018 海盐统计年鉴，2018 海盐统计资料简要本

表 2　2018 年度全县规上工业经济效益

单位：万元	企业数	主营业务收入	利润总额	税金	亏损企业亏损额	银行贷款
总计	517	8729136	1080238	488813	38561	4182016
国有及国有控股企业	15	2161618	618606	245426	242	2688046
港澳台商投资企业	26	850937	60373	26250	2241	101512
外商投资企业	27	494899	48516	10348	604	30182
民营经济	449	5221682	352743	206789	35474	1362276

图 2　民营经济各指标占总数百分比

数据来源：2018 海盐统计年鉴，2018 海盐统计资料简要本

（二）县内中小微企业发展情况

海盐的民营经济主要以中小微企业为主，通过对辖区内的紧固件、小五金、

服装、照明、电线电缆、集成吊顶等 6 个行业 30 多家企业调查了解到,受国际经济形势变化、企业经营成本增加、国家及地方政策调整影响,无优势小型民营企业普遍存在投资信心下降、经营活力不强等问题。

1. 企业闲置厂房增多

市场闲置工业厂房出租现象增多,2018 年上半年辖区内工业厂房一房难求,租金价格不断走高,而 10 月份以后,市场厂房出租广告明显增多,租金价格也从 30 元/平方米高位下降到 25 元/平方米以下。说明企业扩大经营意愿不强烈,甚至出现了缩小规模或关停退出的情况。

2. 企业新增投资趋缓

2018 年上半年企业主购买土地、建造厂房愿望强烈,企业贷款需求也是高涨,而三季度末以后,银行方面反馈,企业贷款需求不旺,呈现趋缓态势,对新投项目信心下降,处于观望状态。对于迫切需要技改和投入的,部分企业也是通过压缩流动资金,解决资金来源问题。

(三)县内民营经济投资信心分析

1. 部分大型民营企业呈观望情绪,投资步伐放缓

在对县内的嘉化能源、山鹰纸业等大型民营企业走访中发现,企业认为当前政策环境变化快,不确定性增强,同时国际经济大环境复杂性增强,导致企业对未来投资前景呈观望态势,新增投资计划谨慎,针对目前的投资项目放缓进度或是缩小规模,减少资金大量投入。

2. 中小微企业主变现意愿强烈

在对制造业民营企业的走访中发现,企业认为当前经营困难增多,盈利逐年下降,赚钱的大好时机已经过去,企业未来成长期望值下降,希望转手、土地被政府收储的企业不断增多,觉得制造业太艰辛,希望变现后搞投资、做轻资产项目。

3. 拥有技术优势、品牌优势的企业投资信心较强

搞技术革新的企业不惧国际市场变化,继续新增投资。辖区内的嘉兴海棠电子有限公司研发了 6.5 类和 7 类网络线,主攻欧洲市场,同时和国内的华为公司 5G 产品配套,相对于国内同类企业具有技术优势,2018 年预计销售突破 3

亿元,目前企业订单和利润均保持较高水平,下一步企业考虑根据市场变化进行技改投入同时适时扩建厂房。拥有市场支配地位,企业继续保持投资强度。辖区内的金达控股公司,在全球亚麻行业有10%的市场占有率,2018年公司突破销售10亿元,利润预计超过1亿元,企业订单持续呈现饱和,已经完成2019年上半年订单,出口的亚麻纱产品价格处于上升势头,企业对未来市场发展充满信心,投资意愿强烈,对于原有的新增投资项目要求加快进度,争取在2019年能够形成产能规模,产生效益。

综上,通过数据分析和走访调研的结果我们看到,目前海盐县内民营经济仍然是工业经济的中流砥柱,同时也是税收、出口、解决就业的主力军。民营经济总体发展势头平稳,但在不进则退的大环境下前景并不乐观,面临着盈利难、创新难、转型难、融资难的问题。以实体经济为主体,以制造业为主业,是民营经济的本质特征和最大优势。制造业高质量发展是民营经济发展的重中之重。我们发现,在这些民营经济中,拥有技术优势、品牌优势的企业明显信心更强,发展更好。

二、"浙江制造"品牌培育的海盐实践

品牌是附加值,品牌是竞争力。加快民营经济高质量发展,加快传统制造业改造提升,必须在品牌打造上下功夫。得标准者得天下,掌握了标准的话语权,就占据了制造的制高点。近年来,海盐县以全省第二批"浙江制造"品牌培育试点县为契机,建立健全品牌培育机制,充分调动企业制标创牌积极性,全力打造一批品质高端、技术自主、服务优质、信誉过硬的"浙江制造"品牌,助推民营经济高质量发展。截至2019年6月,海盐已主导制定"浙江制造"先进标准10项,参与制定8项,获得"品字标"浙江制造认证及授权证书19张,获证数量在嘉兴市名列前茅。

(一)健全三项机制,为品牌培育提供优质环境

1.建立三张清单

制定"十三五"质量发展规划,出台《关于推进"浙江制造"品牌建设工作的实施意见》,建立"培育清单""责任清单"和"落实清单"三张清单。实行梯度培

育机制,有针对性地筛选出一批行业"单打冠军""隐形冠军"等,纳入"浙江制造"品牌重点培育库,并根据实情,实施动态增减,目前已累计培育"浙江制造"种子企业61家。建立部门联动监管机制,将"浙江制造"工作纳入部门、镇(街道)工作目标责任制考核清单,构建由企业主导、政府支持、部门联动的"浙江制造"工作责任体系。严格落实企业、镇(街道)、部门主体责任,根据清单执行情况,跟踪服务企业,累计帮助企业解决生产管理、标准研制等问题120余个。

2.加大政策扶持

出台《海盐县深化推进工业强县建设的若干政策》,明确对国际标准、国家标准、行业标准主导制修订单位分别给予50万元、20万元、10万元的一次性奖励;对主导制定"浙江制造"产品标准与通过"浙江制造"品牌认证的企业,分别给予20万元的一次性奖励;各镇(街道)对"浙江制造"品牌企业配套予以政策扶持。在政府采购、政府性投资、国有企业投资项目中,优先采购获得"浙江制造"认证的产品。支持通过"浙江制造"认证的企业拓展市场,对"浙江制造"品牌企业的境外商标注册、境外广告项目、境外展览项目、境外机构项目等,给予资金扶持,近三年累计兑现奖励595.49万元。

3.强化信息支撑

积极整合国家、省、市标准化信息资源,充分发挥省紧固件标准化技术委员会等专业的标准化服务机构作用,组织召开标准制定研讨会30余场,成功助推11家企业获得立项。组织企业参加"浙江制造"品牌训练营、高峰论坛等活动,提高企业参与"浙江制造"品牌建设的主动性,鼓励行业骨干企业及成长型中小企业实施质量强企计划,引导企业加强质量基础建设,推进先进管理模式导入。截至2019年6月,全县有82家企业导入卓越绩效管理模式,5家企业被命名为省市中小学质量教育基地,1家企业被授予"浙江省质量管理孵化基地"称号。

(二)盘活三类资源,为标准领跑提供要素支撑

1.制定一批先进性标准

强化向外对标,积极鼓励引导企业、组织或个人对标国内外行业领军企业,开展"浙江制造"等先进标准研究、制定及修订工作,并根据实际分别制定采用国际先进标准的团体标准、联盟标准或企业标准。强化内部制标,精选县内行业龙头企业,按照浙江制造区域品牌、先进标准、市场认证、国际认同定位,以提升用户体验和满意度为目标,把企业发展优秀的经验转化为涵盖研发设计、原材料、制造工艺、检测能力、技术要求、质量承诺等具体标准数据,以此推动建立行业先进标准。目前,海盐已累计参与制定修订各类标准 250 项,"浙江制造"先进标准 15 项,参与制定 8 项,其中《圆柱直齿渐开线花键量规》等标准,多项关键参数优于国际标准或与欧美标准持平。

2. 扶持一批领跑型企业

推进企业产品和服务标准自我声明公开制度,积极组织企业与国家、行业标准开展对标达标活动,引导企业重点产品采用国际标准和国外先进标准,以争当标准"领跑者",来抢占产品核心技术和行业话语权,不断提升企业和产品的国内外影响力。目前,海盐企业已累计参与制订修订国际、国家、行业和团体标准 262 项,其中国际标准 1 项、国家标准 146 项、其他行业与团体标准主导 115 项;已累计有恒锋工具股份有限公司等 3 家企业获评省"隐形冠军"企业,占全市总量的 75%,在嘉兴各县(市、区)中列第二。

3. 培养一批专业化人才

注重企业标准化人才培养,举办标准化基础知识、标准编写培训班,邀请全国资深质量奖评审员开展卓越绩效标准深化教育推广训练,指导重点人员比对"浙江制造"评价规范通用要求和管理要求,查找差距,持续改进。组织推荐人员参与标准化专题系列研讨会,就标准研制工作进行经验分享,探讨交流工作难题。2018 年以来,先后组织企业开展标准化培训 12 次,培育标准化专业人才 600 人以上,将标准化培训渗透到每一家规上企业,有效提升规上标准化水平。

(三)实施三大工程,为企业发展提供行业标杆

1. 实施精准培育认证工程

推广"品字标"标识使用,助力"浙江制造"团体标准的培育试点企业积极开展"浙江制造"认证,以远程协助、上门服务、现场办公、蹲点指导等多种形式提供精准服务。组织质量"智囊团"对企业开展一对一帮扶,主动对接相关认证咨

询机构,帮扶企业导入卓越绩效管理等先进管理模式,取得三体系认证和"浙江制造"认证,为全县企业提供标杆和样本。目前,海盐已获得"品字标"浙江制造认证证书 16 张,"品字标"授权证书 3 张,其中恒锋工具股份有限公司取得 10 张,列嘉兴市第一。

2. 实施特色产业引领工程

在品牌培育过程中,积极争取浙江大学、浙江省标准化研究院等专业机构提供智力保障,发挥省市级产业创新服务综合体平台作用,通过内部质量管理体系的不断升级及外部资源配置的不断优化,规范和促进产业健康发展。海盐扶助浙江中达特钢股份有限公司主导制定的《核级仪表用精密不锈钢无缝钢管》、浙江友邦集成吊顶股份有限公司主导制定的《集成吊顶》等"浙江制造"先进标准,不仅产品核心技术达到国际先进水平,填补了国内空白,更直接推动了海盐核电关联产业、集成家居、电器配件等重点产业和产业链发展。目前,海盐已成功打造核电关联、智能家居、装备制造等"415"重点产业品牌梯次发展格局。

3. 实施优质品牌示范工程

大力实施"质量标杆行动",打造一批产业链完整、市场占有率高、服务功能完善、综合竞争力强的优质品牌示范企业。以各级政府质量奖评选为载体,引导带动工业、建筑业、服务业企业实施卓越绩效管理模式等先进质量管理方法,累计获评市长质量奖 3 家。加大宣传力度,多形式、多渠道、全方位广泛开展"浙江制造"品牌企业推广宣传活动,组建"浙江制造"示范企业"品牌冲锋队",积极参加"浙江制造"企业品牌价值评价结果发布活动、"一带一路"推介对接等活动,举办"浙江制造"质量比对专场发布会,吸引中央电视台、浙江日报等全国 34 家主流媒体报道。

三、"浙江制造"品牌培育助推民营经济
高质量发展的对策建议

海盐的"浙江制造"品牌培育取得了初步成效,但也暴露出一些有待改进的问题。品牌建设是一个系统工程,打造"浙江制造"品牌优势,需要政府和企业

的共同努力。

（一）继续坚持先进标准引领，鼓励企业追求卓越品质

"浙江制造"要坚持以先进标准为引领，稳扎稳打做实做强。"浙江制造"品牌能否唱得响，能否做得强，关键在于其对标标准的先进性，必须保证"浙江制造"的标准全国领先，甚至达到国际先进水平，才能纳入认证范畴。"浙江制造"对标的先进标准应该分为两类：一类是对标制造强国，如德国、日本、欧美，与这些先进地区的先进标准进行对标，制定"浙江制造"标准；另一类是我们要大力发展自主创新标准，以海盐在国际领先的产品或技术为基础，制定国际先进的"浙江制造"标准，海盐应发挥在核电关联产业、集成家居、电器配件等行业的优势强项，将这些领域的"浙江制造"标准转变为事实上的国际标准。

（二）探索有机联动模式，营造高水平营商环境

要以提高民营制造业发展质量和效益为核心，积极探索"产学研用金、才政介美云"有机联动的创新模式，实现产业、学术界、科研、成果转化等高端要素配置，营造高水平营商环境

1.健全工作机制，保障品牌培育顺利推进

"浙江制造"品牌培育涉及多部门协作，应成立领导小组统筹协调品牌建设，重点关注特色产业品牌的整体推进。建立健全相关指标体系、工作体系、政策体系和评价体系，定时对品牌培育工作的进展情况进行评估，对各部门工作落实情况进行督查。

2.提供制度保障，保护创新热情

"浙江制造"品牌培育离不开公平竞争的市场环境，与保障公平竞争的制度建设密不可分。当前民营企业普遍反映不怕竞争，就怕不公平竞争，迫切需要政府提供一个相对公平的竞争环境，在不同地区之间、行业之间营造公平竞争的格局。在地方性法规、政策出台前尽可能多地听取企业意见，考虑方方面面因素，扩大意见、建议来源。在政策法规的实施和执行过程中，实施相同的尺度标准，执法尺度均衡，形成一种良好的公平竞争氛围。

3.提供政策支持，优化营商环境

把"最多跑一次"改革向纵深推进，当好"店小二"，对企业进行分类指导和

精准服务。推出更有力的减税降费措施,减轻民营企业负担,让利于企业。统筹产业、科技、土地、环保等政策,找准"有为政府"和"有效市场"的有力结合点,形成助推民营经济高质量发展的强大合力。

(三)加强平台建设,引导龙头企业与产业集群并重发展

要把开发区、产业集聚区、工业园区作为主平台,引导平台整合优化,鼓励企业集聚,提升产业平台层次。打造一批以民营制造业为特色的小镇,发挥特色小镇在二三产融合、创新能力叠加、产业互动方面的优势,助推优势特色民营制造业发展成为区域经典产业。如海盐的集成家居时尚小镇就是以集成吊顶产业为基础发展起来的,目前该镇已拥有集成家居类规上民营企业 23 家。小镇的浙江友邦集成吊顶股份有限公司、浙江云时代光电股份有限公司等民营企业创新能力已达国内行业顶尖标准。浙江友邦集成吊顶股份有限公司主导制定的《集成吊顶》等"浙江制造"先进标准,产品核心技术达到国际先进水平,填补了国内空白。这是发挥块状经济的优势,将产业集群区打造成"浙江制造"品牌、国际品牌的成功经验。海盐应当以此为鉴,继续在区域品牌打造、行业组织建设、企业品牌培育等方面下功夫,让传统块状经济"老树发新芽",助推"浙江制造"迈向中高端。

(四)发挥企业主体作用,提高品牌培育的创新意识和能力

对于"浙江制造"品牌培育工作而言,创新是品牌可持续性发展的关键。企业要结合自身实际,加大科技投入,不断开发新技术、新产品,提高生产水平和劳动效率。根据"浙江制造"品牌培育的要求,企业可以建立研发中心、技术中心和设计中心,不断深化企业与高校科研院所的合作,加快科技成果转化。国际市场的成功经验表明,优秀企业重视品牌特色。企业应追求准确、先进的品牌定位,突出创新要素,突出产品特色,注重差异化发展。企业的创新不应局限于产品的创新,商业模式、营销渠道、组织与服务的创新对于树立品牌知名度和市场美誉度都极为重要。

(五)广泛宣传推介,唱响"浙江制造"品牌

1. 在国内外宣传和推广"浙江制造"公益广告

在各主流媒体做宣传,播放"浙江制造"品牌广告,利用好机场、地铁和公交车站等人流密集区域,提高品牌知名度。也可以利用国外媒体宣传"浙江制

造",唱响"浙江制造"品牌,真正实现"品字标"家喻户晓,影响世界。

2.建立"浙江制造"品牌网

目前在天猫、淘宝等电商网站已有"浙江制造"专区,但规模不大,要进一步开发"浙江制造"品牌网络专卖店,条件成熟后建立自己的品牌网,用品牌运营方式打造"浙江制造"。

3.加强党政干部培训,普及相关知识

"浙江制造"品牌培育涉及标准化、品牌战略等多个方面,知识专业性较强,尽管许多部门领导都重视,但并不熟悉、不精通,时常感到无从下手,力不从心。因此,对党政干部开展有组织、系统性的标准质量知识的培训十分必要。

参考文献

[1] 郭敬生.论民营经济高质量发展:价值、遵循、机遇和路径[J].经济问题,2019(3):8-16.

[2] 刘现伟,文丰安.新时代民营经济高质量发展的难点与策略[J].改革,2018(9):5-14.

[3] 曾现锋."浙江制造"品牌培育的探索——基于嘉兴下辖之平湖市的调查[J].嘉兴学院学报,2018(1):49-51.

[4] 子墨,菁菁.从贴牌到"立门户" 从低端到"高附加"——浙江省嘉兴市推进"浙江制造"品牌建设工作纪实[J].中国质量技术监督,2017(1):32-33.

[5] 楼红耀,金波,陈冰慧,等.寻求质量变革的利器——以温州制定"浙江制造"团体标准为例[J].中国质量技术监督,2017(11):64-67.

[6] 陈自芳."浙江制造"品牌建设的推进体系与关键[J].浙江经济,2017(2):12-13.

从星星之火到燎向世界:淘宝村 10 周年回顾与前瞻

——基于嘉兴各县(市、区)2009—2019 年实证分析

郑 雪

(海盐县委党校)

摘 要:从 2009 年的 3 个,到 2019 年的 4310 个,淘宝村 10 年取得巨大成就,成为我国电子商务的一张独特名片,引发国内外广泛关注。通过对淘宝村 10 年发展历程进行回顾,总结其 10 年间取得的主要成绩,分析得出淘宝村成功经验,以期为国内其他地区,甚至其他国家发展农村电子商务提供有益借鉴。同时,结合新形势,对淘宝村未来发展方向做出研判,推动淘宝村更好发展。

关键词:淘宝村;10 周年;回顾;前瞻

淘宝村指大量网商聚集在某村,以淘宝为主要交易平台,以电商生态系统为依托,形成规模和协同效应的网络商业群聚现象。其认定标准有三条:一是交易场所,以行政村为单元;二是交易规模,电子商务年交易额 1000 万元以上;三是网商规模,全村活跃网店数 100 家以上,或活跃网店数占当地家庭户数 10% 以上。[1]2009 年至今,淘宝村 10 年发展取得显著成就,引起广泛关注。

一、淘宝村 10 年发展历程回顾

(一)淘宝村发展持续提速、成效显著

1.数量上,从 3 个到 4310 个,实现爆发式增长

全国淘宝村从 2009 年的 3 个,到 2019 年的 4310 个,10 年增长 1437 倍,堪称爆发式增长;浙江省淘宝村从 2009 年的 1 个,到 2019 年的 1573 个,且 10 年内一直保持全国首位;嘉兴市淘宝村从 2014 年的 13 个,到 2019 年的 171 个(见图 1),并在 2019 年淘宝村数量城市排行榜中列第 8 位(见图 2),呈现良好发展态势。

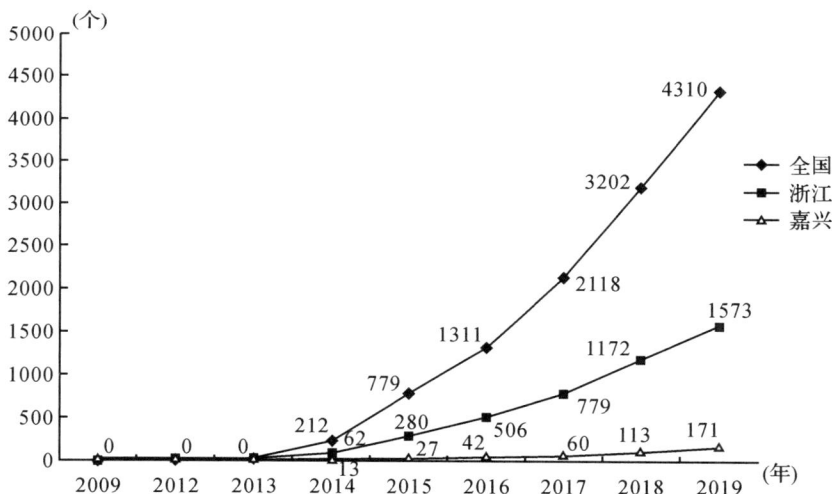

图 1 全国、浙江、嘉兴淘宝村数量增长曲线(2009—2019)

注:图 1 及以下无另外说明的各图、表数据,均来源于阿里研究院历年发布的《中国淘宝村研究报告》

2.规模上,从村到集群,辐射范围加速扩大

10 年来,淘宝村在规模上,呈现出一条淘宝村—淘宝镇—淘宝村集群—大型淘宝村集群—超大型淘宝村集群的发展脉络。

淘宝村给周边村庄乃至全国农村带来深刻影响。如海宁市淘宝村许村,不仅带动周边村庄的效仿与跟进,推动许村镇以 16 个淘宝村成为淘宝镇,而且许村作为海宁市乃至全国农村的电商典范,每年吸引多地前往学习,示范效应进一步扩大。

2014 年,出现首批 19 个淘宝镇(辖区范围内淘宝村达到 3 个及以上的乡

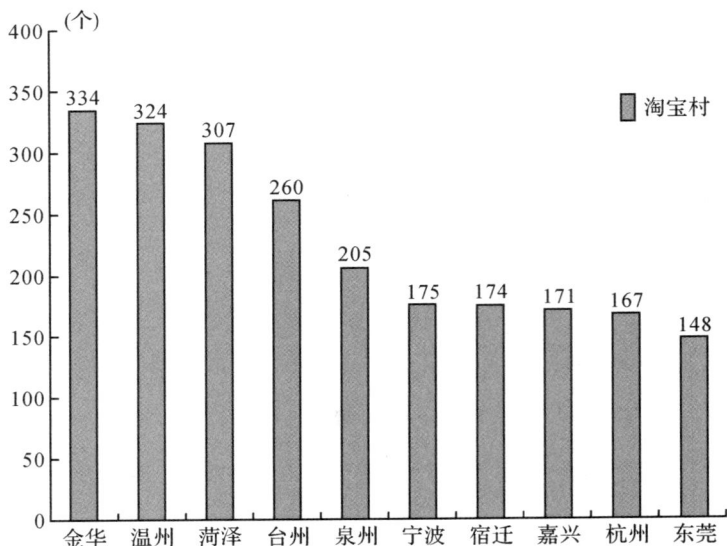

图 2   2019 年淘宝村数量城市排行榜(前十位)

镇;或一个乡镇一年电商销售额超过 3000 万元、活跃网店超过 300 个),2019 年达到 1118 个,6 年增长 59 倍,势头迅猛;浙江省淘宝镇从 2014 年的 6 个,到 2019 年的 240 个,且 6 年保持全国首位;嘉兴市淘宝镇从 2015 年的 1 个,到 2019 年的 33 个(见图 3),并在 2019 年淘宝镇数量城市排行榜中列第 8 位(见图 4)。

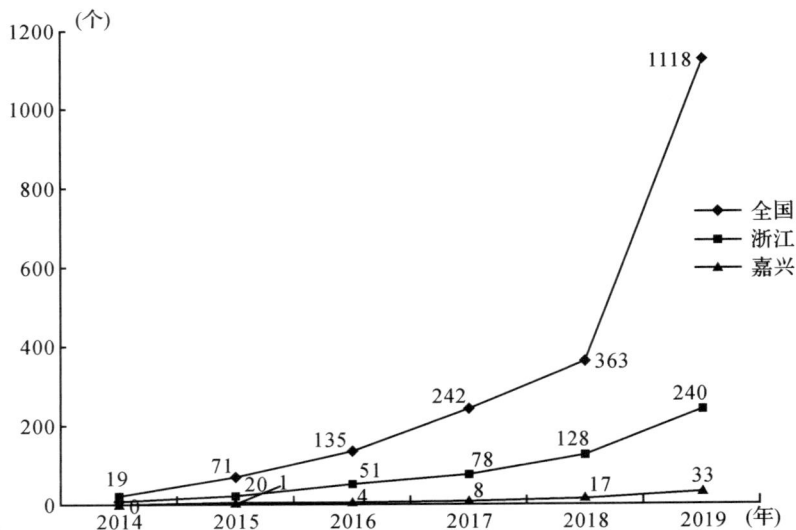

图 3   全国、浙江、嘉兴淘宝镇数量增长曲线(2014—2019)

2015 年,出现首批 25 个淘宝村集群(相邻淘宝村达 10 个及以上),2019 年达到 95 个;同年,还出现首批 2 个大型淘宝村集群(相邻淘宝村达 30 个及以上),

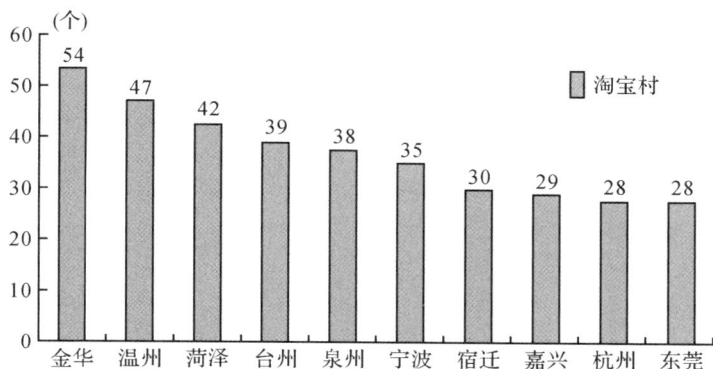

图 4 2019 年淘宝镇数量城市排行榜（前十位）

2019 年增加到 33 个。2019 年，出现首批 7 个超大型淘宝村集群（相邻淘宝村达 100 个及以上）。2019 年十大淘宝村集群中，浙江有 8 个（表 1），嘉兴海宁居第 8 位。

表 1 2019 年全国十大淘宝村集群

省	市	县（市、区）	淘宝村数量（个）	特色产品
浙江	金华	义乌	164	小商品
山东	菏泽	曹县	124	演出服
浙江	金华	永康	124	健身器材
浙江	台州	温岭	118	鞋
江苏	徐州	睢宁	112	家具
浙江	宁波	慈溪	111	小家电
浙江	温州	乐清	102	电工电气产品
浙江	嘉兴	海宁	90	皮草、布艺
浙江	温州	瑞安	88	鞋、汽车配件
浙江	杭州	萧山	87	服装

3. 分布上，省（自治区、直辖市）从 3 个到 25 个，呈现裂变式扩散

综观淘宝村 10 年空间分布，呈现以浙江为中心东部沿海省份中西部地区裂变式扩散的特征。

2009 年首批 3 个淘宝村，分布在浙江、江苏、河北 3 个省份；2019 年 4310 个淘宝村，分布在 25 个省（自治区、直辖市）（见图 5）。2019 年，浙江以 1573 个淘宝村继续保持首位；在华东，浙江与苏南地区淘宝村、淘宝镇连绵发展；在华南，珠三角、粤东、闽东南三地淘宝村团块状发展。

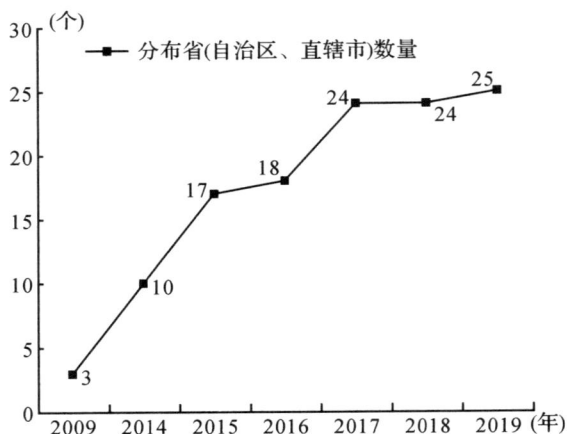

图5　全国淘宝村分布省(自治区、直辖市)数量增长曲线(2009—2019)

2019年,嘉兴有171个淘宝村、33个淘宝镇,分布在全市6个县(市、区)(见表2),海宁均居首位。

表2　2019年嘉兴各县(市、区)淘宝村、淘宝镇数量

县(市、区)	淘宝村数量(个)	淘宝镇数量(个)
海宁	90	10
桐乡	46	7
平湖	18	7
海盐	7	4
嘉善	5	4
秀洲	5	1

(二)淘宝村实现经济和社会效益双赢

1.产业上,迈向集群化发展,带来巨大的经济效益

淘宝村凭借从业人口、服务体系、行业分工等优势,市场竞争力日益强大,在浙江、广东、江苏、山东、河北、福建等地,呈现集群化发展特征,即多个淘宝村地理邻近、产业相似。如海宁涌现多个以皮草、皮衣、居家布艺为主的淘宝村,促使当地形成一个大型产业集群。淘宝村的集群化发展,主要体现在:

一是淘宝村与地方传统产业集群深度融合,相得益彰。地方传统产业为淘宝村提供了货源,淘宝村则提高了传统产业的电商渗透率,加速其转型升级。如海盐横港村,发挥农村电商优势,根据顾客需求来设计、生产、改进产品,推动当地集成吊顶产业的转型升级。

二是淘宝村催生新的地方产业集群。一些自然资源并不优裕,但信息化能力强的村庄,在零的基础上,经过"后天"积累,创造出新的地方产业集群。如桐乡城郊村在没有产业基础的情况下,借助信息和人才的汇聚,形成目前国内规模最大的食虫植物产业。

淘宝村的经济效益不断提高。2017 至 2019 年,淘宝村网店的年销售额分别超过 1200 亿元、2200 亿元、7000 亿元;在全国农村网络零售额中的占比逐年提升,分别是 9%、超过 10%、接近 50%。

2. 作用上,带动创业就业,创造积极的社会效益

淘宝村的活跃网店数,从 2014 年的 7 万个,跃增到 2019 年的 244 万个(见图 6),充分展现了淘宝村民的创业热情。

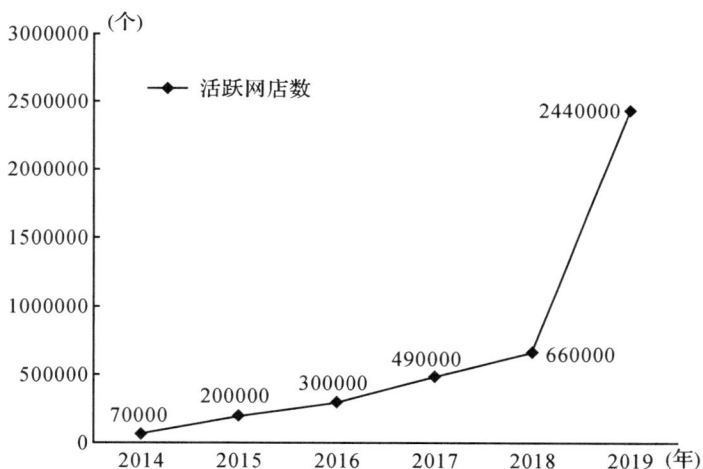

图 6 全国淘宝村活跃网店数增长曲线(2014—2019)

据阿里研究院数据分析结果显示,淘宝村的活跃网店,平均每家创造 2.8 个直接就业机会。按此估算,2014 年淘宝村 7 万个活跃网店,带动直接就业机会超过 19 万个;2019 年淘宝村 244 万个活跃网店,带动直接就业机会超过 683 万个(见图 7)。

3. 行销地上,呈现跨境化,全球影响力得到提升

随着电商平台的发展,淘宝村的跨境交易也显著增多。2019 年,有 474 个淘宝村向海外销售商品,年销售额合计超过 1 亿美元;销往超过 200 个国家和地区,购买额最高的 5 个国家依次是俄罗斯、美国、法国、西班牙、巴西。

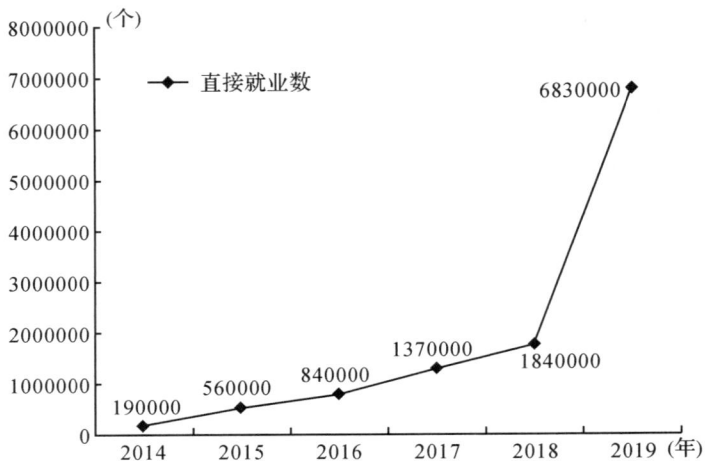

图7 全国淘宝村带动直接就业机会数增长曲线（2014—2019）

2013年以来,海宁跨境电商的增长速度达到年均30%,成为嘉湖区唯一进入跨境电商全国智慧外贸示范县25强的县市。海宁众多跨境电商卖家分布在淘宝村,不仅增强了自身的成本优势,而且推动了淘宝村实现产品、市场双升级。

二、淘宝村蓬勃发展的原因探析

淘宝村对农村经济社会发展的积极作用日益显著,引起世界关注。如皇家柯林斯出版社集团主席Mohan Kalsi表示,中国淘宝村取得的成就令人瞩目,希望世界上其他国家能够学习和借鉴中国淘宝村的经验,令生活在农村的居民能够过上更美好的生活。

(一)互联网产业的快速发展,是淘宝村蓬勃发展的坚实基础

互联网是淘宝村产生的先天因素与必备条件。淘宝村之所以能够产生、发展和壮大,与我国互联网产业的快速发展是密不可分的。如阿里巴巴、淘宝网创始人马云认为,"未来20年,农村发展必须要拥抱互联网,拥抱数字经济"。

2019年,是我国全面接入互联网走过的第25年,其间,我国互联网行业始终保持了高速发展,互联网普及率已经超过全球平均水平。据《中国互联网产业发展报告(2018)》显示,2018年,我国信息消费市场规模进一步扩大,信息消费规模达到约5万亿元,同比增长11%,占GDP的比例提高到6%。《数字中

国指数报告(2019)》指出,我国产业互联网已经进入发展的黄金阶段。

浙江省互联网产业发展一直走在全国前列,为该省淘宝村 10 年保持全国首位提供重要保障。据《浙江省互联网发展报告 2018》显示,2018 年全省网民 4543.7 万人、互联网普及率 79.2%、数字经济总量规模列全国第 4 位,网民规模、互联网普及率、信息技术创新、政府数字化转型、网络综合治理等在全国领先。

嘉兴市互联网产业发展位居全省前列,为该市淘宝村良好发展夯实基础。2018 年,嘉兴市数字经济核心产业增加值 347.2 亿元,占全市 GDP 的 7.1%,总量居全省第 6 位,占比居全省第 2 位(见表 3);体现数字经济综合实力的三大指数,均列全省第 3 位(见表 4),两化融合发展水平首次跃升全省第一梯队。

表3　2018 年浙江省各市数字经济核心产业增加值占比排名

排名	区域	增加值(亿元)	GDP(亿元)	占 GDP 比重(%)
—	全省	5547.70	56197.15	9.87
1	杭州	3355.58	13509.15	24.84
2	嘉兴	347.19	4871.98	7.13
3	温州	421.54	6006.16	7.02
4	宁波	688.06	10754.46	6.40
5	金华	245.84	4100.23	6.00
6	湖州	128.47	2719.07	4.72
7	衢州	45.73	1470.58	3.11
8	丽水	39.81	1394.67	2.85
9	绍兴	144.90	5416.90	2.68
10	台州	122.47	4874.67	2.51
11	舟山	20.81	1316.70	1.58

表4　2018 年浙江省各市两化融合发展水平排名

排名	区域	总指数	各分项指数		
			基础环境指数	工业应用指数	应用效益指数
1	杭州	103.05	25.70	40.05	37.30
2	宁波	92.79	25.09	37.83	29.87
3	嘉兴	91.31	25.49	38.26	27.56

排名	区域	总指数	各分项指数		
			基础环境指数	工业应用指数	应用效益指数
4	金华	88.39	26.01	39.35	23.03
5	湖州	87.74	23.46	38.09	26.19
6	温州	85.86	24.24	36.36	25.26
7	绍兴	83.81	23.88	36.57	23.36
8	台州	79.07	23.71	34.12	21.24
9	衢州	70.29	22.21	31.68	16.40
10	舟山	61.84	23.81	26.21	11.82
11	丽水	60.55	19.65	25.39	15.51

注:表3、表4来源于《南湖晚报》(2019年6月14日)

(二)电商平台的搭建,是淘宝村蓬勃发展的重要引擎

淘宝网等一批电商平台,积极响应国家号召,大力支持农村电商,为淘宝村民提供低门槛、易操作、信息广的经营渠道。如2014年,阿里巴巴开始实施"千县万村"计划,为1000个县、10万个行政村提供农村电商服务体系,京东、苏宁等B2C也推出农村电商计划;2015年,农村淘宝建成9278个村级服务站,分布在22个省202个县,启动"村淘合伙人"计划。

淘宝网等电商平台,正逐步建立起融交易、物流、支付、金融、云计算、大数据等多种服务为一体的农村电商基础设施,让淘宝村得以充分发挥其三大优势。一是成本优势,劳动力成本和网络直销模式;二是经营优势,消费者导向意识和农村网店规模灵活;三是创业优势,多数淘宝村选择非热门领域的"蓝海"市场。

(三)政府的大力支持,是淘宝村蓬勃发展的优渥环境

党中央、国务院高度重视农村电商发展,出台相关政策予以扶持(见表5),使淘宝村充分享受到政策红利。

表5　国家层面的主要农村电商政策一览(2015—2019)

时间	文件	主要内容
2015年5月	《关于大力发展电子商务加快培育经济新动力的意见》	加强互联网与农业农村融合发展

续　表

时间	文件	主要内容
2015 年 11 月	《关于促进农村电子商务加快发展的指导意见》	部署指导农村电商健康快速发展
2017 年 2 月	《关于深入推进农业供给侧结构性改革加快培育农业农村发展新动能的若干意见》	建立完善县乡村三级电商服务体系
2017 年 8 月	《关于积极推进"互联网＋"行动的指导意见》	开展电子商务进农村综合示范
2017 年 8 月	《关于深化农商协作大力发展农产品电子商务的通知》	建立农村电商基地
2018 年 5 月	《关于开展 2018 年电子商务进农村综合示范工作的通知》	以中央财政资金带动社会资本共同参与农村电商工作
2019 年 1 月	《关于深入开展消费扶贫助力打赢脱贫攻坚战的指导意见》	农村电商及旅游有望获持续支持

各级地方政府因势利导，引导农村电商聚集和扩张，助推淘宝村发展。如嘉兴市主要从三个方面推动。一是优化环境，营造氛围。出台《农村电子商务创业小镇建设三年行动计划》等文件，建设农村电商特色村镇，目前全市有市级农村电商创业基地 5 家、村级电商服务站 595 个。二是主动作为，提供服务。加快全市农村网络基础设施建设，实现光纤网络、4G 信号全覆盖；与金融部门联系，开办电商贷等，目前全市扶持创业 2384 人，带动就业 11850 人。三是积极引导，开展培训。2019 年年初落实农村电商培训补贴 104.12 万元，培训 6582 人。上述措施紧贴农村电商实际需求，市场与政府协同推进淘宝村发展。

（四）城镇化的深入推进，是淘宝村蓬勃发展的持续动力

随着我国城镇化的推进，给淘宝村带来持续而深远的影响：一方面，城镇化率的提高，意味着城市常住人口的增加、生产生活需求的增多，为淘宝村提供了广阔的市场；另一方面，城镇化向周边农村输入现代生活理念，提升了淘宝村的现代化程度。如嘉兴市城镇化率多年来一直高于全国平均水平（见图 8），这成为当地淘宝村快速发展的一个有利因素。

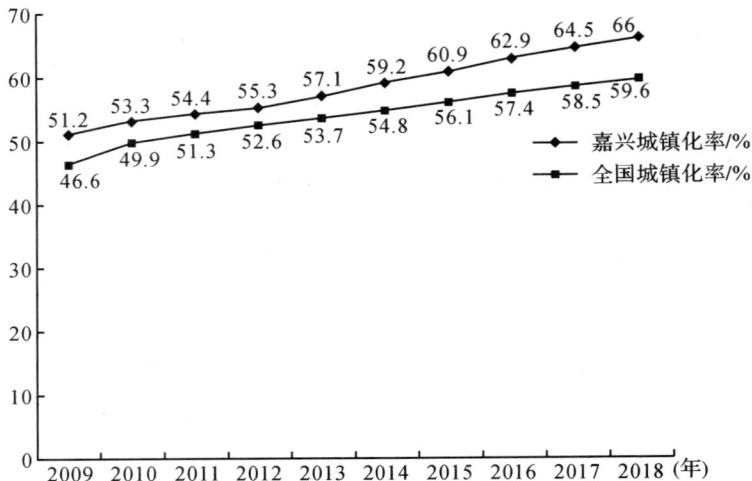

图8　嘉兴城镇化率与全国平均水平对比(2009—2018)

三、淘宝村未来发展方向展望

淘宝村走过蓬勃发展的10年,如今,已然站在新的起点上。面对大数据时代的来临,淘宝村可通过进一步融入智能＋等新技术,在新的方向上取得突破。

(一)淘宝村进一步打造乡村振兴的有效范式

1.淘宝村助推产业振兴

如前所述,全国4310个村庄借助互联网升级为"淘宝村",由此形成一种新型的"线上产业集群",为乡村振兴提供了必要的产业基础;而且,随着淘宝村经济发展、人口回流,又带动了当地多元化服务业的发展,进一步扩大就业,实现当地农村的全面振兴。

如嘉善西塘镇大舜村,依托农村电商,推动当地传统产业纽扣业发展壮大;在此基础上,建设中国纽扣城,与美丽乡村同步推进。由此,实现发展模式多元化,产业(纽扣产业)＋电子商务(淘宝村)＋旅游(西塘风景)共融并进。

2.淘宝村助力人才振兴

一是吸引外出村民返乡。淘宝村吸引了大批农民工、大学生返乡创业就业,为乡村振兴提供了重要的人才支撑。特别是从淘宝村电商从业人员的年龄构成来看,30岁及30岁以下人群的占比近52％,年轻人的回归,可以使村里焕发生机与活力，有效解决留守儿童、空巢老人等问题。[2]

二是吸引外来人口入村。一些淘宝村，外来人口成为当地网商主体。如义乌青岩刘村户籍人口不到 1500 人，却有约 1.5 万人在该村从事电商相关工作。外来人口的大量涌入，极大拉动了当地快递、餐饮等衍生工作。随着淘宝村的繁荣，预计将有更多的人回归农村创业和就业。

嘉兴可以充分发挥全市淘宝村的示范效应，为乡村振兴示范市创建工作助力。

（二）淘宝村进一步成为电商消贫的典型示范

农村电商解决了长期以来农村信息闭塞、渠道不畅、教育缺失等不足，使农民通过互联网创新创业，摆脱贫困、走向富裕。国家级贫困县的淘宝村，从 2014 年的 4 个到 2019 年的 63 个；省级贫困县的淘宝村，从 2015 年的 166 个到 2019 年的 800 多个（见图 9）。2019 年，国家级贫困县的淘宝村年交易额近 20 亿元，约 1/5 的淘宝村分布在贫困县，成为电商消贫的成功样本。

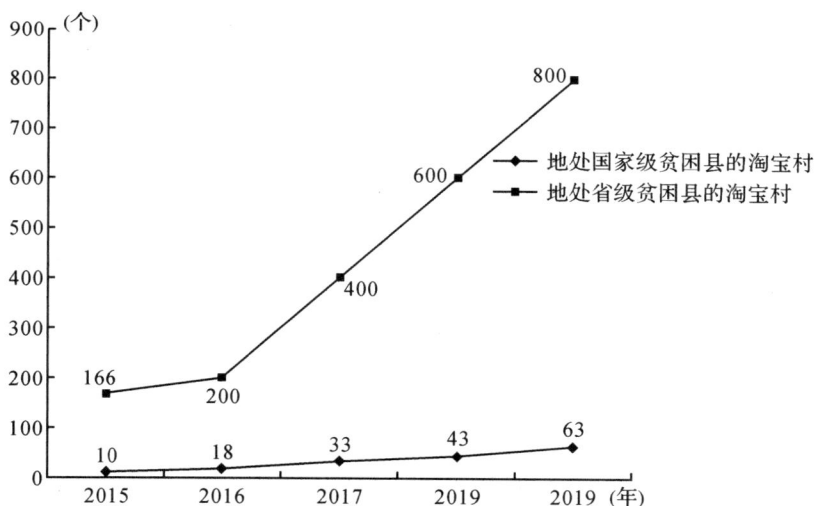

图 9　国家级、省级贫困县的淘宝村数量增长曲线

淘宝村消贫的成功经验，不仅在国内起到示范效应，而且在全世界范围内符合条件的村庄得到复制和推广。如世界银行代表骆许蓓表示："希望把中国（淘宝村）经验推广至全球，为世界减贫提供新思路。"时任世界银行中国局局长 Bert Hofman 认为："中国淘宝村是非常值得关注的经济奇迹，给其他欠发达国家和地区的消贫减贫，提供了非常有益的经验借鉴。"

目前，阿里巴巴"互联网＋脱贫"模式被写入外交部发布的《中国落实 2030 年可持续发展议程进展报告(2019)》,走入联合国;《中国淘宝村》英文版输出到印度等国,反响热烈;"一带一路"沿线的 64 个国家多是欠发达国家,正在学习、实践淘宝村消贫经验;世界银行与阿里巴巴签约,合作研究以淘宝村为典型的农村电商如何减贫。

(三)淘宝村进一步探索在线城镇化的可行途径

淘宝村不仅改变了农村传统的面对面交易的经济发展模式,而且随着农村人口回流、城市生活理念引入,农村社会发展也日趋城市化,这为我国城镇化提供了一条新的途径——在线城镇化。在线城镇化,指乡镇大量居民利用互联网,作为进入市场、融入城乡生产生活产业链条的渠道,实现地方发展和人口就业,使城镇和乡村真正成为一个城乡网络。[3]

嘉兴市淘宝村发展良好,城镇化率多年来高于全国平均水平,在全省率先实现所辖县(市、区)全部进入城乡全面融合发展阶段,因此,能够在在线城镇化方面做出探索(见表 6)。

表 6 嘉兴市淘宝村探索的在线城镇化体系

嘉兴市淘宝村探索的在线城镇化	农村生产的在线城镇化	物流	第三方物流
		配送	菜鸟网络覆盖全国 95% 的区县,送货达 50 万个村
		金融	政府与金融部门合作
		优质农产品溯源	智慧云＋生态农业
		云计算	农业云的开发与应用
	农村生活的在线城镇化	商品	村级服务站
		网络	与当地电信、联通、移动等运营商合作
		出行	与阿里旅行合作
		缴费	与支付宝合作
		医疗	与阿里健康合作

如上,淘宝村将继续深化在线城镇化的新路径,农村电商推动当地产业发展壮大—产业兴城—农民创业就业—带动服务业及就业—生活服务和公共服务升级,使农村、农民依托互联网就地实现城镇化。

(四)淘宝村进一步加强自身经验研究并输出成果

随着淘宝村影响日益扩大,对它的关注和研究也在增多;同时,阿里巴巴也希望能将淘宝村的发展经验,向更多国家和地区赋能推广。

2014 年,阿里研究院组织 10 多位青年学者,走访近 20 个淘宝村,出版《中国淘宝村研究报告(2014)》一书;2015 年,淘宝大学培养 100 家人才服务商,举办 40 期县长电商研修班,培训县级领导干部 1398 人;2016 年,在澳大利亚召开的数字化赋能大会上,与会学者对淘宝村产生浓厚兴趣,探讨了典型案例与成功经验;2017 年,《中国淘宝村》英文版在印度发布;2018 年,阿里研究院设立 30 个淘宝村调研基地,吸引了大批学者到访。

专家学者的研究,也向淘宝村注入了新鲜理念和机会。如曹县大集镇丁楼村有一个博士工作室,中国传媒大学马克秀博士在调研后,决定留下来,当地网商得到国际级的设计和创意服务;美国斯坦福大学、伯克利大学的几位教授到了河南孟州,对当地农村电商进行持续 3 年的研究。

淘宝村研究是一项社会化的系统性工作,除了在商业层面总结,阿里巴巴还将跟政府、国际组织对接,让淘宝村的经验得到更好的传播扩散,让普惠发展的机会随着技术创新、商业创新、价值创新相结合,让更多人获益。

展望下一个 10 年,预计全国淘宝村将过 2 万个,带动直接就业机会超过 2000 万个[4],吸引更多的人涌向农村。淘宝村的价值创造将从商业创新转向与社会创新同步发展,为推动乡村振兴、实现全面小康做出更多贡献。

参考文献

[1] 阿里巴巴(中国)有限公司.中国淘宝村[M].北京:电子工业出版社,2015.

[2] 阿里研究院.中国淘宝村研究报告(2017)[R].阿里研究院官网.阿里研究院.中国淘宝村研究报告(2017)[R].阿里研究院官网.http://www.aliresearch.com/ch/information/informationdetails? articleCode＝21427&type＝％E6％96％B0％E9％97％BB.

[3] 李孜.农村电子商务创新与在线城镇化契机[J].动感,2016(1):61-65.

[4] 阿里研究院.中国淘宝村十年报告[R].阿里研究院官网.阿里研究院.中国淘宝村十年报告[R].阿里研究院官网.http://www.aliresearch.com/ch/information/informationdetails? articleCode＝21853&type＝％E6％96％B0％E9％97％BB.

法治与改革的逻辑统一：生活垃圾分类的地方立法研究

——基于12个城市立法的比较

应　雁

（鄞州区委党校）

摘　要：城市生活垃圾分类的推进过程可谓知易行难。按照国务院办公厅发布《生活垃圾分类制度实施方案》的部署及生态文明和循环经济建设的发展需要，各地的垃圾分类立法都到了关键节点。通过对 12 个城市现行立法的文本比较可以得出，各地在生活垃圾分类的责任主体、分类标准、计量收费制度和奖惩措施的规定上都有较大的差异，其背后蕴含了公民分类义务之间、社区责任主体之辩、分类标准之考、处罚限度之争的法理争论，明晰这些法理难点可以为将来的立法在效力位阶、分类标准、义务主体、规范内容和激励机制上带来启示。

关键词：生活垃圾分类；地方性法规；扩容立法；环境义务

国内外的实践证明，一个城市的经济社会发展到一定阶段，就必须全面开展生活垃圾分类工作这件"关键小事"，来作为生态文明建设、社会治理创新、社会文明提升的重要内容和有效抓手。2018 年浙江省政府工作报告中，全面推进城乡生活垃圾分类处理位列当年十方面民生实事之五，要求"在 20 个县（市、区）启动垃圾分类投放、分类收集、分类运输、分类处理系统建设，设区市、农村生活垃圾分类收集覆盖面分别达到 80％、50％以上，全省城乡生活垃圾回收利用率达 30％以上、资源化利用率达 80％以上、无害化处理率达 99％以上"。垃圾分类的浙江经验正在向全国推广,从中不断涌现出的地方办法,也正为垃圾分类制度的完善与推广提供可借鉴性经验。

同时,改革开放40年来的经验表明,改革和法治如鸟之两翼、车之两轮,法治建设与改革开放紧密结合、协调推进,是我国经济社会发展取得巨大成就的重要原因之一,也是改革继续推进的有力保障。基于此,国家发改委、住建部《生活垃圾分类制度实施方案》经国务院同意,要求对部分城市先行强制生活垃圾分类,到2020年底,基本建立垃圾分类相关法律法规和标准体系,形成可复制、可推广的生活垃圾分类模式,在实施生活垃圾强制分类的城市,生活垃圾回收利用率达到35％以上。这批试点城市共46个,包含两种类型,一是直辖市、省会城市和计划单列市(北京、上海、天津、重庆,各省份的省会城市及5个计划单列市大连、青岛、宁波、厦门和深圳);二是住房和城乡建设部等部门确定的第一批生活垃圾分类示范城市(河北省邯郸市、江苏省苏州市、安徽省铜陵市、江西省宜春市、山东省泰安市、湖北省宜昌市、四川省广元市、四川省德阳市、西藏自治区日喀则市、陕西省咸阳市)。住建部相关负责人透露,截至2017年底,其中12个城市已有垃圾分类专项地方性法规或政府规章。这些先行立法如何评价,其立法经验如何以资浙江其他城市借鉴,是本文要尝试回答的问题。①

一、问题的提出

"老大难"的垃圾分类工作面临着前所未有的历史机遇。一方面是城市"垃圾围城"困境的持续显现,另一方面是顶层设计的不断完善,地方立法的条件已然成熟。

(一)知易行难的推进过程

党的十九大明确提出要"加强固体废弃物和垃圾处置"。习近平总书记在中央财经领导小组第十四次会议上强调,普遍推行垃圾分类制度,关系13亿多

---

① 这12城的专项立法文件分别是《武汉市城市生活垃圾管理办法》《海口市城市生活垃圾管理办法》《北京市垃圾管理条例》《杭州市生活垃圾管理条例》《南京市生活垃圾分类管理办法》《厦门经济特区生活垃圾分类管理办法》《上海市促进生活垃圾分类减量办法》《深圳市生活垃圾分类和减量管理办法》《沈阳市生活垃圾分类管理条例》《苏州市生活垃圾分类促进办法》《银川市城市生活垃圾分类管理条例》《广州市生活垃圾分类管理条例》。

人生活环境改善,关系垃圾能不能减量化、资源化、无害化处理。要加快建立分类投放、分类收集、分类运输、分类处理的垃圾处理系统,形成以法治为基础、政府推动、全民参与、城乡统筹、因地制宜的垃圾分类制度,努力提高垃圾分类制度覆盖范围。我国生态文明建设和循环经济的发展都到了关键的节点,垃圾分类工作如何取得实质性的进展成为其中的焦点问题。相较于将生活垃圾源头分类回收处置作为通行做法的国家而言,我国垃圾分类的实践虽早已起步,但进展缓慢。① 推进过程可谓知易行难,甚至成为困扰和制约城市化进程的重大问题之一。

(二)地方"扩容"立法的契机

立法机关也当在这如火如荼的推进中有所作为。我国虽已有《中华人民共和国固体废物污染环境防治法》等三部涉及垃圾分类的法律,但全国性的垃圾分类专项立法可谓数年磨一剑,至今尚未出台。这一背景使得地方立法摩拳擦掌、跃跃欲试。近二十年间,除去原有地方立法权的城市零星颁布过地方性法规外,一些位列首批垃圾分类示范城市的地方政府陆续颁布过专项政府规章,或出台实施方案,但囿于立法权限制,这些规范性文件的位阶很低。此后恰逢2015年通过的新《中华人民共和国立法法》实现了设区的市的"扩容立法",而后第十三届全国人民代表大会第一次会议通过的宪法修正案赋予了设区的市订立地方性法规的权力,可以预见地方垃圾分类的立法将进入一个新的时代。

二、地方立法现状特征

地方对于垃圾分类的立法探索已有十余年,尤其是2011年北京市出台相关立法后,各地如雨后春笋般相继通过了专项立法。这一波方兴未艾的立法高潮既展现了良好的发展趋势,也暴露出立法弊病。

---

① 一般认为,1992年6月国务院颁布的《城市市容和环境卫生管理条例》中第二十八条第四款规定的"对城市生活废弃物应当逐步做到分类收集、运输和处理"是我国首次明确垃圾分类这一概念。2000年,原建设部公布首批生活垃圾分类收集试点城市名单,但"雷声大、雨点小",垃圾分类始终未取得实质性进展。直至2017年3月18日,国务院办公厅印发《生活垃圾分类制度实施方案》,不少城市纷纷立下"军令状",誓争在2020年前实现垃圾分类全覆盖。(参考朱宁宁:《制法日报》,《46城启动垃圾分类2020年全面推行呼唤立法保障》2017年12月12日第9版)。

（一）地方性法规逐步替代政府规章

通过更为详尽、规范的地方性法规将垃圾分类制度固化，逐步代替原有的规章或实施方案，是多地立法的大势所趋（见表1）。例如广州市废除了2011年生效的《广州市城市生活垃圾分类管理暂行规定》，于2017年底由省人大常委会审议通过了《广州市生活垃圾分类管理条例》，经广东省人大常委会于2018年3月批准生效，意味着效力更上一个台阶。从趋势上看，未来制定的垃圾分类相关文件，多数倾向于以地方性法规的形式出现，例如宜春市将制定《宜春中心城区生活垃圾分类管理条例》、宁波市将制定《宁波市生活垃圾分类管理条例》、大连市将制定《大连市生活垃圾分类管理办法》等均列入2018年当地人大立法计划。

表1 12城市现行生活垃圾分类立法情况

立法名称	生效年月	通过机构	立法性质
《武汉市城市生活垃圾管理办法》	1998年11月	武汉市人民政府	政府规章
《海口市城市生活垃圾管理办法》	1996年9月	海口市人民政府	政府规章
《南京市生活垃圾分类管理办法》	2013年6月	南京市人民政府	政府规章
《上海市促进生活垃圾分类减量办法》	2014年2月	上海市人民政府	政府规章
《深圳市生活垃圾分类和减量管理办法》	2015年8月	深圳市人民政府	政府规章
《苏州市生活垃圾分类促进办法》	2016年7月	苏州市人民政府	政府规章
《北京市垃圾管理条例》	2011年11月	北京市人大常委会	地方性法规
《沈阳市生活垃圾管理条例》	2015年10月	沈阳市人大常委会	地方性法规
《杭州市生活垃圾分类管理条例》	2015年12月	杭州市人大常委会	地方性法规
《银川市城市生活垃圾分类管理条例》	2017年1月	银川市人大常委会	地方性法规
《厦门经济特区生活垃圾分类管理办法》	2017年9月	厦门市人大常委会	地方性法规
《广州市生活垃圾分类管理条例》	2018年3月	广州市人大常委会	地方性法规

说明：海口、武汉两地的政府规章生效时间虽早于2000年国办最早统一发文，但其中有专条规定涉及生活垃圾分类内容，篇幅虽小，但也能代表一种立法趋势，故也列入研究对象中。

（二）宣传意义大于实际效果

多地曾经或正在尝试通过地方立法推动，制定垃圾管理类的法规和规章，但实施效果并不理想。已有的地方性法规、部门规章中还存在法律法规不详细、约束力不强等现象。例如许多立法都是原则性、笼统性的,只规定了居民应当分类投放垃圾,相关单位应当分类处置垃圾,并无法律责任和保障条款,使这些立法仅体现倡导性规范的特征。一如许多城市张贴的垃圾分类宣传标语"垃圾分一分,城市美十分"一样,这样无关痛痒的宣传,很难取得实际效果。正因为如此,随机走访试点城市的分类垃圾桶,尽管上面清楚地标识着"厨余垃圾""可回收物",桶内的内容依然是"名不副实"。

(三)立法痛点、难点依然存在

正在起草的地方立法中也面临一些痛点、难点。最大的痛点来自上位法的缺失。截至目前,全国仅有广东、浙江两省有省域层面的生活垃圾分类专项立法,全国性的法律尚未出台,使得不少地区的先行立法在很多条款上都缺少上位法支持,必须从其他实体法和法理中寻找依据。例如垃圾分类的推行,自然要对产生垃圾的单位和个人设定分类的强制性义务,但现行法律体系没有为公民设定该项义务。[①] 此外,地方立法也面临着如何处理地方差异,以及针对差异所作出的特殊规定的合理性如何把握等难点。

三、立法内容比较分析

比较发现,各地立法在源头减量、价值倡导、宣传教育等方面规定基本一致,均体现出良好的立法导向,但在责任主体、分类标准、收费制度和奖惩措施这些具体内容的规定上差异很大。

(一)责任主体

1.主管部门

12 城市在规定生活垃圾强制分类的主管部门时相对一致,一般均表述为城市管理主管部门(少数为市容环境卫生行政主管部门),部分地区还规定环境保护、规划、教育、交通运输、港口、旅游、文化广电新闻出版等相关行政管理部门

---

① 焦艳鹏:《公民环境义务配置的依据与边界——以〈北京市生活垃圾管理条例〉为例》,《中国地质大学学报(社会科学版)》2013 年第 13 卷第 6 期,第 15—22,139 页。

为协管部门。为了统筹这些部门之间职责的衔接，防止出现职责重叠，部分地区还规定了联席会议制度进行综合协调。①

2.管理责任人

其中6城市的立法设立了生活垃圾分类投放管理责任人条款，为明确责任管理制度做出了积极的探索（见表2）。管理责任人制度的设定意义重大，明确责任人并课以法定职责才能保证立法取得实效。有关管理责任人的认定，6城市的立法对于办公场所、娱乐场所、公共场所、建设工地、交通场所及责任人不明的场所，规定较为一致，均以经营单位或管理单位为责任人，但对于住宅区责任人的认定上，差异较大。

表2 住宅区生活垃圾分类投放管理责任人认定

住宅区分类	管理责任人	立法名称
实行物业管理的住宅区	物业服务企业	《厦门经济特区生活垃圾分类管理办法》《杭州市生活垃圾管理条例》《北京市垃圾管理条例》《沈阳市生活垃圾管理条例》《上海市促进生活垃圾分类减量办法》《广州市生活垃圾分类管理条例》
	业主委员会委托物业服务企业	《银川市城市生活垃圾分类管理条例》
业主自行管理的住宅区	业主或业主委员会	《上海市促进生活垃圾分类减量办法》《银川市城市生活垃圾分类管理条例》
	社区居委会	《杭州市生活垃圾管理条例》《沈阳市生活垃圾管理条例》《广州市生活垃圾分类管理条例》
	自管单位	《北京市垃圾管理条例》

注：以上立法同时规定不能确定管理责任人的，由所在地街道办事处负责。

3.运输与处置主体

生活垃圾的分类运输和处置主体的规定，各地立法表现出相对的一致性，一般都规定应当由政府认证的具有资质的企业来严格按照规定分类运输、分类处置。其中《北京市垃圾管理条例》还规定了主管部门应当定期委托专业环境影响评价机构，对生活垃圾分类处理单位的运行情况进行环境影响评价。

---

① 例如《广州市生活垃圾分类管理条例》第五条。

(二)分类标准

各规章制度对生活垃圾的分类,均以特别说明的形式排除了废旧家具、建筑垃圾等特殊形式的生活垃圾,仅对日常生活所产生的垃圾进行分类,但分为三类抑或四类、分类标准几何都存在差异(见表3)。

表3 10城市[①]垃圾分类标准比较

	立法名称及条款	分类标准
三类	《深圳市生活垃圾分类和减量管理办法》第十条第一款	可回收物、有害垃圾、其他垃圾
四类	《北京市垃圾管理条例》第三十一条第三款	餐厨垃圾、厨余垃圾、可回收物、其他垃圾
	《杭州市生活垃圾管理条例》第二十六条第一款	可回收物、有害垃圾、餐厨垃圾、其他垃圾
	《沈阳市生活垃圾管理条例》第十七条第一款	可回收物、餐厨垃圾、有害垃圾、其他垃圾
	《南京市生活垃圾分类管理办法》第三条第一款	可回收物、有害垃圾、餐厨垃圾、其他垃圾
	《厦门经济特区生活垃圾分类管理办法》第十条第一款	可回收物、厨余垃圾、有害垃圾、其他垃圾
	《上海市促进生活垃圾分类减量办法》第十六条第一款	可回收物、有害垃圾、湿垃圾、干垃圾
	《苏州市生活垃圾分类促进办法》第三条第二款	可回收物、有害垃圾、易腐垃圾、其他垃圾
	《银川市城市生活垃圾分类管理条例》第三十六条	资源垃圾、有害垃圾、厨余垃圾、一般垃圾(其他垃圾)
	《广州市生活垃圾分类管理条例》第三条	有害垃圾、餐厨垃圾、可回收物、其他垃圾

(三)计量收费制度

这12个城市中,已经建立起垃圾计量收费制度的有南京、北京、厦门、沈阳、广州等五个城市,其中南京、北京、广州在规定"谁产生、谁付费、多排放多付费、少排放少付费"的基础上,进一步规定了"混合垃圾多付费、分类垃圾少付费"的原则,即将原先运用于源头减量的规定进一步适用于分类工作,其余城市尚未建立起计量收费制度(见表4)。[②]

---

① 海口、武汉2城市的立法由于年份较早,并没有对分类标准作出规定。
② 个别尚未通过垃圾分类专项立法的城市也有已经开始实施计量收费制度的,例如成都市。

表 4　地方立法中计量收费制度规定

计量收费制度内容	立法名称及条款
谁产生、谁付费、多排放多付费、少排放少付费	《厦门经济特区生活垃圾分类管理办法》第二十七条第二款
排放城市生活垃圾的单位和个人应当按照国家规定缴纳生活垃圾处理费	《沈阳市生活垃圾管理条例》第七条第一款
谁产生、谁付费、多排放多付费、少排放少付费、混合垃圾多付费、分类垃圾少付费	《南京市生活垃圾分类管理办法》第八条
	《北京市垃圾管理条例》第八条
	《广州市生活垃圾分类管理条例》第十一条

（四）奖惩措施

总的来看，近年制定的地方性法规都规定了体系健全的行政处罚规定，政府规章以规定奖励和促进制度为主，个别地方例如上海、深圳等市甚至没有规定任何激励促进措施和法律责任规定。

1. 奖励

只有 4 个城市的立法提到了以奖励的形式促进垃圾分类工作，并且都规定了奖励办法具体由相关职能部门和乡镇级人民政府确定（见表5）。

表 5　地方立法中奖励制度规定

立法名称及条款	奖励内容
《苏州市生活垃圾分类促进办法》第二十六条	实行生活垃圾分类奖励制度，具体由市容环境卫生行政主管部门会同财政部门制定
《杭州市生活垃圾管理条例》第五十六条第一款	人民政府应当制定相关优待和激励措施，引导、鼓励单位和个人积极参与生活垃圾分类与减量工作
《银川市城市生活垃圾分类管理条例》第九条	人民政府应当对在生活垃圾分类工作中做出突出贡献和取得优异成绩的单位和个人予以奖励，建立垃圾分类管理责任人奖励、积分等机制
《广州市生活垃圾分类管理条例》第四十八条	对成绩突出的生活垃圾管理责任人、家庭和个人给予奖励

2. 处罚

相对于奖励，法律后果中对于处罚的规定更为全面、详尽，这自是强制分类立法的应有之义，各地也因此在处罚的主体、形式和内容上显现出了较大的差异。

（1）处罚主体。

综观各立法来看,行政处罚的主体是多头的,规定了城市管理行政执法部门、环境卫生主管部门等都具有处罚权,部分地区还规定了建设、规划部门对违反相关职责的处分权,厦门地区还规定了由城市管理行政执法部门依法委托的事业组织具有该项权力。

（2）处罚形式分为罚款（见表6）、吊销许可证（见表7）、责令停业整顿（见表8）。

表6 地方立法中涉及罚款规定的内容

行政违法情形	行政处罚内容	立法名称及条款
单位或个人未按规定投放生活垃圾	五十元以上五百元以下	《厦门经济特区生活垃圾分类管理办法》第四十五条
	单位五千元以上五万元以下,个人二百元以下	《沈阳市生活垃圾管理条例》第三十二条
	拒不改正的,对个人处五十元以上二百元以下罚款,对单位处五千元以上五万元以下罚款	《杭州市生活垃圾管理条例》第六十五条
	对个人处以二百元以下罚款,对单位视情况处以五千元至五万元罚款,并在市政府电子政务信息平台公布处罚结果	《广州市生活垃圾分类管理条例》第五十六条
管理责任人违反职责	视情况分别处以一千元至五万元罚款	《北京市垃圾管理条例》第五十九、六十条
	逾期不改正的,处一千元以上五千元以下罚款	《银川市城市生活垃圾分类管理条例》第二十九条
	视情况处二百元至二万元罚款	《杭州市生活垃圾管理条例》第六十六条
	逾期未改正的,处一万元以上五万元以下罚款,对单位直接负责的主管人员和其他直接责任人员处以单位罚款数额百分之十	《厦门经济特区生活垃圾分类管理办法》第四十六条
未按规定收集、运输分类投放的生活垃圾	一万元以上五万元以下;单位直接负责的主管人员和其他责任人员处以单位罚款数额百分之十	《厦门经济特区生活垃圾分类管理办法》第四十七条
	对单位视情况分别处以二百元至五万元罚款	《银川市城市生活垃圾分类管理条例》第三十、三十一条
	视情况对单位处以五百元至一万元罚款	《北京市垃圾管理条例》第五十八、六十一条
	视情况处五千元至五万元罚款	《杭州市生活垃圾管理条例》第七十条
	视情况处以一千元至十万元的罚款	《广州市生活垃圾分类管理条例》第五十八条

行政违法情形	行政处罚内容	立法名称及条款
未按规定处置生活垃圾	五万元以上二十万元以下；单位直接负责的主管人员和其他责任人员处以单位罚款数额百分之十	《厦门经济特区生活垃圾分类管理办法》第四十八条
	对单位视情况分别处以二千元至一万元罚款	《银川市城市生活垃圾分类管理条例》第三十二条
	五万元至十万元罚款	《北京市垃圾管理条例》第六十二条
	三万元以上十万元以下罚款	《杭州市生活垃圾管理条例》第七十一条
	视情况处以一万元以上十万元以下罚款	《广州市生活垃圾分类管理条例》第五十九条

表 7　地方立法中涉及吊销许可证规定的内容

行政违法情形	行政处罚形式	立法名称及条款
未按规定履行生活垃圾收集、运输、处置职责，情节严重的	吊销生活垃圾收集、运输、处置经营许可证	《北京市垃圾管理条例》第六十一条

表 8　地方立法中涉及停业整顿规定的内容

行政处罚形式	行政违法情形	立法名称及条款
由城市管理综合执法部门责令停业整顿	餐饮服务单位未按规定收集、处理餐厨垃圾的	《北京市垃圾管理条例》第六十四条

3.纳入评价体系

近年的立法陆续有将纳入政府考核、文明单位考核和个人信用体系标准来促进垃圾分类的做法，具体见表 9。

表 9　地方立法中涉及纳入评价体系规定的内容

评价体系内容	立法名称
纳入文明单位、文明社区、文明村镇、文明街道、文明家庭等评选标准	《杭州市生活垃圾管理条例》《厦门经济特区生活垃圾分类管理办法》《广州市生活垃圾分类管理条例》
（逐步）纳入个人、企业信用信息系统	《杭州市生活垃圾管理条例》《厦门经济特区生活垃圾分类管理办法》《广州市生活垃圾分类管理条例》
纳入政府绩效考核体系	《厦门经济特区生活垃圾分类管理办法》《北京市垃圾管理条例》《苏州市生活垃圾分类促进办法》《广州市生活垃圾分类管理条例》

四、立法难点的法理分析

(一)公民分类义务之问

对于计量收费制度是否写入立法、公民违规投放垃圾行为是否处以罚款这两个问题,各地的规定差异较大,归根结底是公民个体究竟是否有垃圾分类的法定义务。放眼现行法律体系,似乎公民的这项义务并没有宪法和法律上的依据。我国宪法有关公民义务条款中并没有为公民设定环境保护义务。《中华人民共和国固体废物污染环境防治法》中仅有一条涉及垃圾分类义务,即第四十二条"对城市生活垃圾应当及时清运,逐步做到分类收集和运输,并积极开展合理利用和实施无害化处置"。从该条表述来看,垃圾分类的义务主体应当是政府,而非公民个体。上文提及的垃圾分类上位专项法缺失应当是造成该情况的主要原因,现行地方性法规中但凡对公民设立分类义务的,均属于《中华人民共和国立法法》中规定的"先行立法"行为,在现行立法中设定强制性义务,必须有充分的法理正当性。

环境法治中,担负环境义务的主体一般认为是政府。《中华人民共和国宪法》中也明确了国家保护和改善生活环境的义务,而对于公民而言则更多是倾向于一种权利。公民的环境权被学者视为社会权利的一种,是享有在安全和舒适的环境中生存和发展的权利,也是国家环境立法所要保护的法益之一。当然按照法律逻辑,公民既要享有舒适而安全的生活环境,则也应成为良好环境的维护者,若存在破坏环境的行为,自然要受到法律制裁,更兼《中华人民共和国环境保护法》中规定了"一切单位和个人都有保护环境的义务"这一宏观规定,因此,为公民设定消极的环境保护义务,并无法理上的漏洞。然而垃圾分类的义务不仅仅以不作为形式就能实现,而是一项作为义务,必须由公民的积极履行才能实现。若由地方性法规来设定这项积极义务,则至少需要遵守以下原则:一是公民履行分类投放义务必须以政府相应义务的先履行为前提。[①] 只有

---

① 该观点参见焦艳鹏:《公民环境义务配置的依据与边界——以〈北京市生活垃圾管理条例〉为例》,《中国地质大学学报(社会科学版)》2013年第13卷第6期,第15—22,139页。

政府履行了分类设施配置、分类运输处置配套等义务，公民的分类投放义务才有意义。垃圾分类在我国仅处于起步阶段，建立起完善的分类体系任重道远，在依赖资源尚未健全的前提下过早地为公民设置强制义务，会引发矛盾。二是公民履行分类投放义务标准不宜过高。现阶段对于公民的垃圾分类仍处于意识培养阶段，应当以宣传普及为主，循序渐进才能真正让立法取得实效。例如有学者提出计量收费制度应该为公民设立一个基准量，超量的混合排放才应该收费。

（二）社区责任主体之辩

住宅小区的生活垃圾分类投放管理责任人认定规定各地差异最大，为小区承担分类主要管理责任的究竟是物业还是业主（业委会），抑或是社区居委会？尤其是部分立法还规定了管理责任人未履行义务的法律后果，这些管理责任人在义务不履行时将面临行政处罚，就更需要明确责任主体的适格问题。以物业服务企业为责任主体应当作为责任人认定的一般标准，这是因为物业服务企业行使小区内的服务管理工作，同时具有营利性，有独立的财产，企业的社会责任也可作为其中缘由。在没有实行物业管理的小区，社区居委会适宜作为责任主体。《中华人民共和国城市居民委员会组织法》第三条将"协助人民政府或者它的派出机关做好与居民利益有关的公共卫生、计划生育、优抚救济、青少年教育等项工作"设定为居委会的法定职责，其作为垃圾分类的管理责任人较为妥当。

一般情况下，业主和业主委员会不适宜作为责任主体。业主是独立而分散的产权个体，无法作为主体承担责任，何况业主本身就是垃圾产生的主体，如若作为管理责任人则等于给垃圾产生者设定了分类投放和管理的双重责任。业主委员会是业主选举产生的自治组织，代表业主利益，对全体业主负责，在该机构上设定管理责任也同样不妥。但履行自管业务的业主委员会应为例外，这些业委会虽然是自治组织，但往往具有成熟的运转体系，代替物业行使服务管理职能，甚至有独立的财产和法人资格，有能力承担履行义务不力的法律后果，但在立法上将其表述为"履行自管职能的业主委员会或自管单位"更为合适。

（三）分类标准之考

国办发的《生活垃圾分类制度实施方案》中提到了三个分类：有害垃圾、易腐垃圾、可回收物。从各地立法实践来看，几乎所有立法都在三分类的基础上规定了四分法，并在名称上有细微差别。事实上垃圾分类标准不统一不明确一直是多地垃圾分类工作的症结所在，上海就曾在 12 年的时间里 5 次"变脸"[①]，尽管原因不外乎垃圾处置终端的不断变化，但过于频繁的变动还是打击了居民分类的积极性。

三分或是四分，表述为"资源垃圾"还是"可回收物"都无大碍，地方大可依据实际情况因地适宜，但有两点作为原则不可突破。一是将有害垃圾单独分类是该实施方案明确规定的原则，也是垃圾分类处置的意义所在，地方立法应当严格遵照执行。《北京市垃圾管理条例》许是由于出台较早，没有将有害垃圾作为单独分类。国办发的《生活垃圾分类制度实施方案》效力上并不能作为《北京市垃圾管理条例》的上位法，全国性的垃圾分类专项立法尚未出台，但有害垃圾单独分类必将作为全国性立法的分类标准。二是分类标准必须统一明确。政策的频繁变动有损政府权威，法规和规章若频繁变更或语焉不详，更会有损法的权威，也会令垃圾分类工作迟迟难以落地。

（四）处罚限度之争

关于法律责任条款，各地立法对于行政处罚的形式和标准也有很大的区别，尤其在行政罚款的数额上，地区之间的差异可达十倍之多。这些区别的原因之一固然来自地方经济发展水平的差异，但也体现了对行政处罚限度的不同理解。

垃圾分类的行政处罚应当遵循宽严相济的原则。公民个人与承担分类职责的企业在设定行政处罚时应当具有双重标准。对公民未按规定分类投放垃圾的行为设定的行政处罚，应当体现谦抑性，例如北京和银川两地的地方性法规没有对此行为设定行政处罚，而是将处罚重点放在承担垃圾分类运输和处置的企业之上。即使对公民设定行政罚款，也应该从宽设定，以教育为目的。过

[①] 上海垃圾分类历经 5 次"变脸"：有机垃圾、无机垃圾、有毒有害垃圾→干垃圾、湿垃圾、有害垃圾→废玻璃、有害垃圾、可燃垃圾、可堆肥垃圾、其他垃圾→有害垃圾、玻璃、可回收物、其他垃圾→可回收物、有害垃圾、湿垃圾、干垃圾。参见江跃中：《上海垃圾分类标准 12 年 5 次变脸令市民无所适从》，《新民晚报》2013 年 11 月 18 日第 3 版。

于严厉的处罚会超过现阶段公民的心理预期，影响实效性。而承担垃圾分类运输和处置的企业则应适用更高的处罚标准，这些企业具有营利性，部分企业还享有政府补贴，作为公民履行垃圾分类义务的先履行单位，行政处罚应当更为严厉。北京的立法中对于未按规定履行法定义务的企业，除罚款之外还兼有责令停产停业、吊销营业执照的处罚，实效性更强。

五、未来立法的启示

（一）效力位阶上应当制定地方性法规

与政府规章相比较，对于生活垃圾分类的专项立法应当以地方性法规形式更为妥当。地方性法规效力位阶更高，规定也更为详尽，尤其在责任主体分配和法律后果的规定上有规章所不具有的优势。数十年难磨一剑的垃圾分类工作也是不少城市的痛点，2020 年将是该项工作推进的一个关键时间节点，更兼设区的市的人大被赋予地方立法的权限，不管过去是否已经有政府规章做出专项规定，各地人大都应该着手根据地方实际，逐步制定地方性法规。

（二）分类标准应当以处置标准为导向

处置环节是垃圾处理的最终环节，也是最重要的环节，部分地区的立法对处置企业的违规行为设置了更为严厉的处罚措施。处置标准如何，应该成为引导垃圾分类投放、运输标准的重要导向。例如有害垃圾包括废电池、废日光灯管、废水银温度计、过期药品等，这些垃圾必须经过特殊处置。以过期药品为例，如果把它们混入普通垃圾并随土填埋，会对土壤以及水源造成巨大危害，其中的有毒化学物质甚至最终能危及生态链。因此有害垃圾必须单独分类，也必须设置单独的投放、收集、运输体系。各地应以处置系统为导向，因地制宜设置本地垃圾分类标准。

（三）主要义务主体应当是政府

义务的设定中应当将主体设定在相关的政府机关（机构）上，而避免过多地为公民和单位设定义务。垃圾分类工作应当纳入政府考核体系，督促政府先履行分类义务，打造良好的垃圾分类环境。广州市甚至规定了市、区人民政府有关行政管理部门、执法部门和区、镇人民政府及其工作人员有包括"未制定分类指南并向社会公布"在内的十二项行为"由上级主管机关或者监察机关责令改正,对部门给予通报批评,对直接负责的主管人员和其他直接责任人员依法给予处分"。而对于住宅小区(社区)的管理责任,实际上不应当过多纠结于义务的设定,而是权利的行使。业主和业委会的权利是基于物权而产生的权利,《中华人民共和国物权法》第八十三条第二款规定"业主大会和业主委员会,对任意弃置垃圾、排放污染物或者噪声、违反规定饲养动物、违章搭建、侵占通道、拒付物业费等损害他人合法权益的行为,有权依照法律、法规以及管理规约,要求行为人停止侵害、消除危险、排除妨害、赔偿损失"。业主这种对环境污染行为的损害请求权,是一种良性自治环境的表现形式,立法中不应当将其定义为一种"管理责任",而是引导业主和业委会行使好业主权,与镇(街道)和相关职能部门的管理形成良性互动。

(四)内容规范上应当循序渐进

分类工作虽"任重",但也"道远",立法上还应注意不能操之过急。其中尤以居民的主动意识最难唤醒,要将居民数千年来将垃圾"一丢了之"的观念扭转过来,不能依靠过多地规定"收费""罚款"来"拔苗助长"。例如多地将"污染者付费"作为原则,将差别化的生活垃圾收费处理制度列入垃圾分类工作的未来五年计划,试图运用经济手段作为杠杆,激发市民、企业及其他排放主体主动减量和分类。但相较于颇具争议的计量收费制度,对可回收物设置押金返还制度[①],对普通垃圾实行基准量内免收费、基准量外阶梯收费制度等引导性更强的方式,才更易被接受。再如广州的立法单独为国家机关、群团组织、社会组织等设定强制义务,强调这些机构的带头作用,并建立电子政务信息平台曝光制度,其他城市也有将机关干部、公务人员带头等写入立法的计划,都体现了循序渐进中政府及其工作人员"先行一步"的理念。

(五)激励促进机制应当刚柔并济

立法中应当避免宏观而笼统的规定,尤其应避免堆砌"正确的废话"。而要使立法真正行之有效,设定严厉的法律责任条款固然重要,但刚柔并济的激励

---

① 押金返还制度是指对一些产品的包装和饮料容器实施押金返回制度,以便有效地回收可循环利用的包装材料。

促进机制也必不可少。依靠文明社区（单位）考核体系、个人社会信用体系、积分奖励体系等考评体系，以及志愿者的宣讲、指导和监督，媒体平台受理的投诉、举报和曝光等社会力量做出的实践，都是各地实施效果良好的激励促进措施。最近通过的《广州市生活垃圾分类管理条例》第二十三条还首创了"拒绝接收"制度："生活垃圾收集、运输、处置单位发现交付收集、运输、处置的生活垃圾不符合分类要求的，可以拒绝接收。"这意味着在垃圾处理过程中，如果后一个环节发现前一个环节的垃圾分类达不到要求，便可以拒绝接收，这也体现了强调垃圾分类处理链条的思路。

六、结　语

垃圾分类工作进展如何是衡量一个地区生态文明水平的重要指征，科学的立法是一个地区依法治省（市）的本质要求。"垃圾管理绝不仅仅只是一个技术问题，公民对其影响环境的理解，社会文化、社区管理、政治体制、法律架构等都是可持续的垃圾管理计划运作的关键构成"①，因此立法需综合考虑当下地区的多重因素，因地制宜，这也是倡导地方立法的意义所在。同时我们不能仅依靠立法之力解决垃圾分类工作的全部难题，技术的突破、社区自治的进步、公民道德的培育都将是多元治理体系下不可或缺的重要方面。

参考文献

[1] 焦艳鹏.公民环境义务配置的依据与边界——以《北京市生活垃圾管理条例》为例[J].中国地质大学学报（社会科学版），2013,13(6):15-22,139.

[2] 张晓蕾,李睿莹,王诗文,等.公民承担环境保护义务的调查与研究——基于江苏一省四市的社会调查研究[J].法制博览,2015(12):17-18.

[3] 罗曼.生活垃圾分类回收与处理的法律问题研究——以成都市为例[J].光

---

① Zurbrügg,C.*Urban solid waste management in how-income countries of Asia how to cope with the garhage crisis*[Z].Urban Solid Waste Management Review Session,Durban,South Africa,November 2002.

华法学,2017(9):158-186.

[4] 王昕昕,徐敏,宋霁.青岛市生活垃圾分类立法研究与实践[J].中国西部科技,2014(10):64-65.

[5] 尉道孟.循环型社会法律研究[M].北京:中国环境科学出版社,2007.

[6] 于家富,毛明赋.我国地方垃圾分类立法的检视、借鉴与路径[J].山东大学法律评论,2016(1):158-174.

探索人工智能的县域发展前景

——以德清县为例

张海燕

（德清县委党校）

摘　要:2019 年 8 月 26 日,习近平总书记向中国国际智能产业博览会所致贺信中指出,当前,人工智能的发展日新月异,已经渗透到经济发展、社会进步、全球治理等方方面面,产生了重大而深远的影响。因此,本课题以德清县为例,旨在探讨现阶段人工智能技术在不同领域发挥的赋能作用,既总结成功的经验,也分析当前存在和未来可能产生的问题,在此基础上,探索一条人工智能在县域范围内深度应用的路径。

关键词:人工智能;人工智能产业;县域;应用;德清

一、引　言

"人工智能"(Artificial Intelligence)早已不是一个新鲜概念,它受到全球关注则源自 2016 年 Alpha Go 战胜了世界围棋冠军李在石。而伴随着互联网、大数据、云计算等信息技术的高速发展,人工智能也进入了一个爆发式的增长期,逐渐成为引领世界发展的新兴驱动力。在美国、欧盟等国家和组织将发展人工智能提升到战略高度之后,我国也紧随其后,2017 年 7 月,国务院印发了《新一代人工智能发展规划》,这是我国首个面向 2030 的人工智能发展规划,人工智能也正式上升为国家战略;同年 10 月,十九大报告中也明确提出要推动"人工智能和实体经济深度融合";2018 年的政府工作报告也强调要"加强新一代人工智能研发应用",此举一方面表明政府对高新产业的重视,另一方面也充分体现出当前人工智能给人类社会带来的巨大影响。清华大学发布《中国人工智能发展报告 2018》,仅 2017 年,我国人工智能行业市场规模就已达 237 亿元,同比增长 67%。毫无疑问,未来人工智能将覆盖更多的领域,也必将成为促进经济高质量高速度发展的新引擎。

当前,人工智能技术在大型企业、科学研究等领域应用广泛,而在县域地区则相对欠缺,因此,加快人工智能在县域范围的落地与发展必定是大势所趋。近年来,德清县积极响应国家和省市号召,第一时间从应用落地、促进研发、产业发展等方面谋篇布局,全力推动人工智能与实体经济深度融合,编制全国县域首个《新一代人工智能应用县建设发展规划》和三年行动计划,成功打造了智能生态城项目,成立了县域首个大数据管理发展中心,率先启用了工业企业大数据管理平台,引进了一批人工智能领域跨界融合的产业项目和科研院所,成为全国首个拥有阿里云 ET 城市大脑的县域。适逢人工智能助推数字经济发展的背景,探讨和研究德清县如何在下一阶段继续全力以赴,抓住机遇,深入推进人工智能创新应用试点示范县,推动新一代人工智能健康发展,对全省乃至全国的县域探索人工智能的发展前景和现实路径具有十分重要的意义。

二、问题的提出与理论基础

(一)人工智能的基本概念

早在 1956 年,"人工智能"的概念由来自斯坦福大学的约翰·麦卡锡(John Mc Carthy)、麻省理工学院的明斯基(Minsky),以及贝尔实验室的香农(Shan-non)、IBM 公司的罗彻斯特(Rochester)等学者发起的达特茅斯会议(Dart-mouth Conference)上首次提出。此后,对人工智能比较权威的定义有尼尔斯·尼尔森(Nils J. Nilsson)教授,他提出从人工智能模拟对象来看,认为人工智能是一门关于研究如何表达、获得并使用知识的学科;麻省理工学院的帕特里克·温斯顿(Patrick Henry Winston)教授从人工智能的研发目的上指出,人工智能就是研究如何使计算机拥有过去只有人才具备的完成工作的能力。

（二）强人工智能与弱人工智能

人工智能按哲学角度被分为强人工智能和弱人工智能。强人工智能最大的特点表现为它在很多方面都可以和人类相比，在实际应用方面也能达到人类的水平，因此对硬件和软件的要求相对更高。而弱人工智能主要是指专攻于某个方面的人工智能技术，缺点是一旦面对更多样更高端的要求，它可能就无法完成工作，这也成为它最大的弱点。[①]

（三）相关理论

1.马克思主义科技观

科学技术的核心地位是马克思主义科技观的内核。马克思认为，具备一定的劳动技能并且拥有相关生产经验的劳动者在物质资料生产过程中产生的对自然力和自然现象的使用能力即为生产力。马克思把科学技术归于生产力范畴，生产力体现了人与自然的关系，是人类影响和改造自然的能力。一方面，劳动者运用科学技术可以改进生产工具和生产方法，从而提高生产力。另一方面，科学技术的进步会极大促进原材料的变化。人工智能是现代科技发展的伟大成果，马克思主义科技观为人工智能的发展与应用提供了理论支撑。[②]

2.奇点理论

奇点，本来是物理学上的一个概念。"大爆炸宇宙论"（The Big Bang Theory）认为，奇点就是宇宙的起点。美国未来学家库兹韦尔在2005年首次提出奇点理论，认为人工智能技术在未来某一时刻如果一旦实现突破将会引发科技大爆炸，就会超越人类，同时也将提供给人类更加美好的生活。显然，人工智能的飞速发展已是不可阻挡的趋势，相信未来它会带给人类更加人性化、多元化的服务，以满足人类的各种需求。[③]

---

① 郭沅东：《关于人工智能的哲学思考》，2017年哈尔滨理工大学毕业论文。
② 宝达理：《人工智能引发的问题研究》，2018年北京交通大学毕业论文。
③ 梅剑华：《人工智能与因果推断——兼论奇点问题》，《哲学研究》2019第6期，第86—95页。

三、近年来德清县发展人工智能的具体做法和成效

(一)德清县发展人工智能的背景和优势条件

1.相关背景

近年来,德清县始终坚持把创新驱动作为县域经济社会发展的核心战略,以深化创新"德清模式"、加快科技成果转化为主线,积极构建"一转四大"的县域科技创新大格局,走出了一条独具特色的创新发展之路。三次获省人才工作目标责任制考核优秀县,连续四年获省科技进步目标责任制考核优秀县,连续五年市对县科技进步考核第一名,获得国家科技成果转移转化示范县、国家知识产权强县工程示范县、省创新型试点城市、省科技金融结合示范县等一系列荣誉。

2.优势条件

以协同创新为特色,打造成果转化示范县。从"产学研"到"政产学研金介用"再到"产学研用金,才政介美云"十联动发展,德清在科技成果转化上走出了一条切实可行的路径。2013 年,德清被列入浙江省唯一的科技成果转化实验区。2017 年 9 月,德清县以排名第一的成绩,获批浙江省首批科技成果转移转化示范工程示范县。并且不断完善以企业为主体、市场为导向、产学研深度融合的技术创新体系,近三年高新技术企业和省科技型企业实现翻倍增长,分别达到 158 家和 542 家;拥有省级研发平台 100 多家。

以提升能级为导向,增强各类平台支撑力。举全县优势资源建设莫干山高新区,成为浙江省首个落户县域的国家级高新区,提前跻身全国百强。通航智造小镇入围省级特色小镇创建名单,地理信息小镇成为省级特色小镇和首批省级高新技术特色小镇,地信产业创新服务综合体列入省首批创建名单。亚洲最大的微波目标特性测量与遥感实验室落户德清县,成为湖州市首家省级重点实验室。完善"众创空间＋孵化器＋加速器＋产业园区"的全链条平台,加快建设雷甸科技园等乡镇科技园、众创空间,拥有国家级科技企业孵化器 1 家,入选国家级众创空间备案 3 家,省级备案 5 家。

以产业升级为引领,打造数字经济新高地。坚持把科技创新贯穿于中高端现代化产业体系构建的全过程,以智能制造为牵引加快工业强县建设步伐,培育壮大地理信息、人工智能、通用航空等战略性新兴产业,高端装备制造、生命健康、绿色智能家居三大主导产业产值占规模工业比重达 70.2%,高新技术产业增加值占规模工业比重超过一半。以首届世界联合国地理信息大会为契机,引进"地理信息+"及人工智能等地理信息跨界融合相关企业 150 多家,包括多家行业内的龙头企业,初步形成了一条完整产业生态链。智能生态城列入省市万亩大平台名单,小镇客厅建成并已投入试运营,在召开的中日韩三国工程院圆桌会议(EA-RTM)上,全面发布德清县新一代人工智能应用县相关建设成果。

以集聚要素为重点,构筑最优创新生态圈。相继制定出台"科技新政 18条""人才新政 11 条",给予人才项目最高资助 5 亿元,成功打造浙江省第四家"千人计划"产业园。深入实施知识产权战略,每万人发明专利拥有量达到33.72 件,位于浙江省县域第一。持续推进科技金融深度融合,在全国率先成立科技担保公司,在县域率先设立科技支行,创新推出"专利贷""成果贷"等创新型金融产品,设立专项基金,呵护科技企业茁壮成长,2019 年获得省科技金融奖补资金额度县域第一。

(二)德清县推动人工智能深度应用的具体做法和成效

1.大力引智借智,形成具有引领性的顶层设计

成功培养和打造了一支高端人才队伍,为人工智能深度应用于智慧城市建设提供智力保障。首先,精心打造人才智库以优化顶层设计。德清县成立了专业的专家咨询委员会,成员包括潘云鹤等九名院士,同时诚聘业内领头人、龙头企业负责人等共同组建专家智库,此外,信息技术新工科产学研联盟人工智能人才培训基地也落户德清,均为进一步推动人工智能产业在德清县的发展和应用提供了最权威、最专业的决策咨询和技术保障。在专家智库的支持下,成功编制《新一代人工智能应用县发展规划》和三年行动计划,涵盖智慧交通、智能工业、智能农业等领域在内的共计 16 个附属行动计划,已完成细化工作并且开始组织落地实施。其次,积极引进科研院所推动产业创新发展。目前,已经与省内外多所高等院校开展合作,共同建立人工智能领域相关研究院和研究中心,包括长三角人工智能城市德清研究院、智能制造研究中心等。最后,制定优

厚的人才政策、提供完善的福利待遇,从而加速人才的汇聚。德清县制定和出台了《加快推进人工智能产业发展的若干意见》等扶持政策,鼓励专业人才来德清发展和创业。当前,德清县共引进院士10人、国省千人才52人、创业团队94支,创新创业人才2000余人。

2. 加速开放合作,构建具有实效性的应用集成

借助在地理信息产业方面得天独厚的优势,德清县把应用场景和数据开放作为核心内容,大力推动了人工智能与大数据的深度融合。一是社会治理更加智能化。目前已经成功开展实施"城市大脑"工程,积极打造智能驾驶应用示范区;腾讯、京东、中电海康等市场主体入驻德清,城市服务机器人、觅影诊疗系统、超算中心、人才梯队培养等项目均已落地,并且逐步呈现出"一图全面感知、一号走遍县域、一键可知全局、一体运行联动、一屏智享生活、一站创新创业"的智慧城市。二是数据开源促进辅助决策数字化。县域大数据管理发展平台已归集52个部门的3270余万条基础数据,正归集83个省市县政务业务系统,并加快打造业务协同平台,推动政务流程再造。特别是率先建成工业企业大数据管理平台,汇集10余个部门700多万条经济数据,生成企业"数字地图"等各类分析图表,该项目入选浙江省10个首批典型应用案例(最佳实践)项目。在此基础上,积极谋划工业企业大数据管理平台提档升级,目前已启动与浙江大学共建德清产业经济智能化运行平台,重点建设产业数据智能中枢、宏观经济运行监测应用等,不断提升数据辅助决策水平。三是领域拓展推动公共服务便捷化。智慧化"一窗受理"监管系统以及智能化同城通办服务平台、城管物联网平台和大数据平台、垃圾分类智能监管系统等相继投入使用,打造集成智慧交通、智慧环保等应用的跨部门、跨层级政务服务共享平台。特别是围绕智慧医疗建设,建成全国首个县域医共体统一支付平台、远程会诊工作平台,加快"健康一体机"应用试点建设,实现"乡—县—上级医疗单位"三级远程会诊协作。

3. 专注跨界融合,打造具有前瞻性的产业集群

全力推动人工智能和不同产业领域融合发展,以实体经济向价值链高端迈进为目标。一是建设智能驾驶出行"示范区"。积极与之江实验室对接沟通,共同谋划打造全国首个全域城市级智能驾驶与智慧出行示范区。目前,《全域城市级智能驾驶与智慧出行工作实施方案》已编制完成,冯飞常务副省长批示"下

决心支持德清干"，同时，出台《德清县自动驾驶汽车道路测试管理实施细则》，并发放开放道路测试牌照；积极搭建智能公交、L4 级自动驾驶等 10 余种应用场景，中国邮政无人机物流应用项目于 2019 年 6 月正式落地，已与宝马就 L4 级自动驾驶车队项目开展洽谈，力争尽早签约落地。通信网、智能道路网、地理信息网、交通能源网铺设正全面推进，计划 2020 年实现城区 5G 全覆盖；在砂村"万亩大平台"规划建设占地 172 亩的封闭测试区，并将在 2020 年完成建设开放道路里程不低于 900 千米。二是打造先导产业创新"新平台"。聚焦优势资源，全力建设智能生态城。总面积 800 亩、总投资达 160 亿元的天安云谷项目正全力推进并于 2019 年 6 月 18 日正式开工，致力于打造"未来社区"。集人工智能应用展示、路演等功能于一体的小镇客厅已投入运营。三是打通新旧动能转换"大通道"。大力实施智能工业"十百千"工程，力争五年内打造 10 个智能工厂、100 个智能车间，完成以智能化技术改造为重点的投资 1000 亿元以上，2018 年已完成智能工厂（车间）改造 10 个。以浙江省唯一的数字农业试点县建设为契机，开展智能农业三年行动计划，推进"十园百点"建设，目前，4 个智能农业示范园区、50 个智能农业示范基地相继建成。[①]

（三）德清县在人工智能应用中面临的问题与挑战

1. 技术成熟度需要进一步提高

总体来看，我国人工智能发展速度很快，尤其在诸如语音识别、文字识别、信息处理、智能控制、工业和服务机器人等技术领域拥有自主知识产权，并且开始广泛使用，在诸如核心算法、智能识别等关键技术上和发达国家已经并驾齐驱，但不可否认，从人工智能产业的整体发展情况来看，我们与发达国家还无法比拟。因此，技术问题是未来德清县将人工智能深度应用于城市发展中的一大挑战。[②]

2. 数据壁垒需要进一步打破

智慧城市的核心是人工智能，智慧城市的基础则是大数据。智慧城市通过人工智能技术打造的城市大脑进行运作，而城市大脑的正常运行需要大数据的

---

① 德清县委政研室：《德清：加快打造全国首个新一代人工智能应用县》，《政策瞭望》2019 年第 2 期，第 38—39 页。

② 朱巍、陈慧慧、田思媛、王红武：《人工智能：从科学梦到新蓝海——人工智能产业发展分析及对策》，《科技进步与对策》2016 年第 33 卷第 21 期，第 66—70 页。

不断输送。现实问题是,大数据并非由单个部门独立所有,而是由众多不同的部门各自拥有不同数据。未来,德清县在智慧城市建设上必须进一步规范和促进大数据的共享,真正打破数据壁垒问题。[①]

3.政策及法律需要进一步健全

未来,法律和政策问题将会是人工智能深度应用的一个障碍。以无人驾驶为例,现行的交通规则和交通设施是不利于无人驾驶的,并且当前的法律在交通事故责任认定和登记检验等问题上几乎是空白。而随着人工智能应用范围的进一步扩大,其引发的侵权责任认定和承担问题对现行的法律制度也是一大挑战。

4.信息安全问题需要进一步防范

信息安全是人工智能面临的又一个重要问题。一方面,在信息领域,任何代码、算法、开发框架乃至工程实现的软件系统,毫无例外都会存在一定程度的信息安全问题。另一方面,人工智能技术的普及虽然给人们生活提供了极大的便利,但也会造成严重的隐私泄露,人工智能时代的基本模式注定了个人隐私和数据的不安全性。[②]

四、探索未来德清县深度应用和发展人工智能的路径

(一)纵深推进智能生态城建设

聚焦"智能、创新、生态、开放、共享",建成生产、生活、生态融合和宜居、宜业、宜创、宜游协同的空间平台,打造县域人工智能发展的核心。

首先,加强顶层设计。在智能生态城整体规划和设计体系的基础上,编制完成各类相关规划和专项设计,严格把控符合智能生态城功能定位的产业准入目录和标准。

---

① 戚欣、姜春雷:《人工智能助力智慧城市建设》,《智能建筑与智慧城市》2017年第9期,第33—37页。

② 诸焰军、荣文晶、张珠君:《关于人工智能与信息安全的思考》,《保密工作》2018年第4期,第12—15页。

秦岭:《人工智能对人类社会的影响研究》,2018年东北师范大学毕业论文。

陈宇晔:《新时期人工智能与智慧城市普适性探究》,《中国高新科技》2018第9期,第62—64页。

其次，打造城市基础网络感知工程。一方面，提升网络基础设施能级。积极推进下一代互联网建设和应用，完成遍布全县的 5G 通信基站布点专项规划评审，推动 5G 试点和 IPv6 的部署应用。加强面向"互联网＋"大数据产业发展的"云、网、端"基础设施建设，提高数据网络传输能力和覆盖率。另一方面，部署感知互联设施。按照统一标准，统筹规划、构建跨部门的物联网感知体系，对重要地下管线、建筑设施、景观景点、环卫、交通等城市部件广泛部署自动感知终端；统筹建设时空基础设施，实现全县遥感监测、卫星定位、基础测绘等时空大数据的统一标准、统一采集、统一汇聚和统一服务；打造开放式和多维度城市感知平台，形成智慧城市全空间信息模型视图。

再次，塑造智能绿色生态环境，智能技术在生态环境保护与风险预警中可以得到广泛使用。推进生态景观工程建设，重点建设湿地生态公园，疏浚区域水路，建设滨水绿色廊道；推进海绵城市建设，构建低影响开发雨水系统，推动绿色环保新材料在海绵城市建设中的应用；部署大气、水环境等智能监测、智能预警等智能设备，构建环境物联网，推进大数据分析等技术应用。

最后，提升服务功能和服务能级，逐步建成商业、教育、医疗等基础配套设施，形成生产生活服务体系。规划建设配套商务楼宇、现代商业综合体和会务会展中心，引进一批科技中介、金融、商超、餐饮、酒店等商业服务型企业，打造高端商业服务区；加快人才社区、邻里中心、居住集聚区等建设，推进文教卫体等公共设施建设，部署建设幼儿教育、中小学教育等配套教育设施以及社区门诊、综合性医院等健康配套设施，引入国际化资源。

（二）大力推动人工智能产业培育

1. 大力培育科创产业

加速人工智能核心技术的攻关。形成一批人工智能领域重大创新成果，集成一批自主核心技术，推进与科研院校合作，加强基础理论和前沿技术研究，建设若干前沿技术研发试验基地，对接人工智能龙头企业，加强项目合作，推动人工智能关键技术研发和产业化。加快人工智能产业集聚。实施名校、名企、名家引进和培育工程，重点引进知名院校、尖端科研院所及高层次人才，大力引进培育人工智能领域企业和创业创新企业，加强政策资金支持，推动财政资金与社会资本合作，共同成立人工智能产业发展专项基金，支持人工智能创业创新。

2.大力培育装备智造产业

加快推进工业创新设计基地建设。创建智能工业创新设计基地,开展智能设计领域研究,支持大型制造业企业搭建工业设计云平台,加快智能工业机器人产业培育。深化"机器换人"智能化改造,支持企业生产环节工业机器人广泛应用,实施"机联网""厂联网"等智能机器人为核心的技术改造,进一步推进高端装备智造。依托龙头企业,加强新型技术在装备制造中的集成应用,大力发展智能装备制造业。

3.大力培育智能健康产业

大力发展智能医疗装备与器械制造。建设智能医疗装备与医疗器械研发生产基地,重点突破一批引领性前沿技术,加强重大产品创新攻关。大力发展生物医药智能研发集群建设。推进生物医药协同创新中心建设,积极对接长三角绿色制药协同创新中心,加快推进相关企业研发中心入驻。大力发展培育智能医疗服务业。搭建远程医疗综合服务平台,推进协同医疗服务,深化建设分级诊疗信息平台,发展新型诊疗服务业,打造全国智能生物检测中心和专业医学检验中心,培育一批智能企业。大力推行智能健康养老服务。推进天士力大健康产业德清基地、佐力药业郡安里、德清神针铁互联网栖游湿地部落等项目建设,引进和培育一批休闲健康企业打造智能休闲健康产业生态;开展智能健康养老试点,推广基于移动端的家庭签约医生、智能可穿戴设备等在基层医院和养老机构及居家养老中的应用,建立智能化康养服务体系。

4.大力培育智能家居产业

推进智能家居产业集聚。支持县内相关龙头企业重点发展智能家电、智能照明、智能厨具、智能卫浴、智能窗帘、智能温控器及预警设备等家居产品制造,引进培育几家智能家居核心元件制造企业,加强新型系统及相关设备研制。推进关键技术突破与模式创新。依托中国工程院、浙江大学、浙江工业大学等在人工智能创新领域的基础优势,支持家居龙头企业建设智能家居公共技术研发中心,突破关键技术;推广大数据智能、智能分析等技术应用,探索精准营销、个性化定制等智能家居发展新模式;推进云兔互联网家居体验中心等项目建设,建设一批智能家居线下线上融合的示范体验馆和生活馆,促进线下和线上协同。

5.大力培育通航智造产业

推动航空智能装备制造产业发展。加快推进德清通航智造小镇建设,引进一批以通用机场运营、飞机整机和零部件研发制造、通航体验等为核心的相关企业;支持企业创建省级以上通航智造及相关高端装备智造工程中心、技术(研发)中心、重点实验室、(重点)企业研究院等创新平台。推进无人机和航电智造产业发展。加快建设浙江中航通飞研究院,推进通航飞行器设计、制造及相关设备系统研发;推进与浙江大学合作建立大型无人机科研人才及培训基地,推进无人机领域专业技术人才培训;开展无人机试飞基地试点,推动无人机在德清县国土测绘、森林防火、气象观测等领域的示范应用。推进培育通用航空市场。加快组建德清通航机场运营服务公司,搭建航空智能服务平台,集成航空作业、高端出行、应急救援、飞行体验、飞机展销、通航休闲等个性化服务;推进国网通航华东中心基地建设,积极引进通航龙头企业,发展航空遥感测量、国土勘查、空中观光等服务。

6.大力培育智能农业

加强农业物联网技术应用示范。开展设施农业物联网技术应用示范,支持设施农业企业开展装备智能化升级,重点打造一批大田生产智能化示范,推进智能化技术应用,推广智能设备应用。加强智能农业装备应用示范。进一步完善农机信息服务平台,开展农机运维服务和农机作业数据分析,运用物联网、多传感器融合、智能控制等信息技术,推广农业无人机应用,实现精准作业。加强智能农业大数据发展。加快智能农业云平台建设,建立农业大数据中心,推进完善农业应急指挥中心、行政监管平台、农业综合服务平台建设,推进大数据在农业领域应用,鼓励涉农主体加强农业生产数据采集、分析,提升生产经营水平。加强智能农业经营与信息服务。加快农业电子商务发展,完善农产品电子商务平台和德清农产品特色馆建设,引进、培育智能育种相关企业,利用深度学习、机器视觉、大数据智能等技术开展渔、桑等育种试验,推动产业化发展。

7.大力培育人工智能产业新业态

培育智能金融产业。加快长三角金融后台基地建设。择优引进和培育金融后台、小微金融、财富管理、金融信息处理、金融服务外包等金融新业态,开展人工智能在银行业等金融机构试点应用,借助人工智能技术,推动客户服务、经营管理、金融监管模式创新,推进机器人安全值守应用。发展智能物流。开展智能物流应用示范。支持大型制造业企业发展"互联网＋仓库＋智能机器人＋无人机"物流模式,搭建物流公共信息服务平台,加快推进重点物流园区智能化运用,吸引运用信息技术、物联网技术和智能物流设备的智能物流企业集聚发展。培育智能文创产业。推动文创产业智能化转型,发展人工智能＋影视音乐创作、虚拟现实动漫网游、机器人文学创作与新闻出版、智能艺术设计、智能交互式广告等数字内容新业态,加快建设莫干山国际影视文创小镇,推动人工智能技术在前期创作、拍摄录制、后期制作等文化创意中的集成,拓展文创产业链。

(三)加快推进人工智能在智慧城市中的深度应用

习近平总书记多次强调,要把人工智能同社会治理紧密结合起来,运用人工智能来提高公共服务和社会治理水平,以此来推进智慧城市建设。

1. 加快智慧城管建设

建立综合性城市智能管理服务平台,整合城管、公安、交通、建设、环保等部门已有数据资源,提供面向城市建设、管理、运营全生命周期的智能化决策支撑;实施城市管理基础设施＋人工智能应用试点示范工程,在管道监控、公共照明管理等领域加大环境识别、数据智能等技术应用力度;完善城区停车收费泊位电磁感应设施、道路停车诱导屏及无线违停智能抓拍设施,推进智能停车收费、智能违停抓拍系统建设;开展建筑垃圾智能管理试点示范,应用物联网、地理信息系统、大数据智能分析等技术开展面向建筑垃圾收集、运输、处理等全过程监管。

2. 推进智能安防应用

深入实施"雪亮工程",推动公共安全视频监控联网整合,在公共安全领域集成应用图像与视频精准识别、生物特征识别、深度学习等技术与产品;实施重点区域智能安防示范工程,推动居民区、办公楼、商场等区域安防设备、消防设备智能化改造,推广应用救灾救援、反恐防暴等特殊领域智能特种机器人;支持县内有条件的企业开发三维可视化、地理信息系统图像处理等智慧安防监控产品,提供异常行为报警、特征识别、时空定位等定制服务。

3.打造先进智能政府

实施人工智能＋互联网＋政务服务示范工程,完善提升德清政务服务网上办事大厅,加强政务信息资源整合和公众需求预测,推动人口数据画像、法人数据画像等智能数据服务;积极推进政务数据共享交换平台和目录平台建设,加快政府数据资源互联互通和资源共享;将智能政务服务延伸至基层镇(街道)、村(社区),推动政务服务机器人等智能设备在政务服务工作中的应用。

4.开展智能社区服务示范

建设完善的社区综合数据库与智能社区综合管理服务平台,加强对社区内人、建筑、设备等数据和信息资源采集,促进社区治理、社区服务等的精准化、智能化;遴选一批经济基础较好、服务需求迫切、居民意识先进的社区,开展智能社区服务示范试点,推广智能家居、智能医疗终端、智能物流柜、智能服务机器人等应用,发展线上线下结合的社区服务新模式。

5.推行智能教育模式

建设德清县教育大数据分析中心,完善智能教育应用平台。创新教育教学模式,提升服务能力;推动一批中小学校信息化基础设施升级,配置智能教学终端,融合智能教学机器人、AR/VR 等新型应用及服务,促进教学环境改善,拓展多样化教学模式;建设数字资源库和基于人工智能的精准辅助教学系统,推广面向中小学的个性化教学应用,提升教学质量和能力。

6.建立智能交通服务体系

实施德清智能交通提升计划,建设县域一体的交通信号控制、视频监控、流量分析、设施管理等道路交通智能管控系统,开展基于主干道均速、日交通量、拥堵指数、延误指数等交通数据的智能决策;推动出租车、公交车、长途汽车等交通运输装备智能化升级,在县域范围内推广应用北斗导航系统、视频监控系统和射频自动识别系统;加快安装智能公交卡、智能报站系统、监控系统等智能化设备,实现公共交通智能化;建立一批公共交通行驶信息引导试点,开发智能公共交通出行服务应用,提供到站信息、路况信息等智能信息服务;探索建立车路协同和无人汽车试点示范,推动 5G 商用网络、道路智能感知设备等前沿智能产品部署应用。

7.发展智慧旅游服务

联合民宿行业、旅游服务企业、互联网企业开发旅游大数据,根据游客偏好提供个性化旅游信息推送;在景区景点、高铁站、汽车站、游客服务中心、旅游咨询点等主要交通枢纽和旅游场所布设搭载多语种软件服务的触摸屏、旅游服务机器人、VR体验系统等旅游信息互动终端,为游客提供便捷的旅游信息查询;开展人工智能+民宿试点示范,推动虚拟现实(VR)、增强现实(AR)等仿真技术在民宿客栈中的应用。

(四)加速完善体制机制创新与政策保障

制定符合人工智能发展规律的政策机制,形成适应人工智能发展应用创新的制度环境。

1.数据开放整合

探索建立政府数据开放模式,将大数据开放整合作为培育人工智能产业的新动能,力争到2020年形成政产学研用多方联动、协调发展的大数据产业生态体系,将德清建设成为国内领先的数据开放创新城市。

2.人才引进培育

继续引进培育人工智能领域人才,创新人才评价与激励机制,完善人才服务保障机制,营造良好的招才、留才环境。以申报"千人计划""万人计划""南太湖精英计划"等重大人才工程为抓手,在全球范围内"靶向"引进一批人工智能顶尖人才及项目;以智能生态城、"千人计划"产业园、雷甸科创园等重点产业园区为抓手,探索建立杭州"飞地"孵化器,抓好院士专家工作站、博士后工作站等创新载体建设,为海内外人工智能人才搭建创新创业舞台;完善人才科技政策,确保人工智能领域人才配套资助、奖励补贴等各项政策落实;大力改善人才政务、创业、生活等服务环境,着力解决人才住房、创业融资、子女就学等难题,积极营造人工智能人才及项目良好成长的环境。

3.管理机制创新

在人工智能行业各细分领域设立首席研究员、首席技术官、首席科学家等高级岗;建立人工智能创新容错事项清单和甄别举措,设立"试错"风险资金池,营造勇于创新、鼓励成功、宽容失败的社会氛围;加快实施首台(套)重大技术装备保险补偿机制,为人工智能企业提供个性化、定制化的综合保险服务;设立人工智能产业统计数据库,建立人工智能产业统计指标体系,发布人工智能产业统计监测报告和评估报告。

4. 创新政策引导

强化政策引导激励,提高政策的针对性和灵活性,进一步完善人工智能领域的财政、科技等经济政策体系,以政策引导人工智能产业发展、企业落地。优先支持申报国家级高新技术企业、省级科技型企业。引导县域内人工智能企业集聚发展,支持申报国家级人工智能产业园和众创基地;对引进的国家级高新技术企业或重大人工智能项目,实行"一企一策"的专项扶持;支持企业加大对人工智能领域的技术创新投入,引导企业积极开展人工智能技术的融合标准制定、自主知识产权及专利的申报,并在研发费用扣除、税收优惠、技术创新成果奖励等方面给予奖励。

5. 改善优化环境

以长效服务为抓手,以优化创业服务环境为保障,进一步发挥区位优势,补齐短板,强化创新。根据县内资源禀赋,加大对外宣传推介力度,培育创新主体,释放创新动能,全面推进人工智能领域人才、产业来德清落地、发展。发挥各类媒体的宣传引导作用,每年举办人工智能领域十大创新创业人物评选,树立一批创新人物、创新企业、创新团队典型。

参考文献

[1] 郭沅东. 关于人工智能的哲学思考[D]. 哈尔滨:哈尔滨理工大学,2017.

[2] 宝达理. 人工智能引发的问题研究[D]. 北京:北京交通大学,2018.

[3] 梅剑华. 人工智能与因果推断——兼论奇点问题[J]. 哲学研究,2019(6):86-95.

[4] 德清县委政研室. 德清:加快打造全国首个新一代人工智能应用县[J]. 政策瞭望,2019(2):38-39.

[5] 朱巍,陈慧慧,田思媛,等. 人工智能:从科学梦到新蓝海——人工智能产业发展分析及对策[J]. 科技进步与对策,2016,33(21):66-70.

［6］戚欣,姜春雷.人工智能助力智慧城市建设［J］.智能建筑与智慧城市,2017
　　（9）:33-37.

［7］诸焰军,荣文晶,张珠君.关于人工智能与信息安全的思考［J］.保密工作,
　　2018（4）:12-15.

［8］秦岭.人工智能对人类社会的影响研究［D］.长春:东北师范大学,2018.

［9］陈宇晔.新时期人工智能与智慧城市普适性探究［J］.中国高新科技,2018
　　（9）:62-64.

长三角一体化背景下优化营商环境的路径研究

——以海宁市为例

王亚芬

（海宁市委党校）

摘　要：立足于政府角度，着眼于提升服务品质，优化营商环境，落实全面融入长三角一体化发展首位战略，通过座谈走访调研，深入分析海宁在"最多跑一次"改革及政务服务、政策扶持和执行落实、要素供给及能源保障、平台建设和创新服务等优化营商环境方面存在的不足与短板。并从"着力加强品质服务，打造企业服务升级版"和"着力加强环境打造，建设营商环境最优市"两大方面，就如何进一步优化营商环境提出相应的对策建议。

关键词：长三角一体化；营商环境；品质服务

当前，在长三角一体化发展上升为国家战略的背景下，区域内各地持续加大力度打造最优营商环境，为更高质量一体化发展打下坚实基础。地处长三角核心区域，一直走在嘉兴前列、位列全国营商环境百强县（市）排行榜第十一的海宁，在落实全面融入长三角一体化发展首位战略中，该如何进一步优化营商环境，推动经济高质量发展？跟随海宁市人大调研组，本课题对此进行了深入调研。

一、海宁市优化营商环境的工作进展及特色亮点

近年来，海宁市以"最多跑一次"改革为统领，全面深化改革、加大政策扶持、健全服务机制、加强市场监管、提升服务品质，营商环境得到较大改善。

(一)"最多跑一次"改革有力推进,政务环境明显改善

通过优化流程、一窗受理、集成服务、整合资源、共享信息、同城通办等措施,着力推动效率提升、服务提质,企业获得感不断增强。如在施工许可方面,率先推行全程代办、施工图联审、竣工测验合一等改革,实现了一般企业投资项目开工前审批"最多100天",政府购买施工图图审服务后图审时间缩短至10天左右,竣工验收时间缩短60%以上。在基层延伸方面,不断健全管理体制机制,加大硬件设施建设,在浙江省镇(街道)一级率先实现政务服务中心机构设置全覆盖,一批面广量大的高频事项实现了"小事不出村、大事不出镇"。加强政务信息公开,注重政策执行公开透明公正,积极构建"清""亲"政商关系,努力为企业营造安全、放心的政务环境。

(二)政策导向主题鲜明,发展氛围日益浓厚

近年来,海宁市委、市政府聚焦实业、突出工业,高扬发展主旋律,从提出"工业强市再出发"到实施"品质智造"战略,层层递进、步步深入,大力推进了高质量项目、高质量企业、高质量产业的培育和引进。特别是相继出台了《关于支持实体经济促进转型发展新跨越政策意见》等涉企扶持政策,涉及项目引进、产业调整、科技创新、人才发展等各个方面,形成了较为完善的政策体系。深化要素市场化配置综合配套改革试点,实行要素资源差别化配置,形成了正向激励与反向倒逼相结合的转型升级机制,加快推进产业转型和市场完善,形成了"比学赶超"的良好发展氛围。

(三)服务机制逐步健全,服务质量不断提升

建立健全了从市领导、部门领导到镇(街道)的网格化联系企业制度,实现了网格包干定期走访。建立了线上线下问题报送、分类办理、半月会商、跟踪督查、销号管理的问题解决长效机制。不断完善投资项目代办制度,加强镇级代办人员队伍建设,推行项目投资"贵宾式"、定制式、承诺式服务,推动了投资项目的早日开工建设和竣工投产。创新服务方式,推出技改诊断、中小企业赋能、环保管家等服务新模式,切实帮助企业增强活力,实现绿色发展。深化政银企合作,加强企业排摸分类,开展经常性金融服务企业对接活动,全力帮助企业化解系统性风险。

（四）文明诚信体系加快建设，人文和法治环境不断优化

近年来，海宁市委、市政府不断加大文明城市建设，成功创建了全国文明城市，城市环境、市民素质得到显著提升。注重企业文化建设，不断挖掘传统文化，"人文海宁"已成为海宁市经济发展的一张"金名片"。加强"信用海宁"建设，通过政府引导、加大宣传、信息共享、建立"红黑榜"等措施，不断弘扬诚信文化，提升全社会诚信素养。加强"法治海宁"建设，坚持依法行政、公正执法，不断规范各类政府行政行为，营造了公平公正的法治环境。

二、海宁市优化营商环境存在的不足与短板

综合调研收集到的建议，对标"海宁市场宽松有序、政府高效透明、社会多元包容、开放便利可控、法治完善成熟、要素汇聚高效、设施完善便捷"的优质营商环境要求，工作中还有一些不足与短板亟待提升和补齐。

（一）在"最多跑一次"改革及政务服务方面

一是数字政府建设有待升级。部门业务系统信息化建设缺乏顶层设计，条块分割依然存在。"一窗受理、集成服务"在实践中仍较大程度受制于各部门专线的壁垒，跨部门实现"最多跑一次"办结仍任重道远。如海宁市企业开办涉及的公章刻制、参保登记网上办理和公积金账户设立等系统尚未与海宁市场监管部门系统实现联动和共享。同时，客户端、移动端等网上办事要求不够简化、流程不够便捷、咨询指导也还不够到位，用户网上办理的便捷度和体验感较差，导致网上申办率较低。2018年以来，网上审批的办件量为7000余件，不足线下办件量的1%。

二是政务服务的系统性有待加强。部门协同推进的工作机制和效率还不够强，部分工作呈现碎片化、运动式特征，缺乏长期性、整体性和协同性。如管理建设工程的省级系统有两套，分别由住建和发改部门主导，同质化填报内容多，系统之间和关联部门之间信息均互不联通。2018年，海宁市政务数据办在此类重复复印上的费用支出就高达60万元。各镇（街道）政务服务中心建设不均衡，目前仅有长安镇和马桥街道政务服务中心基本实现了实体化运作，多数

镇(街道)的事项办理与实现"进一扇门""找一个窗口""一枚公章办结"的要求还有较大差距。

三是政务服务的标准化建设有待完善。2018年全市"最多跑一次"事项最小颗粒化后还有1411项,经过浙江省"八统一"之后,部分审批服务事项仍存在条款不清晰、要求提供的申报信息和服务流程时有变动等现象,如不动产登记涉及遗产继承前置公证证明等。一线窗口人员整体在编率还不高,业务以进驻部门管理为主,窗口条块难以整合。窗口人员队伍的服务能力、服务意识、责任意识、担当意识有待加强,审批前的行政指导服务、窗口服务程序与服务礼仪标准等还需要进一步探索完善。

四是中介服务市场培育不足。目前本地除有5家会计师事务所、1家防雷装置设计审核服务机构和1家国企类综合测绘机构外,其他如环境影响评价、节能评估、施工图审查等关联审批服务中介机构均来自海宁市外,且海宁市从事中介服务的机构大部分规模偏小、能力有限,服务质量不高、收费不规范,可供企业选择的余地不大,甚至有部分领域还存在市场垄断,一定程度上影响了企业投资项目的落地开工和竣工投产推进速度。

(二)在政策扶持和执行落实方面

一是政策缺乏系统集成,精准度不够。一方面,新政策层出不穷,新旧政策交叉重复,政策的稳定性、有效性不够,造成部分企业重复享受政策。比如某企业同样的10台注塑机在2015年享受"机器换人"政策后,又在2016年享受"工业机器人"政策。另一方面,一些政策出台前未进行充分的科学论证,对政策实施的必要性、紧迫性、可行性以及财政可承受力等缺乏必要的分析,决策不够严谨规范,导致政策的针对性、精准度不强。

二是政策聚焦不够,绩效性不佳。从财政补助金额来看,低于(含)5万元的财政补助项目占比仍然较高,2014年该占比为71.4%,2017年仍有57.9%。"撒胡椒面"式的财政政策稀释了财政资金的集中度,难以集中力量对重点项目、重点行业进行充分扶持。分析2015—2017年工业生产性设备奖励金额合计排前49位企业的财政奖励和税收产出情况,这些企业三年的财政奖励资金占了海宁市工业生产性设备投入财政奖励总额的60.9%,但整体效益和税收贡献情况不甚理想,税收同比增长小于5%的有4家,同比下降的达到17家,财政扶持没有产生级联放大的效果。

三是涉企奖励预算执行刚性不足,兑现时效性不够。由于测算不准、预估不足等原因,一些奖励政策年度预算金额远低于实际需求,导致支出超预算,兑现低于企业预期。企业反映,企业和政府组织的专家评审组对投资额的认定差异较大,企业认为认定有不合理因素,政策获得感不强。同时,历年专项资金绩效评价显示,上年政策兑现一般在次年6月后,甚至有企业反映2017年的人才住房补贴到2018年12月份才给予兑现,时间严重滞后,影响政府公信力。

(三)在要素供给及能源保障方面

一是土地供给面临瓶颈。当前海宁市建设用地总规模已逼近规划建设用地的"天花板",加上土地复垦推进速度不理想,直接影响了新增建设用地空间,一定程度上造成了土地指标日益稀缺,一些项目由于土地指标问题迟迟无法落地。同时,在土地供应极度紧张的情况下,却还存在大量转而未供、供而未用的土地和低效用地。目前全市转而未供土地有5239亩,供而未用土地有3702亩。总体亩产效益不高。据初步统计,2018年规上工业企业亩均税收为15.5万元,分别比嘉兴市和全省低2万元/亩和12.5万元/亩。

二是天然气、蒸汽供应价格偏高。在天然气供应上,由于冬春用气旺季全国天然气供应紧张,上游天然气价格上涨幅度较大,2018年11月—2019年3月,海宁市非"煤改气"用户用气价格从3.25元/立方上涨至3.78元/立方,涨幅达到16.3%。调研中企业反映气量供应不足和价格上涨问题比较突出,影响企业正常生产,增加产品成本。在蒸汽供应上,以中间均价为例,与周边地区相比不具有比较优势(见表1)。

表1　2019年3月份蒸汽价格比较

区域	低压蒸汽(元/吨)	中温中压蒸汽(元/吨)
海宁	203.8	243.8
绍兴	149	178.8
萧山	200	240

三是能耗指标成为发展堵点。由于海宁市高耗能企业淘汰工作推进早,能耗水平已经处于低点,下降空间有限。2016—2018年,单位GDP能耗累计下降了3.2%左右,离实现"十三五"期间单位GDP能耗在"十二五"末基础上下降

18.5％的目标还有较大差距。同时,企业认为节能降耗指标设计不尽合理,比如要求不够精准,对不同行业、不同企业实际能耗的差异性考虑不够,存在简单"一刀切"的情况。

四是融资难融资慢问题依然存在。金融资金进入实体经济仍然存在梗阻,信贷资源配置存在结构性矛盾。从投向上看,截至2019年一季度末,制造业贷款增速比全部贷款低6个百分点,房地产贷款增速高于制造业贷款21.9个百分点,居民贷款增速高于制造业贷款16.8个百分点(见表2)。

表2 2019年一季度贷款情况

项目	贷款余额(亿元)	新增贷款(亿元)	贷款增速(％)	占比(％)
贷款总额	1313.14	77.72	16.41％	——
其中:制造业贷款	408.03	18.35	10.41％	31.68％
房地产贷款	400.23	14.36	32.28％	30.48％
居民贷款	504.38	18.89	27.19％	38.41％

同时,受产业政策影响,海宁市部分经编、家纺等传统产业和光伏产业在贷款申请上受限较多。银企之间信息沟通机制还不顺畅,信息不对称的情况较为突出,特别是大量中小微企业对各银行的信贷政策、信贷产品等信息缺乏了解。此外,海宁市大部分商业银行都是支行,层级不高,在贷款审批限额、审批权限等方面受制于上级行,贷款的便利性、自主性不强。

(四)在平台建设和创新服务方面

一是平台能级亟待提升。海宁市各级各类开发区、工业功能区多而散,特别是目前海宁市还没有一个国家级平台,在当前和今后国家高度重视国家级开发区建设的大趋势下,与同类城市相比处于劣势。同时,浙大海宁国际校区、鹃湖国际科技城以及其他与国内优秀孵化器共建的创业创新平台、孵化基地目前都处在起步阶段,现有载体平台的层级规模、效能发挥还无法满足人才创业创新的需求。教育、医疗等公共资源配套水平还需加强,尽管海宁市已建立人才就医和子女就学的绿色通道,但与实际需求相比还有差距,人才交流互动平台建设也相对滞后。

二是创新能力有待加强。由于产业结构的原因,企业特别是传统行业企业科技投入相对较少。科技奖励经费不足也影响了海宁市科技杠杆撬动作用。

以 2018 年嘉兴市五县两区对高新技术企业和省科技型中小企业的奖励政策为例,只有海宁市对这两项认定没有任何经费奖励。产学研协同发展不够,企业重视实用性创新,研发主要针对设备和产品的应用化,而科研院所更重视前沿技术创新,两者在协同创新上存在技术断层,共性技术薄弱阻碍了协同发展。

三是人才引育有待突破。人才引育政策精准发力不足。目前海宁市人才工作聚焦在"国千""省千"等创业创新领军人才和项目上,近五年,创业创新领军人才资金占比均在 70% 以上,对企业亟须的管理型、技术型人才扶持力度不足。本地人才回流比例偏低。据统计,2013 年海宁市被大学录取的有 3256人,毕业后回海宁缴纳社保的为 1142 人,比例为 35.1%;2014 年被大学录取的有 4235 人,目前参保的为 1177 人,比例为 27.8%。人才引育机制有待创新,企业引才育才的主体作用发挥不够明显,政府人才联动服务工作机制还较缺乏,人才引进后服务未能及时跟进,导致高端人才引不进,引进了留不住(见图 1)。

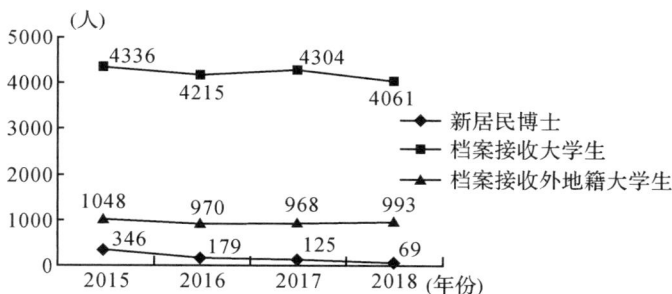

图 1 2015—2018 年海宁人才留用情况

三、进一步优化海宁市营商环境的对策建议

综合海宁市营商环境的现状和发展潜力,营造更优营商环境关键在企业服务,既要统筹谋划、协同发力,也要抓住关键、精准施策。

(一)着力加强品质服务,打造企业服务"升级版"

按照"无事不扰、有叫必到、随叫随到、服务周到"的要求全面加强政府服务能力建设,做到主动有为、有效作为,在现有基础上再提层次、再提能级。

一是打造企业开办和投资服务"升级版"。深化"最多跑一次"改革,探索将各职能部门自由裁量权规范的审批服务事项委托海宁市政务数据办办理,实现"一个口子"审批。加强尖山新区和长安镇(高新区)政务服务点建设,将马桥街道(经编园区)打造成海宁市企业开办和投资服务样板,推进杭海新区政务服务对标对接杭州市钱塘新区。梳理并废止海宁市级自行出台增加的有关非法定前置条件,在企业开办登记时,精减申报材料,严格执行取消企业银行账户开户许可规定,实现企业开办提速。在企业投资负面清单以外实行"区域环评、区域能评+企业承诺制"改革全覆盖,在符合法律法规的前提下积极探索"施工许可复函"等创新举措,推动投资项目及早开工建设。强化重大项目推进专班机制,组建专门代办服务队伍,做实企业投资项目全程代办服务,全力服务协调项目落地和正常运营。

二是打造企业发展和转型服务"升级版"。抓住海宁市新一轮空间布局规划调整机遇,探索整合各类开发区和工业园区,做大做强海宁经济开发区,努力争创国家级开发区,为招商引资提供更大平台。加快推进统一的涉企服务平台建设,依托政务服务网,以正在试点的中小企业公共服务平台建设为基础,构建一个汇聚各类政策数据资源的更高能级平台,统一发布各类政策信息,并为海宁市场主体提供便捷、免费的解读和咨询服务,提高企业获取信息便利度,确保企业诉求得到及时回应。建立健全财政扶持政策兑现体系,推进政策兑现流程再造与优化,公开面向各类市场主体的优惠政策,实施扶持政策相关事项"一口受理、一窗通办",实现企业申报、部门审核全程信息化。

三是打造企业创新和人才服务"升级版"。着力培育创新平台,抓住浙大海宁国际校区列入长三角一体化国家战略规划的契机,加快鹃湖国际科技城规划建设,强化校企合作机制,推进产学研用协同发展,推动科技成果落地转化,努力建设浙大国际创新中心。深化要素市场化改革,加强政策引导,在"亩均论英雄"评价中加大科技创新和人才的指标权重,有效激发企业科技创新主体动力。根据创新创业个性化需求,引进民营高层次孵化管理团队,吸引有志之士扎堆发展,打造人才集聚高地。依托区域内和临杭高校资源优势,加大对大学生创业的扶持力度,在杭海新区建设大学生创业园。

四是打造企业融资和贸易服务"升级版"。完善政府对金融机构的考核机制,强化新增贷款结构性指标,提高制造业贷款、小微企业贷款考核权重,进一步引导信贷资源优化配置,督促提高大中型银行在支持制造业、支持小微企业上的"领头雁"作用。加快工业不动产贷款"标准地"试行机制推广,创新惠及小微企业的金融产品,推进"银税互动""银信互动",进一步发展地方金融组织。鼓励企业积极对接多层次资本市场,扩大企业直接融资规模。积极应对国际贸易摩擦,认真做好外贸风险防范工作,建立预警、预判和政府救济机制,充分发挥行业协会作用,指导企业切实练好内功,有效规避市场变化、汇率波动等风险,增强创新能力和抵御风险的能力。大力推进"海宁港"建设,加强与乍浦港、宁波港的战略合作,拓展海河联运,提高贸易便利度。

五是打造企业降本减负服务"升级版"。持续推进减税降费,刚性落实税费优惠政策,做到应减尽减、应免尽免。规范涉企收费,涉企收费项目和保证金按照下限标准执行,并按规定及时清退保证金。在符合法律法规的前提下,适当降低环保整治提升、安全生产等达标改造工作要求,注重区域平衡,做到科学论证、统筹安排。引入天然气供应竞争机制,在供应紧张时期适当放开符合环保要求的能源替代品应用,同时严格实行蒸汽供应价格煤汽联动机制,切实降低企业用气成本。大力推进电力市场化交易,推广大用户直供电,全面清理规范电网和转供电环节收费,合理核定输配电价,落实电费降价政策,降低企业用电成本。在企业投资项目施工图设计文件联合审查费用纳入政府财政预算的基础上,适当扩大企业涉及中介服务政府购买服务的范围。

(二)着力加强环境打造,建设营商环境最优市

按照"法治化、国际化、便利化"的要求,对标先进、攻坚破难,上下联动、形成合力,努力建设营商环境最优市。

一是营造宽松有序的市场环境。坚持市场导向,充分发挥市场在资源配置中的决定性作用,在土地供应、区域开发、重大项目等方面制定适宜的进入和鼓励政策,有效提升民间资本的市场竞争力。重视传统产业改造提升和新兴产业集群发展,加快产业创新综合体建设步伐,做大做强产业链、供应链、价值链、创新链,提高产业附加值和企业盈利水平。支持海宁皮革城、家纺城转型发展,稳定市场经营,发展富民经济。更好地发挥政府作用,在市场准入、审批许可、产权保护、基础配套设施建设等方面营造更加高效、宽松便利的环境,真正让民间资本和外来资本投资有门、投资有效、投资有利。

二是营造高效廉洁的政务环境。加快推进政府数字化转型,进一步整合政务数据资源,积极争取上级数据管理部门的支持,逐步破解信息孤岛、信息壁垒的问题,打造系统对接、业务协同,数据共享、高速畅通的数据平台。进一步增强机关干部的品质服务意识和能力,牢固树立"人人皆为营商环境、事事关系海宁形象"的主人翁意识和"法定职能有限、服务功能无限"的理念,把优化提升服务体验贯穿始终,系统解决企业反映突出的"最后一公里"问题,做到"无事不扰、有叫必到、随叫随到、服务周到"。重视"窗口"服务队伍建设,加强人员政治业务能力建设,调整充实专业化力量,树立"窗口"服务品牌。加强清廉海宁建设,构建"亲""清"新型政商关系,建立党政领导、部门与企业家常态化联系沟通机制。

三是营造公平公正的法治政策环境。进一步增强法治意识,自觉运用法治思维和法治方式想问题、作决策、办事情。完善事中事后监管体系,建立健全部门间信息共享、信用监管、协同监管和"双随机、一公开"监管机制,着力规范执法行为,实施包容审慎监管,杜绝执法扰企。强化知识产权保护,构建知识产权运营服务体系,完善知识产权纠纷多元解决机制。规范和发展中介服务,推动中介服务由"看得见管不好"向"看得见管得好"转变。实施政策制定执行全流程管理,成立涉企财政资金扶持政策统筹工作小组,全面负责统筹制定、完善有关涉企政策,加强调查研究和科学论证,通过建立涉企政策咨询制度,建设企业家智库和专业咨询队伍等方式,充分征求、合理采纳海宁市场主体的意见和建议,着力提高政策集成度、精准度和透明度,保持政策的科学性、稳定性和连续性。强化全过程绩效管理理念,完善政策评估、调整、修订和退出机制,完善政策执行过程监管、验收选优和后续跟踪等工作机制。

四是营造开放包容的人文环境。聚焦国际化,大力提升中心城市品质,努力打造"国际范、江南韵"的时尚潮城。以建设长三角国际化中等城市为目标,落实国际化建设"25个一"重点任务,提升高端产业、人居环境、城市形象等国际化水平,建立适应国际人才需求的公共服务体系。加强平台能级提升,对标先进开发区,按照产城融合要求,补齐公共服务和基础设施短板。围绕企业关注的中高层管理人才、专业技术人才等重点,更加注重职业技术教育,健全并落实人才引进、培养使用、流动配置、激励保障机制,完善住房、医疗、社会保险、配偶安置、子女入学等方面的服务保障措施。深化文明城市创建工作,繁荣文化事业,发展文化产业,重视企业文化,做强新时代文明实践中心,进一步打响"人文海宁"品牌。

五是营造美丽和谐的生态环境。加强生态环境建设,进一步落实生态环境保护责任,建立生态环境问题"查一改十"机制,加速重大生态环境问题的解决。聚焦打赢"蓝天"保卫战,精准实施挥发性有机物深化治理和减排,加大马桥等重点平台废气臭气治理力度,强化扬尘重点区域管控措施。聚焦打好"碧水"保卫战,深化"河湖长制",全面推进"污水零直排区"建设,实施污水处理厂清洁排放技术改造,省跨行政区域交接断面水质考核力争优秀,饮用水水源地原水水质达标率100%。聚焦推进"净土"保卫战,深化垃圾分流分类工作,提高源头减量效率,加快绿能环保项目建设,确保平稳过渡;强化重点行业企业土壤污染风险管控,实施污染生态修复。在此基础上全力争创生态文明建设示范海宁市,进一步提升城市形象和价值,让良好的生态环境成为增强城市竞争力的又一张"金名片"。

长三角一体化发展背景下实现乡村振兴的嘉善探索

蒋星梅

（嘉善县委党校）

摘 要：嘉善作为县域科学发展示范点和长三角绿色生态一体化发展示范区先行启动区，在乡村振兴战略实施中既有机遇也有挑战。通过农业产业做大做强，深化"千万工程"，打造乡村面貌绿美成景，坚持"四育同步"，崇德向善渐成风气，深化"三治融合"，乡村治理和谐有序，坚持精准助创，农民生活日臻幸福。但是，还需持之以恒打好底色，实现高质量发展，抹去黑色，实现绿色生态发展，增添亮色，实现加速度发展。

关键词：长三角一体化；乡村振兴

实施乡村振兴战略，是决胜全面建成小康社会、全面建设社会主义现代化国家的重大历史任务，是新时代做好"三农"工作的总抓手。长三角绿色生态一体化发展示范区已经成为国家战略，长三角区域作为不仅要成为推动国家高质量发展的动力源，而且要成为引领国家高质量发展的重要引领区，在推进高质量发展方面探索独特路径、提供有益经验。嘉善作为长三角区域内的"双示范区"①，更应责无旁贷地扛起责任，引领乡村振兴战略。

---

① 双示范区：县域科学发展示范点和长三角绿色生态一体化发展示范区核心区。

一、长三角绿色生态一体化发展示范区建设带来的新变化

长三角一体化发展必定在交通便捷、商品流通、发展质量、产业结构调整等方面带来很大的变化，对嘉善来说能把握好便是机遇。

（一）交通更加便捷

长三角一体化首先是交通等基础设施的连通。以嘉善和上海之间为例，东西向的两条铁路（老沪杭铁路、沪杭高铁）、两条高速公路（申嘉湖高速、沪昆高速）和一条国道（320国道），南北向有常嘉高速和平黎公路。另外，还有嘉兴南站到上海松江的城际铁路等交通设施正在做前期规划和可行性研究。目前断头路已经打通、跨行政区公交车开通以及省界收费站取消，都会在交通上更加便捷。

（二）商品流通更加迅速

交通的融合会让长三角地区的产业、经济、人流、文化等流通更加迅速，更加趋于融合发展。周边地区的农产品会迅速进入嘉善市场，理论上讲嘉善的各类农产品也能够快速进入长三角地区各个城市。这为嘉善产品拥有更大的市场提供了机遇。但是机遇与挑战并存，假如产品质量等方面在竞争中不能胜出，就会被挤出市场，以失败告终。

（三）发展要求更加高质量

长三角一体化发展促使经济社会发展导向上的变化。改革开放40年来的发展，使土地资源、生态资源、空间资源等各方面资源利用接近饱和，必须要转变发展思路，以长三角一体化国家战略实施为契机，来实现"新发展理念、高质量发展"。之前的"三改一拆、五水共治、五气共治、退散进集、农房集聚、土地流转"等中心工作，以及木业、植绒、纽扣等产业整治都是源于资源要素的短缺。要发展现代农业，是以农业生产为基础，延伸产业链条，促进一、二、三产业融合发展。需要跳出农业来看农业，用发展工业经济的理念和思维来发展农业经济，关键在于——建园区、立机制、有评价、能带动、会转型、有品牌、可持续。

(四)产业结构要求更加合理

长三角区域一体化以上海为龙头。上海的城市愿景是,追求卓越的全球城市,国际经济、金融、贸易、航运、科技创新中心和国际文化大都市。随着上海职能分工的转变,产业结构的调整,发展空间需要进一步拓展,上海部分都市农业将被二、三产业逐步替代,都市农业项目将逐渐向紧靠上海的周边城市转移,这给嘉善的现代农业发展带来很大的机遇。嘉善要依托现有发展基础,发展现代高效生态农业、特色农业和休闲农业,关注农产品加工、包装、品牌、延长产业链等等,向"微笑曲线"的两端延伸,调整产业结构,努力承接上海巨大的高质量产品供应基地。

二、嘉善在长三角绿色生态一体化发展背景下 实施乡村振兴战略的现实基础

嘉善属于典型的江南水乡,历史上因"民风淳朴、地嘉人善"而得名,全县面积 506 平方公里,其中水域面积 14.29%,户籍人口 39 万。2018 年城镇居民人均可支配收入 58654 元,农村居民人均可支配收入 34788 元,综合实力列全国百强县市第 50 位,获评首届浙江全面小康十大示范县。在长三角绿色生态一体化发展背景下实施乡村振兴战略,嘉善有优势也有短板。

(一)立足现有的优势

1. 有区域经济的发展优势

嘉善地处长三角核心区域,这个区域的经济发展水平较高,按照户籍人口算,已经达到了中等发达国家水平(中国标准是 1 万美元)。农业龙头企业、工商资本、金融、人才、科技等资源集聚,为更好地实施乡村振兴工作提供了强有力的支撑。同时,嘉善地处江浙沪两省一市交会处,距离上海、杭州、宁波、苏州四大城市都在 100 公里左右。县内已建成各镇 10 分钟内上高速路、县城到各镇不超过 20 分钟、各镇之间不超过 40 分钟、乡村道路普遍到户、镇村公交全部联通的交通网。得天独厚的区位优势和便捷的交通,也让农产品进城、工业产

品下乡非常便捷。目前正大力推进美丽乡村建设,农村的环境面貌焕然一新,对农业招商引资、农业企业入驻有很大的吸引力。

2.有农业转型的产业优势

嘉善县耕地面积 38 万亩,农业人口 20.4 万,流转土地 20.5 万亩,其中集中连片流转 50 亩以上 9.22 万亩。农业产业丰富且发展兴旺。2008 年以来,嘉善农业大力推进农业现代化建设,金色粮油、绿色大棚果蔬、蓝色淡水养殖、白色食用菌、彩色花卉苗木等"五色产业带"蓬勃发展。2018 年,嘉善县实现农业增加值 22 亿元,实现农林牧副渔业总产值 47.7 亿元,三次产业结构比调整到 4.22∶55.64∶40.14,农业强县的基础牢固,农业现代化发展水平居浙江省第 15 位。

3.有均衡发展的基础优势

嘉善县作为全国唯一以县域为单位的科学发展示范点,大力推进城乡统筹发展。嘉善县农村居民人均可支配收入 2018 年达到 34788 元,同比增长 8.6%;嘉善县村均经常性收入 256 万元;城乡居民收入比 1.69∶1。在城乡统筹发展中,农村的教育、文化、卫生等社会事业快速发展,农村水、电、路、气、房等建设全面提速,为更高水平实施乡村振兴工作奠定了硬件基础。

4.有体制机制的创新优势

围绕示范点建设综合配套改革,深入推进农村体制机制创新,嘉善被列入浙江省农村综合改革集成示范区建设试点。2014 年在浙江省率先创新构建形成农村产权"三权三抵押"机制,推出浙江省首批融农村集体经济股权、农民住房财产权、土地承包经营权"三权"为一体的农村综合产权抵押产品。截至 2018 年底,已累计发放抵押贷款 756 笔,金额达 6.8 亿元。2015 年底被全国人大确定为土地承包经营权抵押贷款国家级试点县。在教育均衡化方面,嘉善义务教育学校教师流动工作被列为国家级教育改革试点项目;在壮大村集体经济收入方面,创新强村计划"抱团飞地"工作。

5.有独一无二的政治优势

嘉善是全国唯一县域科学发展示范点。中央省市领导关注度高,要求嘉善在实施乡村振兴方面作示范,对做好乡村振兴工作提出了一系列建设性的意见和建议。2018 年 10 月 16 日,嘉兴市深化"千万工程"推进乡村振兴现场会在嘉善大云召开,这对我们做好乡村振兴工作既是鼓励也是鞭策。

(二)正视嘉善存在的问题

嘉善全域平原地貌、一马平川,资源禀赋不足:一是没有山,二是河网虽密,但水的质量不高。历史上,嘉善的居民都是沿河而居,沿路而居,居民点非常散,城市化率相对比较低,这些劣势给嘉善实施乡村振兴战略带来了农民集聚难度大、公共资源投入多、生态环境不佳等"三农"发展不平衡不充分的问题。具体来说,表现在以下四个方面。

1. 农业产业存在"低小散"的问题

农业发展之路效益竞争力不高。一是农业亩均产值不高。2017 年县内农业总产值为 44.59 亿元,亩均为 10912 元,在嘉兴市属于中等水平。二是农业组织化程度不高。虽然近些年县内农业产业化和农村专业合作组织发展迅速,比如市级以上农业龙头企业 27 家,而嘉兴市市级以上农业龙头企业有 219 家,在嘉兴市仅占 10.50%;专业合作社 108 家,在嘉兴市占比 8.6%;家庭农场 188 家,在嘉兴市占比 6.5%。从在嘉兴市的占比来看都很低,组织化程度还不高,规模以上企业研发机构设置率仅为 19%,农产品科技含量不高,附加值较低,产业链不长,缺少农业深加工企业。三是农产品品牌知名度不高。特色农产品品牌还不够多,农产品品牌还处于低、小、散的局面。拥有国家级农产品品牌 1 个(嘉善杨庙雪菜),省级以上农产品品牌 5 个,市级以上 30 个,在嘉兴市排名靠后。四是农业人才缺乏。农业从业人员年龄结构老化比较严重,50 岁以上的比重高达 70%,远远超过全国 40% 的水平。同时,交通便利,受大城市虹吸效应影响,年轻人才在沪宁杭三地流动较为便利,因工作机会、政策扶持、生活品质等方面差异,客观上造成部分创新人才主动向大城市流动,难以在嘉善扎根。

2. 农民增收后劲不足的问题

农民增收后劲不足,农村自我发展能力弱,城乡差距依然较大。一是城乡收入比缩小缓慢。从绝对值来看,2018 年,嘉善县农村居民人均可支配收入 34788 元,嘉兴五县两区中,从收入比来看,近年来未有明显缩小,与周边地区也有差距。二是农民持续增收后劲不足。从增速来看,2017 年,嘉善县农村居民人均可支配收入同比增长 8.3%,低于浙江省 9.1% 的增速(浙江省人均收入 24956 元),也低于全国 8.5% 的增速(全国人均收入 13432 元)。2018 年农村人均支配收入 34788 元,增长 8.8%。嘉善县的农村居民人均可支配收入,从组成结构上来看存在较大的隐患,整体看,就是工资性收入过高,经营性收入、财产性收入、转移性收入偏低。三是村集体经济经常性收入阶段性下降。由于退散进集、村级工业园区整治的持续推进,给村集体经济带来了一定的影响,同时,飞地抱团项目大部分在建中,红利效益还未充分发挥出来。虽然我们已经消灭了 50 万元以下的经济薄弱村,但是经常性收入 100 万元以下的还有 15 个。

3. 农村环境脏乱差的问题

农村脏乱差的问题在部分村比较突出,"四位一体"保洁、美丽村庄、美丽田园建设任务还十分艰巨。一是"四位一体"长效保洁机制还不健全。二是美丽乡村项目推进速度不快,精品村项目建设标准不高。还存在精品村项目建设主题风格不够明确,节点打造不够精致,文化挖掘不够深入等问题。三是美丽风景线推进速度不快。3 条美丽风景线分别是大云甜蜜花海风景线、姚庄桃源渔歌风景线、干窑—天凝魅力农旅风景线,与美丽乡村精品线建设还有一定的差距。

4. 乡村治理水平不够高的问题

乡村治理水平不够高,乡村陈规陋习还没根本破除。一是信访问题还没有完全解决。当前随着经济社会不断发展,利益格局调整加剧,农村新老矛盾也不断叠加,有涉及农村拆迁安置、征地补偿、土地纠纷等,一些百姓遇事不找司法途径,而是采用直接上访的方式谋求诉求。二是各类安全事故多发。由于农村居民交通意识较差、农村道路硬件设施不完备,交通事故时有发生;农村出租房安全隐患比较突出,一些火灾事故也时有发生。三是有些农村黄赌毒和封建迷信等沉渣泛起。部分城乡接合部流动人口多,存在黄赌毒现象;一些农民文化素质较低,对一些封建迷信缺乏辨识能力;一些农村不孝父母、不管子女、不睦邻里的现象时有发生;等等。四是农村成为电信网络诈骗"重灾区"。一些农村老人儿童较多,大多防范意识较差,辨别能力不足,对电信诈骗的惯用伎俩了解不多,对电信诈骗不断升级的新手段更是知之甚少,容易上当受骗。五是网格员作用发挥不充分。有的镇(街道)虽然配备了专职网格员,但平时以从事旅馆式总台、小城镇环境整治、"五水共治"等中心任务为主,未真正下沉到网格内从事巡查走访服务工作;很多专职网格员对本网格的基本情况不熟悉,走访不到位,服务不及时,信息采集不规范;部分村干部虽然兼任了网格员,但无法履行网格员职责,一定程度上影响了乡村治理水平的提升。

三、抓住长三角绿色生态一体化发展示范区建设的机遇,实施乡村振兴战略的嘉善举措

近年来,嘉善县依托优越的自然条件、良好的区位优势和深厚的文化底蕴,以科学发展示范点建设为契机,大力发展美丽乡村、全域旅游、农房集聚,推进一、二、三产业融合发展,县域环境得到不断改善,社会治理井然有序,给人民群众带来了强烈的获得感和幸福感。

(一)坚持三措并举,农业产业做大做强

重点做好"大"的文章。建设农业大平台,优化现代农业规划,调整产业发展布局。中西部省级现代农业园区和姚庄果蔬省级特色农业强镇,以及新列入市级创建名单的白水塘现代农业园区和西塘镇特色农业强镇,提升原有南部、北部两个省级现代农业园区发展水平,实现三大主平台同频共振。2018年成立红旗塘农业经济开发区,2019年成立了嘉善县农业经济开发区,魏塘街道、惠民街道、干窑镇和天凝镇农业经济开发区分别授牌成立,为嘉善现代农业发展增添强大后劲。积极探索工业理念发展农业经济,实现一、二、三产业融合发展。开展农业大招商,引进新型主体。在上海举办嘉善农业台湾经贸洽谈会,并承办了2018浙江·台湾合作周嘉兴专场之嘉台两地农业综合体恳谈会,签约农业项目6个,金额达30.6亿元。与荷兰签订中荷农业科技创新示范项目框架协议,北京东昇、台湾玫兰等农业项目全面投入建设。2019年嘉善县农业经济洽谈会上集中签约了17个项目,签约总金额35.13亿元,刷新了嘉善历年来农业招商引资的新高度。推动产业大提质,出台现代农业精准扶持和"标准田"管理等11个政策意见,加大农业政策扶持力度,积极培育新型农业主体,县级以

上各类农业主体 60 家。概括总结"以绿色协调发展理念为引领、筑牢粮食生产安全新型基础体系"的经验。

(二)深化"千万工程",乡村面貌绿美成景

习近平总书记指出,浙江省 15 年间久久为功,扎实推进"千村示范、万村整治"工程,造就了万千美丽乡村,取得了显著成效。重点做好"美"的文章。提升城镇品质,2018 年累计"三改"面积 319.61 万平方米、拆除违法建筑 284.81 万平方米、拆除各类彩钢棚 180.18 万平方米,嘉善县 11 个小城镇环境综合整治省考点全部通过考核验收,姚庄、干窑、大云被列入省级样板镇名单。整治农村环境,结合四位一体城乡环境保洁,开展全域农村人居环境整治提升行动,环境优美村创成率达到 99.1%,以"三大革命"为抓手,建成农村生活垃圾分类收集和资源化处理站 13 个,2018 年城乡生活垃圾共处理 24.29 万吨,姚庄镇创新"五统五化"治理新模式,全面推进农村生活垃圾减量化、资源化、无害化处理的成功经验在《人民日报》刊发;2018 年完成污水项目投资 4.8 亿元,完成污水管网建设 34 公里。11 个市控以上断面水质Ⅲ类水断面占比 72.7%,饮用水源地达标率持续保持 100%;进行厕所革命,新(改)建农村厕所 241 座。扮靓美丽乡村,按照"点上精致、沿线出彩、面上美丽"的总体要求,全面实施美丽乡村升级版建设"1552"工程。"1"就是,环境优美村创建行政村覆盖率 100%,第一个"5"是,建成美丽乡村风景线 5 条,第二个"5"是,美丽乡村精品村 50 个,"2"是,美丽乡村示范村 20 个,落实建设项目 436 个,总投资 2.68 亿元,一批精品村建设初见成效,形成特色和亮点,起到了示范引领作用。

(三)坚持"四育同步",崇德向善渐成风气

重点做好"善"的文章。培育文明基因,开展习近平新时代中国特色社会主义思想"七进"活动、红船精神进礼堂、善文化节系列活动,建成首个好人公园。培育文明风尚,开展好人选树、"善美家庭"等评创活动,张韵莉入选"中国好人",胡萍等 4 人入选"浙江好人",举办各类文明活动 300 余场次。培育文明阵地,累计建成文化礼堂 93 家,新建文化庭院 70 家,培育"勤和缪家"等一批文化阵地,形成了浙北农村文化礼堂建设的嘉善样本。培育文明细胞,建立文化礼堂"大驻堂"和"理事会",建成道德讲堂 232 个,已开讲 4000 多期,受众 30 多万人次。《乡村振兴大家谈》(乡风文明篇)在缪家村录制并在央视播出。

（四）深化"三治融合"，乡村治理和谐有序

重点做好"和"的文章。织密基层治理组织网络，449 个网格党组织、572 个"党员先锋站"覆盖嘉善县乡村。培育形成"善心巴士""善人家"公益街等社会组织服务品牌。理顺乡村善治法治秩序，民主法治村创建覆盖率达 95%，实现村（社区）聘请律师担任法律顾问全覆盖。实施综合行政执法改革和"全科网格"省级试点，共下沉人员 740 人，下放执法权 1395 项，占比全部处罚权项的 92.7%。激发共享共治内生动力，深化完善以"积善之嘉"志愿服务品牌为龙头的"1＋6"道德践行模式，陶庄、西塘、姚庄等镇（街道）乡贤组织相继成立。洪溪村荣获中国最美村镇"治理有效奖"，成功创建 51 个市级"三治融合"示范村（社区），"智安"小区建设、洪溪村"三治融合"经验做法和社会心理服务体系建设工程纳入《新时代"枫桥经验"实践 100 例》。

（五）坚持精准助创，农民生活日臻幸福

重点做好"福"的文章。深化推进就业创业，"善农客"领创人才联盟正式启动，将充分发挥领创作用和联盟效应，通过开展各类培训交流活动，挖掘内生动力、激发外在活力，进一步完善乡村人才服务保障，打造一支素质高、善经营、懂管理的农业企业经营管理者、领创者队伍，为嘉善县农业农村发展和乡村振兴提供人才支撑，切实担负起示范引领的历史使命。承办实用人才培训班 9 期，各类农民培训主要通过农民学校重点培、职农学园精准培、行业协会专业培、产业联盟合力培，全年累计开展各类农民培训 1.1 万余人。嘉善县建成 6 家省级田间学校，碧云花园被评为全国新型职业农民培育示范基地。扶持农村电商创业 580 人，并带动就业 1500 余人。深入推进精准帮扶，出台社会力量参与精准救助实施方案，各镇（街道）实现专职社工全覆盖。深入实施困难家庭大帮扶专项破难行动，走访困难家庭 3195 户，解决实际困难 620 个。广泛开展"日行一善久成林"慈善公益活动，发放救助金 574 万元，惠及困难群众 7196 人次。加大社会救助力度，最低生活保障标准由 796 元每月提高至 810 元每月。全面推进公共服务均衡化，组建 11 个城乡学校教育共同体，新增国家卫生镇 2 个，全县 6 镇 3 街道全覆盖，实现"满堂红"。全县已建成 154 家居家养老服务照料中心，承担的国家级养老服务业标准化试点项目通过验收。

（六）深化农村改革,发展活力持续迸发

重点做好"活"的文章。深化产权制度改革,农村土地承包经营权确权签订合同 48052 户,签订率 94.38%。农房确权完成权籍调查入库 64379 户,登簿发证 49257 本,超额完成农房发证任务。有 62 个村开展集体经济收益分配,分红金额共计 4128 万元。深化"三位一体"改革,组建成立嘉兴市首家水产产业农合联,探索建立养殖主体、经营主体和服务主体三方受益的工作机制。创新金融体制改革,共征集录入农户信用档案 83062 户,"三信"评定实现全覆盖。支持"飞地抱团"项目 4.92 亿元,受益信用村达 94 个,30 个经济相对薄弱村实现全覆盖。

四、一些思考

（一）持之以恒打好底色,实现高质量发展

随着长三角一体化的加速推进,在农业产业的发展导向上,要突出"高质量发展"的理念,在研究嘉善农业产业的基础上,放眼长三角地区的农业产业。要树立品牌战略思维,拓展品牌的外延、内涵,延伸产品的产业链,完善产品的质量安全体系,建立产品可追溯系统。做到"人无我有、人有我优、人优我精"。

（二）持之以恒抹去黑色,实现绿色生态发展

长三角绿色生态一体化发展示范区中的嘉善、吴江、青浦三个地区相对周边大都市来说,还是"农村",还是"乡村"。要留得住人、留得住乡愁,基础因素就是农村环境,实现生态宜居、幸福生活。因此,在乡村振兴战略中,按照协同发展的路子,既要建设长三角一体化示范区,更要打造长三角绿色生态美丽乡村示范区。农村环境治理上要抹去黑色,实现人居环境全域秀美的同时,联合长三角绿色生态一体化发展示范区内的三地,可以规划设计贯穿多地的美丽乡村风景线,打破美丽乡村风景线局限在镇域内、县域内的传统。比如"环汾湖美丽乡村风景线""太浦河水上美丽乡村风景线"等等,吸引周边市民驻足游览两省一市的田园风光。

（三）持之以恒增添亮色，实现加速度发展

乡村要振兴、区域要发展，离不开人才和各类要素的支撑。在农民人才培育上要增添亮色，对新型职业农民的培训力度，三地可以联合设立农创客的孵化园、农业的星创天地，凡是在这个孵化园里面成长起来的新型职业农户（农业经营主体），可以优先享受三地涉农补贴政策，优先到三地流转土地、创业创新。除了人才，还有土地、资金、空间等指标，也可以实现一体化联动发展。像"跨区域飞地抱团强村项目"那样，在嘉善、吴江、青浦三地推广实施。

第三篇　社会篇

治理现代化视域下余杭基层
协商民主发展研究

章秀华

（杭州市委党校余杭区分校）

摘　要：协商民主是推动基层治理现代化的重要途径。余杭区以基层协商推动基层治理现代化，围绕组织架构、人员构成、工作机制等进行实践探索，解决"谁来议""议什么""怎么议""议的效力"的问题，提升了基层治理的民主化、科学化、高效化。政党和国家的顶层设计理念，需要有一些底层架构来承接它的使命，分解它的任务。余杭区基层协商民主要实现更广阔的发展，需要始终围绕这一点，建构自己的行动框架。要坚持理念引领，提升科学性；坚持党建引领、主动作为、人民主体、因地制宜的基本经验，保持持续性；要坚持问题导向，针对组织领导、整体推进、协商效果落实等问题，积极通过实践探索解决办法，提升实效性。

关键词：基层；协商民主；治理；现代化

一、基层协商民主和基层治理现代化

党的十八届三中全会提出了"全面深化改革的总目标是完善和发展中国特色社会主义制度，推进国家治理体系和治理能力现代化"的命题。基层是国家治理最重要的空间，基层治理现代化是国家治理现代化的重点。"国家治理现代化"的提出对基层治理理念和模式的转型、治理结构和权威的重塑、治理机制和制度的优化都提出了要求。如何实现基层治理？理论界和实务界都不约而同将目光聚焦在了基层协商民主上。

(一)基层协商民主对基层治理现代化推进的价值功能

就价值目标而言，基层协商民主追求的善治和基层治理现代化实现善治这一核心价值目标是相契合的；就功能而言，基层治理现代化是在基层社会形成一整套制度和程序去规范社会权力和维护公共秩序，发挥执政党和政府权威、公民和各种社会力量的作用，共同解决基层社会公共问题和最大限度增进公共利益。[①] 协商民主是以多元政治参与为基础，通过公平、有序的协商，创造有序的公共生活的民主政治形式。[②] 协商民主具有的主体多元性、参与广泛性、渠道多样性、程序规范性等特征使其能有效满足基层治理现代化的需求。

1. 基层协商民主能扩大政治参与，培育合格主体

随着群众民主意识的觉醒、社会结构中市场和社会力量的成长，以及公共领域治理困境的凸显，社会事务中的多元主体共治无疑成为一个理性的选择，协商对话成为解决社会矛盾和改善公共决策的方式。基层治理现代化提出了治理主体多元化的要求。基层治理现代化的过程实质是构建国家、社会组织、公民之间多元互动、合作治理的关系过程，关键是现代治理主体的培育。基层协商民主通过鼓励引导基层党组织、基层行政部门、基层群众、基层社会组织等多元治理主体围绕与群众利益密切相关的议题开展协商讨论，既保障和实现了公民的知情权、参与权、表达权、监督权等民主权利，也在协商的过程中培育了现代治理主体。

首先，围绕涉及人民群众切身利益的问题广泛协商，是贯彻党的群众路线和实现党"全心全意为人民服务"宗旨的有效途径，有利于改善党群关系，推动党按照现代执政理念自我完善和发展。其次，基层协商的开展能改变政府的"全能"思维，通过"权力下放"，形成让渡部分公共权力的自觉意识和权力边界意识。最后，基层协商的成功开展，要求协商主体能表达意见、要求和建

---

① 吴晓霞：《基层治理现代化中的协商民主》，《科学社会主义》2018 年第 2 期，第 123—127 页。
② 林尚立：《协商民主是符合中国国情的民主实现形式》，《人民日报》2016 年 8 月 31 日第 7 版。

议,能包容不同的观点,能充分理性地讨论,能进行偏好转换,这一过程也是公民的参与意识、平等意识、理性品格的培养和提升的过程,有利于塑造"自治"公民。

2.基层协商民主能促进社会整合,改善治理结构

基层治理现代化对基层治理提出了有序性的要求。其中,秩序性要求针对利益主体多元化和利益需求多样化的现实,调和基层社会矛盾冲突,形成稳定的社会秩序;合作性要求打破传统的自上而下的"行政式"单向政治管理模式和改善传统的一元独大的民主治理结构①,形成多元互动的民主治理结构。基层协商民主协商主体的多元性、协商内容的公共性、协商形式的多样性,为基层社会整合和治理结构改善提供了可能。一方面,基层协商民主有利于促进社会利益整合。《中共中央关于加强社会主义协商民主建设的意见》指出,基层协商包括乡镇、街道的协商,行政村、社区的协商,企事业单位的协商和社会组织协商,协商主体涵盖党组织、基层政府及其派出机关、村(居)民委员会等自治组织、社会组织、村(居)民等多元利益主体,协商内容"涉及人民群众利益的大量决策和工作",涵盖基层治理的各个方面,协商形式包括民主评议会、民主恳谈会、决策听证会、议事协商会、居民议事会等基层治理实践形成的多种形式,为多元利益主体在社会利益分配的过程中,都能以自己的方式参与协商,进行对话沟通、提出要求主张、进行偏好转换提供了渠道,有助于各个群体利益的表达。另一方面,基层协商民主有助于促进社会流动。在社会分化与重组的背景下,基层协商为不同群体间开展对话提供了平台和渠道,增进各个群体之间的交流,鼓励不同社会阶层之间合作,培养集体责任感,形成发展共识,促进价值认同。

3.基层协商民主能激活制度优势,增强发展活力

基层治理现代化具有制度化的要求,要求为基层党组织、基层政府、社会组织、群众的合作治理提供制度化、规范化、程序化的机制。基层协商民主推进中针对协商本身进行的制度建设试点和围绕协商与人大、政协、基层自治等现有制度衔接开展的探索实践,为治理现代化顶层设计和基层创新的统一提供了保

---

① 李建:《十八大以来国内关于协商民主推进国家治理现代化问题研究述评》,《社会主义研究》2016年第1期,第153—160页。

障。首先,基层协商过程中围绕协商内容、协商主体、协商程序、协商结果的运用等方面进行的有益的制度设计,形成了规范化、程序化的基层协商民主制度,为基层协商民主制度提供了建设蓝本。其次,治理主体基层协商过程中累积培养的公共意识等非制度性规范,为基层治理的实现提供了基础。最后,基层协商民主的更大意义在于通过探索基层协商民主与现有的村民代表会议制度、探索基层协商民主与"两代表一委员"作用发挥等现有有效制度的作用,推动协商民主制度嵌入已有制度体系,促进治理的一体化、规范化和制度化,从而提升国家治理的制度供给能力。

(二)推进基层治理现代化对基层协商民主的发展要求

基层治理现代化强调基层治理制度的完善以及运用制度管理社会各方面事务的能力的提升,两者都以制度为承载,由此对基层协商民主提出了制度化的要求。从制度建设上看,完善的基层治理体系必然要以完善的社会主义民主制度为前提,要求提高基层协商民主的制度化水平,以完善的基层协商民主制度体系促进基层治理体系的现代化。从制度运行上看,基层治理能力的现代化也必然要求基层各项制度的现代化,不仅要有制度,更强调制度的完备化、科学化,从而增强制度的运用水平。

十八大以来,中国共产党对社会主义协商民主进行了有力的理论创新和制度完善,明确了"社会主义协商民主"的概念内涵,指出"社会主义协商民主是我国社会主义民主政治的特有形式和独特优势",指明社会主义协商民主"广泛多层制度化发展"的方向,尤其是关注基层协商民主的发展,进行了顶层设计和制度支撑,提出了"开展形式多样的基层民主协商,推进基层协商制度化"的要求,出台了《中共中央关于加强社会主义协商民主建设的意见》和《关于加强城乡社区协商的意见》,由此激发了基层协商民主实践的蓬勃发展。各地的协商实践主要围绕着协商的主体、议题、程序、形式、结果等展开,目的在于提升协商的针对性、规范性和实效性。从实践结果看,形成了部分做法,也出台了一些规范性制度,但就基层协商民主推动治理现代化而言,其制度化水平与基层协商民主的作用发挥和基层治理体系现代化的内在要求,都有一定差距。在执行过程中,存在权威性不足,制度落实流于形式的问题。因此,基层协商民主要实现推进基层治理现代化的价值功能,还需要完善三方面的工作。

1.加强合作,提升基层协商民主的效能

现代治理强调多元治理主体的合作共治,要求基层协商民主构建基层社会合作共治机制并推动其作用发挥。基于国家的顶层设计和政策推动,由多元主体参与的基层协商民主已在多地推行,但普遍存在公民的参与能力不足、社会组织的独立性不足、政府的主导作用过度等问题,无法实现基层自治、党的领导和政府管理的有效衔接与良性互动。要激发多元主体的各自作用,党组织要发挥好把关定向、资源整合、组织引领的作用,当好基层协商民主的引领者。政府要改变单纯行政命令的管理方式,增强服务和合作意识,划清政府和基层协商民主自治权责,更多发挥引导、指导和支持作用,做好协商实践的推动者。公民要进一步树立主人翁理念,提升参与意识和能力,积极向现代公民转变。

2.完善制度,推进基层协商民主的法治化

制度健全、程序规范是基层协商民主真正取得实效的制度保障。虽然十八大以来党和政府出台了专门的政策性文件来保障支持协商民主的发展,但是缺乏法律的规定让协商民主的法律地位难以明确,也使其相关基层协商制度的权威性难以保障。另外,各地基层协商民主制度在规范化、程序性上存在很大差异。由于没有统一的标准和程序,普遍存在随意性大、操作性不强的情况。由此,有必要及时总结吸收基层在民主协商制度建设上的经验做法,做好与已有的相关制度的统筹衔接工作,形成相应的制度推广。在提升协商民主制度权威性的同时,能减少基层盲目追求协商民主的模式创新。

3.注重协商成果的应用和反馈

协商的成果在于应用,扎实做好协商成果的应用和反馈,不仅有利于协商功能落地,也有利于激发协商主体的积极性主动性。从基层协商实践看,协商成果应用率低、反馈机制不健全等问题普遍存在,不仅挫伤了协商组织者和参与者的积极性,而且使得协商民主难以转化为基层治理的有益成果。为此,要通过健全完善协商成果的监督考核机制、反馈机制以及开展复查回访等工作,提升协商成果的有效运用。

二、余杭区基层协商民主实践解析

政党和国家的顶层设计理念,需要有一些底层架构来承接它的使命,分解它的任务。余杭区在中央顶层设计的框架下,根据本区域经济、政治、文化、社会的具体条件,系统设计和完善基层协商的组织领导、工作机制和制度建设,以基层协商推动基层治理现代化,既是落实基层治理现代化的主动探索,期待能为国家完善顶层设计提供一定的制度蓝本,探索顶层设计与基层实践的有效对接,也为满足地区经济社会发展需求,实现地方治理现代化探索路径。

(一)基本过程

余杭区位于浙江省杭州市,地处长三角的圆心地带,经济发达,重视基层民主政治建设。一方面,良好的经济基础让党委政府有较多的财政资金提供公共服务和开展基层协商;另一方面,经济社会的快速发展让城乡居民提升了对民主的需求,渴望更多的政治参与,而长期的基层民主政治建设累积培养的公民民主意识和公共精神,为余杭开展基层协商民主实践奠定了良好的基础。

余杭的基层协商民主实践起步早。在十八大之前,余杭区的各村社已不同程度地在探索基层协商。比如,径山镇小古城村,在 2005 年时任浙江省委书记的习近平同志到该村调研并提出"要加强基层民主法治建设,服务好'三农'"的指示后,就开始了探索,逐渐形成了"四议工作法"。十八大之后,随着中央对社会主义协商民主的顶层设计和对基层协商民主总体谋划的提出,围绕基层治理现代化的目标和地区经济社会发展需求,余杭区的基层协商民主实践更加积极主动,呈现出从"自主探索"向"设计试验"和"自主探索"互动,从"零碎性"向"整体性"发展、层次性和体系化并重的特点。

余杭区的基层协商民主注重从规划引导上发力,构建镇街—村社—网格三级多层立体协商体系。在镇街层面,针对全区 8 个镇和 1 个乡撤并建街,"乡镇一级原有的党代会、人代会随之取消,街道层面党员群众参与公共事务的渠道减少,街道党工委、办事处与群众沟通、接受群众监督的途径缺失"的现实,2013年,余杭区建立街道民主协商议事会议制度,在街道党工委的领导下,街道民主协商议事会议代表(以党员代表为主体,安排一定数量的辖区单位代表,流动党员代表,外来人员代表,区级及以上党代表、人大代表、政协委员中的代表组成)按照民主协商运行规则和相关工作制度,讨论商议发展事项、参与民主管理、落实工作监督。2015 年,该制度进一步向镇拓展,由此,民主协商议事制度覆盖全区所有镇街。①

在村社层面,在原先村社自主探索的基础上,结合网格支部成立的实际,2016 年,余杭区抓住建设浙江省社区治理和服务创新实验区的契机,以"完善基层协商、增强社区自治功能"为主题,探索"余杭'1+3'基层协商治理模式",即"1"个协商主体,"3"个协商要素(内容、程序、形式),探索建立适合本地村(居)民自治的协商运作体系。2018 年 8 月,余杭区通过评估与验收。全区所有城乡社区建立邻里协商议事组织并制定符合本地实际的村(社区)协商议事清单目录,明确"五必议五不议"的议事内容,创立议题收集、审核、公示、协商、落实的"协商五步法",并鼓励基层结合实际创新议事形式。

在此过程中,余杭区出台了《余杭区基层民主协商议事目录(试行)》《关于进一步完善余杭区基层民主协商机制的实施意见》《余杭区村级民主协商议事会工作细则(试行)》《关于加强党建引领基层民主协商的指导意见(试行)》等一系列制度,对相关成果进行了总结固定,形成了一套较为系统、规范、专业、有效的制度体系。

(二)主要做法

余杭区坚持在党的领导下开展基层民主协商探索,根据《中共中央关于加强社会主义协商民主建设的意见》对基层协商民主的基本定位和要求、基层协商自身的特点和运行规则、基层协商的实践拓展需求,不断总结各地实践的经验做法,围绕组织架构、人员构成、工作机制等进行实践探索,解决"谁来议""议什么""怎么议""议的效力"的问题。

1.完善机构设置,规范议事主体,解决"谁来议"

余杭区搭建并持续完善镇街、村社、网格三级协商组织架构,分层分类搭建对话渠道,扩大协商共治参与面。截至 2018 年底,余杭区已建立村社民主协商

---

① 章秀华、桂祖武:《基层民主治理的创新与完善——基于余杭区街道民主协商议事会议制度的研究》,《法制与社会》2016 年第 4 期,第 211—213 页。

议事会 207 个,产生议事会成员 2294 名,建立网格议事小组 760 个。协商代表来源广泛,比如老党员、老干部、乡贤、村(居)民代表、共建单位代表、公益达人、业委会负责人、物业负责人、网格长、网格员、社会工作者、法律顾问、组团联村(社)干部、"两代表一委员"等。通过代表的多元性增强基层民主协商的广泛性、专业性,更广泛地发挥好各方的智慧和力量。

2. 建立议事目录,公开议事内容,解决"议什么"

通过梳理全区"大局大事"与基层"民生小事",建立制定符合镇街、村社、网格自身特点的协商议事目录 29 条。确立"三议三不议"原则,即重大社会公共事项、管理事项、建设事项要议,违背法律政策、公平正义、公共利益的事项不议,确保协商方向不偏。在此基础上,党组织对年度重点工作议题、日常收集议题、群众诉求反映议题等进行研究筛选,把牢议题源头关,增强议题针对性和可操作性。

3. 规范议事程序,加强过程管理,解决"怎么议"

总结形成"广泛收集意见、研究确定议题、制定协商方案、发布协商公告、开展议事协商、通报协商情况"六步协商议事法,确保议事过程顺畅有序、协商结果落地见效。加强过程管理。比如村社协商议事中由村社两委班子成员主持会议,并推动 1557 名村社两委班子成员下沉至网格,指导开展网格协商议事,破解网格议事难题。丰富议事平台和形式。建立镇街专题协商议事、村社专题协商议事、网格专题协商议事、群团组织协商议事、社会组织协商议事、区域性协商议事等六大协商议事工作机制,形成了"田间议事,草帽协商""商户联盟""圆桌议事会""板凳评议团"等多样的议事形式,因地制宜,用群众习惯的方式来解决群众身边的事。

4. 建立成果运用和评价机制,注重跟踪问效,解决"议的效力"

通过建立协商成果采纳—落实—反馈机制、公开评价制度和评议考核制度,以公开促协商成果的落实和转化。通过建立"一事一档"备案制度,对协商事项和协商成果进行全过程公示,将协商过程和协商成果更为真实有效地传达给未参与的利益相关人;通过实行挂牌销号制度,对协商成果进行持续动态跟踪,促进协商成果转化;通过深化村(居)务监督委员会职能,全程参与协商监督和绩效评估,及时将协商成果向村社党组织、村(居)民委员会反馈。

（三）总体成效

基层治理现代化内含的治理主体多元化、治理方式科学化、治理过程法治化和治理机制规范化对基层协商民主提出了积极扩大协商民主参与范围,增进合作共治效能,依法健全协商民主议事制度,推进治理机制的法治化,不断创新协商民主运行形式,推进治理方式现代化的要求。余杭区的基层协商民主的成效是明显的,主要集中在以下三方面。

1. 提升了基层治理的民主化

余杭区通过搭建纵横交错、分层分类的基层协商体系,极大拓宽了党员群众民主参与渠道。2018年,全区开展协商5300余次,近3万人参与。系统、规范、专业的协商制度引导协商主体在协商过程中形成并不断强化平等、包容、理性等意识。而各类内容丰富并具有实效的协商实践的广泛开展,一方面通过为居民提供发挥个人价值的平台激发了居民的参与性,另一方面强化了居民的民主意识,推动居民从被动接受管理向主动参与治理转变,治理理念开始转变。

2. 提升了基层治理的科学化

余杭区在总结现有实践经验的基础上,加强顶层设计,遵循协商民主规律,科学设定基层民主协商的工作目标、工作任务和工作规范。特别是分层分类建立协商目录,按照广泛收集意见、研究确定议题、制定协商方案、发布协商公告、开展议事协商、通报协商情况等六个步骤设计协商程序,提高了协商的针对性、协商主体与议题的利益相关性,确保协商主体在信息充分的情况下讨论和做出决策,提升了决策的科学性和合法性。协商成果采纳—落实—反馈机制、公开评价制度和评议考核制度的建立,推动了协商成果的运用,从而提升了实效性,推动了基层治理机制的完善和治理方式的科学化。

3. 提升了基层治理的高效化

基层协商在一定程度上实现了多元主体共同参与治理,有利于加快形成"党委领导、政府负责、社会协同、公众参与、法治保障"的多元社会治理格局。一方面,能帮助职能部门更精准地了解百姓需求,优化公共政策,减少因决策失误带来的人力、财力成本,消解居民原本可能存在的认知误区、思想障碍,减少了决策执行的阻力。另一方面,发挥了居民自治和社会组织的作用,激发了社会自治机能和矛盾内部消融能力,实现政府管理和社会自治的有效衔接,既减轻了行政负担,也降低了社会成本,提高了治理效率。

三、余杭区基层协商民主发展展望

政党和国家的顶层设计理念,需要有一些底层架构来承接它的使命,分解它的任务,实现国家关于基层协商民主政策和基层社会实践的双向互动。余杭区基层协商民主要实现更广阔的发展,需要始终围绕这一点,建构自己的行动框架。此外,从实现基层治理现代化的目标出发,余杭基层协商民主还存在着一些不尽如人意的地方,要突出目标导向、问题导向、效果导向,以实现基层协商民主价值功能的常态化、长效化。

(一)坚持理念引领,提升科学性

理念是行动的先导。协商民主要科学发展,离不开正确的理念引领。在协商理念上,目前对协商的总体认识仍停留在工具价值阶段。要实现治理现代化,必然要将其上升到机制价值。另外,以协商推动治理的实现是一个长期的过程,不可能一蹴而就。需要通过健全体制机制来不断推动其规范性、刚性和持续性。在协商还缺乏刚性的法律提供保障和支持,且协商治理理念尚未深入人心,在实践中协商治理尚未成熟到成为一种工作方式的程度时,协商治理的推动者和实践者还需为协商民主实践付出更多的工作成本,因此,保持耐性、定力和恒心尤为重要。

(二)坚持基本经验,保持持续性

余杭区基层协商探索能稳步推进、取得成效并不断完善,其基本经验在于"四个始终坚持"。

1.始终坚持党建引领

坚持在党的领导下开展基层协商,充分发挥党组织在基层民主协商中的核心领导作用,确保基层民主协商坚持正确的政治方向。在基层协商中,始终发挥党组织的引领作用,积极体现党组织的政治功能和服务功能,践行群众路线,推动基层干部深入基层一线,在协商过程中掌握民情民意、帮助排忧解难、通报工作情况，密切党群干群联系；以基层协商实践助推增强基层党组织的组织力、凝聚力、统筹力和战斗力，培养提升党员干部的服务能力和协调能力，激发党员的先锋模范作用，全面强化基层党组织的战斗堡垒作用。

2.始终坚持主动作为

多年来，余杭区在为基层开展协商探索提供良好实践环境的同时，党委顺应社会治理发展趋势、政府职能转变要求和人民对美好生活的向往，主动发挥引导、指导作用，围绕基层治理现代化目标推动基层协商探索实践。从顶层设计入手，抓住协商主体、协商内容、协商程序、协商结果、协商监督等协商的关键要素，探索基层协商的机构设置、制度机制构建、平台搭建、成果运用、效果评价，破解普遍存在的协商主体代表性不强、程序不够规范、实效性差等问题。社会的发展是一个不断推进的过程，基层协商民主的发展也是一个动态调整的过程。在这个过程中，余杭区始终坚持在实践中完善协商制度，通过反复试验，不断积累经验和逐步完善，提升制度的针对性、操作性和复制性，推动了基层协商民主的发展。

3.始终坚持人民主体

余杭区把服务群众、造福群众、增进合法权益作为基层协商民主的出发点和落脚点，围绕涉及群众切身利益的公共事务、公益事业、热点难点问题和矛盾纠纷开展协商，在协商中始终注重寻求公共利益的最大化和各方利益的均衡，构建了党群干群责任共同体、发展共同体，使多元主体的利益关切、政策预期在参与过程中得到有效整合，从而推动民生问题的解决、重大项目的落地和中心工作的实现。通过协商，尊重和保障人民群众知情权、参与权、表达权、监督权成为普遍共识，提升了群众价值认同。

4.始终坚持因地制宜

余杭区始终坚持尊重群众的首创精神，鼓励探索创新。在基层协商实践中，注重分层分类开展引导，分层级建立不同协商议事目录，分层次建立协商制度，鼓励各地结合地方实际探索不同协商形式满足不同协商要求。由此，余杭区涌现出了被央媒点赞的径山镇小古城村的"四议工作法"、南苑街道高地社区"板凳评议团"，还有仁和街道渔工桥村"打茶会"、临平街道庙东社区"红凳子议事会"、塘栖镇丁河村"乡贤汇"等众多接地气、富有成效的协商形式。

这四条基本经验,是经过余杭基层协商十几年实践检验,证明能推动基层协商发展和取得成效的成功经验。要持续推动余杭基层协商实践,需要坚持和发扬这些成功做法。

(三)坚持问题导向,提升实效性

在肯定成绩的同时,要客观认识余杭基层协商中存在的问题。第一,从组织领导看,由组织部门牵头推动的基层协商民主实践整体呈现有力有序的状态。当前,浙江省正在试点由人大牵头的街道居民议事制度,作为深化城市治理的一项创新举措。因此,有必要认真思考如何加强与人大、政协等其他协商力量的整合,避免领导的多头化、部门化情况的出现。第二,从整体上看,余杭区各地基层协商民主建设水平不均衡。不同镇街、村社之间基层协商民主建设水平差距较大。有的村社起着引领示范作用,基层协商民主促进了各项工作的健康发展,形成了正向循环;有的村社则还处于被动应付状态,走形式、走过场等情况一定程度存在,以协商促治理的作用尚未发挥。如何进一步推进协商的整体质量,将协商从"盆景"变为"风景"仍是要探索的课题。第三,从协商推进看,协商议题不够聚焦、协商力量不够专业的情况还不同程度存在,部分协商的质效还待提升,协商成果的运用和评价制度的执行与制度预设目标存在一定差距。由此,如何在实践中探索破解并进一步完善制度,应是余杭区基层协商民主的着力点。

(四)坚持与时俱进,提升创新性

余杭区的基层协商民主建设能取得今天的成绩,一个重要原因在于能在继承的基础上进行有效的创新。而余杭区的基层协商民主要继续发展,必须坚持与时俱进,不断实现自我创新,并将创新成果运用到实践当中。从治理现代化的要求看,余杭区的创新可以从以下几个方向探索。一是进一步拓宽基层协商的应用范围。在实现镇街、村社、网格全覆盖的基础上,推动基层协商进一步向部门拓展,搭建协商平台载体,在实践中培养机关工作人员的协商理念和协商能力,营造协商治理的氛围,拓展协商治理的辐射范围。二是强化协商技术的运用。协商的成功推进离不开协商技术的运用。余杭区现行的基层协商总体上呈现出依靠传统经验推动协商开展和结果达成的状态,比较原始和粗放。余杭区的基层协商民主要走得更远,需要有运用协商技术来提高协商成功率的意识。要有计划地去学习、推广参与式需求调查、开放空间会议、公益项目策划等协商技术,通过培训、实践等方式使协商主体掌握协商技巧,提升协商的成功率。三是要抓住大数据带来的机遇。大数据的出现和应用,给民主政治的发展带来了颠覆性创新机遇与挑战。要通过政策引导和学习,促进协商主体培养开放的心态、科学的意识,合理运用大数据推动协商民主的发展。一方面,要积极利用大数据开展民意测量,提升结果的真实性、全面性,搭建钉钉群、微信群等网络协商平台,进一步增进协商主体之间沟通的方便快捷,提升沟通的效率,运用好大数据带来的新手段提高服务的精准度。另一方面,要注重防范大数据带来的数据安全、数据监管等问题,防范和化解技术应用潜在的风险,规范各类群体的协商参与行为。

"三治融合"与基层社会治理现代化

——基于桐乡市的案例

姚　媛

（桐乡市委党校）

摘　要:"三治融合"作为桐乡市当地政府在推进社会治理现代化过程中的一项创新举措,是新时期"党委领导、政府负责、社会协同、公众参与、法治保障"的社会治理体制在基层的生动实践。本文主要针对现阶段"三治融合"在桐乡县域层面的发展做一项调查,重点了解"三治融合"在桐乡的缘起、现状、阶段性特征、理论贡献。

关键词:"三治融合";基层社会治理;桐乡案例;理论贡献

目前中国正处于一个转型社会之中,传统向现代的转型也是静态向动态的转型。然而,在从静态社会向动态社会的转型过程中,"规则导向"的科层制已经难以满足"问题导向"的弹性治理的现实要求(曹锦清、刘炳辉,2016)。在时代的剧烈变化之中,国家治理的合法性遭到削弱(周雪光,2014),国内基层社会治理格局面临诸多挑战,不论是站在国家抑或社会的层面,都急需一种有效治理来回应问题。2013年党的十八届三中全会提出"推进国家治理体系和治理能力现代化"议题,并且,首次用"社会治理"取代以往的"社会管理"概念,应对时代变化。相对于"社会管理","社会治理"更加突出以人为本和对人的尊重,同时也意味着对传统一元单向管理的摒弃和向多元合作治理模式的转型。"三治融合"是桐乡市当地政府在推进社会治理现代化过程中的一项创新举措。它是指在党委、政府领导下,基层以法治、德治为手段,提升自治水平,实现民意、法律和道德相辅相成,形成政府治理和社会调节、居民自治良性互动的基层社会治理模式。2017 年 10 月,桐乡"三治融合"的理念被写入党的十九大报告。报告中,明确提到要"实施乡村振兴战略……加强农村基层基础工作,健全自治、法治、德治相结合的乡村治理体系"。与此同时,"三治融合"也被中央政法工作会议定位为"新时代枫桥经验的精髓,新时代基层社会治理创新的发展方向"。桐乡作为"三治融合"的发端地,充分展示了新时代基层社会治理的样本作用。

一、"三治融合"在越丰村的实践与载体

桐乡市高桥街道越丰村是"三治融合"的发端地。早在 2013 年之前,高桥街道就已经是拥有高铁、高速"双门户"的乡镇,全镇面临"大征迁、大开发、大建设、大发展"的现状。其中,越丰村所在位置正好是桐乡市高铁站所在地,基层社会矛盾较为集中。2013 年,为深入贯彻落实党的十八大精神,创新社会管理体制,根据中央、省委和嘉兴市委加强和创新社会管理的部署要求,桐乡市率先在高桥街道越丰村试点开展"三治"建设。

百姓参政团、道德评判团、百事服务团是高桥街道最初在"三治融合"试点开展中的三个载体。其中,百姓参政团是供百姓进行民主决策的平台,是"三治融合"的第一个载体。基于高桥街道的特殊情况,2013 年之前,镇里就专门设立这一平台,协助处理基层社会事务。百姓参政团成员有总协调人 1 人,由桐乡市政协驻高桥街道联络处主任担任;联络人 1 名,由高桥街道党政办工作人员担任;固定成员 12 人,主要挑选高桥街道当地具有一定声望的人员担任,包括"两代表一委员"①、村干部、老党员、村"三小组长"②、企业负责人、道德模范人物等;非固定成员 10—20 人,由参政主要议题利益相关的村民代表组成,包括村两委班子成员、"三小组长"、党员代表、其他村民代表;③列席人员 2 人,包括相关村的法律顾问 1 人,参政议题相关工作的科室(站所)负责人 1 人。在镇级层面的实际运作中,百姓参政团效果明显。2013 年 2 月,镇里将百姓参政团往

---

① 包括高桥卫生院院长兼桐乡市人大代表、高桥南日中心学校校长兼桐乡市政协委员、高桥南日供销社主任兼高桥街道党代表。

② 包括妇女组长、党小组长、村民组长。

③ 如果利益相关村只涉及 1 个村,人员为 10 人;利益相关村涉及多个村,人员最多为 20 人。

村级层面做了延伸,在越丰村组建百姓议事会。百姓议事会是专门针对村级层面重大事项,供村民进行民主决策的平台。成员包括越丰村的村干部、党员、"三小组长"和普通村民,通过选举产生,前期先经过村民自荐、村民推荐和组织推荐等方式产生候选人,然后交由村民代表大会投票表决,任期2年,任满后视情调整。

第二个载体是道德评判团。道德评判团成员最初的试点在越丰村,由越丰村上德高望重和有公信力的村民组成,包括村两委班子成员、"三小组长"、党员代表、村民代表和道德模范代表等,人数10—15人,产生程序同百姓议事会。成员一经产生,在村公开栏公示个人身份,任期3年。这些人会及时对村里的矛盾纠纷、不文明不道德现象进行劝导、调解,甚至曝光。为配合"三治"工作顺利开展,村公开栏里面专门设置"曝光台"一栏,按照村规民约,主要针对村上经多次劝导无效的不文明不道德行为和现象(如赌博、乱扔垃圾、破坏公物、占用公共场所等)进行曝光。值得注意的是,这些被曝光的事项均采用匿名形式。道德评判团会将村里的这些现象通过照片或文字说明,放入"曝光台",并附上相关建议,恳请村民共同监督,但并没有直接指名道姓。然而,匿名的方式同样奏效。尽管现在的越丰村是一个重新选址建造的村庄,但入住新村的群体并未发生变化,村民们的交往模式一如从前。正在经历从传统向现代转型的越丰村仍是一个熟人社会。匿名曝光不过是一种婉转的表面形式,对于"曝光台"中的事项,村民们个个心知肚明。此时的道德作为一种非正式制度便发挥了它的监督和约束作用。中国的传统文化讲究"家丑不可外扬",脸面是熟人社会中人际交往的机制。对于"曝光台"中的相关事项,一旦大家都知晓,当事者往往会觉得丢了脸面。"曝光"会让人冒着被贴上不道德标签的风险和代价。碍于这种道德与脸面上的压力,当事者会主动找到道德评判团,要求清除相关不良信息,同时整改自身的不当行为。

第三个载体是百事服务团。百事服务团是越丰村帮助村民链接资源的服务网络,目的在于解决村级一站式服务大厅所不能解决的事关百姓生活的相关问题。它主要整合了村里两支队伍的资源和力量,一支是志愿者和红色义工服务队伍,另一支是专业技术服务队伍。在具体运作中,百事服务团会以小卡片的形式把所有能对接到的村庄资源的联系方式发放给村里的每户人家,比如有村民家的电视机坏了,村民就可以对照小卡片上所提供的联系方式,联系相应的人员进行上门维修服务。这是一种有偿服务,上门提供服务的村民会收取一定费用,但碍于村庄邻里之间的关系,收费标准一般会低于市场价。① 村民如果不能直接在小卡片中找到所需服务,可通过百事服务团 24 小时接听热线寻得帮助②,保证需求能在第一时间得到答复。越丰村共有 700 多户人家,开发至今,已有 200 多户失去田地。大部分村民的日常收入以在家附近的工厂打工为主。现代化的节奏已经打破传统农村的格局。作为转型时期的典型中国农村,法律知识和村庄生活密切相关。越丰村每年有 200 万元以上的可支配资金,包括村集体土地使用费、市级层面的固定拨款、项目资金等。在村庄法治建设推进中,百事服务团内部又专门设立法律服务团,定期邀请法律专家到村里开展讲座,宣传劳动合同法、妇女权益法、选举法等与村民日常相关的法律;开设"公共法律服务室"活动,定期邀请外界专家过来做法律咨询,为村民答疑解惑。

二、十九大之后"三治融合"在桐乡的发展

2017 年 10 月,党的十九大报告专门强调要"健全自治、法治、德治"相结合的乡村治理体系,桐乡"三治融合"的理念被纳入中央决策层的视野,反过来又推动了该项经验在桐乡地方上的发展。

(一)"一约两会三团"的载体调整

十九大之后,为进一步贯彻落实中央精神,巩固"三治融合"建设成果,桐乡市委、市政府决定在原有基础上充实和提升这项工作。最为明显的提升就是将"三治融合"的载体由原来的"三团"向现在的"一约两会三团"过渡,在农村和城市社区同时推广,以期动员更为丰富的基层社会治理资源,提升治理效果。其中,"一约"是指村规民约(社区公约),它是根据法律、法规和相关政策,适应村(居)民自治要求,由村(居)民共同遵守的行为规范,是基层群众进行自我管理、自我教育、自我约束的重要形式,具有汇集民意、汇集民智、化解民忧、维护民利的独特作用,是推进依法治村、村民自治的有效载体。"两会"是指百姓议事会

---

① 志愿服务一般不收取费用,专业技术服务实行低成本收费。
② 百事服务团在村委会设立工作室,由村委会安排工作人员负责协调联络,开通并公布 24 小时服务热线。

和乡贤参事会。百姓议事会是将原来的百姓参政团和百姓议事会两者合并为专门针对村级(社区)层面重大事项,供村民进行民主协商决策的平台。由村(社区)党组书记担任召集人,并在原来百姓参政团的基础上对成员人数稍作调整,固定成员一般控制在 15 人左右,非固定成员人数一般控制在固定成员的50%左右。乡贤参事会是以参与农村经济社会建设,提供决策咨询、民情反馈、监督评议及开展帮扶互助服务为宗旨的公益性、服务性、联合性、地域性、非营利性的社区社会组织。会员由本地乡贤、外地本村籍乡贤和新居民乡贤组成,包括本村的老党员、老干部、复退军人、经济文化能人,出生地、成长地或姻亲关系在本村的返乡走亲机关干部、企业法人、道德模范、持证社会工作者、教育科研人员,在外经商、就业的本村能人智士,以及在农村投资创业的外来生产经营管理人才等。会员入会前须经村党组织审核确认并经选举产生,任期 3 年。"三团"是指百事服务团、法律服务团和道德评判团。其中,百事服务团和道德评判团参照原来的职责功能在村(社区)实施。法律服务团将原来百事服务团下面承担法律功能的自治组织分离出来单独作为一个载体在村(社区)开展工作,以对应"三治融合"中的"法治",更加凸显"法治"在基层社会治理中的地位与作用。

(二)融合治理与理念提升

2017 年 10 月,"三治"被写进党的十九大报告,之后《农民日报》发文公开申明"三治"是桐乡社会治理中的一项创举。在 5 年的探索时期内,"三治融合"的发展理念和思路不断完善。除了载体的提升之外,十九大之后,当地市委、市政府在对这项工作的具体部署中更加注重融合发展的思维,包括治理规则、治理主体和资源等的融合发展。一是在治理规则方面,更加注重"自治、法治、德治"三种治理规则和三股治理力量之间的融合性和变通性,在具体的工作中,既注重对三种治理规则的综合运用,又注重在具体的情境对这三种治理规则有所侧重地运用,让基层社会治理的效率最大化。这点可以从这项经验在称谓上所经历的变化加以论证。从 2013 年越丰村的试点至今,在称谓上,它经历了从"三治合一"到"三治建设",再到"三治融合"的转变。二是在治理主体和资源方面,十九大之后,这项经验将更多的主体和资源纳入基层社会治理范畴。动员政府、普通村(居)民、党员、乡贤(包括户口在外地的本村籍乡贤与户口在本地的外地新居民)等尽量多的资源共同参与基层社会治理,共享基层社会治理成果。三是在智慧化运用方面,十九大之后这项经验更加注重对互联网资源的运用,注重线上线下的联动机制,比如"乌镇管家"①就是将互联网融入"三治"发展的典型案例。

三、"三治融合"的阶段性特征

从时间的脉络上看,目前"三治融合"的发展总体还处在初期。根据这项经验的发展特点,这个初期又可分为两个阶段。其中,2013 年至 2017 年为"三治融合"发展的起步阶段。特点是作为一项在社会治理中的创新举措,地方政策推动是该项经验发展的重要因素,"三治融合"在发展之初就得到省级重要领导的关注,但发展尚且停留在地方层面。2016 年之后,在官方政策和新闻媒体的关注下,"三治融合"突破地方层面的发展,得到学术界的关注,并迅速进入中央决策层视野,成为社会治理现代化转型格局中的重要创新经验。十九大之前,"三治融合"作为一项经验,经历了一个自下而上的发展过程。而在十九大之后,"三治融合"进入了发展的黄金时期。"三治融合"被写入十九大报告意味着桐乡的这项经验被提到了前所未有的理论高度。接下来,"三治融合"将作为一项理论,经历一个自上而下的过程,为国内各个地区基层社会治理的实践进程提供强有力的指导,同时充实基层社会治理现代化的理论宝库。从 2013 年至今,对"三治融合"提法和表述的调整,除了在称谓上的变化,关于"三治融合"的三个"治"在表述顺序上也做了调整,经历了从"德治、法治、自治"到"法治、德治、自治",再到"自治、法治、德治"的转变。2013 年在越丰村刚提出"三治"的时候,由于考虑到"德治"的根基作用,以及"自治"是对乡村治理体系的一个目标的设定,将三个"治"表述为"德治、法治、自治"。2014 年十八届四中全会召开,专题讨论了依法治国的问题。地方上为了响应中央全会的精神,突出"法治"和"依法治国"的重要性,将三个"治"的顺序调整为"法治、德治、自治"。但这两次

①　"乌镇管家"是桐乡市乌镇党委在深化网格化管理的基础上对当地基层社会治理模式的创新,通过动员乌镇当地百姓加入基层社会治理的队伍之外,还将互联网元素融入基层社会治理,在当地取得了良好的社会反响。

都是出于地方层面的调整。2017年十九大报告中，最终将三个"治"的顺序确定为"自治、法治、德治"，突出了自治的地位，与十九大报告中"必须坚持以人民为中心的发展思想"先后呼应。

2016年6月，"推进法治德治自治建设，创新基层社会治理"高峰论坛在桐乡乌镇举行。国内外知名高校及研究机构的众多专家学者集聚桐乡，专题研究桐乡的"三治融合"经验，并共同探讨新形势下的基层社会治理工作。这次会议的召开对"三治融合"在学术界的发展具有里程碑式的意义。针对"三治融合"发展的现状、存在的问题以及今后的发展方向，一批理论文献陆续发表，对基层社会治理理论的发展产生了重大贡献。

四、"三治融合"的理论贡献

(一)"三治融合"为乡村社会治理提供了新的样本

十九大报告专门将"三治"作为乡村社会治理体系的核心内容，为乡村社会治理提供了新的样本。相比于传统的"枫桥经验"，"三治融合"有继承的一面，但更是对"枫桥经验"的创新，在思路上实现从社会管控到社会治理的转变。自治是"三治融合"的核心，也是这项经验最为显著的理论贡献。"法治"与"德治"的最高境界最终在于"自治"。"自治"的最大优势在于保障治理效果的同时，减少治理成本，在保障社会稳定和谐的同时，能充分激发基层社会的活力。然而，同样是自治，相比于从国外引进的社工理念，"三治融合"理念更接地气，这项经验发端于中国本土农村，尝试从乡村社会寻求治理资源和合法性，采用总体性治理取代行政化，体现了未来乡村治理的方向，能够将德治、法治和自治的原则和技术嵌入乡村治理的实践中，让社会机制发挥基础性作用（张丙宣、苏丹，2016），为农村社会治理提供了新的样本。英国社会学家安东尼·吉登斯认为，"断裂"是现代性的基本特征。他认为，在从传统向现代转型的过程中，社会是断裂的，传统是被颠覆的。然而，"三治融合"的实践却反驳了吉登斯的论断。在现代化转型过程中，"三治融合"非但没有表现出对传统的背离和抛弃，相反却表现出对传统的延续和继承，就如越丰村对德治的运用正是借助熟人社会的载体，对中国传统道德的延续，这种延续也构成了乡村治理中的宝贵遗产。

(二)"三治融合"为地方政府治理提供了新的方案

面对时代的变迁,自上而下的单渠道的官僚体制和传统观念已经难以实现有效治理(周雪光,2014)。加强与创新基层社会治理是推动国家治理现代化的重要组成部分。"党委领导、政府负责、社会协同、公众参与、法治保障"的社会治理体制明确了新时期社会治理的理念、主体、方式和机制。"三治融合"不仅与乡村社会有内在的契合性,也与新时代的社会治理体制有内在的一致性,多种治理力量相互融合理念同样适应城市社区,为地方政府治理提供了新的方案。站在政府的角度,"三治融合"重视政府治理与社会自治的结合及政府决策与社会民意的对接(郁建兴,2015),建立起了一种新型的政府与社会关系,改变了以前政府包揽一切的现象,在为政府承担部分职能的同时促进简政放权的发展。这项经验本身是政府自我革命精神和权力重新配置的体现(王长江,2016),政府观念的更新对于推进社会建设具有决定性意义,是基层社会治理现代化转型的重要体现。"三治融合"试图整合多元主体参与到社会治理过程中来,提升了社会主体的社会参与权利,在参与过程中各社会阶层的利益诉求能得到良好的表达和回应,有效提高了社会的凝聚力和执政主体的合法性,从根本上推进了社会稳定和社会建设(郑晓华、沈旗峰,2015)。

(三)"三治融合"是法治中国在基层的实践

法治是国家治理的基本形式,社会治理是国家治理的重要内容。推进基层社会治理现代化转型,很重要的一点就是实现社会治理法治化,把社会治理纳入法制轨道,强化法律在维护群众利益、化解社会矛盾中的权威地位,推动形成办事依法、遇事找法、解决问题靠法的良好社会氛围,有效维护社会的和谐稳定[①]。"三治融合"将法治作为主要内容之一放入整个治理框架中,能帮助政府部门树立"依法行政"的理念,引导干部群众自觉遵守法律,运用法治思维和法治方式解决问题、化解矛盾,促进社会公平正义的发展,这是法治中国在基层最直接的体现。此外,法治是规则之治。除了要善于在基层社会治理中运用法律的手段,更要让法治的精神融入日常的社会治理理念和行动之中。"三治融合"中的德治和自治在本质上都是一种规则之治。德治的开展主要是通过道德评

判团内成员的公正与威望,在村规民约的基础上,巧妙运用农村熟人社会的特性,开展各种形式的道德评议活动,试图让村民在先进道德文化的制约下规范自身行为,这就突出了道德规则的重要地位。自治的理念与做法更是突出多方协商、多元合作的规则,拓宽社会治理的边界,降低社会治理的成本。随着"三治融合"的进一步开展,这种理念与做法将成为一种观念深入基层群众与干部内心,最终将上升为一种制度的效力。因此,"三治融合"对基层社会治理现代化的理论贡献也表现在对基层社会治理法治化研究的充实上。

参考文献

[1] 郁建兴.走向社会治理的新常态[J].探索与争鸣,2015(12).

[2] 何显明."三治"探索的意蕴及深化路径[J].党政视野,2016(7).

[3] 张丙宣,苏丹.乡村社会的总体性治理——以桐乡市的"三治"为例[J].中共杭州市委党校学报,2016(3).

[4] 杨开峰.桐乡"三治"实践的解读[J].党政视野,2016(7).

[5] 王长江.桐乡"三治"实践的启示[J].党政视野,2016(7).

[6] 蓝志勇.桐乡"三治"经验的现代意义[J].党政视野,2016(7).

[7] 郑晓华,沈旗峰.德治、法治与自治:基于社会建设的地方治理创新[J].马克思主义与现实,2015(4).

[8] 孔越,张潘丽.桐乡"三治":看一个县域如何创新社会治理[N].嘉兴日报,2016-06-23(02).

[9] 曹锦清,刘炳辉.郡县国家:中国国家治理体系的传统及当代挑战[J].东南学术,2016(6).

[10] 胡桓.反思"皇权不下县"[N].中华读书报,2015-11-07.

[11] 周雪光.中国国家治理及其模式:一个整体性视角[J].学术月刊,2014(10).

[12] 狄金华,钟涨宝.从主体到规则的转向:中国传统农村的基层治理研究[J].社会学研究,2014(5).

[13] 周庆智.基层社会自治与社会治理现代转型[J].政治学研究,2016(4).

"最多跑一次"改革推进县域治理现代化的实践与思考

——以浦江县为例

魏　斌

（浦江县委党校）

摘　要： 浙江"最多跑一次"改革通过外在压力形成倒逼机制促使政府减权、放权、治权和优化政务服务，做到政府职能转变，打造让人民群众更有获得感的服务型政府。近年来，浦江县以"最多跑一次"改革为切入点，通过念好三字经、精准发力纵向延伸、创新审批新机制等具体措施，提出"最多跑一次"改革要坚持以人民为中心的理念，营造良好政策和制度环境、推行标准化原则审批流程、推广政务服务信息化保障县域发展活力等经验，以期对加强县域治理现代化有所借鉴和启发。

关键词： "最多跑一次"改革；县域治理；现代化

当前中国处于经济社会转型的关键时期，社会的复杂性、分散性和不确定性显著增加，县域的传统治理模式已经不能适应新时期经济社会发展的需要，因此推进县域治理现代化很有必要。习近平在会见全国优秀县委书记时强调"郡县治，天下安"，"在我们党的组织结构和国家政权结构中，县一级处在承上启下的关键环节，是发展经济、保障民生、维护稳定的重要基础"。① 近几年来，浙江省委、省政府贯彻落实党中央关于全面深化改革的决策部署，提

---

① 　新华网：《习近平会见全国优秀县委书记》，http://www.xinhuanet.com/politics/2015-06/30/c_1115773120.htm。

出"最多跑一次"改革,是浙江在深化"放管服"改革的重要举措,也是推动政府治理体系和治理能力现代化的前沿性探索,让百姓和企业得到更优质的政务服务,获得更大满足感。近年来,浦江县委、县政府高度重视推进"最多跑一次"改革,在行政事务、商事登记、投资项目审批、行政标准化体系、电子政务等方面进行了积极实践,并在推进县域治理现代化方面做出了很多探索,成效显著。

一、"最多跑一次"改革是推进县域治理现代化的切入点

(一)"最多跑一次"改革使县域政府职能发生深刻转变

"最多跑一次"改革促使县域各级单位和部门进行减权放权,对各部门之间的信息壁垒进行清除,提高部门间的数据共享和工作协同水平。通过搭建县域部门之间的数据共享平台,能够促使政府与群众之间的良性互动,降低行政成本,让政府工作人员手中的权力和资源得到正确和有效的运用。让原本视权力和资源为交换个人利益的脱离公共行政服务本质的行为能够受到监督,让因为信息封闭和独占造成决策失误和政务处理时间漫长的局面得到改善。

(二)"最多跑一次"改革对县域基层治理开展短板补缺

县域治理的很大一部分难题在基层,基层的发展是全面建成小康社会的关键所在。我国能否决胜全面小康,还是要看如何改善和加强基层的公共服务和社会治理。而在基层治理中,公共服务水平是一大短板,存在着管理体制机制不健全、服务观念错位、服务水平低等问题。"最多跑一次"改革将改革的触角延伸到基层,把公共服务带到基层,把社会资源带到基层,让"最多跑一次"改革对县域基层治理的短板进行查漏补缺。

(三)"最多跑一次"改革让县域治理水平更加科学高效

随着大数据时代的到来和云计算的广泛应用,"最多跑一次"改革能够通过搭建统一的数据管理技术平台,让各部门的数据能够统一和共享,利用大数据使分析、处理数据的时间大幅缩短,有效地提高政务服务工作效率,缩减开支,降低行政成本。互联网大数据在政府公共服务中的运用,能够提高高层决策的

科学化水平,提升社会管理和社会治理的水平,科学高效的县域治理水平也是推进国家整体治理体系和治理能力现代化的重要基础。

(四)"最多跑一次"改革让县域政群关系更加亲密连心

"最多跑一次"改革是践行以人民为中心发展思想的生动实践。习近平总书记曾指出:"落实以人民为中心的发展思想,想群众之所想、急群众之所急、解群众之所困。"①全面深化改革的成效如何,是以人民群众和商家企业的满意度为标准的。作为县域"最多跑一次"改革的重要指标,要贯彻"四不""四能"理念:"四不"即不让百姓多缴一分钱,不让群众多等一分钟,不让百姓多跑一里路,不让群众多带一份材料;"四能"即能在网上跑的就不让群众在路上跑,能让干部跑的就不让群众跑,能让政府部门查证的就不让百姓自己去查证,能由政府部门出具或者发放的就不让群众提交,实行群众进中心办事携带材料不得超过五种的新举措,以承诺倒逼改革。承诺就要兑现。近年来浦江县的"最多跑一次"改革让老百姓更有获得感和幸福感,政府基层治理体系和治理能力现代化水平有了切实提高。

二、浦江县"最多跑一次"改革的主要举措与成效

浦江县以深化"最多跑一次"改革为突破口,攻坚克难、不断创新,实现"最多跑一次"事项 652 项,占比 97.8%,194 个事项实现"跑零次",取消材料 863 项,审批办理普遍提速 50% 以上。浦江县创新性地开展了"百名局长进中心""立体督查巡回跟踪"活动,提出合理化建议 92 条,现场解决问题 128 个,局长协调解决问题 28 个。商事登记改革餐饮行业证照联办时限由 20 个工作日缩短至 5 个工作日,办理时效浙江省第一。企业投资项目实现"四个百分百","区域环评＋环境标准""区域能评＋能耗标准"和"标准地"＋"承诺制"等工作走在前列。

---

① 新华网:《习近平:从解决好人民群众普遍关心的突出问题入手推进全面小康社会建设》,ht-tp://www.xinhuanet.com/politics/2016-12/21/c_1120162829.htm。

(一)牢记"减、简、兼"三字诀

一是"减"审批材料。按照"四减一容缺"要求,认真梳理事项精简不必要的材料证明,尽量减少办事群众提交的材料。目前浦江县共梳理出可减少材料的事项 433 项,合计取消材料 863 项,通过数据共享不需要当事人提供材料数 689 项。

二是"简"审批流程。推行办事一窗集成服务,整合办事环节,聚力流程再造,能并联的绝不串联,让办事群众"一窗受理、一窗办结",实现医保外伤患者实施"一表一诺"住院费用报销新流程,社保类即办件实行无填单服务,医疗救助"一站式"结算等。

三是"兼"代办服务。为方便企业办事,提升为企业服务水平,全面推行代办服务,让企业少跑腿、少碰壁,由部门"审核员"兼"代办员",对一些情况复杂的、材料要求高的事项,提前介入,做好指导服务工作,有效提升群众获得感。

(二)精准发力纵向延伸

一是便民组合拳精准发力。全面取消窗口收取复印件,推出午间零休制、政务夜市制、预约办理制、上门服务制、领导轮岗制等服务机制,实行午间办、晚上办,预约周末办、假日办,通过延长办公时间、网上预约、错峰办理等方式,极大方便了办事群众。

二是政务服务向基层纵深推进。推动"一窗受理、集成服务"改革向乡镇(街道)、村(社区)延伸,推行开展多点办理和同城通办模式。如浙江省首家"社区+公安"便民服务中心可以办理户籍、出入境、交管等 18 项业务;通过"警医邮"、医疗救助"一站式"结算、108 家"丰收驿站"等载体,使得"最多跑一次"改革在基层社区得到有效延伸。

(三)探索企业投资审批新机制

浦江县建立"一家牵头、统一受理、同步办理、集中实施、限时办结"工作机制,推行企业投资项目高效审批制度;结合"区域环评+环境标准"和"区域能评+能耗标准"、施工图联合审查等系列改革,进一步加强办事集成服务,整合办事环节,聚力流程再造,实行同一项目多事项联合审批、合并办理,进一步提效增速。如建设局通过对规划类批前公告的优化改革,取消国有出让、国有划拨土地建设用地规划许可批前公告程序(15天),同时,对规划类审批事项,改变以前10天批前公告,5天提异议的办法,采取批前公告与相关利害关系人提异议同步,使建设项目选址、建设工程规划许可公告时间分别由15天缩短为10天。此项改革缩短项目审批办理时间就达25天。民用建筑节能审查和工程规划许可证、建设工程质量安全监督手续与建筑工程施工许可证合并办理,该项改革可提速9个工作日,通过改革企业投资项目建设局审批环节就可以减少34个工作日。

(四)开展"百名局长进中心"活动

习近平总书记曾指出:"对突出矛盾要有责任意识,主动去解决而不是回避推卸,努力做到发现在早、处置在小。对突发事件要临危不惧、沉着冷静、敢于负责,关键时刻要亲临现场、靠前指挥、果断处置。"①从2017年6月初以来开展"百名局长进中心"活动,活动要求每月第一周的周二为单位一把手进中心,平时每周五为班子成员进驻中心。要求各班子成员带着问题进中心,帮助群众全程代办一个事项,全程体验办事过程的各个环节。活动中,重点关注企业干部群众反映最强烈的问题,突出为企业群众做好排忧解难的工作。活动中力戒形式主义,不搞一阵风,追求实际效果,在重实践求实效上下功夫。建立监督机制,推出"协调制、会商制、交办制、落实制"的工作机制,要求各窗口单位于每周四下班前将需协调解决的问题汇总后上报中心督查科,督查科于周五上午召集相关工作人员会商,根据问题所涉范围、影响及难易程度,进行分类汇总,按流程进行交办。同时,对办理进度进行跟踪落实。活动使各部门政务服务办事材料更加精简、审批更加便捷、百姓办事更加方便。例如,浦江县在2017年9月份集中体现出来的社保参保问题,群众办理参保要跑地税、银行等部门,一个事项至少还需要跑3次。通过"百名局长进中心"活动,召集涉及的各部门进行研究,通过在社保窗口增设地税缴费窗口,通过互联网技术与银行实行相关协议的网签,及时解决了群众参保跑多次的问题,窗口单位服务质量和服务效率都有了较大的提升,取得了较好的成效,为县域治理现代化积累了更多经验。

---

① 新华网:《习近平:做焦裕禄式的县委书记》,http://www.xinhuanet.com/politics/2015-09/08/c_128206065.htm.

（五）助推信访工作"最多跑一次"改革

习近平总书记强调"领导下访接待群众，是新时期开展群众工作的一种有效形式，也是从源头做好信访工作的一项有力措施"，并提出了"进一步规划和完善领导下访接待群众制度，努力把信访工作特别是下访工作做得更好"的工作要求。[①] 为深化领导干部下访机制，开展民情民访代办工作，助推信访"最多跑一次"改革，打造全科受理、访调一体、集成联办、一站化解的信访超市——大调解中心，建立信访工作"五机制"，从源头上预防和化解各类社会矛盾纠纷，努力实现信访矛盾化解"最多跑一地、最多跑一次"。按照一窗受理、集成办理的要求，因地制宜整合资源，搭建适应联合接待、联合调处、联合服务、民情民访代办、信访化解、司法确认、简案速裁与会商议事工作必需的实体平台，形成资源整合"聚合效应"。

第一，建立统筹协调联动的集成办理机制。政法、信访、公安、司法、法院、医调等解纷力量和纪委、人力社保、自然资源、建设、综合执法等信访量大的部门及第三方社会力量为常驻，经济商务、教育、民政、环保、卫生等部门和乡镇（街道）、开发区根据信访矛盾总量和复杂程度、阶段性工作需要及应急处置等要求，采取集中进驻、轮流入驻、随叫随驻、事先预驻等形式，参与联合接待与矛盾调处化解，同时建立"两代表一委员"、律师、专家学者、著名乡贤等人才库，视情参与疑难复杂案件的调处以及听证、民情民访代办等重要活动，实现"单部门办理"向"多部门协同办理"的转变。

第二，建立统分结合的分类处理机制。对群众提出的代办事项和信访矛盾，进行统一登记、集中分流、分类处理、一揽子调处。对涉法涉诉类事项交由政法机关干部组成的专业队伍接待，准确区分诉类事项和访类事项，分别导入相应法律程序和信访程序办理；对向有权处理的行政机关提出的代办事项和信访矛盾，由行政机关干部组成的专业队伍接待，按"依法分类处理"的原则，能够适用其他法律法规规章或合法有效的规范性文件要求的，按照相关规定办理，其他的导入信访程序办理；纪检监察类事项由纪检监察部门按相关规定办理。

---

① 人民网：《领导下访是一举多得的有益创举》，http://zj.people.com.cn/n2/2017/0531/c186937-30257882.html。

第三，建立受办一体的即接即办机制。对受理的涉诉类信访事项，在双方当事人平等自愿的基础上，依据法律、法规、政策就地进行调解，调解不成的导入诉讼程序办理。对事实清楚、政策明确、相对简易的投诉类信访事项，由事权单位当场直接调处，无法当场调处的，由事权单位牵头调处，并在规定时间内向群众书面反馈调处结果；对于事权涉及多部门的信访事项和复杂疑难信访事项，通过信访超市——大调解中心联合会商调处意见或提请信访工作联席会议召集人协调研处。对无法当场办结的，告知群众办理时限、相关依据、规定和实时进展情况，并书面反馈最终处理结果，以干部、数据多跑腿换取群众少跑腿。

第四，建立事心双解的教育疏导机制。建立最广泛有效的思想教育工作统一阵线，依靠群众、发动群众，联合各方力量共同做好思想教育工作，包括上访群众所在单位、村（社区）及亲朋好友，联合法律工作者、心理咨询专家及地方志愿者、社会贤达人士等共同开展工作，形成无所不在的思想教育工作态势。强化心理咨询师参与联合接访工作，实时开展心理疏导和提供心理咨询服务。

第五，建立及时有效的依法处置机制。严格按照国务院《信访条例》《浙江省信访工作条例》和公安部《关于公安机关处置信访活动中违法犯罪行为适用法律的指导意见》及省法院、省检察院、省公安厅联合下发的有关指导意见精神，对无理访、缠访、闹访的，工作人员及时进行劝阻、批评或者教育，经劝阻、批评和教育无效的，由公安机关予以警告、训诫或者制止；违反集会游行示威等有关法律法规规定和治安管理行为的，公安机关采取必要的现场处置措施，给予治安管理处罚，构成犯罪的，依法追究刑事责任。同时，加强法治宣传教育，加大舆论引导力度，强化网上网下联动，公开曝光依法处置典型案例，切实起到惩处一个、教育一片的效果。

浦江打造信访超市实现诉讼与非诉讼纠纷解决方式的有机融合，做到一般矛盾纠纷就地化解，重大矛盾纠纷专案化解，疑难复杂矛盾纠纷联合化解，实现矛盾纠纷排查率、化解率和群众满意率明显提高，群体性事件、民转刑案件、民事诉讼案件、涉法涉诉信访案件、进京赴省上访数量逐年明显下降，使信访超市——大调解中心成为化解信访矛盾的主阵地、终点站。

三、浦江县"最多跑一次"改革对推进县域治理现代化的经验与思考

县域治理现代化是推进国家治理体系和治理能力现代化的关键一环。县一级治理工作有着自己的运行规律和特点,一个县治理工作的水平关系着整个县的政治、经济、社会、文化、生态文明和党的建设等各个方面。"最多跑一次"改革从某种意义上来说,是通过采取一系列多层面、系统化的制度改革、机制创新和流程再造,解决了一部分县域治理长期以来存在着的数据割据、部门主义、繁文缛节等顽疾,极大地促进了县域治理的现代化水平。

(一)县域治理现代化要秉持以人民为中心的理念

习近平总书记曾说道:"全党同志要把人民放在心中最高位置,坚持全心全意为人民服务的根本宗旨,实现好、维护好、发展好最广大人民根本利益,把人民拥护不拥护、赞成不赞成、高兴不高兴、答应不答应作为衡量一切工作得失的根本标准,使我们党始终拥有不竭的力量源泉。"①群众路线是我们党根本的政治路线和组织路线。它要求我们的领导干部牢记党的宗旨,要把民众冷暖时刻挂在心间,解决群众迫切需要解决的各种突出问题。习近平在中央党校县委书记研修班座谈会上强调"全面深化改革,县一级要做什么事,能做什么事,要不等待、不观望,坚持问题导向,积极主动作为"。②"最多跑一次"改革是为了解决群众面临的基本问题而产生的,也是在群众的督促和建议下不断发展的,它解决了群众反映最强烈的问题,以实际行动让群众和企业拥有实实在在的满足感。县域治理面临的群众问题最为烦琐,"最多跑一次"改革就是要通过一场制度改革,让"数据跑"代替"群众跑",让"干部辛苦"换来"百姓满意"。"最多跑一次"改革响应了人民群众的期盼,让群众获得幸福感,是推进县域治理现代化的浙江样本。

---

① 新华网:《习近平:在庆祝中国共产党成立 95 周年大会上的讲话》,http://www. xinhuanet. com/politics/2016-07/01/c_1119150660. htm。

② 新华网:《习近平:做焦裕禄式的县委书记》,http://www. xinhuanet. com/politics/2015-09/08/c_128206065. htm。

（二）县域治理现代化要优化制度和法治环境

在"最多跑一次"改革中,许多事项的改革都遇到了难以逾越的顶层障碍,需要从省市层面对改革中遇到的制约因素加以解决,为县域基层"最多跑一次"改革创造更加良好的政策和制度环境,这样才能更好激发社会和市场的活力。县域政府要建立"最多跑一次"改革的长效机制,让更多的便民、惠民政策能够通过长效机制加以固化,保障落实到位。要加强制度保障和法治保障,营造法治氛围,让公平、透明的清风在社会流动。习近平总书记曾指出:"依法治国的根基在基层。"要"善于运用法治思维谋划县域治理。要牢记法律红线不可逾越、法律底线不可触碰,做决策、开展工作多想一想是否合法、是否可行,多想一想法律的依据、法定的程序、违法的后果"①。坚持把法治贯穿于"最多跑一次"改革全过程,形成依法办事、遇事找法的社会共识,县级政府应该把树立法治观念、规范意识放在推进县域治理现代化中的首位,避免主观随意,注重制度建设,采取集体决策办法,保障决策的民主化、法制化,确保公共服务和社会治理各项工作科学、高效、有序地开展。

（三）县域治理现代化要推进事项审批标准化原则

著名经济学家约瑟夫·E.斯蒂格利茨曾说:"政府在任何一个社会中都扮演了重要角色。问题不在于经济活动中是否应该有政府干预,而在于政府到底要干些什么。"②"最多跑一次"改革是县域政府加强部门标准化建设的重要机遇,应建设政府部门协同工作体系,整合政府部门分散的资源信息,统筹协调,推动政务服务和监管体系的平台建设。一是围绕群众眼里"一件事",进一步梳理涉及多部门、多层级"最多跑一次"事项,扩大"一件事"的实施范围,让更多的事项纳入证照联办,使群众只需跑一个窗口跑一次就能办成事;持续开展"四减一容缺"工作,按照"能减尽减"的原则,深入清理涉及企业、群众办事的各种证照和奇葩证明、循环证明,进一步梳理规范办事事项和办事指南,优化办事环境,并随时做好动态调整,实现所有事项"最多跑一次"事项标准化100%全覆

---

① 新华网:《习近平:做焦裕禄式的县委书记》,http://www.xinhuanet.com/politics/2015-09/08/c_128206065.htm。

② ［美］约瑟夫·E.斯蒂格利茨,周立群等译:《社会主义向何处:经济体制转型的理论与证据》,吉林人民出版社1998年版,第288页。

盖。二是以问题为导向,抓实改革目标任务,继续加强办事集成服务,整合办事环节,聚力流程再造,提升服务效率;创新企业投资项目管理模式,全面铺开企业投资项目承诺制改革,实现"标准地"+"承诺制"改革;全面应用投资项目在线监管平台,实行代办人员"一对一"企业项目代办服务,实现一般企业投资项目开工前"最多跑一次"和审批"最多一百天"。

(四)县域治理现代化要提升政务服务信息化水平

目前"最多跑一次"改革的主要途径就是推进信息化。习近平总书记在网络安全和信息化工作座谈会上指出,"要运用大数据提升国家治理现代化水平","要以推行电子政务、建设智慧城市等为抓手,以数据集中和共享为途径,推动技术融合、业务融合、数据融合,打通信息壁垒……实现跨层级、跨地域、跨系统、跨部门、跨业务的协同管理和服务"。[①] 电子政务服务尤其是政务服务网是公众通过网络办理行政事务的重要方式,提高电子政务服务的建设水平应该以电子政务使用者为导向,优化政务服务网的服务质量和体制机制。政府应当积极地做好宣传工作,充分利用电视、报刊、微博、微信等媒体,以及乡镇(街道)、村(社区)行政(便民)服务中心、政务(村务、居务等)公开栏等各种渠道,面向服务对象宣传网上办事的相关内容,提高电子政务服务的用户知晓度和使用率。整合各条线信息平台,加快推进数据共享,运用电子证照、电子签章、电子公文等技术,以电子化运作代替纸质化操作,提高办事效率,同时进一步提高网上办事比例。一时无法实现数据共享,暂时使用人工联通的方式,尽量用数据跑代替群众跑。充分利用现有农信行网点、丰收驿站和电商中心的设备及人员优势,依托浙江政务服务网统一平台和乡镇(街道)、村(社区)政务服务事项库,建设乡镇(街道)网上服务站,全面公开乡镇(街道)、村(社区)政务服务事项的服务指南,推动适宜网上运行的事项实现网上申报、网上办理,打造规范、透明、便捷的基层网上服务体系。

总之,浙江省"最多跑一次"改革为推进县域治理现代化提供了全新的视角。以浙江省浦江县为例,秉持以人民为中心的执政理念,以人民获得感为目标的改革方向,坚持以问题为导向,创新优化体制机制,优化营商环境,营造公

---

① 新华网:《习近平:实施国家大数据战略加快建设数字中国》,http://www.xinhuanet.com/politics/leaders/2017-12/09/c_1122084706.htm。

平、和谐的法治社会,在政府各部门之间构建更加科学、高效的行政审批标准化体系,积极推进"互联网＋政务服务",将信息化、智能化融入"最多跑一次"改革当中,让更多的群众和企业感受到县域治理现代化和全面深化改革带来的积极变化。

参考文献

[1] 新华网. 习近平会见全国优秀县委书记[EB/OL]. (2015-6-30)[2018-4-20]. http://www. xinhuanet. com/politics/2015-06/30/c_1115773120. htm.

[2] 新华网. 习近平:从解决好人民群众普遍关心的突出问题入手推进全面小康社会建设[EB/OL]. (2016-12-21)[2018-4-20]. http://www. xinhuanet. com/politics/2016-12/21/c_1120162829. htm.

[3] 新华网. 习近平:做焦裕禄式的县委书记[EB/OL]. (2015-9-8)[2018-4-25]. http://www. xinhuanet. com/politics/2015-09/08/c_128206065. htm.

[4] 人民网. 王国勤,浦江县委党校课题组:领导下访是一举多得的有益创举[EB/OL]. (2017-5-31)[2019-5-21]. http://zj. people. com. cn/n2/2017/0531/c186937-30257882. html.

[5] 新华网. 习近平:在庆祝中国共产党成立95周年大会上的讲话[EB/OL]. (2016-7-1)[2018-4-25]. http://www. xinhuanet. com/politics/2016-07/01/c_1119150660. htm.

[6] 斯蒂格利茨. 社会主义向何处:经济体制转型的理论与证据[M]. 周立群,等,译. 长春:吉林人民出版社,1998.

[7] 新华网. 习近平:实施国家大数据战略加快建设数字中国[EB/OL]. (2017-12-9)[2018-4-25]. http://www. xinhuanet. com/politics/leaders/2017-12/09/c_1122084706. htm.

村级金融服务机构参与现代乡村治理的创新路径研究

——以云和县全国首批乡村振兴金融服务所社会治理功能的发挥为例

宋凤琴

（海盐县委党校）

摘　要：乡村治理现代化是国家治理现代化的重要基础，治理创新是现代乡村经济社会发展的必然要求。随着全面乡村振兴战略规划的加快实施和各项质量兴农政策的实践推广，传统的乡村治理模式很大程度上难以满足乡村发展的新时代需求。丽水市云和县联合村镇银行乡村振兴金融服务所通过提供形式多样的金融"微"服务参与乡村社会治理，承担起乡村治理新主体的角色，化金融供给为治理服务，广受好评。本文从理论上梳理了治理创新与乡村振兴的学理联系，结合时代背景分析了制约当前乡村治理创新的主要因素，并基于对云和县全国首批乡村振兴金融服务所社会治理功能发挥的调查，总结了村级金融服务机构参与现代乡村治理的创新路径及经验启示。

关键词：金融服务所；乡村振兴；治理；创新

　　国家治理现代化的基础和本源在于乡村治理现代化。乡村治理现代化的动力和关键在于创新治理方式。乡村治理创新是现代乡村经济社会发展的必然要求。没有现代化的治理就没有乡村全面振兴，没有治理机制的持续创新就没有乡村的民生繁荣。随着全面乡村振兴战略规划的加快实施和各项质量兴农政策的实践推广，传统的乡村治理模式很大程度上难以满足乡村发展的新时代需求。如何拓展全新的治理创新手段,开发更多元化的乡村治理主体,从治理层面推进乡村振兴进程,助力乡村发展亟待提上日程。

一、村级基层治理助力乡村振兴的意义与价值

王闿运在《上巡抚恽侍郎书》中说:"观其诚伪知其治乱,观其轻重知其兴亡。"一个国家如此,一方一域亦如此。乡村发展,治则兴,不治则乱,乱则不进。乡村全面振兴离不开乡村有效治理,乡村振兴是乡村治理的目标和归宿,乡村治理是实现乡村全面振兴的有效途径和重要举措。村级基层治理是基层社会治理的关键领域,其治理水平的高低直接反映一个地方基层治理的现代化程度。基层治理现代化要适应国家治理现代化的标准和要求,重点在于牢牢把握村级治理的科学化与时代化。村级治理难点在创新,创新是激发村级社会治理活力,保障基层治理永续发展和乡村全面振兴的基本标准。

乡村振兴战略是党的十九大针对做好"三农"工作提出的重大决策部署,是引领新时代乡村事业发展的行动指南。乡村金融治理作为乡村时代发展的重要支撑力量,在实现乡村振兴过程中具有重要的基础保障作用。从目前各地开展乡村振兴的实践看,尽管各地均提出了金融支持乡村振兴的具体措施,但市场定位不够精准,扶持模式不够新颖,金融供给的质量明显不高,对乡村振兴的支撑作用不够明显。如何切实利用村级金融机构在乡村振兴中的资金优势、产品优势和服务优势,充分发挥彰显其治理功能,开辟乡村振兴与乡村治理协同发展的良好支撑路径,通过乡村金融振兴引领乡村全面振兴,具有重要的实践意义。

云和依托县域金融行业的核心资金和信息优势,精准把握定位,加强由金融供给模式向治理服务模式的创新转型,通过村级金融机构发挥社会治理功能,以村级金融治理带动乡村社会治理,为乡村全面振兴提供有效的资金支持、服务支持及制度支持,大大提升了乡村治理水平,优化了乡村治理环境。全国首批乡村振兴金融服务所暨云和联合村镇银行金融服务所的设立,让我们耳目一新,它把乡村发展带进了创新型金融载体时代,带来了金融产品及金融服务模式的转型升级,更让我们看到了一个全新的乡村治理主体,为我们打开了乡村治理现代化的全新视角。

二、治理定位的乡村金融：云和县乡村
振兴金融服务所概况

因时而建，为民而生。乡村振兴金融服务所是云和县针对乡村发展中存在的短板，联合人民银行和杭州村镇银行而打造的一个综合金融服务机构。目的是围绕全县乡村经济发展目标，打造提供智能化、立体式、亲民式集金融服务、生活服务等于一体的多维综合服务场所。金融服务所立足于专门为乡村经济社会发展提供高质量金融服务及金融关联服务，在功能使用上以金融服务为核心，更加突出便民服务和治理服务，是金融支持乡村振兴的全新突破口和创新载体，依托金融服务所可以在资金渠道、金融产品供给方面寻求新的"微"模式，驱动金融服务的精准化。以服务促进治理，以治理完善服务，推动乡村金融由金融供给向治理服务转变，以最大程度地实现金融服务所的治理功能化为目标，切实实现乡村金融与民生生活的高度融合。"麻雀虽小，五脏俱全"，以"小"见"大"，是对云和乡村振兴金融服务所治理功能发挥的生动描述。

择村而设，邻民而居。目前，云和依托联合村镇银行投入使用的全国首批乡村振兴金融服务所共有浮云街道溪口村、石塘镇小顺村两所，服务所功能划分主要围绕业务功能和治理服务功能两个层面来开展。在业务功能方面，主要以传统的转账汇款、小额存取、扶贫贷款等金融服务为基础，为乡村振兴融资聚资。在治理功能方面，主要包括五个模块：一是承担新角色，协助推进乡村基层政治治理；二是代理新服务，深入促进乡村社会治理；三是开发新产品，全面理顺乡村经济治理；四是开展新活动，活跃乡村文化治理；五是培育新动能，养护乡村生态治理。金融服务所首批选址在小顺村和溪口村完全适应了两个村乡村振兴发展进度的迫切需要，乡村各项事业的发展急需一个提供综合性服务的专项"一站式"平台，两个村风景怡人，交通便利，文化深厚，享有毗邻云和湖景区的先天优势，也是各个行政村村民开展生产生活活动的重要节点。与此同时，两村主要定位于大力发展景湖风景特色旅游、特色高效生态农业、特色民宿、休闲旅游观光农家乐，发展势头强劲。

三、从金融供给到服务治理：金融服务所参与乡村治理助力乡村振兴的功能转型创新路径

自乡村振兴金融服务所成立以来，通过发挥其有力的资金优势和综合服务优势，在未来 3 至 5 年内，云和县将不断扩大试点推广，增设服务所数量，实现其在县域范围内城乡规划全覆盖，改变村级金融服务机构空白缺失的现状，构建布局合理、功能齐备、机制完善、层次分明的乡村金融服务体系，为县域乡村治理提供更精准的服务工作站，全面优化乡村治理结构。着眼金融服务乡村建设，金融服务完善乡村治理，云和联合村镇银行金融服务所打破传统金融服务方式，注重把乡村治理实践需求与金融服务方式进行问题对接，采取"微"模式开展"微"服务，促进乡村金融发展由过去单一的金融产品供给向现在的治理服务转型，探索出了村级金融服务机构参与乡村治理的创新路径。

（一）聚焦乡村经济治理，创新融资开发服务

破解乡村融资难和担保难问题是乡村经济治理的当务之急。针对乡村产业发展中的资金短板问题，乡村振兴金融服务所勇于打破传统金融大水漫灌的单向供给方式，开辟点对点的供需治理服务模式。

一方面大力开发有利于乡村产业要素流动的金融产品。推出生态公益林收益权贷款、农房流转使用权贷款、农村股权质押贷款等浙江省首创金融产品。农村集体公益林未来补偿金质押贷款由村镇银行、村委会、担保公司签订合作协议，以村质押贷款基金为反担保，担保公司为村集体、村民提供担保；农村股权质押贷款由村镇银行、村委会、担保公司签订合作协议，成立三人审核小组，以股权证提出申请，由担保公司为村民担保；农房流转使用权抵押贷款首先要签订农房使用权租赁合同，由银行综合评估剩余租赁期限、装修、家具、民宿经营等，通过经营者信用等级、地理位置等确定抵押物价值。三种金融服务有效盘活了乡村的沉睡资源，合理配置了各乡村金融要素，激活了乡村各经济要素。此外，针对云和本地特色电商聚集和民宿发展潜力较大的特点，开发特色产业贷：农村电商贷和民宿贷。另一方面全面推出有利于协调乡村农户经济关系的金融服务。在浙江省首创农村养老金贷款产品，创新推出特殊群

体贷：云孝乐、农老乐很大程度上帮扶了那些在孝顺父母和养老方面存在经济困难的村民，云商贷和致富贷则针对村级农户开展商业活动、致富增收发挥了基础推动作用。

这些融资开发举措，有效避免了乡村振兴发展实践过程中的信息不对称，确保了乡村金融资金的高效落地和高效利用。以石塘镇小顺村金融服务所为例，近年来，有了金融服务所的资金支持，很多外出返乡农民在大力开展农村特色产业发展等项目，开展的一些特色种养项目都取得了规模效应。仅在试营业期间，该所就已对村民发放便民贷款 25 笔，共 286 万元。截至目前，共发放各类助推乡村振兴特色贷款 856 笔，共 1.26 亿元。

（二）针对乡村政治治理，拓展政府职能服务

充分挖掘乡村多元化微载体，广泛发动村民参与，大力整合党团参与、企业参与、组织参与的村级政治功能共建，有效延伸政府乡村服务职能是乡村政治治理创新的重要突破口。针对传统乡村政治治理方式单一、治理机制相对割裂的问题，乡村振兴金融服务所明确自身载体定位，努力强化自身党团引领示范，积极协调政府延伸职能代管，承担起"有位但不越位、参与但不主导"的政治职能新角色。

一方面，自身引领示范，百姓积极参与。一是深入推进内控与合规文化建设。将党员守纪律、讲规矩与服务所员工树立合规思想有效结合，并通过发放传单、印制手册、不定期走访、参与召开村民大会等形式，向村级党组织、村民、农户等宣传遵守党纪国法、行业规矩的共同认知和自觉行动。二是全力支持由县委改革办、团县委、县行政服务中心主办，县检察院团支部承办的县级青年文明号创建。以"管理一流、服务一流、人才一流、业绩一流"为标准，不断推进完善各项金融基础管理工作，使"青年文明号"创建活动成为引领乡村青年思想政治工作和乡村精神文明建设的重要载体。三是激励和引导青年员工、乡村青年坚定政治信仰，形成脚踏实地、勇于担当、干事创业的良好品质。如为纪念"五四运动"100 周年，服务所员工联合石塘镇机关团支部青年、乡村振兴新青年协会会员一同在小顺村举行"青春心向党"主题党团日活动。

另一方面，承担政府工作延伸代理服务。积极配合职能部门、镇政府的工作，承担政府部分工作职能。如代理办理扶贫信息统计监测（见图 1）、居家养老

服务中心运营管理(见图2),再如低保代发、审核、发放3项民生业务办理。既加深了基层政府与乡村老百姓的感情,又纾解了乡村遗留意识的形态痼疾,增强了政府公信力。

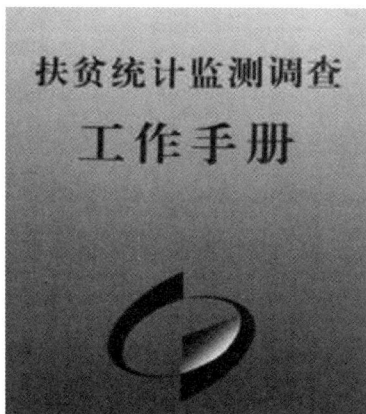

图 1　扶贫监测手册　　　图 2　代管台账资料

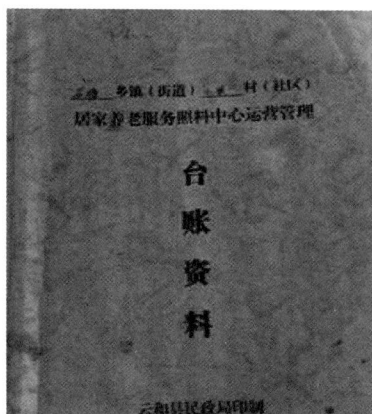

(三)围绕乡村社会治理,细化民生综合服务

以往的乡村金融模式因为农民主体的特殊性无法做到普惠性服务、民生全覆盖服务,而乡村振兴金融服务所的出现,则集中代表了以乡村治理为主导,以村级银行站点抑或村级保险、期货场所等为工具的农村综合型、服务性机构的渐次涌现。通过创新便民服务、社会管理服务、生活服务等金融关联综合服务,提供具体的载体"支点",可以有效满足乡村居民的多样化需求,延伸农村金融服务功能,切实解决了乡村治理服务"最后一公里"难题。

乡村振兴金融服务所结合所在村实际,开设小型超市,销售当地特色农产品和日常生活用品,建立农村电商线上线下销售模式。同时,针对农村社区和人口构成特点,开展助老爱老服务,做好对乡村孤寡、空巢、留守老人的关爱工作(见图3),开展扶贫助残、医疗保健、法律援助等送温暖志愿服务活动。此外,还计划建立乡村物流网络,解决边远农村快递物流投送时效慢、成本高、邮寄不便的难题。民生热点服务、96345热线服务、老李帮忙团等一线民生服务都在金融服务所找到了中转站和联系站。

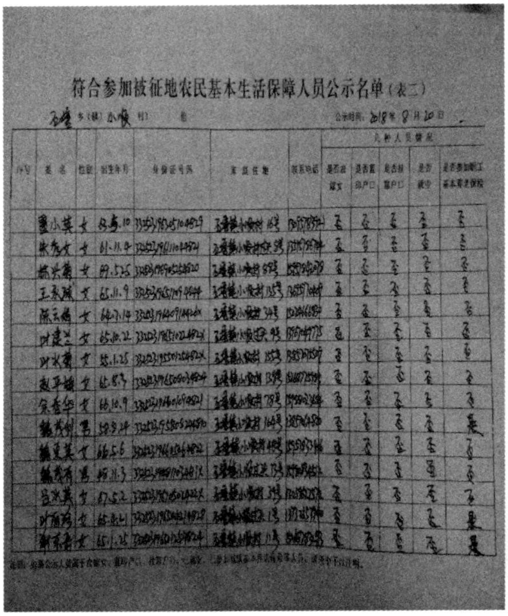
符合参加被征地农民基本生活保障人员公示名单（表二）

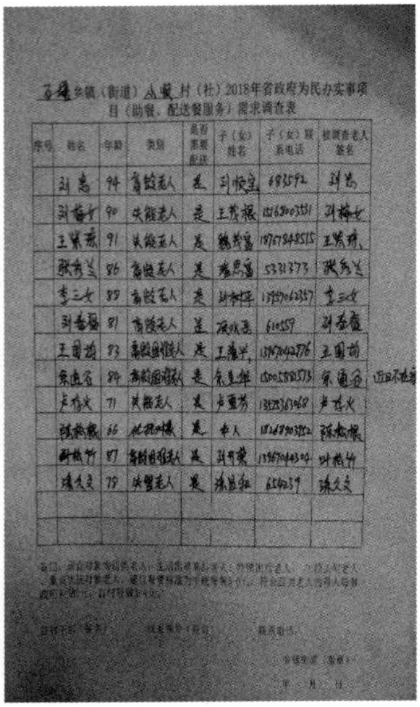
乡镇（街道） 村（社）2018年省政府为民办实事项目（助餐、配送餐服务）需求调查表

图 3　助老送餐服务与农民生活保障信息服务

此外，乡村服务所还专门服务“三治结合”，促进治理有效。一是大力支持“三位一体”农合联改革，促进农民生产合作、供销合作及信用合作，助力农合联成为乡村治理体系的重要补充力量。二是推广村级互助担保融资模式，依托农村党政群众组织，积极融入村级治理体系，实现自治法治德治成为金融服务所参与乡村治理的有力工具。三是发行“致富顺顺顺”信贷产品，支持村级集体经济发展，加大对乡土人才、技能人才、农村致富带头人、新乡贤等返乡下乡就业创业的信贷支持力度，探索多样化方式支持经济薄弱村发展。

(四)重视乡村文化治理，创新信息宣教服务

近年来，伴随着农村文化礼堂、农村图书馆的大量建设以及村级文化员队伍的逐步成熟，乡村文化治理似乎顺风顺水。但是仔细观察会发现，乡村文化治理已经在文艺的路上渐行渐远，把文化等同于文艺，把设立图书馆作为村级文化治理的硬性标准的现象屡见不鲜，致使很多地方的乡村文化治理陷于“文而不治、教而不化”的尴尬境地。村级金融服务所化金融业务所为“乡村振兴讲习所”“文化宣教所”“信息联络所”“教育提升所”，整合各种文化信息，潜移默化地促进农民就地再教育，乡村文化自力更生。

　　第一,围绕乡风治理,推进整村授信。推进农村信用体系建设,充分利用文明家庭创建、道德模范评选评议等活动载体,加强信用评级结果应用,做好整村授信工作(见图4)。第二,开展政所合作,弘扬乡村诚信文化。加强与农村基层组织、地方政府部门信息共享,开展失信联合惩戒,利用派代表参与乡风评议、乡规民约制订等形式,助力乡村诚信建设。第三,用好乡村文化设施,开展乡村振兴讲习。注重对接县农办、教育局等政府部门,利用农村文化礼堂,变金融服务所为综合性"乡村振兴讲习所",多渠道、多形式地送文化知识、国家政策、县域举措等内容进村、进农户。第四,聘任农民文教政策信息联络员。农民联络员把从金融服务所获得的金融、生活、教育等信息内容第一时间传达给村民,并及时把农民的实际诉求反馈给服务所。

图4　授予金融信用村荣誉称号

　　以小顺村为例,推崇"孝道文化"促进企业发展,服务所党员干部深入石塘镇横山头村开展助老爱老活动。联合小顺村、湖滨村村民开展包水饺、送汤圆、包粽子等节庆活动,既大大丰富了乡民业余文化生活,又增强了村民间的传统文化归属感。部分农民被聘为这家金融服务所的乡村联络员。既解决了部分农民的自身就业发展问题,又将联络员机制打造成为村民联系的一个个逻辑节点,使得金融服务所的服务内容和理念深入农村。村民们在该场所了解到的政策和市场信息、学到的新知识新技能,激发并形成各种创业和经营需求。通过对政策以及发展项目的宣讲和普及,金融服务所已成为该村重要的文化治理参与主体、文化信息传递枢纽和文化内容流动站。

（五）立足乡村生态治理，提供特色信贷服务

走进云和乡村振兴金融服务所，第一眼看到的就是习近平总书记的生态理念"绿水青山就是金山银山，对丽水来说尤为如此"（见图5），这也是总书记102字"丽水之赞"指示精神的精髓，通过政策、金融、人才这"三把金钥匙"让乡村的好山好水转化为农民增收致富的聚宝盆，乡村振兴金融服务所的每项金融产品都考虑到云和本地的生态效益。

图5　金融服务所概貌

一方面，围绕美丽乡村建设，参与生态宜居治理。一是围绕加快农村基础设施提档升级，保持农田基本建设信贷支持力度不减，支持农村公路改造提升、基础通信网络建设、新一轮电网改造升级等重大项目。二是围绕提升农村人居环境质量，加大对"五水共治"、"三改一拆"、"整洁田园、美丽农村"建设、小城镇环境综合整治、生态保护和修复等绿色生产方式的信贷投放力度。三是围绕新农村建设和"十里云河风景线"，支持乡村休闲旅游产业发展，推广"民宿顺顺发"等特色产品，促进农业农村与旅游、教育、文化、健康养老等深度融合。

另一方面，打通"两山理论"通道，促进农业产业化与规模化，增强特色信贷。大力推动农村承包土地经营权、农民住房财产权、林权等农村产权融资增量扩面，支持小农户与现代农业发展有机衔接。合理降低三农贷款准入门槛，推广云农乐、电商顺顺发、农老乐、云居乐等信贷产品，满足农村居民日益增长的美好生活需要。

此外,涉农贷款优先支持发展高效生态现代农业,助力质量兴农、绿色兴农。加强对县域主导产业、乡镇民营经济和涉农小微企业的信贷服务,助力乡村基础产业融合发展。重视培养乡村新型农业主体,探索开展"核心企业＋合作社＋农户""核心企业＋村级组织＋农户"等服务方式,助力农业规模化生产。

四、日新月异:金融服务所参与乡村治理的主要成效及经验启示

从以上对于乡村振兴金融服务所社会治理功能的发挥可以看出,现代乡村治理创新的重点不仅在于善于开发治理参与力量和创新治理服务手段,更在于如何结合乡村振兴的大背景,真正调动各种发展要素,提升乡村民生综合治理。云和县联合村镇银行乡村振兴金融服务所秉承创新、开放、包容的乡村服务精神,致力于深入挖掘乡村金融潜力,聚焦农村农业农民发展中的资金短板,提供多样化个性化的服务,在乡村金融服务和乡村社会发展支持模式方面体现出较强的创新性和治理性,对县域经济社会发展起了重要的引领作用,乡村振兴事业蒸蒸日上。

(一)乡村振兴金融服务所参与乡村治理的主要成效

云和县乡村振兴金融服务所之所以在全国引发关注,并在实践中取得良好效果,关键在于牢牢把握了"金融＋治理＋服务"这条主线,打通了乡村与政府、百姓、企业、城市等角色割裂的"最后一公里",顺应了农村金融参与乡村治理助力乡村振兴的大趋势。

1.调整了乡村新的生产关系

真正的乡村振兴不仅是乡村生产力的振兴和发展,更是乡村生产关系的深度优化和重组,有效的乡村治理手段则起到了链接和推动作用,是现代乡村生产力和生产关系变革的助推器。乡村振兴金融服务所通过治理服务和金融支持,在提供资金、政策、教育、信息的同时,加快了乡村产业结构的转型和升级,催化了乡村居民由传统农民身份向多角色劳动者身份的转变,鼓励了以种养大户、农民合作社、家庭农场、市场化服务组织等为代表的新型农业主体,并推动了传统乡村的单一劳动生产关系向复合式生产关系的微转型。乡村振兴金融

服务所在运营过程中致力于探索金融支持乡村振兴的新模式,寻找到"治理服务"这个着力点和突破口,是基于自身定位基础上的服务特色升级,立足乡村百姓关心关注的民生治理服务热点,进一步提升了乡村金融服务水平,大大拓宽了乡村金融发展渠道。

2. 促进了乡村特色农业发展

金融服务所运行以来,通过精准对接各级农商行等金融机构,累计为每村提供贷款突破 600 万元,比上年同期增加 400 多万元,增幅超过 100%。通过为农户提供特色产业及精准扶贫资金贷款产品,有力助推了乡村特色农业专业化,产业化粗具规模。2018 年,率先开展金融服务所模式的小顺村发展了乡村观光农业、休闲娱乐、特色种养等主导产业,并配套了辅助的粮食精加工、蔬菜大棚等产业,乡村特色农业持续走强。聚焦乡村观光农业开发,云和县金融机构累计发放 1.9 亿元贷款支持观光农业,其中有相当一部分是通过金融服务所平台进行发放,为民宿、美食、休闲赏景项目开发,乡村观光农业链塑造提供了有力的金融支撑。

3. 优化了乡村电商网络服务

乡村振兴金融服务所依托网格化经营已基本延伸至云和县所有乡村,打通了快递物流未能触及的最后一公里,使快递投送遍布边远乡村,实现物流末梢全覆盖的目标。金融服务所特别推出支持电子商务的信贷产品"顺顺发",该产品按照 6.8% 的利率对拥有天猫、淘宝营业执照的农户可以发放最高 30 万元的贷款。能为全县年营业额达到 9.2 亿元以上的 870 家淘宝商家、46 家天猫商家提供实时服务。在物流体系和金融支付体系的双重带动下,金融服务所本身就是物流服务驿站,一些经营特色农产品的家庭解决了电商物流运输问题以及电商技术支持问题,有力引领乡村电商网银蓬勃发展。

4. 改善了乡村基本民生服务

乡村振兴金融服务所不仅仅提供金融服务业务,同时也提供基础性生活服务。如电子商务服务、民生基础工程办理以及农民业务培训等。通过这些培训和服务的提供,金融服务所已经成为一种提高农村基本公共服务水平的综合服务平台。为做优乡村农民医保、基本养老、最低生活保障等服务提供了有效渠道,极大地促进农村基本公共服务。此外,乡村振兴金融服务所推出生态公益林收益权、农房流转使用权、农村股权等农村金融产品,使普惠金融触及底层村民,带来了前所未有的金融服务便利。

(二)乡村振兴金融服务所参与乡村治理的经验启示

金融创新助力乡村振兴,要立足乡村、扎根农村,通过本土化、差异化发展,形成自身特色,坚守住支农支小战略定位。云和乡村振兴金融服务所跳出传统的金融思维模式,精细把握治理服务路径,为乡村金融创新进一步深入开展带来宝贵的启示。

一要做好新模式的先行实践。乡村金融创新要聚焦农村资产、资源、资金,在农村土地以及其他资源制度改革的基础上寻找突破点。在农村资源禀赋的基础上加强产业扶持,鼓励农民通过土地入股合作,可以在金融服务的基础上,引入券、保险等同业合作,开发多元化金融工具和服务手段,不断营造金融机构参与社会治理支持乡村振兴的良好氛围。

二要做好新业态的引领发展。金融创新要积极顺应乡村振兴的产业和业态发展规律,金融服务要对应专项产品制度,积极支持有志人士、企业和大学生等返乡创业,积极支持县域乡村金融、乡村养老等新业态发展,发挥多元乡村治理主体新业态上的引领作用。同时,其他金融机构,尤其是保险和担保机构也应积极探索服务"新业态"的业务和范围。

三要做好新要素的激活应用。乡村振兴的关键之举需要盘活农村现有的资源要素,聚焦到金融扶持模式方面,需要在宅基地、林权以及其他产权上加强改革。可以将金融产品的供给结合农村土地制度变革,将农村土地承包、房屋产权等四权,从资产抵押方面加强研究,结合资产抵押,在农村土地上发挥优势。

四要做好新主体的支撑带动。金融机构作为一个扶持主体,要聚焦到县域经济的实际,在产业的规模效应和带动效应两个阶段发挥支持引导作用,切实在金融资金、金融保险、涉农信贷等方面着力,重点是围绕产业集群的发展,从农村产业大户、农业合作社等视角进行金融扶持,促进农业产业链的形成,提高农业的规模效应。

五要做好新政策的信用保障。金融创新的同时要完善农村区域的征信体系,一方面,在农村地区建立对应的金融机构来完善现存农户的基本信息。另一方面,需要政府层面设立担保机制,进行政府助力增信建设,进一步发挥村级金融服务站所以及其他行业站所在提升乡村治理和乡风文明中的积极作用。

参考文献

[1] 刘献良,李彦赤.商业银行精准扶贫模式研究及建议[J].农村金融研究,2016(9):38-41.

[2] 尤圣光.普惠金融与乡村振兴路径的研究[J].当代经济,2016(5):22-30.

[3] 徐云松.金融助力乡村振兴发展问题的调查与思考[J].金融理论与教学,2016(3):140-142.

[4] 马治平.农村合作金融机构积极探索农村金融新模式[J].科技经济导刊,2017(11):56-61.

[5] 陈文浩.互联网＋精准扶贫的实践与探索[J].中国经贸导刊,2016(9):34-38.

党建引领的社区精细化治理的
典型实践与逻辑分析[①]

——基于义乌市J社区"多元联动"治理的实践经验分析

郑加莉

（浙江义乌干部学院）

摘　要：在全面深化改革的宏观脉络下，如何进一步探索基层党建工作创新，实现基层党建与社会治理创新的整合，成为当前基层建设进程中的根本性议题。义乌市J社区"多元联动"治理实践是基层党建与社会治理相结合的典型案例。在社区精细化治理的过程中，依托党建来完善多元联动的协同治理机制，实现了由"组织引领"向"功能引领"的转变。体制改革、机制调整、工具创新、主体互嵌这四个方面构成了党建引领社区精细化治理的四重逻辑，揭示J社区党建引领社区精细化治理的实践逻辑，能为其他社区精细化治理提供方案和借鉴意义。党建引领社区精细化治理的经验启示，包括在基层治理中重构党执政的社会基础以及探索形成社区党建引领多元主体合作共治，提出了"让社区回归社会"，这是基层党建去除非层级化的要求，也是最终实现社区治理精细化目标的根本之道。

关键词：基层党建；社区精细化治理；实践逻辑；多元联动治理

---

①　基金项目：浙江省党校（行政学院）系统中国特色社会主义理论体系研究中心第二十一批规划课题"党建引领社区精细化治理的实现路径——基于义乌市J社区'多元联动'治理的实践经验分析"（编号：ZX21209）。

社区是党领导社会的重要平台,是加强基层党建的重要空间,是社会治理的基本单元。[①] 当前,党建引领社区治理已经走进 2.0 时代,"社区精细化治理"成为时下热门词汇。2017 年两会期间,习近平总书记提出"城市管理要像绣花一样精细",为推进社会治理精细化、提升基层治理能力和水平,完善社会治理体系的发展目标提出了新的要求。因此,开展城市社区精细化治理对于创新社会治理模式,加强社区服务体系建设,建设宜居城市具有十分重要的意义。[②]

反观现实,长期以来,我国地方政府在基层社会治理中的角色和定位处于模糊状态。具体表现在,受传统行政领域粗放式管理思维的影响,在社区层面,很多问题的处理表现为浮于表面,标准化程度较低,工作不到位等,"最后一公里"问题长期得不到解决,粗放式管理成为基层矛盾突显的社会治理新常态,鉴于此,为克服社区治理中的短板效应,必须以精细化的理念代替传统的管理思维和方式,通过党建加强和构建多元联动的协同治理机制提升社区治理的精细化水平。笔者通过对义乌市 J 社区个案的实然呈现,对社区党建引领社区治理的成功实践、实践逻辑和经验启示进行分析总结。

一、党建引领社区精细化治理的价值意义和现实需求

(一)价值意义:精细化城市治理的重要环节

社区是城市的干细胞,是维护城市稳定发展的根基,更是改善民生的依托。以社区为单位,使用党建对其加以引领,不仅政治站位明确有导向,可全面提升社区党组织的组织力、凝聚力、战斗力,更能实现精细化治理的目标。[③]

关于精细化治理,行政管理学者从不同角度做了阐述。杨冠琼试图从公共价值创造的视角阐释城市精细化治理的目的在于转型期中国城市的管理都是

---

① 张瑶宁:《提升城市社区精细化治理水平的思考》,《管理观察》2018 年第 10 期,第 63—64 页。

② 肖剑忠:《社区党建引领社区治理何以可能——北仑区大碶街道学苑社区城市基层党建品牌"红立方"调查研究》,《中共杭州市委党校学报》2017 年第 5 期,第 24—28 页。

③ 三色堇. 城市社区精细化治理还需要党建引领［EB/OL］. http://sh. qihoo. com/pc/919f70fdefd5b3c344? cota＝4＆tj_url＝so_rec＆sign＝360_e39369d1＆refer_scene＝so_1

粗放式的管理,转型期中国社会的公共价值经历了由小到大的过程,所以要通过精细化的治理、管理,使个人价值相互补异的能力更为强大。孔繁斌教授认为缺少精细化治理,整个公共服务的价值链就无法实现,城市精细化治理是公共服务价值链打造不可或缺的环节。[①]

社会治理精细化是政府职能定位、政府官员角色定位和治理思维方式的外在表现和行动逻辑。[②] 推进社会治理精细化,是新时代推进城市基层社会治理体系向更深层次推进的关键所在。而社会治理精细化的落脚点在社区。习近平总书记曾说过,要实现城市管理像绣花针一样精细,这也是新时代城市基层治理体系向深层次推进的要求。

(二)现实需求:促进基层治理能力和治理现代化

十九大报告提出社会主要矛盾已经发生了变化,居民需求也越来越呈现多样性、复杂性、多层次性等特征,在实践层面,出现了很多围绕共建共治共享社会治理格局的典型经验和做法。比如,基层社会治理的"三社联动"机制、"大联勤+"城市基层社会治理新机制、"一核多元"社会治理模式等。

习近平总书记参加上海代表团审议时强调:"城市管理应该像绣花一样精细。城市精细化管理,必须适应城市发展。要持续用力、不断深化,提升社会治理能力,增强社会发展活力。"为提升基层治理能力和治理体系现代化,作为城市治理最小单元的社区,其精细化治理课题越来越多地被提上日程。但在推进过程中,还存在许多难题亟待突破,比如,治理主体方面基层群众参与不足、治理技术的应用普及不足、精细化治理理念还不够深入人心,以及治理体制方面还存在事权下放不够、资源下沉不足等问题。一方面是城市社区精细化治理现实需求不断增长,另一方面是城市社区面临的挑战依然存在。对于社区精细化治理课题研究需要进一步探索。

---

① 人民网:《城市精细化管理:行政管理学者如何看》,http://sh. people. com. cn/n2/2017/0805/c134768-30573050. html。

② 孙涛:《推进社会治理精细化的五个维度》,http://www. studytimes. cn/zydx/SHFZ/FAZZL/2017-02-27/8549. html。

二、党建引领社区精细化治理：一个"多元联动"治理的典型实践

（一）J 社区基本情况

2018 年 6 月,《义乌市加强城市基层党建标准化建设三十条》出台,强调要以群众需求为导向,强化为民服务精准力。2019 年,金华市"城市基层党建＋社会治理"现场推进会于 7 月份在义乌江东街道召开,J 社区位于 J 街道的中心区域,将作为典型经验交流现场点之一。可以说,义乌市 J 社区已经具备了"城市基层党建＋社会精细化治理"的实践基础。

1.J 社区外国人多,人员组成成分复杂,管理难

义乌市江东街道 J 社区成立于 2003 年,总区域面积 2 平方千米,辖区在册人口 3512 人,流动人口达 2.5 万人,其中有来自 29 个少数民族人员 2082 人、59 个国家和地区的 1302 名境外人员,是个多国籍、多文化、多元素的复合型社区。随着城市化进程不断加快,社会呈现出大流动大开放局面,基层社会治理出现了许多新情况、新问题:一是人口倒挂现象突出,流动人口治理难度大;二是国际化程度高;三是敏感人群比例高;四是社区形态复杂,既包含商品房,拆迁安置房,又包括撤村建居后的农民房,人户分离现象突出。面对基层社会治理新情况、新问题,长期以来形成的政府主导型、行政命令式治理方式难以为继,出现了"小马拉大车",治理力量分散,社区职能错位,群众参与度不高,"干部在干、群众在看"等治理困境。

2.J 社区居住人员多从事经商贸易,利益矛盾多发

义乌市 J 社区是义乌市超过千人的社区之一,旅游、学习、工作、贸易、团聚、访问、记者、公务、外交都有。其中,2018 年统计数据显示,在义乌因工作类、私人事务类、团聚类居留同比分别上升 22.4％、24.6％和 30.3％。外国人集聚容易带来一些不稳定因素。个别经营户基于免受或减少损失的迫切心理,有时会对外国当事人或相关人员采取过激言语和行为。一些不良外商欠款逃离,给

市场经营户带来巨大损失，有的经营户通过上访要求政府帮助追回货款。同时，涉外纠纷往往涉及经营户较多，容易诱发群体性上访事件。

3.J社区具有人口流动性强，开放型聚居等特征

一方面，社区外来人口多，这在其中也隐藏着许多的资源清单可供挖掘。如国际老娘舅"以外调外"模式、聘请少数民族人员参与社区矛盾纠纷，少数民族舞蹈演员、外国画家等被社区挖掘为居民开展瑜伽舞蹈、绘画等丰富多彩的社区活动。另一方面，J社区位于义乌市江东街道，地处义乌东大门，辖区内资源丰富，有20家共建单位和6家两新党组织，主要分布的是教育资源、政府机关等。比如，教育局、义乌工商学院、江东二小、中国银行等。

（二）由"组织引领"向"功能引领"转变：J社区"多元联动"治理的内在作用机制

1.政治功能引领：发挥辖区多方资源优势

第一，组建区域党建联盟，充分发挥辖区红色资源优势，构建"1＋X＋Y"（1是社区党委，X是驻区单位、群团组织，Y即驻区非公企业和社会组织）社区大党委组织架构，使"三治融合"发挥最大化作用。充分发挥辖区内红色资源优势，以社区党委为核心，整合行政执法、市场监管、公安、交通4大平台及20家共驻共建单位、6家市级社会组织的党员资源，将平台、辖区单位代表列为社区兼职委员，认领平安综治工作清单，构建"1＋X＋Y"社区大党委组织架构。

第二，打造红色"微网格"，实行"一网格一支部"模式，把"党员联系户"制度落到实处。在把社区分成3个网格的基础上，细化分解成62个微网格，充分发挥辖区内126名在册党员和134名流动党员的资源优势，由社区"两委"成员任网格长，党员担任红色微格长、楼道长，组建红色业委会、红色物业，动态掌握社情民意并及时反馈。

2.整合性引领：变管理对象为治理力量

其一，践行"党员干部五（吾）带头"，创新实施"1＋3＋5＋X"管理模式，把外来流动党员从工作对象变为工作力量。创新实施"1＋3＋5＋X"管理模式，即以1个党支部为核心，党员户和联系户全覆盖"亮身份、亮网格、亮十二分制"，以党员干部五（吾）带头为抓手，从严落实党员"十二分制管理"，同时精准出台《文明

城市创建党员五(吾)带头积分十条》,62个红色微网格实行"红黄黑"三色动态预警制度。其二,依托流动党员动态大数据库,探索"流动党员＋社会治理"模式,实现信息手段"智慧治"。依托市流动党员动态大数据库,实施党员编码和一人一档全程管理。发放"流动党员服务卡",享受市民卡同城待遇,将流动党员参加社会治理、志愿服务等信息量化计入个人征信积分。其三,运用"三张清单",精准对接居民需求,实现服务项目化。社区党委依托网格、微格,畅通居民诉求渠道,形成居民需求清单。开展寻找"108将"活动,挖掘社区能人、热心居民,形成社区资源清单。通过自主设计和项目遴选,形成项目服务清单,实现精准对接。

3.沟通功能引领:以群众自治实现社区微治理

首先,建立"红色街长",探索"以外调外"治理模式,破解社区治理顽疾。2013年以来,社区以党员红色网格、基层治理网格为依托,联合公安涉及涉外涉少纠纷人民调解委员会,创新尝试"以外调外、以少调少"模式,聘请境外人员、少数民族同胞参与矛盾纠纷调解,破解语言障碍,让洋调解员、少数民族同胞当起"老娘舅"。比如义乌伊朗商会会长、伊朗客商哈米掌握波斯语、英语、土耳其语、日语、西班牙语、汉语6种语言,应社区邀请甘当"国际老娘舅",深度参与外商邻里纠纷、经济纠纷调解,同时还提供法律培训、时政宣传、外语翻译和生活咨询等服务。

其次,推动"三社联动",成立社会组织服务中心,实现社区治理精细化、专业化。2016年2月成立同悦社工服务中心,采用政府购买服务方式引入专业社工团队,实现社会工作、社会组织、社区"三社"联动,推动境外人员更好地融入社区,民政局负责中心专业业务指导,江东街道负责具体管理。

最后,首创"少数民族汉语学习班",建设中外居民之家,建设少数民族互嵌式社区和国际融合社区。创设惠民议事平台,邀请少数民族同胞直接参与社区惠民议事会、居民代表会议,共同参与民主管理、民主监督、民主决策;开办浙江省首个少数民族普通话公益培训班,提高普通话在少数民族和外商中的影响力,加强不同民族的交流合作。普通话培训班成了义乌境外人员和少数民族沟通交流的主要纽带。比如因势利导推广友商卡,该卡可用于公共服务消费,在基本养老、医疗、子女教育等社会保障方面,享受与义乌市民同等待遇。

三、党建引领社区精细化治理的实践逻辑

在基于 J 社区"多元联动"治理的典型实践中,党建引领社区精细化治理的实践逻辑是:在体制改革方面,实现了管理结构从科层控制到权力适度下移;在机制调整方面,运行机制从单向管制到多元联动服务;在工具创新方面,公共服务从粗放分散到智慧社区平台建设;在主体互嵌方面,治理力量从政府主导向互动融合转化;在组织赋权方面,社区资源从沉寂走向活化。

(一)体制改革:管理结构从科层控制到权力适度下移,给基层社区赋权增能

为探索义乌市 J 社区基层治理的新路径,及时回应和化解实际问题,2018年义乌市《加强城市基层党建十条》提出了大力推进街道管理体制改革、推进社区减负增能、推进街道党工委统筹协调能力。随着改革的推进,义乌市城市基层治理通过向街乡赋权,提升街乡行政效能,逐渐形成新型运作模式。

首先,大力推进街道管理体制改革。义乌市调整优化街道职能机构设置,强化基层党建、基层治理、服务群众的机构和力量。统一设置"4+3+X"工作机构。"4"即统一设立党政办公室、党建工作办公室、社会事务服务办公室、社会治安综合治理办公室;"3"即统一设立经济发展促进中心(政策中心)、综合信息指挥中心(监管中心)、便民服务中心;"X"即根据工作需要设置 2 至 3 个内设机构。

其次,推进社区减负增能。义乌市严格执行社区工作事项清单制度,各级职能部门不得要求社区成立相应机构、设立专门场所、加挂名称牌子。全面建立街道新录用人员到社区(村)锻炼制度,提拔担任街道中层正职干部一般应有一年以上社区(村)工作经历。整合利用各类支持基层的政策、资金和资源,以社区党组织为主渠道落实。

最后,建立职责下沉街道准入制。各级职能部门下沉街道的事项,须经市委、市政府研究同意,并做到权随事转、人随事转、费随事转。取消职能部门对街道的直接考核,"一票否决"事项参照镇严格控制。

（二）机制调整：运行机制从单向管制到多元联动服务转变，实现社会资源的整合和社会力量的动员

在人员大流动的背景下，基层基础工作光靠一个部门、一个警种、一个单位难以做到精准管控。必须整合优势，积极推动散居外国人日常管控从派出所块状管理式变为"以块为主、点块联动"模式。

首先，健全情报网。与机场派出所、站前派出所、交通派出所建立协同管控机制，将辖区派出所面上管控工作与机场、火车站、汽车站等治安派出所的点上工作有机结合。其次，织密执法网。根据"居不漏户、户不漏人"的总体要求，将辖区境外人员比较集中的"三资"企业、涉外机构、公寓楼等列为重点区域，每周组织治安大清查。最后，造好宣传网。定期组织对房东和公寓、网吧等行业人员进行相关法律、政策的培训。同时，充分发挥社区网格员、村居干部、楼栋长、房东等基层力量，分对象分层次建立"群防群治微信群"，及时将境外人员管理相关的政策、法规及违法房东受处罚的信息等在微信群予以发布；以"警方提醒"双语小卡片及 LED 滚动屏播放的形式，在境外人员密集的餐厅、咖啡吧、涉外宾馆等地进行及时申报须知等内容宣传，引导散居外国人树立主动申报意识。

（三）工具创新：公共服务从粗放分散到智慧社区平台建设，实现信息手段"智慧治"

社区具有人口流动性强、人员结构复杂、开放型聚居等特征，为构建和谐安宁的安全型社区，J 社区以智慧化管理形成社区安全责任管理全覆盖。首先，通过"线上＋线下"模式，实现信息同频。线上通过微信自主申报，线下房东 24 小时上报，60 个红色微网格长对新入住的境外人员进行上门走访，建立社区联勤联动站，实现公安出租房信息与走访信息互通。其次，运用微信群实时办公，拉动与居民零距离。J 社区专门为辖区老外成立"国际联盟群"，中文、英文、阿拉伯文多种语言交织你@我解决。最后，推进"智慧＋平安"建设，打造人居安全社区。社区通过安装人脸识别监控、智慧烟感、门禁系统等设施，试点一楼商铺"四联三防"、铺铺联防工作机制，打造隐患零容忍的平安社区。

（四）主体互嵌：治理力量从政府主导向互动融合转化，达到群众自治破解难题效果

在J社区，居民自治效果突出。在严管的同时，引入"同悦社会工作服务中心"这一专业社工组织，在社区建立了全国首个境外人员服务中心，实现社工、社会组织、社区"三社"联动，加强中国文化传播和中外文化交流，重视居民自治。

其一，开办社区"孔子学院"。由社会组织"同悦社工"牵头，多方整合资源，办起了社区家门口的"孔子学院"，邀请专业的外汉教师为散居在社区的境外人员培训日常汉族口语，教老外如何申报居住登记，如何买菜、点菜，如何乘坐公交车，如何购买日用品，如何上医院看病等用语，语言培训每周五次，分批进行。其二，提供专业便利服务。在社区规划了汉语角，定期邀请社工组织和大学生志愿者到社区与境外人员用汉语交流，每一期都有一个主题，如聊聊"义乌的市场""来义乌后最难忘的事""我的中国朋友"等。创建了"社工服务微信群"，把社区在册境外人员拉入群众，便于及时通报外管政策，帮助解答境外人员疑问和所关切的问题。社工组织通过提供服务，更加清楚掌握了境外人员在社区的生活情况，有利于政府更有针对性地开展散居外国人社区管控，引导散居在社区的境外人员遵纪守法、入乡随俗，有效推动外国人与中国人在社区生活共谐共融。其三，定期开展文化互动。以文化活动为载体，积极促进中外文化交流。在社工牵头下，社区经常性举办中外居民共同参与的元旦文艺晚会、迎春节送春联、端午包粽子等丰富多彩的社区文化活动。同时，积极鼓励境外人员参与志愿服务，组建成立了境外人员平安巡逻队，并组织外商到义乌大型养老机构怡乐新村探访老人、参与公益演出、成为环保志愿者，有效促进了境外人员的社区融入。

四、党建引领社区精细化治理的经验启示

经过对浙江省义乌市J社区基层党建的梳理和总结，我们不难发现，基层党建作为基层治理体系的重要组成部分，J社区充分注重了党建在基层治理中的核心引领作用，发挥党建引领社会建设，最终实现社区发展、社区凝聚力打造

以及社区共享发展等目标。这些做法从根本上体现了多元基层治理主体遵循"让社区回归社会"的逻辑。

(一)党建统领:在基层治理中重构党执政的社会基础

当前,在基层治理体系和治理能力的过程中,要求党建在其中起核心引领作用,这有三个方面的好处:一是实现了组织引领向政治功能引领的转变,并且可以在整合各方资源方面发挥绝对的优势;二是可以发挥整合性引领作用,变管理对象为治理力量;三是切实起到沟通性引领方面的作用,可以发动群众以实现社区的微治理。比如,J社区党委通过充分发挥党组织的政治统合功能,超越了本地人、外地人、汉族居民、少数民族等各类居民小群体的利益,代表和维护了党领导下的最广大人民群众的利益,使各种关系日益和谐,社区治理日益完善。

但必须注意的是,社区党组织并非行政化组织,它的这种非层级化特点决定了它本身所具有的社会属性,它必须植根于社区、融入社区,只有更加接地气,才能发挥出它的社会功能。① 城市社区多元合作治理制度的构建必须以社区公共性作为价值归依,实现政府、社会、公众相协同的格局,推动党建向服务型治理和服务型党建转变。因此,有学者提出,社区党建社会化是跳出党建抓党建的关键所在。这就要求重构党组织整合,动员社会的组织体系,定位新的组织功能,有效整合社会资源。② 基于此,我们既不能就党建谈党建,为党建抓党建,以防造成党建与社会建设脱节或者以党建代替社会建设,这些都是教条主义式的错误做法。义乌市J社区一直在探索党建向服务型治理和服务型党建转变的思路,其采用的"一核多元"治理模式,很好地发挥了党建引领社会建设的目的。

(二)多元共治:探索形成社区党建引领多元主体合作共治

近年来,随着单位制影响的逐渐弱化以及各地掀起的社区建设运动,预示着全能国家的弱化和社会自治的加强。不过从社会整合的要求出发,国家必须通过其设置在社区的党组织体系和行政体系对城市基层社会施加影响,但实际

---

① 徐选国、黄立新:《基层党建的社会化逻辑——来自深圳市南山区Z街道的探索与启示》,《领导科学》2017年第3期,第19—21页。

② 谢方意:《融入社会化:基层党建格局的调适与转型》,《领导科学》2013年第23期,第22—24页。

情况是,这种影响经常由于国家自身资源的不足而表现出其限度,因此国家意志的贯彻往往要依靠在社区中存在的更广泛的居民网络,这一网络的组织者就是居委会。[1] 但居委会在运行过程中,往往表现为"内卷化",比如,居委会组织结构的科层化、居委会组织功能的行政化以及居委会组织成员的"职业化"。应该通过转变政府职能,还原居委会组织性质的本来面目,从而实现社区自治。这种"内卷化"还表现为来自政府的考核、评比以及各种创建活动左右着社区工作,社区书记往往花费了更多的精力应付这些行政性事务。而且,由于居委会的人员选拔、经费来源、组织形式在变革后更趋向于正式化和程序化,其科层特点更为明显,因此,这条"腿"在改革开放后非但没有锯断,反而显得更为粗壮了。[2]

为还原社区自治的组织性质,应该顺应多元合作的需要,发挥除社区之外的社会组织和社工参与到基层社会治理当中。政府、社会组织、公众等多主体合作共治是实现城市基层社会治理体系共建共享的基本要素,在治理过程中,三者应该相互耦合、协同发力、合作共治。这就要求明确三者在治理过程中的权责边界,理顺三者在治理过程中的位势和关系。对于政府而言,一方面,在合作共治过程中,应秉持责任理念,在为社会提供制度支撑、公共政策和法治环境等核心公共事务领域继续发挥主导权和核心优势。另一方面,随着社会自身的成长和能力的提升,政府应向社会进行适当有效的放权,跳脱出传统政府对社会自上而下的单边管控模式,不断加强城市基层社会治理体系建设,充分发挥社会组织的参与作用。

五、结　语

当前,各地党群服务中心逐渐兴起,有些地区已经遍地开花。社区党建为社区治理导入正能量,提供"定盘星"。在阵地建设不断加强的背景下,党组织的嵌入与功能作用发挥也越来越明显。尤其是当下社会治理创新日益进入中

---

[1] 何艳玲、蔡禾:《中国城市基层自治组织的"内卷化"及其成因》,《中山大学学报(社会科学版)》2005年第5期,第109—114,133页。

[2] 何艳玲、蔡禾:《中国城市基层自治组织的"内卷化"及其成因》,《中山大学学报(社会科学版)》2005年第5期,第109—114,133页。

央和地方治理的话语体系当中,党建在其中起着一个核心引领性作用,党建能否与当前创新社会治理的举措相衔接,成为当前基层建设进程中的根本性议题。但必须认识到的一个问题是,当前社区发展阶段应该从"政府主动培育社会"向"政府适时退出社区"的动态性进行转变。比如,J社区在探索党建向服务型治理和服务型党建转变的思路,同时,J社区由于身处义乌市主城区,其经济社会发达,社会组织发育良好、数量较多,在某种程度上呈现出社会自主发展的良好态势,因而,形成了社工、社会组织和社区"三社联动"的发展局面,同时,多元联动治理格局呈现良好的运行态势。通过党建引领社区建设从而实现社区治理的目标,这是J社区党建引领社区治理的核心经验。这在深层次反映了社区党建必须要植根于社区建设的初衷。"让社区回归社会",这是基层党建去除非层级化的要求,也是最终实现社区治理精细化目标的根本之道。

参考文献

[1] 张开元.多元联动治理:逻辑、困境及其消解[J].中国行政管理,2017(6):24-29.

[2] 曹海军.党建引领下的社区治理和服务创新[J].政治学研究,2018(1):95-98.

[3] 王国勤.基层治理中制度创新的制度化——以浙江新昌儒岙镇石磁村的实践为例[J].浙江学刊,2010(3):132-136.

[4] 张艳国,刘小钧.十八大以来我国社区治理的新常态[J].社会主义研究,2015(5):108-114.

[5] 徐选国,黄立新.基层党建的社会化逻辑——来自深圳市南山区Z街道的探索与启示[J].领导科学,2017(3):19-21.

[6] 李威利.党建引领的城市社区治理体系:上海经验[J].重庆社会科学,2017(10):34-40.

[7] 郑杭生,黄家亮.论我国社区治理的双重困境与创新之维——基于北京市社区管理体制改革实践的分析[J].东岳论丛(1):24-30.

[8] 肖剑忠.社区党建引领社区治理何以可能——北仑区大碶街道学苑社区城市基层党建品牌"红立方"调查研究[J].中共杭州市委党校学报,2017(5):

24-28.

［9］吴新叶.城市社区公共精神的建构性路径——以上海"社区自治家园"建设为例［J］.上海行政学院学报,2017(1):15-23.

［10］柳长青.城市社区精细化治理:经验分析与进路选择［D］.武汉:华中师范大学,2017.

［11］明亮,李春艳,王苹.提升社区精细化治理水平研究——以成都市社区治理实践为例［J］.晋阳学刊,2016(6):105-109.

［12］杨真真.社工机构参与社区治理精细化工作模式探索［J］.晋阳学刊,2017(5):13.

［13］张瑶宁.提升城市社区精细化治理水平的思考［J］.管理观察,2018(10):63-64.

［14］杨宏山.赋权增能:城市基层治理新经验.［EB/OL］.http://www.gmw.cn/xueshu/2018-12/24/content_32226684.htm.

［15］易承志,周子钰.推进城市基层社会治理精细化［EB/OL］.http://www.rmlt.com.cn/2018/0910/527900.shtml.

［16］何艳玲,蔡禾.中国城市基层自治组织的"内卷化"及其成因［J］.中山大学学报(社会科学版),2005(5):109-114,133.

基于城乡养老支持力对比研究的
养老服务均等化对策

——以浙江改革试点县海盐为例

李雅芳　　郑　雪

（海盐县委党校）

摘　要：养老是公共服务的一个重要领域，特别是随着我国老龄化社会的到来，养老服务均等化成为政府最重视、百姓最关注的一件民生实事。纵观居民养老保障发展的历史可知，居民养老保障的变迁，始终是围绕养老支持力的变化而展开的。通过对城乡养老支持力进行比较分析，可以为有效实施养老服务均等化改革提供对策，使养老服务均等化改革更加契合城乡居民的养老现实和需求。

关键词：养老；支持力；公共服务；均等化

实现基本公共服务均等化，是加快推动城乡一体化发展的重要内容。养老是公共服务的一个重要领域，特别是随着我国老龄化社会的到来，养老服务均等化成为政府最重视、百姓最关注的一件民生实事。通过以浙江省公共服务均等化改革唯一试点县海盐为例，对如何推进养老服务均等化提出对策。

一、海盐县养老服务均等化改革试点工作现状

2015 年，海盐被列为浙江省唯一的公共服务均等化改革试点县。当年年底，海盐县基本公共服务均等化改革试点实施方案得到省政府正式批复。2016

年,海盐以实施方案为蓝图,全面落实各项改革试点。当年 4 月,海盐发布《养老与社会救助基本公共服务均等化改革试点工作实施方案》,对养老服务均等化改革试点内容做了进一步明确,标志着养老服务均等化改革进入一个新阶段。

2018 年 12 月,根据第三方评估机构浙江省发展规划研究院的评估汇报,海盐县以改革试点为契机,坚持以"就地城镇化"为载体,以保障和改善民生为主线,以缩小城乡间、区域间、不同群体间的基本公共服务差距为目标,通过强化财政投入、扩大覆盖范围、缩小城乡差距和丰富供给方式等举措,主要任务、重点项目、量化考核指标基本完成,形成了一系列首创改革的工作亮点,并取得了"七个全省率先,九个全覆盖"的改革成果,体制机制日益完善,服务差距持续缩小,服务水平稳步提升,构建了覆盖城乡、可持续发展的基本公共服务体系。

(一)实现养老服务机构全覆盖

海盐各镇(街道)均建有一个以上的综合性社区居家养老服务照料中心,实现养老服务机构全覆盖。建立公办养老机构入住的评估制度,在发挥托底作用的基础上,将农村"五保"、城市"三无"老人等列为优先入住对象。建立社工、志愿者和专业人员联动等配套制度。

(二)建成 20 分钟养老服务圈

海盐强化现有公办养老服务机构建设,探索多样化投资方式和多元化管理体制,如支持各类市场主体参与养老服务,以政府购买的方式,由社会组织承担居家养老服务中心运作,以公办民营、公建民营、民办公助等多种模式,激活养老服务机构经营。目前,海盐在全县 9 个镇(街道),共新建、改造 27 家居家养老服务照料中心,基本服务得到保障。

(三)全面推广养老服务券制度

海盐以服务券的形式,对符合条件的老年人,给予多种养老服务补贴。服务券使用项目涵盖老年人最需要的生活照料、康复护理等。服务对象凭券,自主选择服务组织、项目并支付相应费用。目前,海盐纳入养老服务券使用对象的老年人占全县老年人总数的 3% 以上。

二、城乡老年人养老支持力对比分析
——基于海盐县的问卷调查

现代意义上的养老,涵盖三个维度:经济上的供养、生活上的照料、情感上的慰藉。从经济来源角度衡量,养老支持力的主体包括三个:老年人自己、家庭成员或者亲属网络、社会和政府。[1]本次调查问卷所设细项,在理论框架上基于这样一种对于养老支持力的阐释。

截至 2018 年底,海盐县 60 岁以上老年人达 9.8 万,约占总人口的 25.7%,人口老龄化程度较严重,养老问题备受重视。本次调查的对象是海盐县 60 岁及以上的城乡老年人,问卷发放范围涵盖海盐所辖的 5 镇、4 街道,共发放调查问卷 300 份(城市、农村老年人各发放 150 份),回收问卷 279 份(城市、农村老年人分别为 142、137 份),其中有效问卷 263 份(城市、农村老年人分别为 137、126 份),问卷有效率达 94.3%。

(一)接受调查城乡老年人的基本情况

接受调查城乡老年人的基本情况包括社会人口特征(见表 1、表 2)、子女数等。在接受调查的 263 位城乡老年人中,子女情况上,城市、农村没有子女的分别占 2.9%、1.6%,有 1 个子女的分别占 56.9%、7.1%,有 2 个子女的分别占 26.3%、19.8%,有 3 个子女的分别占 12.4%、53.2%,有 4 个子女及以上的分别占 1.5%、18.3%;城市、农村居住在家中的比重分别为 87.6%、94.4%,住在养老院的比重分别为 12.4%、5.6%;住房所属上,城市、农村归老人自己(或其配偶)所有的比重分别为 85.4%、71.4%,归子女所有的比重分别为 13.9%、27.8%,归社区(村)所有的比重分别为 0.7%、0.8%。

表 1　接受调查城市老年人的社会人口特征(人、%)

		男	女	合计
年龄	60—69	37(27.0)	34(24.8)	71(51.8)
	70—79	29(21.2)	26(19.0)	55(40.2)
	80 及以上	4(2.9)	7(5.1)	11(8.0)

		男	女	合　计
	合　计	70(51.1)	67(48.9)	137(100.0)
目前婚姻状况	初婚,有配偶	46(33.6)	39(28.4)	85(62.0)
	丧偶未再婚	20(14.6)	27(19.7)	47(34.3)
	丧偶再婚	1(0.7)	0(0)	1(0.7)
	离婚	2(1.5)	0(0)	2(1.5)
	一生中从未结婚	1(0.7)	1(0.7)	2(1.5)
	合　计	70(51.1)	67(48.9)	137(100.0)
文化程度	不识字或识字很少	6(4.4)	8(5.8)	14(10.2)
	小学	13(9.5)	9(6.6)	22(16.1)
	初中或技校	21(15.3)	27(19.7)	48(35.0)
	高中或中专	24(17.5)	21(15.3)	45(32.8)
	大专及以上	6(4.4)	2(1.5)	8(5.9)
	合　计	70(51.1)	67(48.9)	137(100.0)

注:表1及本文各表数据,均来源于本次调查问卷统计。

表 2　接受调查农村老年人的社会人口特征(人、%)

		男	女	合　计
年龄	60—69	37(29.4)	28(22.2)	65(51.6)
	70—79	25(19.8)	21(16.7)	46(36.5)
	80 及以上	5(4.0)	10(7.9)	15(11.9)
	合　计	67(53.2)	59(46.8)	126(100.0)
目前婚姻状况	初婚,有配偶	48(38.1)	45(35.7)	93(73.8)
	丧偶未再婚	15(11.9)	12(9.5)	27(21.4)
	丧偶再婚	2(1.6)	1(0.8)	3(2.4)
	离婚	1(0.8)	1(0.8)	2(1.6)
	一生中从未结婚	1(0.8)	0(0)	1(0.8)
	合　计	67(53.2)	59(46.8)	126(100.0)
文化程度	不识字或识字很少	13(10.3)	11(8.7)	24(19.0)
	小学	29(23.0)	32(25.4)	61(48.4)
	初中或技校	17(13.5)	12(9.5)	29(23.0)

		男	女	合计
	高中或中专	6(4.8)	3(2.4)	9(7.2)
	大专及以上	2(1.6)	1(0.8)	3(2.4)
	合计	67(53.2)	59(46.8)	126(100.0)

(二)接受调查城乡老年人的养老支持力对比情况

1.城乡老年人的养老经济支持力来源对比

表 3 城乡老年人的养老经济支持力来源(%)

主要收入来源	城市	农村
劳动收入	2.1	25.9
财富的积累和储蓄	40.8	28.7
家庭支持	10.5	18.5
政府服务	3.1	5.2
公共养老金	45.6	22.4

注:表 3 中,具有自我养老资源的老人,同时也有接受儿女或其他亲属经济上的支持,或接受政府公共养老金,因此出现有复合选择,各项选择的合计超过 100%。

据表 3 所示,城市老人的主要收入来源为公共养老金、财富的积累和储蓄,两者合计占比高达 86.4%;农村老人的主要收入来源分布相对比较平均,财富的积累和储蓄、劳动收入、公共养老金各占近 30%。

值得注意的是"劳动收入"一项,城市占比仅为 2.1%,农村占比高达 25.9%;而"公共养老金"一项,城市占比高达 45.6%,农村占比仅为 22.4%,前者是后者的一倍多。这两个对比,一是表明两者之间的内在联系,二是体现目前城乡养老保险制度上还存在较大差异。

2.城乡老年人的养老生活照料支持力来源对比

表 4 城乡老年人和所合住孩子的生活互助度(%)

频率	谈话交流		一起用餐		讨论家庭事务		照看孙辈	
	城市	农村	城市	农村	城市	农村	城市	农村
经常	78.3	51.6	84.2	63.7	64.8	46.5	62.3	61.9
偶尔	21.5	44.3	15.6	32.8	34.4	49.1	27.1	31.6

续　表

频率	谈话交流		一起用餐		讨论家庭事务		照看孙辈	
	城市	农村	城市	农村	城市	农村	城市	农村
从不	0.2	4.1	0.2	3.5	0.8	4.4	10.6	6.5
合计	100.0	100.0	100.0	100.0	100.0	100.0	100.0	100.0

据表4所示,在老年人和所合住孩子生活互助涉及的各项内容上,城市的互助度均高于农村。这一是说明在老年人得到子女的生活照料、双方的交流沟通上,城市均明显高于农村,二是在老年人对子女的帮助(主要指照顾孙辈)上,城市与农村接近。

这两点,与表1、表2反映的"文化程度"上,城市老年人明显高于农村相关,也与表3反映的"劳动收入"在老年人养老经济支持力的占比上,农村老年人明显高于城市相关。

3.城乡老年人的养老情感慰藉支持力来源对比

表5　城乡老年人和非合住孩子的联系频度(%)

频率	谈话交流		电话或短信	
	城市	农村	城市	农村
一周一次或更多	65.8	48.3	56.2	34.7
一月三次	22.3	34.5	31.4	36.4
少于一月一次	11.9	17.2	12.4	28.9
合计	100.0	100.0	100.0	100.0

据表5所示,在老年人和子女的联系频度上,无论哪种方式,城市均明显高于农村。这一是与城市老年人的文化程度普遍高于农村有关,如城市老年人与子女有更多的话题,二是与子女就业方向有关,如城市老年人的子女较之农村享有更多的休闲时间。

4.城乡老年人的养老观念对比

表6　城乡老年人希望的养老场所(人、%)

希望的养老场所	城市	农村
自己家里	109(79.6)	101(80.2)
养老院	22(16.0)	11(8.7)

希望的养老场所	城市	农村
子女家	6(4.4)	14(11.1)
合计	137(100.0)	126(100.0)

据表 6 所示,在养老场所选择上,农村老年人明显倾向于居家养老(占比91.3%)。在对"养老院"的接受度上,城市老年人明显高于农村(占比高出近一倍)。这说明,农村老年人的养老观念还比较传统,而城市的养老观念相对现代。

三、当前海盐县养老服务均等化进程中的主要问题

(一)养老资源的空间配置还不够均等

1.城乡之间还不均等

养老设施数量上,城市多于农村。以养老院的床位数为例:城市老年公寓一、二期,共有床位数 359 张,且第三期正在建设中,预计新增床位 513 张,届时将提供床位 872 张;而农村乡镇各只有一家养老院,每家养老院仅有床位数 50张,远远满足不了农村需求。

养老场所建设上,城市优于农村。城市社区建筑面积在 300 平方米以上,配有活动室、休息室等,电视、电脑等设施齐全。农村社区建筑面积在 200 平方米以上,一般只有活动室,只有桌椅等简单设施。以海盐县西塘桥街道为例:街道现有老年人 9600 余人,仅有的一家养老院仅 4 名工作人员,无护工,无任何专业设备,远远满足不了养老需求。

2.城市内部还不均等

新建小区优于老旧小区。如武原街道的朝阳、天宁寺等老旧小区多,老年人多,受空间、资金等因素制约,只能因陋就简。而宜家、海兴等新建小区,尽管老年人少,但养老场所普遍较好。

(二)养老保险的制度设计还不够均等

目前,海盐共有城镇职工养老保险与城乡居民养老保险两大养老保险,城市居民以前者为主,农村居民以后者为主。这两类养老保险的不均等之处主要体现在:

1.缴费标准及待遇上,城市优于农村

缴费标准上,城镇职工养老保险为:如通过单位参保,单位按上月全部职工工资总额 14%进行缴费,职工个人在 142.96(60%)—714.56 元(300%)内缴费;如自己缴费,分 456 元/月、850 元/月、1695 元/月三个档次。城乡居民养老保险为:分 1400 元/年、2100 元/年、2800 元/年三个档次,享受征地、精简等其他保障可按 500 元/年缴纳。

待遇水平上,城镇职工养老待遇平均在每人每月 2000 元左右,城乡居保基础养老金为每人每月 125 元左右。

2.缴费时限上,城市松于农村

目前,在满足最低缴费年限 15 年的情况下,城镇职工养老保险在女 50 周岁、男 60 周岁时即可享受,而城乡居保待遇男女均只有到 60 岁才能享受。对于达到享受待遇年龄而缴费不满 15 年的,城乡居保可实现一次性补足,而城镇职工养老保险,对城镇户口可以一次性补缴满至 15 年;对于农村户口,在 2011 年 7 月前参保的,交 5 年后,可以一次性补缴满至 15 年,在 2011 年 7 月后参保的,要缴满至 15 年。

(三)养老服务的内容提供还不够均等

1.养老服务项目还不均等

城市社区养老服务项目比较齐全,在京浦、东门等比较先进的居家养老服务场所,有棋牌书报、上网电视等服务内容,还有驻点社工定期提供精神慰藉服务。

农村大部分养老服务场所,活动少、层次低,缺乏吸引力。据与相关人员了解,目前各村为完成上级要求,对中心运行仅满足于开门,对活动的引导少或基本没有。

2.养老服务人员还不均等

城市的养老服务人员队伍建设比较齐全,有专业的医疗保健、康复看护等人员,还有心理健康疏导、文体活动辅导等人员,甚至有政府购买服务的社工组织。

农村的养老服务人员,连最基本的医疗保健、康复看护人员都勉为其难。以该县漱浦镇为例,该镇已建成居家养老服务站 11 个,工作人员均由在职或退休村干部兼任,平均年龄近 50 岁,均为初、高中学历,无人取得专业资格,专业养老服务技能缺乏。

(四)养老主体的观念更新还不均等

1.农村老年人的传统养老观念,需要尽快转变

绝大部分农村老年人还存在"养儿防老"的传统观念,觉得进养老院是丢人的事,会让周围人以为"儿女不孝"。而现实是,农村家庭养老功能正在减弱,农村"空巢"老年人的家庭养老现状堪忧。

2.城市老年人的现代养老观念,可以适度超前

访谈中,部分城市老年人表示接受以房养老、异地养老、旅行养老等。只是由于当地是一个县城,目前还无法提供如此丰富的养老服务。但是,可以引领这部分城市老年人的养老观念适度超前,只要这个市场的人群积累到一定数量,就会有市场跟进。

四、加快推进养老服务均等化改革的对策建议

(一)加强规划引导,提升养老资源空间配置的均等化

1.政府方面:统筹规划,健全机制,养老资源适度向农村增加供给

一是将养老服务事业纳入海盐县经济社会发展专项规划。"十三五"期间,根据海盐县老年人群的养老服务需求和养老、医疗资源分布状况,统筹做好养老机构的科学规划和合理布局。

二是突出重点,适当向养老资源配置较弱的农村、城市老旧小区加大资金投入和补助力度,提供农村养老服务补贴额度,实现养老机构的有效配置和有机衔接。

三是建立民政、人社、卫生、财政等部门组成的工作联席会议制度,加强各部门间的横向联系,定期召开会议,及时解决问题。

2.社会方面:创新方式,引导投资,鼓励发展民办养老机构

目前,海盐的养老服务供给仍以政府为主,面临财政投入有限、人员参与不足、发展动力缺乏等问题,这又造成养老服务供给难以满足老年人群需求的现

状,需要民间资本进入。并且,浙江作为经济发达地区,应积极探索政府主导、多元化参与的公共服务供给体系。[2]

(二)制度设计科学化,提升养老保险作用发挥的均等化

1.加强城乡居保与城镇职工养老保险的对接,提升已参保人员的待遇水平

在转移时将个人账户全部储存额随同转移,累计计算,保障参保人的权益。在实现低保标准城乡一体化的基础上,进一步落实低保制度,动态管理,凡进必查,扩大保障范围,提高低保占比。同时,基础养老金给付与参保人人均纯收入挂钩,通过建立财政补助资金动态投入机制,使基础养老金随着经济发展、收入的提高而提升。

2.加强宣传社会保险法,提升未参保人员的参保积极性

一般来说,土地被征用后达到一定年龄的老百姓可以选择办理养老保险或领取一次性生活补助,在2006年以前因为对养老保险政策的不理解、眼前利益驱使等多重因素的影响下,绝大部分被征地农户选择一次性生活补助,未办理失地农民养老保险。

随着养老保险制度的完善,未参保农民要求重新办理养老保险的呼声较大。加大宣传力度,让农村居民了解参保意义,增强农民参保意识,[3]使更多农村老年人参加养老保险。

(三)服务内容多样化,提升养老需求满足的均等化

1.针对城乡老年人不同的养老需求,提供有区别的服务项目

一是提供多元化、个性化养老服务,满足城市老年人的多层次需求。如相当一部分生活较充裕、文化程度较高的城市老年人,在其"物质养老"需求基本满足的基础上,渴求更高层次的"精神养老"。可建立一支文体活动辅导员队伍,提供电脑、摄影、书画等服务。

二是扩大养老服务设施资源渠道,满足农村老年人的基本养老需求。采取多种建设方式,通过购买、置换等多种途径,加强农村养老设施建设。在规范社会组织参与农村养老的同时,通过吸纳与整合社会资源,为农村老人提供更加丰富和专业的养老服务。[4]

三是灵活运用多种养老服务方式,满足特殊老年人的特别需求。如集中式

照料服务和分散式上门服务双管齐下,由社区养老服务中心提供集中式照料服务,向社会组织购买分散式上门服务。

2.加强队伍建设,提升养老服务人员的均等化

一是加强职业培训。完善养老服务职业资格认证制度,建立健康服务从业人员继续教育制度,逐步实现养老服务人员的职业化、专业化。开发社区、机构养老服务等公益性岗位,提升养老机构从业人员的经济和社会待遇。

二是加强人才培养。引导有关中等职业学校开设健康服务业相关专业,合理确定相关专业人才培养规模;加快培养护士、养老护理员、康复治疗师、健康管理师等从业人员;对县康复护理院的人才队伍建设给予特殊政策支持等。

三是促进人才流动。探索建立区域性医疗卫生人才充分有序流动的机制,深化医院人事制度改革,在养老机构服务的具有执业资格的医护人员,在职称评定、专业技术培训和继续医学教育等方面,享有与医疗机构医护人员同等待遇。

(四)加大宣传力度,提升老年人群体养老观念的均等化

1.在农村宣传现代养老观念

一是加大居家养老服务照料中心的宣传力度,以此转换思维,提高农村老年人对养老院的接受度,营造全社会关心支持的良好氛围。

二是普及“精神养老”。倡导晚辈“常回家看看”,养老不仅是物质上的,更是精神上的。鼓励农村老年人参与有益身心健康的活动,丰富农村老年人的精神文化生活。

2.在城市探索智慧养老观念

随着“互联网＋”时代的来临,智慧养老成为发展趋势。智慧养老指利用先进的互联网技术手段,开发面向居家老人、社区、机构的物联网系统平台,提供实时、快捷、高效、物联化、智能化的养老服务。城市具有信息化基础建设较好、老年人网络使用率高等优势,应成为智慧养老的先驱地。可在城市先行探索智慧养老,提供更加优质的养老服务。

参考文献

［1］郅玉玲.农村老年人养老支持力研究及社会政策建议——以浙江省为例［J］.人口与发展,2009(5):98-105.

［2］郑曙光.促进浙江基本公共服务均等化的法制化路径与机制创新［J］.宁波大学学报(人文科学版),2011(2):82-87.

［3］马红鸽.合作收益视阈截至下农村养老支持力体系构建研究［J］.社会保障研究.2015(1):52-58.

［4］李曼.深度老龄化背景下农村养老支持力研究［J］.管理视窗,2015(1):84-85.

精准扶贫思想指导下长三角地区相对贫困群体的反贫困实践

——基于海盐县支出型贫困救助模式的分析

许文婷

（海盐县委党校）

摘　要：长三角地区经济相对发达，大范围的贫困问题已经基本解决，但仍有一部分人生活在社会救助的"夹心层"中，其中就包括支出型贫困人群。精准扶贫的思想可以更好地指导支出型贫困的救助。本文以海盐县为例，计量分析了城镇居民的收支情况及支出贫困指数，总结该县五年内支出型贫困救助模式的做法与不足，结合"精准扶贫、精准脱贫"的救助目标，提出支出型贫困的"精准扶贫"路径。

关键词：精准扶贫；支出型贫困；相对贫困

一、精准扶贫与支出型贫困救助的逻辑勾连

（一）精准扶贫思想的内涵

精准扶贫的思想是习近平扶贫思想的核心。2013 年在湘西考察时首次提出，经过逐渐发展与完善，形成了以"精准识别、精准帮扶、精准管理"为核心的精准扶贫思想。

精准扶贫的思想是马克思反贫困理论中国化的最新成果。《资本论》中指

出,资本主义制度下资本的社会属性被破坏,资本被少数人占有或控制,并成为剥夺大多数人的工具,进而导致明显的贫富差距。[①] 破解该问题的办法只能是摒弃资本主义制度,建立共产主义社会,即社会主义制度是解决贫困问题的根本。精准解决我国的贫困问题,实现共同富裕是社会主义的本质要求,因此可以说,精准扶贫的思想与马克思反贫困理论是一脉相承又与时俱进的。

精准扶贫的思想是对中华人民共和国成立以来反贫困实践的继承与发展。在革命和建设进程中,毛泽东同志就提出了"消灭贫困、共同富裕"的概念。进入改革开放时期,邓小平同志提出了"消灭剥削,消除两极分化""不论白猫黑猫,能抓到老鼠就是好猫"。江泽民同志提出了开发式扶贫,旨在帮助贫困地区经济发展,这也标志着"造血式"扶贫的开始。21世纪后,胡锦涛同志将扶贫重点放在缩小发展差距上,践行"以人为本"的理念,实行全方位扶贫。习近平同志执政以来,贫困形势出现了"大分散、小集中"的局面,地区、群体的贫困原因各有差异,精准扶贫应运产生。

(二)支出型贫困救助的内涵

支出型贫困是以"支出"来衡量贫困程度的,指由于家庭成员出现重大疾病、子女就学、突发事件等原因,导致家庭财力支出远远超出其收入水平而造成的绝对生活贫困。

长期以来,长三角地区经济相对发达,大范围的贫困问题已经基本解决,涵盖医保、社保、慈善救助、医疗救助、临时救助等多方面的社会保障越来越完善,但仍有一部分人生活在社会救助的"夹心层"中,其中就包括支出型贫困人群。"支出型贫困"的救助模式各地区的做法不一。上海率先提出了支出型贫困救助模式,如长宁区"四医联动"基本医疗保障模式、静安区"五四三二一"帮扶救助体系。其他地区也同步跟进,如杭州市分层、分类多元帮困模式,嘉兴海宁以"大病医疗保障救助制度"为重心的救助模式,都取得了不错的成效。

(三)精准扶贫与支出型贫困救助的内在关联

支出型贫困救助模式是随着经济社会发展而生的产物,精准扶贫思想是基于社会实践变化而生的扶贫指导方针,精准扶贫的思想可以更好地指导支出型

[①] 《马克思恩格斯文集》(第二卷),人民出版社2009年版,第46页。

贫困的救助。

党的十八大提出,我国到2020年要全面建成小康社会。在经济发达地区,相对贫困群体是全面建成小康社会的短板,也是精准帮扶的重点人群,其中"支出型贫困群体"最具代表性。但支出型贫困救助在落实过程中存在三方面的难点:一是贫困认定难以把握,对于受助人收入、支出的衡量缺乏精确的识别系统;二是救助方式难以持续,目前救助方式主要以资金补助为主,这对于抵御贫困风险能力较弱的人群来说只是"授人以鱼"的短期帮扶,不能达到"授人以渔"的长期效应;三是救助期限难以确定,支出型贫困救助由于缺乏全国性统一的明确的制度性约束与保障,在实际执行过程中仅存在于部分地区,仅用于临时救助,而并没有长短结合的救助期限说明。

精准扶贫的思想中"精准识别、精准帮扶、精准管理"的理念恰好给出了方向。一般情况下,支出型贫困群体在受困之初因未达到普通救助的标准而得不到帮扶,等可谓"山穷水尽"时方能申请救助,同时还需等待审核批准下发的过程。"精准识别"则要求以县为单位,相关部门沉下身去,分级负责,动态管理,在对地区情况熟悉的前提下更能准确识别,及时救助。"精准帮扶"要求坚持分类施策,到村到户,了解致贫原因,在资金到位的情况下进一步进行"内源扶贫",如产业扶贫、教育扶贫。"精准管理"要求建立起贫困户的信息系统,关注贫困户的家庭情况,制定贫困退出机制,同时要阳光扶贫,加强监管,坚决惩治和预防扶贫领域的违法行为。

二、海盐县支出型贫困救助模式分析

(一)海盐支出型贫困的历史维度分析

1.城镇居民的收支情况分析

从表1可以看出,2007—2017年期间,海盐县城镇居民人均可支配收入基本呈上升趋势,其中城镇低收入户、中低收入户、中等收入户的人均可支配收入低于嘉兴市平均水平,城镇中高收入户、高收入户高于嘉兴市平均水平。海盐县城镇低收入户、中低收入户从2007年时的9080元、11721元上涨到2017年时的24787元、35946元,年均增长率分别达17.3%、20.67%,但在2013年时均出现下跌。海盐县城镇中高收入户、高收入户可支配收入增长速度快于低收入户,但也在 2014 年时出现下降,且后者下降幅度较大。

表 1　2007—2017 年海盐县城镇居民人均可支配收入情况(元)

年份	嘉兴市平均水平	城镇低收入户	城镇中低收入户	城镇中等收入户	城镇中高收入户	城镇高收入户
2007	20128	9080	11721	17131	25113	44999
2008	22481	8763	14215	18066	25699	52666
2009	24693	9896	14700	20360	30009	62374
2010	27487	11396.8	17045	22811.6	34246.4	71017.9
2011	31520	15853	22697	29441	38294	65145
2012	35696	18569	26470	31910	44380	70225
2013	38671	14651	22380	30924	45839	103922
2014	42143	18752	27075	33532	41347	72288
2015	45499	20105	28835	35368	47224	94697
2016	48926	21098	32900	38612	49292	111927
2017	53057	24787	35946	48875	65181	132585

从表 2 可以看出,海盐县城镇居民消费性支出在高收入、中高收入群体中波动十分大,2013 年时出现了消费的小高峰,在有所下降之后,2017 年消费支出又陡然上升。海盐县城镇中等收入户则在 2011 年出现快速上涨,但之后在有一定下降之后保持较为平稳。海盐县城镇低收入户、中低收入户的消费支出基本处于上升趋势,年增长率达 19.45%、17.78%,这明显超过了中高收入群体消费支出的增长速度。从消费支出占可支配收入的比重来看,城镇低收入户的比重值是最高的,波动性也较大,而高收入群体的比重值是最低的,且呈现逐年下降的趋势。

表 2　2007—2017 年海盐县城镇居民消费性支出情况(元)

年份	嘉兴市平均水平	城镇低收入户	城镇中低收入户	城镇中等收入户	城镇中高收入户	城镇高收入户
2007	12379	7861	8384	10725	13822	19478
2008	14346	7882	9127	10982	11803	30802
2009	15361	7088	8602	11190	19710	33464
2010	16559	6804	9734	13845.6	24126.6	33574.5

年份	嘉兴市平均水平	城镇低收入户	城镇中低收入户	城镇中等收入户	城镇中高收入户	城镇高收入户
2011	19535	10469	13640	28562	27753	26768
2012	21720	14433	18264	21827	27978	35960
2013	21105	13319	17848	23177	37302	44471
2014	23032	13485	17731	22837	21901	24240
2015	25544	16072	17097	25597	24826	34567
2016	28313	23845	14674	20940	22677	31931
2017	29875	23153	23289	31348	38263	44655

2. 支出贫困指数分析

本文采用 ELES 模型来计算不同群体的支出贫困指数。ELES 模型的计算公式为

$$\sum_{i=1}^{n} V_i = \sum_{i=1}^{n} P_i X_i + \sum_{i=1}^{n} b_i (Y - \sum_{i=1}^{n} P_i X_i) \quad i = 1, 2, 3, \cdots, n$$

其中，$\sum_{i=1}^{n} V_i$ 为所有商品或服务的支出额

P_i 为第 i 类商品或服务的价格

X_i 为第 i 类商品或服务需要的数量

b_i 为第 i 类商品或服务的边际消费倾向

经变型，得到 $\sum_{i=1}^{n} V_i = (1 - \sum_{i=1}^{n} b_i) \sum_{i=1}^{n} P_i X_i + \sum_{i=1}^{n} b_i Y \quad i = 1, 2, 3, \cdots, n$

城镇居民的支出贫困指数可以表示为 $R = \sum_{i=1}^{n} P_i X_i / Y \quad i = 1, 2, 3, \cdots, n$。

利用 SPSS 19 做线性回归，得到表 3。

表 3　参数估计结果

年份	$(1 - \sum_{i=1}^{n} b_i) \sum_{i=1}^{n} P_i X_i$			$\sum_{i=1}^{n} b_i$			调整后的 R 方
	B	标准误差	Sig	B	标准误差	Sig	
2007	4940.185	406.23	0.001	0.329	0.016	0.000	0.9905
2008	1314.576	1899.86	0.539	0.536	0.067	0.004	0.9406
2009	1794.718	1300.77	0.262	0.518	0.039	0.001	0.9775

年份	$(1-\sum\limits_{i=1}^{n}b_i)\sum\limits_{i=1}^{n}P_iX_i$			$\sum\limits_{i=1}^{n}b_i$			调整后的 R 方
	B	标准误差	Sig	B	标准误差	Sig	
2010	3576.646	2763.52	0.286	0.449	0.073	0.009	0.9017
2011	7713.566	2732.19	0.067	0.313	0.071	0.022	0.8202
2012	7754.907	1497.52	0.014	0.416	0.035	0.001	0.9717
2013	12553.84	4757.29	0.078	0.337	0.088	0.032	0.7729
2014	13453.96	3167.78	0.024	0.171	0.074	0.105	0.6387
2015	12859.11	2781.53	0.019	0.238	0.053	0.021	0.8265
2016	15877.41	3725.77	0.024	0.137	0.062	0.115	0.6171
2017	19566.6	3521.47	0.011	0.205	0.049	0.025	0.8061

进一步得到 2007—2017 年海盐县城镇居民基本消费支出与不同群体支出贫困指数。从表 4 可以看出,2007—2017 年期间,海盐县居民基本消费支出不断增长,2017 年时达到 24612.08 元,是 2007 年时的 3.34 倍。总体来说,城镇低收入户、中低收入户的支出贫困指数波动较大,2013 年时分别达到 1.29、0.85。低收入户大部分年份的支出贫困指数接近于 1,说明其生活水平较低,生活质量较差,尽管 10 年来社会保障水平不断提高,但仍存在救助不足的问题。中低收入户 2017 年的支出贫困指数为 0.68,略有上升趋势,其中,食品烟酒、居住、交通通信的支出占绝大部分比重,其中可能就存在一部分支出型贫困家庭。城镇中等收入户的支出贫困指数 2017 年为 0.50,10 年间相对平稳。

表 4　海盐城镇居民不同收入群体支出贫困指数

年份	基本消费支出（元）	城镇低收入户	城镇中低收入户	城镇中等收入户	城镇中高收入户	城镇高收入户
2007	7362.42	0.8108	0.6281	0.4298	0.2932	0.1636
2008	2833.14	0.3233	0.1993	0.1568	0.1102	0.0538
2009	3723.48	0.3763	0.2533	0.1829	0.1241	0.0597
2010	6491.19	0.5696	0.3808	0.2846	0.1895	0.0914
2011	11227.90	0.7083	0.4947	0.3814	0.2932	0.1724
2012	13278.95	0.7151	0.5017	0.4161	0.2992	0.1891
2013	18934.90	1.2924	0.8461	0.6123	0.4131	0.1822

年份	基本消费 支出(元)	城镇低 收入户	城镇中低 收入户	城镇中等 收入户	城镇中高 收入户	城镇高 收入户
2014	16229.14	0.8655	0.5994	0.4840	0.3925	0.2245
2015	16875.47	0.8394	0.5852	0.4771	0.3573	0.1782
2016	18397.93	0.8720	0.5592	0.4765	0.3732	0.1644
2017	24612.08	0.9929	0.6847	0.5036	0.3776	0.1856

(二)海盐支出型贫困救助模式的五年实践

2013年,"支出型贫困"问题引起民政部门的关注,在海盐县范围内进行了调研。2014年,借助先后被列为省级"救急难"工作试点和基本公共服务均等化改革唯一试点县的契机,海盐县开始加大探索支出型贫困救助的方法。2016年在浙江省率先出台了《海盐县支出型贫困家庭救助办法(试行)》,以先行试点海盐县百步镇为基础,在海盐县范围内全面铺开,并逐步对救助办法进行修改与完善,进一步提升救助力度,扩大救助范围。支出型贫困救助模式的海盐五年实践较为鲜明地反映了县域扶贫理念的转变、制度的改善和技术的创新。

1.理念范畴

一是从生存型到发展型。城乡低保制度侧重的是对"显性"贫困家庭的救助,更多的是为了解决"收入型"贫困家庭的困境。而现阶段社会主要矛盾的转变,人民日益增长的物质文化需求更加多样化、个性化,海盐近几年的城乡恩格尔系数已降至30%左右。可以说,海盐城乡居民的需求已经从单纯的生存型物质需求转变为多样的发展型物质与精神并重的需求。基于这种情况,县委、县政府开始重视处在社会救助"盲区"的人群,即因病、因学、因意外事故等导致的突发性刚性支出远远超出家庭收入承受能力的"隐性"贫困人群。对于这类人群,海盐效仿上海等地的先进经验,开始探索实施支出型贫困救助,五年来,通过不断尝试与调整,形成了支出型贫困家庭救助体系。

二是从输血式到造血式。简单的"输血"式补助只能解燃眉之急,"造血式"的救助方式更符合精准扶贫的理念。海盐通过组团落实社会救助、项目扶持、生产技能培训、公益岗位推荐等相关帮扶措施,提升支出型贫困家庭生产能力。对支出型贫困家庭进行失业登记和求职登记,免费提供职业指导和职业介绍等就业服务。每周五定期在县人力资源市场举行招聘会,在支出型贫困家庭和招聘单位之间牵线搭桥。2016年以来,已为278户困难家庭提供项目扶持42户,办理失业证228人,办理援助证50人;18人享受就业补贴,1人享受创业补贴,35人申请小额担保贷款共计175万元。

2.制度范畴

(1)强化问题导向与精准识别机制

海盐从试行之初,五年期间基于地方实际对于核贫标准、户籍限制、政策衔接等方面不断做出调整。对照《嘉兴市本级支出型贫困家庭救助办法(试行)》的规定,发现海盐的救助率明显低于嘉兴市平均水平。因此,2017年,海盐县对原先的试行办法进行调整,进一步放宽准入门槛,规定申请支出型家庭可以有一辆15万元以下轿车和2套房产;突破户籍框架,将与海盐县城乡户籍居民共同生活的非海盐县户籍的配偶或子女纳入支出型贫困家庭救助范围;厘清政策衔接难题,进一步整合现有救助资源,被认定为支出型贫困对象的家庭在享受基本生活救助的基础上,可同时享受医疗救助、临时救助和慈善救助等专项救助。

(2)完善多元参与的扶贫共治机制

以政府主导为核心的救助力量太过单薄,"政府+社会"的共治模式是未来社会救助的主要方向。海盐着重两方面的共治。一是社工介入模式。进一步强化社会救助工作队伍建设,为各镇(街道)配备1名社会救助专职社工。开展重病家庭社工服务项目,定向提供个性化的专业社工服务,全年累计开展个案50个,小组活动12次,社区活动2次,取得良好成效。二是资金众筹模式。在详细了解救助缺口的前提下,通过线下捐款、线上筹集的方式,号召全县各单位、各类企业及个人向弱势群体捐款。

(3)嵌入困难家庭的深度救助机制

除了"造血式"的帮扶机制,海盐致力于从多个维度改善支出型贫困家庭的困境。一是提高生活救助标准。对家庭刚性支出费用超过家庭可支配收入的,按每人每月810元低保标准发放全额救助;家庭刚性支出未超过家庭可支配收入,但收支相抵后,人均月收入低于低保标准的,发放差额救助,补足到每人每月810元低保标准,最低不少于每人每月60元。二是提高医疗救助力度。把支出型贫困家庭及时纳入医疗救助即时结报系统,在就医时对其医疗费用(包含门诊和住院费用)的自付部分按 70％进行实时救助,最高可救助 12 万元。三是提高临时救助时效。根据支出型贫困家庭困难程度和不同情形,发放每人低保标准 6 倍(4860 元)以下的临时救助,特别困难的不超过每人低保标准 12 倍(9720 元)。在紧急情况下,启动紧急程序,由镇(街道)先行救助,事后补办手续。

3.技术范畴

2017 年以来,海盐县以省级家境调查试点工作为契机,认真贯彻落实《嘉兴市全面构建社会"大救助"体系的意见》,全面推进家境调查试点工作。

一是培养一支社会力量。根据社会救助领域实际需要,出台《关于在社会救助领域开展社会工作的实施办法》,进一步引入社会力量参与社会救助,培育海盐翼点社工机构承接支出型贫困家庭经济状况核对业务,提高核对工作效率。

二是落实"大救助"体系。建立大数据,对海盐县低保标准 2 倍以内的困难家庭开展家境调查,建立起"一户一档""一户一策",了解困难家庭需求,建立困难家庭大数据信息平台。建立大清单,整合社会救助联席会议成员单位帮扶政策,统筹人、财、物等各类社会救助资源,建立困难家庭帮扶政策目录大清单。建立大平台,构建起困难家庭需求与救助资源精准对接的大平台,通过统一的困难家庭认定和救助标准,以"项目化"形式开展助困、助产、助业工作,实现精准救助。

三是严格准入和公示制度。严格执行"凡进必查"制度,大力开展居民家庭经济状况核对工作,对所有新申请"三低"对象的家庭成员、各项收入、财产信息等开展核查。同时,认真做好"三低"对象的公示工作,以公开促公平,有效保障社会救助的公平、公正实施,提升社会救助政策实施的公信力。

(三)不足之处

在"支出型贫困"的救助中,地区间也存在问题。一是救助方式较为单一。目前主要以直接经济救助为主,即通过直接发放资金进行救助。这种方式的优点与特点是快速、直接而有效,但存在的问题也非常明显,即额度相对较少,难以根本解决救助对象的问题。二是救助程序较为烦琐。贫困救助一般有申报、考察、评定、救助款项发放等完整的工作流程,救助时间相对较长,救助会不及时。

三、相对贫困群体的"精准扶贫"路径分析
——以支出型贫困为例

（一）主体精准：责任明确＋共同参与

以政府为主导的社会救助模式具有稳定性和可靠性，因此扶贫的主体责任在各级政府，考察、监督、执行等责任落实在县一级政府，扶贫情况排摸更多在于镇（街道）、村（社区）一级。在此基础上，鼓励提倡"多元参与＋协同合作"的模式。一方面，纯粹依赖财政支出填补救助支出并不持久，救助金额的有限性也会导致救助实效杯水车薪，因此更需要开拓多样化的筹资渠道，除了利用现有的民间众筹、慈善捐款等方式，也可效仿国外经验，从政策上激励企业和民间资本捐款。如美国扶贫资金就包括财政拨款和通过"税收支出"等激励政策吸纳的企业与民间资本。另一方面，社会救助更需要人的参与。进一步鼓励相关行业协会的参与，支持社工机构的建立与发展，建构起多元扶贫主体间的合作机制，促使扶贫主体间同频共振，携手共进，为扶贫工作提供主体保障。

（二）对象精准：精细识别＋多维考察

支出型贫困作为一种较新的衡量贫困的概念，对贫困对象的识别提出了很高的要求。在落实救助过程中，首先，明确概念，理解到位。在深入理解支出型贫困概念的基础上，制定符合地方实际的救助办法，并因时因势地调整救助范围、救助力度、救助方式、救助程序，同时进一步贯彻"最多跑一次"的理念，简化申报手续，缩短认证时间。其次，全面宣传，覆盖到位。加大支出型贫困救助方式的宣传力度，打消受困群体碍于情面的顾虑，转变原先主要以镇（街道）、村（社区）对低保边缘户、低收入户和医疗费用支出较大对象主动排摸的工作模式，让贫困对象根据需要主动申报、及时申报。最后，精细识别，考察到位。完善线上信息系统，加强部门之间的信息共享，提高信息核对效率，降低因信息不对称造成的时间成本与调查成本；强化线下调查工作，鼓励当地有威望的"新乡贤"及专业社工组织介入扶贫对象的识别，做到精准到户、精准到人。

(三)手段精准:再家庭化十内源扶贫

从输血式到造血式的救助方式已经成为社会救助的共识,尤其在当前发展型救助理念下,更加重视提高受困群体的再生产力,提升受困家庭抵御风险的能力。一是扶贫瞄准家庭化。支出型贫困家庭一般来说本身是具备一定的经济自给能力的,大多数是因病、因学等突发事件造成的不能自给自足,因此这类情况下救助更要以家庭为单位,关注家庭的发展,通过一定的现金补助度过暂时困境。另外要注重提升家庭成员的自我造血功能,避免贫困的代际相传。二是扶贫模式多样化。重视人力资本投资,广泛开展技能培训、学历提升等学习型活动,搭建就业、创业平台,在择优的基础上推行订单式的扶贫培训结对工程,结合"互联网十"等新技术,进一步推进产业扶贫、教育扶贫、科技扶贫、生态扶贫等项目,支持有能力的贫困者实现物质条件的改善。

(四)管理精准:阳光扶贫十科学考评

权力需要监督,贫困领域的权力与责任更需要放在阳光下。一是健全公开透明的监督机制。充分利用官网、微信、微博等平台,及时对救助人员的审核、帮扶情况进行动态公示,提高公众知晓度,完善公众反映渠道,认真听取来自各界对救助情况的意见和建议,对于可能存在的舞弊违法情况及时处理调查,做实做真扶贫救助工作,提升政府的公信力。二是健全公平科学的考评机制。建立自评和他评、部门评和组织评、量评和实地评相结合的考评机制。民政部门基于支出型贫困救助工作开展自评工作,每年度形成阶段性工作汇报,一年一小报,三年一大报。县委、县政府组织开展不定期暗访工作,走访入户,了解支出型贫困家庭救助变化,实地察看工作实效。引入第三方测评机构,从支出型贫困救助工作流程走向和救助家庭反馈走向设计调研问卷,开展实地调查,出台评估报告。

参考文献

[1] 徐大慰,梁德阔. 上海市对"支出型"贫困群体的综合帮扶研究[J]. 西北人口,2012(3):96-100.

[2] 刘沛栋.基本消费支出视角下的"支出型贫困"研究——以江苏省为例[J].

社会保障研究，2014(6):89-95.

［3］钟仁耀. 支出型贫困社会救助制度建设:必要性及难点［J］. 中国民政，2015(7):22-23.

［4］周绿林，王璐，詹长春. 基于贫困衡量视角转变的支出型贫困救助问题研究［J］. 广西社会科学，2015(9):171-174.

［5］池秋娜，郭玉辉. 社会兜底保障由收入型贫困向支出型贫困延伸研究——以医疗支出型贫困为例［J］. 社会政策研究，2018，13(4):105-116.

新时代基层社会治理中农村文化礼堂建设的价值探寻：从空间聚合到精神融合[①]

——以浙江省余姚市为例

陆银辉

（浙江省委党校四明山分校、余姚市委党校）

摘　要：当前,浙江广大农村的经济条件和社会生活已经发生了根本性的变化,伴随着物质富裕的步伐,在新时代基层社会治理中,农民群众对精神文化和综合素质提升的需求日益强烈。浙江省委适时提出了建设"两富"现代化浙江的战略目标,余姚市率先以建设村级"文化礼堂"、构筑农民群众精神家园为重要载体,立足自身实际,对农村的文化资源与建筑资源进行了有效整合,已建成56家农村"文化礼堂",初步构建了农民群众实现"精神富有"的家园,文化礼堂的建设发展理念也逐步从空间聚合走向精神融合,在基层社会治理中起到了凝心聚力的重要价值。本文立足于对余姚的考察,对村级"文化礼堂"建设理念的转变进行了梳理与思考。

关键词：基层社会治理；农村文化礼堂；空间聚合；精神融合

经过改革开放 40 年的发展,浙江广大农村的经济条件和社会生活发生了根本性的变化,农民群众对精神文化的需求越来越强烈。近年来,围绕党的十

---

①　本文为浙江省委党校(行政学院)系统中国特色社会主义理论体系研究中心 2019 年第二十一批规划课题"从空间聚合、精神融合到价值整合:农村文化礼堂的社会治理机制优化研究——以余姚市为例"的阶段性成果,课题立项编号为 ZX21049,课题负责人陆银辉。

八大、十九大建设文化强国的战略部署，浙江省余姚市以建设村级"文化礼堂"、构筑农民群众精神家园为重要载体，立足自身实际，对农村的文化资源与建筑资源进行了有效整合，助推新时代基层治理。到目前为止，余姚市已建成 56 个农村文化礼堂，初步构建了农民群众实现"精神富有"的家园。与此同时，余姚市对文化礼堂的建设发展理念也逐步从空间聚合走向精神融合，大大丰富了农民群众的精神世界。

一、新时代基层社会治理中建设农村文化礼堂的价值意义和价值取向

新时代基层社会治理中建设农村文化礼堂具有重要文化引领和价值导向的作用。文化礼堂的建设和运作，这一创新举措是推进农村文化建设的有益探索，也是满足广大农民群众多层次、多方面精神文化需求的有效途径，对于繁荣农村文化、提高村民素养、促进社会和谐具有重要价值，也将影响到农民群众的价值取向和价值选择。推进文化礼堂具体价值导向作用有以下几点。

（一）推进"文化礼堂"建设具有方向性

余姚市紧紧抓住公共文化服务这个着力点，以"文化礼堂"建设为抓手，创新体制机制，丰富方法手段，突出内容设计，形成了以点带面的文化互动格局。"文化礼堂"这一创新形式，对于保障农民基本文化权益，促进农民更新观念，促进农村社会和谐，促进乡风文明，推进新农村建设做了有益的探索，为余姚市加强和改进农村文化建设，逐步构建公共文化服务体系，提供了有益的启示。

（二）推进"文化礼堂"建设具有创新性

余姚市农村"文化礼堂"建设以"文化礼堂、精神家园"为主题，以"一馆（家园馆）、一台（欢乐大舞台）、二堂（礼堂、讲堂）、五室（文体活动室、图书阅览室、教育培训室、道德评议室、'春泥计划'活动室）"为建设重点，计划通过 5 年的努力，在余姚市行政村中建成一批集学教型、礼仪型、娱乐型于一体的农村文化综合体。①

---

① 余姚市文明办：《余姚市启动农村"文化礼堂"建设》，浙江文明网，http://www.zjwmw.com/07zjwm/system/2013/06/28/019433179.shtml。

由此可见,余姚市将"文化礼堂"建设定位为"精神家园",改变了以往文化建设重硬件的倾向,把精力集中到思想建设、内容建设上来,使文化建设不仅有形,更能入心。

(三)推进"文化礼堂"建设具有示范性

余姚市是一个典型的浙东沿海经济发达县市,当地党委政府在实现镇街综合文化站、农家书屋全覆盖的基础上,因地制宜、因势利导,推进"文化礼堂"建设,发挥其传播现代文明、展示村庄形象、传承先贤精神,普及实用知识、举办文化活动等功能,形成了以建筑为基础、以内容为核心、以活动为支撑的精神家园建设模式。

二、新时代基层社会治理中浙江省余姚市农村文化礼堂建设的发展概况

自 2013 年起,农村文化礼堂建设工作已经连续五年列入余姚市政府十方面民生实事工程。余姚根据浙江省、宁波市统一部署,先后制定下发了《关于推进农村文化礼堂建设的实施意见》等政策文件,坚持将农村文化礼堂作为构建群众精神家园、满足人民美好生活需要的有效抓手。[1] 余姚市每年划拨 50 亩建设用地指标和 240 万元专项资金,组织召开动员会、推进会、学习会、观摩会,加大工作力度,精心谋划设计,塑造特色亮点,努力使文化礼堂真正成为整合硬件软件、融合时间空间、凝聚百姓百心的精神家园、文化乐园和教育基地。到目前为止,余姚市已建成各具特色的文化礼堂 56 家。宁波市农村文化礼堂"庆祝国庆暨重阳敬老"礼仪现场观摩活动和文化礼堂文艺团队才艺大比拼活动先后在余姚市举行,2015 浙江省"我们村晚"宁波分会场也设在余姚市。回顾近几年来的建设发展历程,余姚市在农村文化礼堂建设方面的主要做法有:

(一)坚持规定动作与地方特色两不误,让文化礼堂魅力十足

根据浙江省、宁波市对农村文化礼堂的建设要求,结合本地实际,余姚市农村文化礼堂以"一馆、一台、二堂、五室"("一馆",即家园馆;"一台",即欢乐大舞

---

① 余姚文明网:《余姚:农村文化礼堂村民的美好生活从这里起步》,http://www.wenming.cn/df-cz/zj/201803/t20180302_4604795.shtml。

台；"二堂"，即礼堂、讲堂；"五室"，即文体活动室、图书阅览室、教育培训室、道德评议室、"春泥计划"活动室）为建设重点。在建设过程中，余姚市既注重规定动作的建设，更注重突出地方特色，努力做到"一村一色""一堂一品"。

第一，礼堂规划重实际、讲实情。根据余姚市地理位置存在山区、平原、滨海等三大特征和各地经济社会发展不平衡的现状，在建设文化礼堂时，综合考虑了各地经济实力、人口规模、群众需求、地域风貌、人文特点等多种因素，进行科学规划、统筹安排，着力打造山区景点型、平原人文型、滨海服务型等三类各有侧重、各具特色的农村文化礼堂。同时，探索推行星级化建设制度，在省定建设标准的基础上，划分三星级、四星级、五星级三个建设标准，由各建设对象根据自身的经济实力、基础条件，选择适合本村的建设规模和档次，确保建设工作重实际、合实情。

第二，活动阵地重惠民、讲乐民。以满足群众实际需求为出发点和落脚点，按照"一堂多能、一室多用、灵活多样"的理念，通过"整合一体式"或"分散组合式"的形式，打造一个集学教型、礼仪型、娱乐型于一体的农村文化综合体。如河姆渡镇翁方村文化礼堂建成后先后举办了"重阳敬老礼仪活动""七岁开蒙礼仪活动""新老翁方人中秋晚会"，承办了"余姚好人发布会"，河姆渡镇"书香河姆渡""古韵河姆渡"等系列活动，第十七届余姚市老年人运动会等。村"欢乐大舞台"围绕"天天有活动、月月有演出、季季有擂台、年年有达人秀"的目标，丰富群众业余文化生活。而且村文化礼堂还为村民免费提供婚庆宴、生日宴、升学宴等场地，一馆多用，解决村民实际需求。[①] 此外，余姚市建设的"欢乐大舞台"，统一建造标准，并配备有专业的音响设备，为群众搭建了一个展示自我才艺的平台，从目前整体运行情况来看，有效促进了当地群众文化的发展与繁荣。

第三，展示展览重内容、讲内涵。展示展览是文化礼堂建设的重要内容，是传承文明、弘扬文化的直接体现。各农村文化礼堂依托家园馆、道德文化长廊等阵地，综合运用文字、图片、声像、实物等多种展陈形式，全面、深入地反映村史村情、乡风民俗、崇德尚贤、美好家园等内容。同时，注重突出各地的人文内涵，注重挖掘展示积极健康的家风、族训、村规民约，注重挖掘展示本村历史传

---

① 浙江在线：《宁波市余姚市河姆渡镇翁方村文化礼堂》，http://wxzx.zjol.com.cn/11wzzx/system/2017/08/24/021581751.shtml。

说、先贤故事、重大事件,注重挖掘展示红色文化、海涂文化、产业文化等地方特色文化,进一步凝聚了村庄的精气神,提升了村民的归属感、自豪感。

(二)坚持自主管理与自我服务两促进,让文化礼堂高效运转

按照文化礼堂——"精神家园、文化乐园"的功能定位,积极发挥农民群众的主体作用,让农民群众进行自我管理、自我教育、自我娱乐、自我服务,切实推动文化礼堂"动起来""热起来""火起来"。

第一,做到"有人管"。市镇村三级组建文化礼堂建设工作指导员、管理员和志愿者队伍,每个文化礼堂配备1名以上专职管理人员、3名以上的形势政策宣讲员和10人以上的志愿服务队伍。同时,鼓励引导在校大中学生利用寒暑假和双休日到农村文化礼堂开展志愿服务活动。重视培养乡土文化能人、文艺骨干,真正把那些热爱文化活动、有奉献精神、具有一定文化才能和特长的优秀人员吸引到村级文化队伍中来,带动村民开展经常性的民俗、民间文体活动。

第二,做到"有章管"。编印《文化礼堂操作手册》,健全完善农村文化礼堂日常管理运行、资金使用、场地使用、安全保障等制度,确保农村文化礼堂有序有效运行,并努力做到"四个有",即做到活动有组织、台账有记录、展陈有更新、场地有管理。同时,在市、乡镇(街道)两级层面加强指导督查、考核激励,每月报送文化礼堂建设情况进展表,并将农村文化礼堂建设工作作为"美丽乡村·幸福家园"建设和宣传思想文化工作考核的重点内容,纳入文明村镇、文明街道创建考核体系,确保各村文化礼堂"有章管理、有人管事"。

第三,做到"管得好"。在管理过程中,余姚市注重处理好两方面关系。一方面,正确处理好"多与少"的关系,即在文化礼堂活动载体的设计上,做到疏密有致、张弛有度,要有生活仪式感;另一方面,正确处理好"繁与简"的关系,即在礼仪仪式的设计上,不要求过于烦琐、过于复古,又不过于简单、过于死板,做到灵活性与原则性有机统一。如凤山街道永丰村利用"六一"儿童节,在活动项目中穿插设计了七岁开蒙礼仪活动,既简化了礼仪流程,又丰富了活动内容,取得了不错的社会效果。

(三)坚持全民覆盖与长期使用相结合,让文化礼堂精彩无限

余姚市积极按照"天天有活动、周周有擂台、月月有主题"的要求,整合资源、创设载体,切实提高文化礼堂使用率。

第一，面向全员促利用。坚持"以文化人、以文聚人"的理念，面向老年人、青少年、党员代表、妇女群众、种植养殖户等不同群体，针对不同需求，每月制订活动计划，以喜闻乐见、寓教于乐的形式，吸引农民群众的广泛参与。如面向青少年，开展"春泥"志愿服务百村行活动；面向种植养殖户，开展花木栽培、畜牧养殖、水产养殖等技能培训；特别是 2014 年余姚市举办了首届"百姓文化节"，历时两个月，分"中国梦想""姚江颂歌""群星荟萃""阿拉舞台"等 4 个专题，市镇两级安排了 46 项群众性文化活动。这 46 项活动中除 22 项为市级活动，其余 24 项乡镇街道活动大多在各地的文化礼堂举行，文化礼堂真正为群众搭建了活动平台。

第二，找准节点促利用。结合"我们的节日"主题活动，在春节、端午、中秋、重阳等传统节日和入学、入伍、入团、入党等重要时间段，推广开展"五＋X"礼仪活动，"五"即春节祈福迎新礼仪活动、婚礼礼仪活动、七岁开蒙礼仪活动、庆祝国庆礼仪活动、重阳敬老礼仪活动，"X"即结合实际开展端午思贤、冬至谢年、开学第一课、毕业最后一课、入伍壮行、入党宣誓等礼仪活动。近两年来，各地文化礼堂已开展形式多样、内容丰富的礼仪活动 75 场次。

第三，整合资源促利用。每年整合有关市直部门的资源力量，制订菜单式配送计划，组织开展"教育教化进礼堂、乡风乡愁进礼堂、礼仪礼节进礼堂、文化文艺进礼堂、志愿服务进礼堂"等为内容的"五进"活动。2014 年，余姚市组建了22 支市直属配送服务队伍，面向建成的农村文化礼堂配送各类活动 250 余场次，参与群众达 4 万余人次。同时，各乡镇（街道）的相关活动也向文化礼堂倾斜，并引导共建单位、结对企业到所结对的行政村文化礼堂内开展文艺演出、科普宣传、技能培训、政策咨询等活动，推动文化礼堂成为政府公共服务的主渠道和区域文化活动的主阵地。

三、新时代基层社会治理中农村文化礼堂建设的价值探寻：从空间聚合到精神融合

余姚市在积极探索和不断实践的过程中，对农村文化礼堂的建设理念有了一个逐步转变和提高的过程，开始从空间聚合理念向精神融合理念转变，并形

成了一些值得认真总结思考的经验,这对新时代基层社会治理中的文化凝聚和引导力量的发挥具有重要启示意义。

(一)必须注重思想内涵传承,才能发挥价值引导力

构建农村群众精神家园,思想内涵是其灵魂所在。建设一批文化阵地、建设几个农村文化礼堂并不难,只要资金到位、建设完成就行,难就难在常年开展活动、活动结合群众需求,吸引全民参与,真正做到能够激发和激活农村文化的生命力。这就需要根据农民思想实际,突出思想引导、价值引导,有针对性地组织文化活动。第一是弘扬主流价值。文化礼堂始终将社会主义核心价值体系建设放在首位,通过月主题活动、民间艺术作品创作表演和农民群众良好精神文化面貌展示,积极进行宣传、弘扬和践行。各村展示的优秀文化传承人物来自村民身边,有敬老爱亲的好婆婆好媳妇,有勤劳致富的劳动能手、企业家,他们成为村民最好的榜样。第二是培育艺术氛围。文化礼堂把村里的文艺爱好者聚到一起,让朴素的山村多了许多文艺的气息。有的文化礼堂办起了书法创作室,让更多的"泥腿子"拿起了笔杆子。第三是提供精神慰藉。有的村在文化礼堂设立了阅读角、读报栏,请法律、科技等方面的志愿者走进文化礼堂,让村民学习知识,实现自我教育,自我提高。有的村把"和事佬"请进文化礼堂,让村民在遇到矛盾时有了说理的地方。

(二)必须注重功能布局特色,才能激发文化生命力

随着新农村建设进程加快,要将文化阵地建在农民的家园里,让他们能够及时、便捷、有效地享受到文化生活。这就需要结合村庄的实际,根据农民的需求,合理设计功能布局,做到为民、利民、便民。第一是优化分类布局。首先是要以现有阵地为依托。依托现有的村办公楼、村落文化阵地、大会堂、旧祠堂等阵地,以省定建设标准为基础,以综合一体式或分散组合式为建设形态,科学确定农村文化礼堂各类阵地的建设规模和建设档次。其次是要与村庄规划相融合。根据村庄整体规划、人口集聚特点等,科学确定建设选址、建筑风格和建设规模,确保农村文化礼堂设施建设与村庄规划相融合、与周边环境相协调、与群众需求相匹配。最后是要与发展定位相匹配。结合村庄在美丽乡村建设、产业发展、文化发展等方面的定位,充分利用自然资源禀赋,深入挖掘人文资源优势,强化精品意识,提高建设档次,体现文化内涵,做到"一村一色""一堂一品"。

第二是强化内容引导。"文化礼堂"在内容设置上，突出道德建设，充分展现村史传统、民风民俗、成就业绩、先进典范，把道德建设的基本内容形象化、具体化，引导村民常怀善心，常行善举，以善为乐，主动成为道德的传播者、践行者。第三是加强整合联动。根据各村实际，有的村"文化大礼堂"集中建设，各部分形成内在关联，有的村将"文化大礼堂"分开建设，串点成线，形成风景。注重因地制宜、发挥特色。首先是建设特色展馆。坚持把家园馆作为余姚市农村文化礼堂建设的品牌、作为推进美丽乡村建设的亮点来打造，提高建设品位品质、丰富展陈内容内涵，增加互动板块、拓展展陈形式，避免同质化、实现差异化；大力推进特色展馆建设，根据地域地点、产业特色、人文特质，建成如杨梅博物馆、道德馆等富有乡土气息、彰显立村理念的特色展陈阵地。其次是突出群众主体。在家园馆资料收集阶段，要发动群众广泛收集整理资料、提供展示展览实物，通过"好人榜""学子榜""寿星榜""能人榜""创业榜""新婚榜""军人榜"等，集中展示当地身边好人、莘莘学子、高寿老人、乡贤名人等，推动群众成为展陈内容的主角，增强文化礼堂的吸引力和感染力。最后是打造精品线路。根据农村文化礼堂数量逐渐增多的实际，按照以点串线、连点成线的思路，统筹考虑各个文化礼堂的建设特点，注重突出地域文化特色，打造具有地方特色的农村文化礼堂精品线路；充分利用省农村文化礼堂建筑设计大赛成果，根据平原、滨海、山区等不同地域特点，设计建设各具特色的农村文化礼堂，切实提升新建农村文化礼堂的档次。

（三）必须注重分类推进服务，才能增添活动吸引力

由于每个村的地理环境、人口结构、发展水平的差异，村民的文化需求呈现出多样性特征，所以搞"文化礼堂"建设不能"一刀切"，必须因地制宜，区分层次，突出特色。必须注重分类推进，注重各类功能的强化，才能增添活动吸引力。第一是展陈阵地要凸现教化功能。坚持把发挥教育教化功能作为建设展陈阵地的根本所在，在设置村史村情、乡风民俗、崇德尚贤、美好家园等展陈板块，落实"七个一"农村文化礼堂内容建设的基础上，结合核心价值观建设、好家风建设、发展乡贤文化、法治教育等，收集展示家风家训、村规民约、乡贤名人等内容，传承优秀传统文化，传播现代价值取向，使其成为教化村民、凝聚人心的重要阵地。第二是礼堂讲堂要凸现服务功能。坚持把服务群众作为建设礼堂

讲堂的第一要务，针对当前农村缺乏举办婚庆喜事场所这一实际，扩大礼堂建设规模、拓展礼堂服务功能，为村民举办婚宴、寿宴等提供场地和设施；针对面向村民开展形势政策宣教、生产技能培训、科学知识普及等的功能需求，按照"一堂多能、一室多用、灵活多样"的理念，建立多样化的讲堂，实现服务群众、教育群众的功能。第三是文体阵地要凸现活动功能。坚持把满足不同群体、不同时段、不同类型的活动需求作为建设文体阵地的基本依据，以动态阵地与静态阵地相分离、室内阵地与室外阵地相结合、日间活动阵地与夜间活动阵地相补充的原则，合理布局欢乐大舞台和"五室"等文体活动阵地，确保"用得上""用得好"。

（四）必须注重典型示范品牌，才能增强标杆号召力

"文化礼堂"建设是一项创造性的工作，从概念到具体化的过程是一个摸索的过程，必须立足提高农村文化礼堂的利用率、满足农民群众的精神文化需求，按照公益性配送和市场化运作相结合、日常活动开展和品牌活动培育相同步的原则，充实活动内容，提高活动实效。必须注重典型示范品牌，才能增强标杆号召力。第一要建立活动机制。首先是建立活动安排机制。按照上级配送和乡镇（街道）组织发动相结合、村级组织开展和村民自发开展相结合的原则，充分利用区域内各线上的活动资源，推动其向农村文化礼堂倾斜，统筹安排文化礼堂的年度、季度和月度活动计划，切实推动文化礼堂"用起来""动起来""活起来"。其次是搭建活动发布平台。注重利用宣传窗、电子显示屏等宣传阵地，及时发布文化礼堂活动信息，实现活动项目与村民群众的有效对接和良性互动；注重利用微信等新媒体平台，开设文化礼堂活动信息告知、成果展示等栏目，开展"我参与你点赞"等互动活动，吸引青年群体参与，丰富活动内容形式。最后是拓展活动展示途径。根据浙江省、宁波市对网上文化礼堂建设的具体要求，及时通过农村文化礼堂活动情况申报系统报送各类活动的开展情况，向浙江省人民全面展示当地的人文历史、家风家训、道德典型、乡村旅游、特色产品等，着力提升余姚市农村文化礼堂在浙江省的知名度。第二要丰富活动载体。首先是推进文化礼堂"五进"活动。把"五进"活动作为各地各部门加大文化礼堂服务供给的重要载体，按照提供菜单和按需点单相结合、公益性服务和市场化服务相结合的原则，发挥自身优势，用足自身资源，丰富文化产品服务类型、内容，

提高文化产品服务的数量、频率,有效匹配"供"与"需"、"送"和"要",使得文化礼堂服务资源配送更受群众欢迎、更加常态长效。其次是开展文化礼堂"走亲"活动。推广开展文化礼堂之间的"结亲""走亲"活动,充分发挥文化礼堂文体团队的作用,以走出去、请进来相结合的方式,推动各文化礼堂加强交流合作,进一步丰富活动内容,提高活动频率。最后是推出文化礼堂"活动日"。根据农村实际,以星期日为重点,每周确定一天作为文化礼堂"活动日",按照"定时、定人、定内容"的原则,组织开展形势宣讲、政策咨询、文体辅导、技能培训、志愿服务、礼仪礼节等寓教于乐、喜闻乐见的活动,推动村民群众养成相对固定的活动参与习惯。第三要打造活动品牌。立足适应群众从被动接受向主动参与转变的新趋势,根据省里的总体部署,深入开展"我们的家训""我们的村歌""我们的村风""我们的讲堂""我们的村晚"等"我们的"系列主题活动,并结合余姚市实际,打造"百姓"系列活动品牌,打破"你演我看"的活动模式,实现让群众参与、让群众表现、让群众创造的目标。首先是开展"百姓走进家园馆"活动。以"走进家园馆、感受家乡美"为主题,利用节庆日和重要时间节点,开展"百姓走进家园馆"活动,举办"我和长辈忆过去、看变化、想未来""我在家园馆"微信传播等活动,推出入学第一课在家园馆、入伍壮行在家园馆、入队入团入党宣誓在家园馆等"三在"家园馆活动,切实增强广大村民群众对文化礼堂的亲近感、归属感。其次是开展"百姓走上大舞台"活动。依托欢乐大舞台这一阵地,按照"天天有活动、周周有演出、月月有主题、年年有品牌"的要求,以群众自编自演、文艺团队交流演出、公共文化服务配送等形式,搭建村民群众展示自身才艺、展现良好精神面貌的平台,切实满足村民群众的精神文化需求。最后是开展"百姓走向大礼堂"活动。依托礼堂这一阵地,结合"我们的节日"主题活动,坚持本土化、区域化、特色化的原则,按照"符合农村实际、富有教育意义、易于长期坚持"的要求,组织举办春节祈福迎新、七岁开蒙、重阳敬老、新兵入伍壮行、村干部就职等十项礼仪活动,以寓教于乐、喜闻乐见的形式,使文化礼堂成为村民群众传承传统礼仪的主阵地。

(五)必须注重指导扶持管理,才能确保运作执行力

农村文化建设既是一项物质成果,需要经济基础的"硬支持",又是一项精神文化成果,更需要"软实力"的补充,也需要软硬结合的日常规范化管理。所以必须重指导扶持、重制度管理，立足适应农村文化礼堂作为文化综合体的阵地特点和活动特性，以推动自主化、社会化管理为目标，健全管理服务队伍、日常管理制度、建设管理机制，提升农村文化礼堂的规范化管理水平。第一要健全管理服务队伍。首先是推广建立理事会。立足提升文化礼堂的社会化管理水平，发挥村级商会、"五老"队伍、文艺骨干等的作用，建立农村文化礼堂理事会，探索设立文化礼堂基金，为规范化管理提供人才支撑、资金支持。其次是配齐配强管理员。切实建立村主要负责人负总责、宣传文化员为主力、其他力量为补充的文化礼堂专兼职管理员队伍，明确管理目标，落实工作职责，为活动开展提供基础性保障。最后是发展壮大志愿者。依托志愿服务制度化工作的推进，充分挖掘辖区资源、村共建单位、社会化志愿服务组织的力量，突出文化服务、便民服务、技能培训、教育宣讲等重点，建立面向文化礼堂的市直部门、乡镇（街道）和村三级志愿服务队伍，为文化礼堂规范化管理提供更加多元、更受欢迎的志愿服务力量。同时，鼓励引导在校大中学生利用寒暑假和双休日到农村文化礼堂开展志愿服务活动。第二要健全制度。首先是健全日常管理制度。不断健全农村文化礼堂资金使用制度、场地使用制度、安全保障制度、活动记录制度等，确保活动有组织、台账有记录、展陈有更新、场地有管理。其次是健全自主管理制度。把村民自主管理作为推进文化礼堂规范化管理的重要手段，以公开招募的形式，聘请一批热心人士、文化能人作为阵地协管员，突出节假日这一重要时段，实行活动阵地的文体团队包干管理制度，提升文化礼堂的社会化管理水平。最后是健全志愿服务制度。把志愿服务作为推进文化礼堂规范化管理的有益补充，结合村级志愿服务队伍的组建、项目的创设、基地的建设，把文化礼堂作为一个重要的服务基地，把服务文化礼堂管理作为一项重要服务内容，落实志愿服务制度，形成我为人人、人人为我的良好管理氛围。第三要健全建设管理机制。首先是实行建设指导督查机制。在市一级，把农村文化礼堂建设工作纳入为民办实事工程，实行建设工作月报制度，开展不定期地实地指导督促，定期通报建设工作进展情况，并将其作为评选建设工作先进、发放以奖代补资金的重要依据。在乡镇、街道一级，要组织专门力量，定期入村开展指导督促，并将其纳入对各建设对象的工作考核范畴，推动其加快工作进度，提高建设质量。其次是健全阵地常年开放机制。把常年开放作为文化礼堂规范化管理的基本要求，根据村民需求和阵地实际，明确管理人员，公示开放时间，接受群众监督，确保大门常开、活动常态。最后是健全常态运行激励机制。把农村文化礼堂的常态运行作为推进"建管用"一体化的重要环节，从配齐配强管理服务队伍、建立健全阵地管理制度、用活用好文体活动阵地等方面入手，加强对各文化礼堂日常管理、活动开展的指导监督。余姚市里根据各文化礼堂实际运行情况，落实以奖代补措施，各乡镇、街道要结合实际，参照市里的做法，建立健全相应的激励机制。

总之，农村文化礼堂建设是传统文化传承的需要。农村社会的建设和繁荣，必须坚守传统文化的文脉，农村文化礼堂将是传统文化传承的基地。而且，文化礼堂建设是当前农村文化建设创新的重要组成部分，建设农村文化礼堂的最终目的是提升农民群众的思想道德和科学文化素质，发挥文化对人的精神抚慰作用和凝聚作用，培养共同价值取向，筑牢农民群众精神支柱，建设重点从空间聚合走向精神融合，将从更高层面、更深层次来丰富充实农民群众的精神世界。①

参考文献

[1] 余姚市文明办.余姚市启动农村"文化礼堂"建设[EB/OL]. http://www. zjwmw. com/07zjwm/system/2013/06/28/019433179. shtml.

[2] 余姚日报.余姚：农村文化礼堂村民的美好生活从这里起步[EB/OL]. ht- tp://www. wenming. cn/dfcz/zj/201803/t20180302_4604795. shtml.

[3] 浙江在线.宁波市余姚市河姆渡镇翁方村文化礼堂[EB/OL]. http:// wxzx. zjol. com. cn/11wxzx/system/2017/08/24/021581751. shtml.

[4] 陈汝宏.文化礼堂：当前农村文化建设的目标选择和路径依赖[N].东阳日报，2013-05-28(8).

---

① 陈汝宏：《文化礼堂：当前农村文化建设的目标选择和路径依赖》，《东阳日报》2013年5月28日第8版，http://dyrb.zjol.com.cn/html/2013-05/28/content_654601.htm。

中华人民共和国成立 70 年农民收入消费变迁及思考

——基于海盐县的实证分析

余 卉

（海盐县委党校）

摘　要：中华人民共和国成立 70 年来，我国经济社会发展取得了巨大的成就。70 年巨变的一个缩影，就是农民收入与消费的变迁。70 年来，我国广大农民的收入不断迈上新台阶，实现了从贫困到小康的历史性跨越，正阔步奔向更加富裕的全面小康。同时，农民的消费水平也在不断提高，消费结构不断优化。通过对海盐县农民收入与消费的演变进行分析，为在新的历史起点上，进一步提高农民收入与促进农民消费提供策略支持。

关键词：农民；收入；消费；协整性

中华人民共和国成立 70 年来，我国发生了巨大的变化。70 年巨变的一个缩影，就是农民收入与消费的变迁。1949 年至 2019 年的 70 年间，随着我国经济社会的不断发展，农民收入显著增加，消费水平明显提高。据 1992 年 3 月出版的《海盐县志》记载，1978 年，海盐县全民集体职工年平均工资收入 556 元，农民人均年收入集体分配部分为 247 元。2018 年，海盐县城乡居民人均可支配收入分别达到 59172 元与 34853 元，分别增长了 106 倍和 141 倍。

一、中华人民共和国成立70年来农民收入变迁及分析

（一）从总体看，农民收入保持持续、稳定的增长态势

1949 年，农村居民人均可支配收入仅为 44 元，2018 年达到 14617 元，比 1949 年增长了 331 倍，扣除物价因素，比 1949 年实际增长 40 倍，年均实际增长 5.5%。城乡居民收入差距明显缩小，2018 年城乡居民人均可支配收入比值为 2.69，比 1956 年下降了 0.64。

20 世纪 50—70 年代，随着土地改革和农业合作社的发展，农村居民收入较快增长。改革开放以来，市场经济体制不断完善，为商品流通特别是农副产品交换提供了便利条件，农产品价格提高也为农民增收带来实惠。党的十八大以来，加大对社会保障和民生改善的投入力度，农民的钱袋子更加殷实。

以海盐近 10 年农民收入情况为例。2018 年，海盐农民人均可支配收入达 34853 元，分别是浙江（27302 元）和全国（14600 元）农民人均可支配收入的 1.18 倍和 2.20 倍。在 2009—2018 年的 10 年里，海盐农民收入持续、稳定增长，年均增幅为 11.01%。

表1　2009—2018 年海盐县农民人均可支配收入的演变

年份	人均可支配收入（元）	人均可支配收入比上年增加（%）
2009	13876	8.00
2010	15562	12.15
2011	18514	18.97
2012	20652	11.55
2013	22810	10.45
2014	25101	10.04
2015	27360	9.00
2016	29606	8.21
2017	32177	8.68
2018	34853	8.30

注：表1及以下各图表数据均来源于《海盐统计年鉴（2018）》、2009 至 2018 年的《海盐县国民经济和社会发展统计公报》。

（二）从来源看，农民的收入结构在平稳中日趋优化

通过对2016年、2017年海盐农民收入结构对比分析，海盐农民的收入结构比较稳定，并在平稳中日益优化（见表2）。

表2　2016年与2017年海盐县农民收入结构对比

年份	总收入（元）	工资性收入（元）及占比（%）		家庭经营收入（元）及占比（%）		财产性和转移性收入（元）及占比（%）	
2016	60848	29969	49.25	24988	41.07	5891	9.68
2017	76474	31682	41.43	37875	49.53	6917	9.04

海盐县农民收入来源呈现这样几个特点：

1. 工资性收入是主要来源

工资性收入包括在非企业中的从业收入、在企业中从业收入和外出打工收入。2017年，工资性收入占农民收入近半。从取得渠道看，海盐农民主要选择就地出售劳务获取工资。

2. 家庭经营收入以第二产业为主

家庭经营收入包括：经营农林牧渔的第一产业收入，经营工业、建筑业的第二产业收入，经营第三产业的收入。从来源看，第二产业是海盐农民经营的主要方向，2017年收入为19759元，占比过半。值得关注的是，第三产业的占比高出第一产业近15个百分点，表明第一产业的占比正在弱化（见表3）。

表3　2017年海盐县农民家庭经营收入来源及占比

来源	经营收入（元）	占比（%）
第一产业	6306	16.65
第二产业	19759	52.17
第三产业	11810	31.18

3. 财产性和转移性收入持续增加

财产性收入指通过提供资金资产或房屋出租和财产租赁等获得的收入。转移性收入指再分配中得到的收入，包括离退休金、养老金、救济金、农业补贴、家庭非常住人口寄回或带回、城市亲友赠送等。2017年，海盐农民人均财产性

和转移性收入为 6917 元,比 2016 年增加 1026 元。这表明海盐农民的理财意识在增强,不断完善的城乡居民社会保障制度也使当地农民的保障性收入日益增加,成为重要补充。

二、中华人民共和国成立 70 年来农民消费变迁及分析

(一)从总额看,农民的消费支出在持续增长

中华人民共和国成立初期,农村居民人均消费支出极低。2018 年,农村居民人均消费支出 12124 元,扣除物价因素,比 1949 年实际增长 32.7 倍,年均实际增长 5.2%。2018 年,农村居民恩格尔系数为 30.1%,比 1954 年下降了 38.5个百分点。

20 世纪 50—70 年代,农民消费逐步增长。改革开放以来,随着农村居民收入较快增长,消费能力显著提升。家庭消费品升级换代,移动电话、计算机、汽车进入寻常百姓家。2018 年农村居民平均每百户拥有移动电话 257 部、计算机26.9 台、汽车 22.3 辆、空调 65.2 台、热水器 68.7 台、微波炉 17.7 台。农村居民人均住房建筑面积达到 47.3 平方米,比 1978 年增加 39.2 平方米。71.2%的农村居民住房为钢筋混凝土或砖混材料,比 2013 年提高了 15.5 个百分点,住房质量大为改善。

以海盐农民近 10 年消费情况为例。在 2009—2018 年的 10 年里,海盐农民生活性消费支出持续、稳定增长,年均增幅为 10.7%(见表 4)。

表 4 2009—2018 年海盐县农民生活消费性支出的演变

年份	人均支出(元)	人均支出比上年增加(%)
2009	7968	8.6
2010	8405	5.5
2011	9475	12.7
2012	10460	10.4
2013	13385	22.3
2014	17238	15.6
2015	19017	10.3

年份	人均支出（元）	人均支出比上年增加（％）
2016	20814	9.4
2017	22022	5.8
2018	23436	6.4

（二）从去向看，海盐县农民的消费支出结构日趋市民化

海盐所处的嘉兴，是浙江省第一个所辖县（市、区）全部进入城乡全面融合发展阶段的地市，统筹城乡发展水平位居浙江省之首，促动农民生活消费性支出结构日益向城市居民接近（见表5）。

表5　2016年与2017年海盐县农民生活消费性支出结构对比

年份	生活消费性支出（元）	食品烟酒支出（元）及占比（％）		衣着支出（元）及占比（％）		居住支出（元）及占比（％）		生活用品与服务（元）及占比（％）	
2016	20814	5485	26.35	898	4.31	5367	25.79	1411	6.78
2017	22022	5791	26.30	957	4.35	5711	25.93	1561	7.09

年份	交通通信支出（元）及占比（％）		教育文化娱乐支出（元）及占比（％）		医疗保健支出（元）及占比（％）		其他用品和服务（元）及占比（％）	
2016	4027	19.35	1503	7.22	1607	7.72	516	2.48
2017	4279	19.43	1530	6.95	1652	7.50	541	2.46

海盐农民的生活消费性支出呈现以下几个特点。

1.生活方式日益市民化

海盐农民不仅收入逐年增加，而且工作、生活环境的变化，也对其消费方式产生了潜移默化的影响，表现在注重生活质量，愿意花一定费用享受与城市居民一样的休闲生活。

由表6可知，2017年，海盐农村居民的消费支出结构与城镇居民趋于一致。除居住、教育文化娱乐2项支出以外，其余6项的占比相差均在3个百分点以内。海盐城乡居民家庭恩格尔系数（即居民家庭食品消费支出占家庭消费总支出的比重），2017年分别为24.9％和26.3％，两者仅相差1.4个百分点，且均达到联合国恩格尔系数划分中"最富裕"（低于30％）标准。[1]

表 6　2017 年海盐县城镇居民与农村居民的生活消费性支出结构对比

居民	生活消费性支出(元)	食品烟酒支出(元)及占比(%)		衣着支出(元)及占比(%)		居住支出(元)及占比(%)		生活用品与服务(元)及占比(%)	
城镇居民	32130	8003	24.91	2230	6.94	4861	15.12	2111	6.56
农村居民	22022	5791	26.30	957	4.35	5711	25.93	1561	7.09

居民	交通通信支出(元)及占比(%)		教育文化娱乐支出(元)及占比(%)		医疗保健支出(元)及占比(%)		其他用品和服务(元)及占比(%)	
城镇居民	7157	22.28	4374	13.63	2404	7.48	990	3.08
农村居民	4279	19.43	1530	6.95	1652	7.50	541	2.46

2.物质装备日益现代化

海盐农民对物质生活的要求逐年提高,农村家庭居住条件和物质装备与城市趋同。2017 年,每百户农村家庭人均居住面积达 62.30 平方米,比 2016 年的 61.82 平方米增加了 0.48 平方米。家用电器的拥有量逐年提升,2017 年,每百户家庭电冰箱拥有量 109 台,比 2016 年的 100 台增加 9 台;每百户空调拥有量 243 台,比 2016 年的 226 台增加 17 台,增幅 7.52%;每百户彩色电视机拥有量 234 台,比 2016 年的 220 台增加 14 台,增幅 6.36%。

值得关注的是,2017 年,每百户生活用汽车拥有量 76 台,比 2016 年的 72 台增加 4 台,增幅 5.56%。这表明海盐农民的消费观念已不再满足于维持生活的基本需求,正在向更高层次的享受生活阶段迈进。

3.互联网带来深刻影响

海盐农村通信光纤网络发展较快,农民生产生活的信息化水平不断提高。2017 年,每百户移动电话拥有量 306 台,比 2016 年的 293 台增加 13 台,增幅 4.43%;而与之对应的是,每百户固定电话机拥有量 80 台,比 2016 年的 82 台减少 2 台,减幅 2.44%。

值得关注的是,2017 年,每百户家用计算机拥有量 87 台,其中上网机 84 台,分别比 2016 年的 84 台、82 台增加 3 台、2 台,分别增长 1.04 倍、1.02 倍。海盐农民电脑、手机的拥有量持续、较快的增长,表明他们不仅利用网络获取最新资讯,而且其生活方式、消费习惯也日益受到网络影响,对网络融入工作生活的接受度、参与度正在不断提高。

三、海盐县农民收入与消费的协整性分析

（一）协整理论

协整理论用于描述经济系统的长期均衡关系。对于两个时间序列$\{X_t\}$，$\{Y_t\}$，如果它们满足(1)$\{X_t\}$是非平稳的，但一阶差分是平稳的;(2)存在一个非零常数d使得$Y_t = dX_t + V_t$，则称$\{X_t\}$，$\{Y_t\}$具有协整关系。如果$\{X_t\}$，$\{Y_t\}$是协整的，那么它们之间存在长期的均衡关系。

虽然一些经济变量的本身是非平稳序列，但是，它们的线性组合却有可能是平稳序列。这种平稳的线性组合，被称为协整方程，且可解释为变量之间的长期稳定的均衡关系。比如，消费和收入都是非平稳时间序列，但是具有协整关系;假如它们不具有，那么长期消费就可能比收入高或低，于是消费者便会非理性地消费或累积储蓄。因此，运用协整理论对消费和收入进行检验，有助于判断和分析两者之间的关系，进而对经济活动发挥积极的指导作用。

（二）海盐县农民收入与消费的协整关系检验

协整关系存在的条件是，只有当两个变量的时间序列$\{X_t\}$和$\{Y_t\}$是同阶单整序列即I(d)时，才可能存在协整关系（这一点对多变量协整并不适用）。协整性的常用检验方法是图示法与单位根检验法。图示法即对所选各个时间序列变量及其一阶差分作时序图。

现使用图示法，对海盐农民收入与消费进行协整关系检验。现设收入演变为$\{X_t\}$，消费支出演变为$\{Y_t\}$，时间选取近10年(2009—2018年)，依据相关数据，得到图1。

由图1，x变量(收入)和y变量(消费支出)的时序图呈现出明显的一致性。通过检验，证明海盐农民收入与消费支出具有协整关系，两者的发展趋势保持一致。

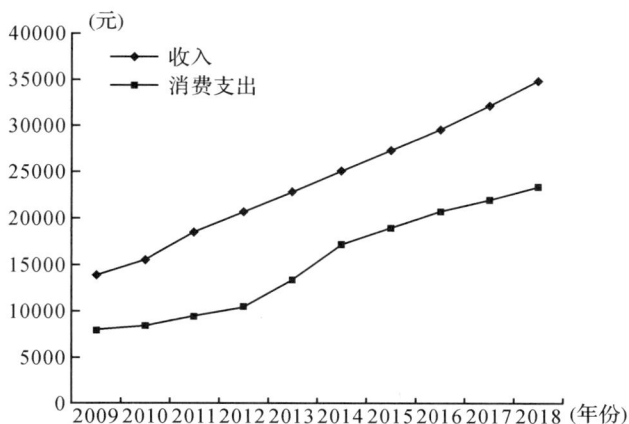

图 1　海盐县农民收入与消费支出的演变（2009—2018 年）

四、在新的起点上提高农民收入与促进消费的思考

（一）顺应乡村振兴的契机，进一步推动资源要素向农村配置

随着乡村振兴战略的大力实施，农村迎来新一轮的发展机遇。乡村振兴战略是党中央着眼于全面建成小康社会、全面建设社会主义现代化国家做出的重大战略决策，是加快农业农村现代化、提升亿万农民获得感幸福感的必然要求，为新时代农业农村改革发展指明了方向。[2]因此，应顺应并把握这一发展契机，探索建立资源要素在城乡之间均衡配置的新格局，为农民增收创造更加优渥的大环境。

1.优化公共财政投向，提高涉农投入比例

加大民生投入，按照中央一号文件相关要求，相应调整公共财政支出结构，保证财政预算内农业支出有较大幅度增长，切实做到财政支出优先支持农业农村发展、预算内固定资产投资优先投向农业基础设施和农村民生工程、土地出让收益优先用于农业土地开发和农村基础设施建设。

2.制定配套政策措施，引导社会资源向农村配置

从政策、人才、土地、信用等要素入手，制定有利于促进农村经济发展的配套政策措施，引导社会资本向农村流动，实现经济价值；制定向农村倾斜的人才、技术、服务等激励政策，激发社会广泛参与农村产业发展和社会事业发展的积极性。

3.加快农村金融改革,引导金融资源向农村配置

2018 年 8 月,海盐成为国家级现代农村金融制度改革试点,以此为契机,探索和完善农业贷款风险补偿基金、农业贷款融资担保体系、农业贷款领域贷款保证保险业务、农业农村项目融资新途径、农业领域政策性保险改革,逐步建立起现代农村金融制度。

(二)建立科学的就业体系,进一步提高农民收入水平

1.加快转变就业方式,增加工资性收入

海盐农民收入的一大来源是工资性收入,因此,引导农村劳动力向二、三产业转移,成为农民持续增收的重要途径。

一是大力发展二、三产业,增加岗位供给。只有工业化达到一定程度,并为服务业繁荣提供支持,才能为农民提供充足的转移就业机会。海盐的三次产业结构比,由 2017 年的 3.7∶59.0∶37.3 调整为 2018 年的 3.3∶58.4∶38.3,可知海盐的三次产业结构在逐年优化,二、三产业增加值已远远超出第一产业。建议继续加大二、三产业的发展力度,为农民提供充足的就业岗位。

二是加强农民岗位培训,提高就业能力。二、三产业与第一产业的岗位需求不同,需要具备相应技能、知识等的复合型劳动者。建议以企业用工需求和劳动者的培训意愿为导向,提高培训的针对性、实用性、有效性,如针对农民的不同层次,加强农村职业教育、岗前培训、在岗职工技能提升培训和创业培训等,帮助农民实现更高质量的就业。

2.鼓励开展多元化经营,增加经营净收入

一是农业着力于提高农产品附加值,推动第一产业经营净收入增加。海盐地域面积不算大,不适合走农业规模化道路,且初级农产品的经济效益远低于二次以上精深加工农产品,因此,走精品、特色、优质的现代化农业发展之路,是契合海盐实际的优选。

二是工业着力于加快转型升级,推动第二产业经营净收入增加。从经济效益、要素制约、生态环保等综合考虑,乡镇工业仍需加速落后产能淘汰,实现产业层次、企业绩效和创新能力等多重提高。

三是旅游业着力于融入江南风情和文化积淀,推动第三产业经营净收入增

加。海盐在乡村旅游上,有着优良的自然资源和人文禀赋,美丽乡村建设也卓有成效,建议发展融旅游、住宿、休闲、养生等为一体的复合业态,带动农村第三产业的整体发展。

3.加强农村金融宣传,壮大村集体经济,增加财产性和转移性收入

加大投资、信贷等金融知识进农村的宣讲力度,帮助农民理财观念持续更新、优化,创新推出更加适合农民的金融产品,为农民拓宽理财渠道。村集体经济发展良好,是海盐农村经济发展的一大特色和优势,建议在此基础上,推动该项工作向纵深发展,鼓励行政村抱团兴建或购置物业项目,使海盐农民获得更多收入。

(三)全面优化农村消费环境,进一步激发农民的消费力

1.加快城乡消费市场一体化,引导农民消费升级

一是完善相关制度设施建设,推动农村消费环境升级。对农村市场,探索建立常态化监管体制,完善信用体系建设,改善农村消费设施条件,增加产品供给,为农民消费营造一个良好的环境。

二是发挥市民消费示范效应,促动农民消费理念升级。2017 年海盐农民人均教育文化娱乐支出比 2016 年有下降,说明海盐农民的消费理念还有待引导。通过宣传市民消费理念,引导农民有意识地扩大文体消费、绿色消费、健康消费等。

2.加大农村社会保障建设力度,促使农民消费舒心

进一步深化户籍制度配套改革,按照扩大公共服务覆盖面涉及就业和社会保障方面的总体要求,健全城乡一体的养老、医疗、工伤、失业保险制度和加大城乡职业培训工作力度等政策措施,解除农民的后顾之忧,释放消费潜力。

(四)提高农村信息化水平,进一步使网络成为农民增收和促进消费的渠道

1.发展农村电商,助力农民增收

海盐的农村电商发展较快,建议在此基础上,加大力度、加快速度,继续保持优势。一是推动农村电商特色村镇做大做强。统筹运用财政专项资金,发挥区域特色产业优势,重点推动电子商务在家纺、箱包等传统制造行业与物流、旅

游等服务行业的应用,构建基地规划、政策扶持等十大生态体系,壮大农村电商特色村镇。二是探索农村电商＋精准扶贫。以农村电商为突破口,创新金融服务模式,针对经济薄弱村电商"短、小、频、急"的资金需求,推出网络通宝、"农 E 通"电商创业贷等线上线下相结合的多种信贷产品,助力支农惠农、精准扶贫。

2. 融入网络生活,激活农民消费

网络已成为海盐农民消费的主要渠道,农民需要主动适应这种新变化。加快新一代信息基础设施网络建设,推动城市信息资源体系和应用体系向农村延伸;支持社会资本参与农村电商平台建设,丰富产品供给;加快农村物流信息平台建设,提高"最后一公里"的物流配送效率,方便商品和服务走进农村。

中华人民共和国成立 70 年来,中国共产党立足我国国情农情,领导亿万农民谱写了农村改革发展的壮丽篇章。农民收入显著增加,消费水平明显提高,这正是伟大祖国 70 年辉煌成就的一个缩影。如今,站在新的历史起点上,我们将在乡村振兴战略的引领下,为实现"两个一百年"奋斗目标做出新的贡献。

参考文献

[1] 联合国划分贫困与富裕的标准[S/OL].（2011-11-12）http://gd2011. teacher. com. cn/UserLog/UserLogComment. aspx？ UserLogID＝1083.

[2] 韩长赋. 大力实施乡村振兴战略[N]. 人民日报,2017-12-11(07).

第四篇 文化篇

"双资"转换下农村文化礼堂可持续发展的研究思考

——基于 H 市农村文化礼堂的具体实践

朱洪燕

（海宁市委党校）

摘　要：本文研究的"双资"是指文化资源与资本。乡村振兴，文化先行。农村文化礼堂作为农村文化资源的重要展示窗口，是实现乡村文化振兴的重要载体。自 2013 年浙江省启动农村文化礼堂建设以来，H 市基于现有农村文化传统，不断开发新的文化资源，依靠财政补贴，文化礼堂发展取得显著成效。与省内农村文化礼堂的整体发展情况一样，当前 H 市农村文化礼堂产生的社会效益明显，但经济效益甚微。文化资源与资本间的相互转换是乡村振兴战略下实现农村可持续发展的重要途径，结合乡村振兴战略"20 字方针"总要求，寻求"双资转换"的可行途径，是实现农村文化礼堂可持续发展的需要，也是实现乡村全面振兴的需要。

关键词：农村文化礼堂；文化资源；经济效益；乡村振兴

一、农村文化资源与农村文化礼堂概况

（一）农村文化资源分类

中国自古以来就是一个农业大国，广大的农村地区是传统优秀文化的重要发源地，孕育了丰富的文化资源。文化资源按内容可分为物质和精神层面的文化资源;按存在形式可分为有形与无形的文化资源。本文在结合前人研究成果的基础上,为了便于研究,按照"获取文化资源的途径"这一标准,对 H 市主要存在的农村文化资源进行如下分类。

1.物质实证性文化资源

物质实证性文化资源主要是指当前客观存在的实体文化资源,包括民居、行政建筑等历史建筑,瓷器、壁画等历史文物。以 H 市为例,王国维故居,陈阁老宅,良渚时期的器具等都是物质实证性文化资源。

2.行为传递性文化资源

行为传递性文化资源是指需通过一定流程才能得以呈现的文化资源。一般除去物质实证性文化资源外,都可归为这一大类下。具体包括:一是人们生产生活的行为方式形成的地方生活习惯,如桑蚕文化、礼仪文化等;二是通过一定的仪式来呈现的节庆活动;三是需要通过制作过程才能形成的传统手工艺品;四是潜移默化反映在人们生活态度上的各类精神力量、图腾信仰等。

3.创新型智能文化资源

创新型智能文化资源主要强调人在其中的作用,是与人的主观能动性相结合而产生的,是当前农村文化资源中的后起之秀。从事创造性劳动的文化工作者是该文化资源的核心所在。例如文创产品的专利权,设计方案版权,编排的各类文艺表演活动方案等都归属此范围内。

(二)农村文化礼堂概况

1.农村文化礼堂内涵

农村文化礼堂是集思想道德建设、文体娱乐活动、知识技能普及于一体的农村文化综合体,是农村文化资源的重要展示窗口,是实现乡村文化振兴的重要载体。以"文化礼堂、精神家园"为发展定位,通过寓庄于谐、寓教于乐的方式,推进乡村文明建设的同时,实现乡村治理有效,带动乡村文化产业发展,实现群众精神生活与物质生活的富足。

2.农村文化礼堂的建设

农村文化礼堂的建设具体可分为硬件环境和软件环境两方面。其一,硬件环境建设主要是指设施建设方面,具体包括农村文化礼堂的选址、占地面积、配套卫生设施、各功能场所等。其二,软件环境建设,具体包括农村文化礼堂人才队伍建设,各类活动开展,文化培育以及群众参与度、满意率等方面。

3.建设和发展农村文化礼堂的必要性

"文化建设"是中国特色社会主义事业"五位一体"总体布局中的重要组成部分。立足农村发展实际,乡风文明作为乡村振兴战略总要求之一,事实上是乡村振兴战略下,对"文化建设"的另一种阐述。具体如图1所示。农村文化礼堂正是推进农村文化建设的具体表现。一方面,农村文化礼堂是农村文化资源的重要展示窗口,它使得物质实证性文化资源得到保护和传承,有利于构建区域"文化地标"和"文化名片",为行为传递性文化资源提供了展示平台,为创新型智能文化资源的产生提供了空间。另一方面,发展农村文化礼堂是重塑乡村文化自觉和自信,构筑人类精神家园的有利举措。

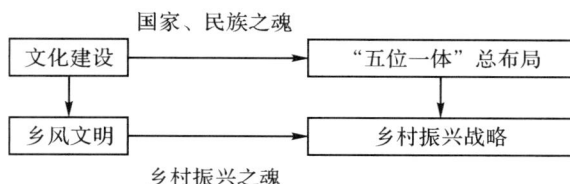

图1 文化建设与乡村振兴战略间的联系

二、基于村集体经济基础上 H 市农村文化礼堂发展现状分析

自 2013 年浙江省启动农村文化礼堂建设以来,H 市农村文化礼堂建设发展迅猛,2018 年被推荐为浙江省文化礼堂建设示范县。至 2018 年底,H 市 43 家文化礼堂被评为三星级农村文化礼堂,其中 17 家被市组织评定为四星级农村文化礼堂,这 17 家中又有 6 家被评为省级五星级农村文化礼堂。通过对这些星级文化礼堂进行实地走访以及对相关部门工作人员进行访谈,得到以下数据,具体如表1和表2所示[三星级、二星级、一星级农村文化礼堂由县(市、区)自行组织评定;四星级农村文化礼堂由地级市组织评定,五星级农村文化礼堂由省级组织评定]。基于村集体经济发展水平不同,对 H 市农村文化礼堂发展现状进行分析,主要得出以下结论。

表 1   五星级、四星级文化礼堂所在行政村的村级经常性收入（万元）

H市获评浙江省五星级文化礼堂所在行政村（4个）	H市获评市级四星级文化礼堂所在行政村（8个）	序号			村级经常性收入（万元）
			1	李家村	121.1
		1	2	马桥村	199.21
		2	3	陆泽村	230.87
		3	4	利众村	284.12
		4		科同村	165
		5		兴福村	204.71
		6		光明村	276.29
		7		先锋村	527.32
		8		双喜村	962.37

注：数据来源于 H 市农业农村局。

表 2   一星级文化礼堂所在行政村的村级经常性收入（万元）

序号	H市自评的一星级文化礼堂所在行政村（26个）	村级经常性收入（万元）
1	庄湾村	72.08
2	隆兴社区	76.07
3	文桥村	75.66
4	茗山村	100.92
5	群海村	101.14
6	海王村	103.38
7	孙桥村	104.65
8	胜利村	106.37
9	中新村	112.32
10	金扬村	115.71
11	军民村	116.48
12	保胜村	145.1
13	民胜村	157.08
14	盐官村	169.7
15	万寿村	175.77
16	祝会村	179.46
17	景树村	189.25

序号	H市自评的一星级文化礼堂所在行政村(26个)	村级经常性收入(万元)
18	万新村	193.71
19	安星村	216.06
20	永胜村	220.35
21	芦湾村	234.07
22	两丰村	262.89
23	迎丰村	334.94
24	新场村	362.58
25	联合社区	378.76
26	前进村	426.73

注:数据来源于H市农业农村局。

(一)H市农村文化礼堂资金来源以上级财政补助为主,活动开展以完成考核为主

农村文化礼堂硬件环境建设方面,初始投资一般较大。按H市的市级补助政策,通过实际考核验收的文化礼堂,市财政按照实际投资额的50%给予补助,最高不得超过10万元;镇(街道)配套投资不少于市级投入,以H市LQ村为例,其建成的初始投资额约40万元,市级财政补贴10万元,镇(街道)补贴10万元,即LQ村文化礼堂的建成,最终得到上级补助20万元,村集体自己支付20万元。

农村文化礼堂软件环境建设方面,即各类文化活动的开展方面,如市里要求每年各行政村要完成的"158活动"、8次中小型活动(50—200人)、3次礼仪活动、春泥计划活动等,其经费主要来源于上级财政补助;人才队伍方面,农村文化礼堂配有一类管理员即文化专职管理员1名,其工资由镇级统筹管理,二类管理员即设施的管理维护员,其工资由村集体支付。总的来说,上级财政补助有限,而折旧、维护成本,村自己组织的活动(上级没有要求的)基本上需要依靠村级自有资金来支付。

由于上级财政补助有一定要求和补贴额度上限,在硬件环境建设方面,对于村集体经济规模较小的行政村而言,其建设规模会受到一定限制。在软件建设方面,导致当前各行政村在开展各类活动时主要围绕市级要求开展,以完成

考核目标为重点,缺少活动开展的主动性和创造性,各村活动类型都差不多。此外,文化礼堂日常的维护成本、折旧成本大多由村级资金支出,一定程度上也不利于文化礼堂硬件环境的再更新。

(二)H市农村文化礼堂坚持因地制宜,以社会效益产出为重点

H市农村文化礼堂的建设和发展丰富了村民日常生活,在推进农村文化建设的同时,也推进了乡村的"产业兴旺""生态宜居""治理有效",产生的社会效益明显。

文化礼堂围绕行为传递性文化资源开展各类主题活动,对于行政村内的物质实证性文化资源的结合点较少。围绕行为传递性文化资源开展的活动,如礼仪文化学习,传统手工艺制作活动,大型文艺活动以及红色文化宣讲等各类主题活动,其开展过程均是公益性的,无任何经营性收入。此外,文化礼堂配备的各功能厅,如阅读室、健身室、电影放映室、老年活动室等也均是免费对外开放,施行"每人一把礼堂钥匙"的政策。总的来看,当前H市对于文化礼堂的发展以公益性为主,对经济效益产出没有具体要求。

(三)H市农村文化礼堂发展水平与村集体经济实力密切相关

H市农村文化礼堂的发展水平与其村集体经济实力存在一定关联,主要表现为发展水平较高的农村文化礼堂,村集体经济实力也较强。用星级来代表文化礼堂发展水平,从表1中可以看到,2018年被省级评定为五星级的文化礼堂中,除李家村村级经常性收入远低于200万元外,其他三个行政村村级经常性收入都接近200万元或超过200万元。为了验证这一结果,从表2中可以看到,发展水平较低的26个一星级农村文化礼堂中,有18个行政村的村级经常性收入少于200万元,占比接近70%。由此可见,农村文化礼堂的发展离不开村集体经济的支持,可用图2中(1)关系表述。

值得关注的是,并非村集体经济实力越强,农村文化礼堂的发展水平就越高。从表1中可以看到,2018年被市级评定为五星级的文化礼堂中,先锋村、双喜村的村级经常性收入相对较高,依然没有挤进2018年省级五星级农村文化礼堂的名单;而李家村虽然村级经常性收入只有121.1万元,却获评五星级文化礼堂,由此可见,行政村经济实力并不能决定农村文化礼堂发展水平,可用图2中(2)关系表述。注重创新,因地制宜发展具有地方特色的文化礼堂一定程度

上可以弥补因资金受限导致的文化礼堂建设方面的不足,如李家村的"李家播报"就是创新的产物。

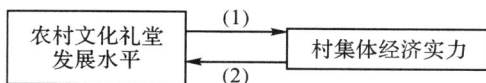

图2　农村文化礼堂发展水平与村集体经济实力间的联系

三、"双资"转换,实现农村文化礼堂可持续发展的对策建议

基于村集体经济基础上H市农村文化礼堂发展现状分析,可以看到农村文化礼堂的发展一定程度上是村集体经济实力的反映,而当前农村文化礼堂对上级财政补助的依赖性较大,自身无经济效益产出,而财政补助又有一定额度制约,最终要运营管理好农村文化礼堂,还得归结到村集体经济上来。寻求"双资转换",实现农村文化礼堂可持续发展,具体可从两方面出发:一是积极寻求文化资源转资本的有效路径,在坚持农村文化礼堂公益性目标下,寻求一定的经济效益产出;二是注重资本反哺文化资源发展的有效路径,如通过加大村级资金对文化礼堂的投入等助推乡村文化振兴。

(一)文化资源转资本:文化资源的价值再创造

实现农村文化建设从单纯"输血"到"造血"的转变,必须引市场活水,实现文化资源的价值增值。立足H市农村发展实际,结合其他地区已有实践,可从以下几个方面着手。

1.文企合作,共建文化礼堂

与企业合作,共同建设文化礼堂。农村文化礼堂自身作为文化资源的展示窗口就是价值创造的主体,在初期投资建设时与有一定影响力的企业合作,可以实现文化礼堂与企业的共赢——避免因财政支持力度有限造成的文化礼堂规模受限问题;当地有一定影响力的企业一般都是地方经济发展的缩影,对当地人民群众生活工作有一定的影响,地方发展史得到宣传的同时,企业自身也得到推广。例如台州方家村吸引吉利集团参与文化礼堂的建设,企业为文化礼堂建设了汽车发电机展示厅,同时企业自身也得到宣传。

在后期运营方面与企业合作,通过盘活文化资源,创造价值。如"文化走亲"等一类的文艺活动开展,可以由企业来冠名,收取一定的广告宣传费;一些主题活动的开展可与企业合作承办,如 H 市各行政村可结合城市时尚元素,与企业合作开展类似"潮音乐会""稻田音乐会"等活动,在减少对财政依赖性的同时,使得活动开展规模更大,群众参与度更高。针对农村文化礼堂配备的各功能厅,也可考虑有选择地对外出租,收取一定的租赁费,如宁波鄞州区的回龙村将健身房、游泳池两个功能区块对外出租,每年村集体可收取16 万元的租金。

2. 文旅结合,提高文化资源使用率

文化资源与旅游相结合,可将受众对象从村内村民扩展到村外广大游客,在提升村文化资源知名度的同时提高文化资源使用率。例如金华市将农村文化礼堂纳入"浙中生态廊道""美丽乡村建设"等建设规划中,建设了浦江县建光村文化礼堂、永康市大陈村文化礼堂等集旅游宣传、乡村民宿、特色产业等元素于一体的新型文化礼堂。文旅结合,打造地区文化名片,让文化礼堂成为地区旅游产业发展中的文化地标。

H 市当前正推进全域旅游发展,各行政村可通过设计"文旅地图",在文化礼堂内设置游客服务站等,让游客知晓全村文化资源,盘活"物质实证性文化资源";将"行为传递性文化资源"融入旅游产业中,将本地特色的灯彩制作、皮影戏制作等纳入旅游产品中,让游客留下来,实现"24 小时"的旅游经济圈,创造经济效益。

3. 重视人才,发展创新型的智能文化资源

创新型的智能文化资源作为当前农村文化资源中的后起之秀,其创造的价值是无法估量的。以 H 市为例,各行政村可立足于本地特色,鼓励创业人才和队伍的进入,通过"大师驻村"或"高校师生进礼堂"等形式,签订合作协议引入人才;注重优化营商环境,可采取差别税率、税金减免、先征后退、贷款贴息、补充资本金等方式方法,支持创客们入驻创业,实现文化资源产业化发展。

注重发展创新型的智能文化资源。其一,发展创新型智能文化资源,注重

品牌、专利权等知识产权的建立。以品牌为例,结合农村特有的农产品资源或文化资源本身,注重品牌价值的创造。以阿克苏苹果和美国 Sunkist(新奇士)甜橙为例。阿克苏以"恭喜发财"作为品牌宣传语,而 Sunkist(新奇士)甜橙则以"太阳亲吻过的"来宣传,创造性地将包装上标签颜色与产区、熟度和甜度相联系,显然后者品牌建设更成功,Sunkist(新奇士)也被称为"橙子中的爱马仕",产生了巨大的经济效益。其二,注重整合已有物质实证性文化资源和行为传递性文化资源,结合人们的衣、食、住、行等方面,将文化资源产业化。例如通过规划设计进行空间重塑,H 市可利用市域内翁金线老公路开展马拉松、摄影风采展等活动,通过名人故居、大家校园等开展产学研一体化旅游线路,根据不同文化资源设定不同主题,通过溢出效应实现经济产出。其三,积极开发和发展新的文化资源,利用互联网经济实现价值创造。充分发挥人的主观能动性,生产群众喜闻乐见的文化产品、文创产品,通过互联网经济集聚人气,实现创收。

(二)资本转文化资源:村集体经济反哺农村文化礼堂建设

农村文化礼堂的建设作为乡村文化振兴的一部分,要注重村级资金对农村文化礼堂建设和发展的投入,具体可从以下三方面着手。

1.增加村级资金对农村文化礼堂的直接投入

首先,注重顶层设计,在政策上进行引导。当前各行政村的村级经济发展水平存在较大差异,经济发展程度较高的行政村,其农村文化礼堂的建设水平并没有实现绝对的领先发展优势,因此可考虑通过合理的政策来引导农村物质和精神"两条腿"走路,例如要求各行政村每年在农村文化礼堂建设方面的资金投入占村级经常性收入的一定比重。实行"一村一策",针对经济发展水平不同的各行政村,因地制宜,除在建设规模要求上区别对待外,在活动内容、活动形式上也可区别要求。

其次,村集体经济作为农村文化礼堂的主要投资者,在加大自身资金投入的同时,也要注重吸引社会资本进入村集体经济。通过社会众筹,设立文化礼堂发展基金、乡贤基金、文化产业基金等,专款专用,为农村文化礼堂发展提供资金保障。

2.注重村集体经济对农村文化礼堂的间接投入

村集体经济对农村文化礼堂的间接投入主要表现在提高农村文化礼堂资金使用效率方面。其一,通过规范农村文化礼堂的日常运行来达到该目标。例如通过对农村文化礼堂的资金流单独设置账本,各项开支进行公开化;通过聘请专业化社会管理团队,对农村文化礼堂全年各项确定支出及不确定支出进行统筹规范管理,减少不必要支出;农村文化礼堂相关活动通过政府购买形式进行,让专业的人做专业的事。其二,村集体应广泛动员志愿队伍、乡贤等社会力量参与到农村文化礼堂的日常运营中,在降低人力成本的同时,增强参与感,增进人与人之间的沟通交流,推进人类共同精神家园的构建。

3.盘活农村文化礼堂自有资金池,推进文化资源进一步发展

在推进农村文化礼堂文化资源转资本的情况下,建立农村文化礼堂自有资金池,注重盘活资金。其一,文化礼堂与企业合作的过程中,建立有效的绩效管理制度,对于市场化运行效率较差的企业设置合理的退出机制,或者通过签订合同确保农村文化礼堂的收入,将市场风险转嫁于企业(市场)。其二,文旅结合过程中创造的收益纳入文化礼堂资金池,制定合理的再投入发展规划,开发新的旅游产品,不断助推本地区的旅游文化产业发展。其三,加大人才引育的投入。加大对人才引进的资金投入力度,吸引人才的到来,营造良好的众创空间,为文化资源的创造打下坚实基础。

<h2 style="text-align:center">参考文献</h2>

[1] 李树榕,王敬超.21世纪艺术管理专业系列教材:文化资源学概论[M].南京:东南大学出版社,2014.

[2] 杨兴英.让乡村民俗文化焕发新活力[J].人民论坛,2018(16):248-249.

[3] 让农村文化礼堂真正"活"起来[EB/OL]. http://zjnews.zjol.com.cn/zjnews/nbnews/201712/t20171215_6053210.shtml/2017-12-15.

[4] 马骁.农村文化建设与乡村振兴的双向互动[J].人民论坛,2019(2):134-135.

[5] 王宁.乡村振兴战略下乡村文化建设的现状及发展进路——基于浙江农村

文化礼堂的实践探索[J].湖北社会科学,2018(9):46-52.

[6] 帅丽芳.农村文化礼堂:乡村振兴的重要载体[J].政策瞭望,2018(5):38-39.

[7] 薛秀娟.补齐乡村振兴的"精神短板"[J].人民论坛,2018(5):140-141.

[8] 崔丽华.在现代化进程中铸建乡村精神家园——以农村文化礼堂建设为例[J].理论视野,2018(11):68-71.

保护与利用视域下传统海景村落的资源整体价值评价及其提升研究①

——以浙江省玉环市为例

陈　君　林婷婷

（玉环市委党校）

摘　要:传统村落拥有具象的、丰富的、系统的历史文化、生产生活和社会经济价值,是国家提出的乡村重点保护与研究对象,也是乡村振兴战略深入实施应关注的重点之一。传统海景村落作为其中的重要一支,其特殊的人文肌理与社会形塑价值一直是热议的话题,在保护和利用视野下,应体现基层发展具备的合理文化策略与空间构建。地处沿海地带的玉环市,拥有众多海洋资源以及一批历史悠久的海景村落。以这些滋长着特殊景观文化与地域基因的村落作为研究对象,考察其综合资源价值并进行评定,旨在讨论在当下田园综合体发展的主流思想推动下,如何做好基层传统村落的规划治理,提升传统海景村落文化的保护和发展。

关键词:乡村振兴;玉环市;传统海景村落;空间再造;价值评价

①　本文为 2019 年度浙江省哲学社会科学规划市县社科联专项课题“保护与利用乡村振兴背景下传统海景村落的空间再造与价值提升——以 Y 市为例”(课题编号:19SLZX17YB)部分成果。

一、引　言

众所周知,传统村落是城市发展历程中的早期历史形态,是兼具物质与非物质特征的文化遗产类型,承载了丰富古老的海洋文化信息、习俗惯例、自然景观资源的精髓,反映了百姓在生产生活中的精神追求,是地域文化的"活化石"。海景村落作为传统村落的重要组成部分,顾名思义,是坐落在海岸线附近,人们可以在村庄集聚区向周边平移或向高处上移一小段距离便能凭肉眼清晰观赏到海景,且村庄建筑具有岁月烙印的历史感的村落。①

地处浙江省东南沿海的玉环市,拥有得天独厚的海岛风光。海岸线上分布的一个个村落,是玉环市建设海湾城市的重要铭牌,蕴含着本土民众自古以来相依相伴的地域特色,具有丰富的渔海文化精神内涵。就目前而言,玉环市的海景村落却越来越少,原50多个拥有海滩的海景村落由于各种人为历史原因,逐渐没落萎缩,只留下了10多个。实现海景村落的保护和发展,形成良好的文化生态圈,这既是留住本土渔海文化记忆的需要,也是打造魅力海湾城市、形成别具一格城市风貌的现实需求,更是推动村落居民生产生活方式转变和实现乡村振兴的内生需求。

因此,在保护与利用的视野下,对传统海景村落的整体综合价值进行审视,并对其积极的合理保护与发展方式进行探讨,为搭建田园综合体的具体实践提供有益尝试,具有十分重要的意义。

二、相关研究述评

"传统海景村落"是传统村落的一种,由玉环市政府在 2017 年正式提出,并明确了其三方面特征:一是坐落在海岸线附近,人们可以在村庄集聚区或向周边平移以及向高处上移一小段距离,便能凭肉眼清晰观赏到海景;二是村庄界面比较清晰,空间上能与周边城区相分辨;三是村庄的建筑与周边城区有比较

---

① 关于"海景村落"一词,目前学术界并没有相关的名词阐述,这里使用的概念是玉环市政协于 2017 年两会提案督办材料中所总结概括的定义。

明显的差异性,有一定历史感,有年轮的烙印。目前,并未从知网上直接查询到"海景村落"主题或者关键词的文献,与之相关的"传统村落""海岛村落"等研究则成果颇丰。

(一)国外相关研究

国外对传统村落的研究起步较早,《关于建筑保护的建议》(1904)、《雅典宪章》(1933)、《威尼斯宪章》(1964)、《关于历史小村镇保护的国际研讨会的决议》(1975)等相关条款相继颁布,对传统文化遗产的保护以制度形式加以规范。[1]学术界最早对传统村落保护的记录,见于英国社会活动家霍华德所提出的"田园城市"概念,构建了一个理想的城市愿景。[2]新西兰学者霍姆(2002)则对新西兰的两个传统村落通过定性分析的方式,认为应以村落的历史变迁和文化结构作为村落对外开放的名片。[3]英国社会学家伯恩斯(2003)对比了西班牙一个村庄在政府参与规划前后的差异,提出传统村落的保护和发展需要强化政府的合理干预和科学规划。[4]总体而言,国外学者多数研究从个案出发,涉及微观和中观层面,同时注重居民生活、文化景观的考察,并基本认可将开发村落旅游作为传统村落发展和延续的现实路径。

(二)国内相关研究

国内有关传统村落的研究,以1982年我国进行历史文化名城的申报建档保护工作作为分水岭,此后学界关注度才逐步升温。研究内容上,有的侧重对传统村落空间布局及影响因素的分析。如彭一刚(1992)借助大量实证图片,得出传统村落空间形塑受地域环境、风土人情、民俗信仰等因素影响的结论。[5]曹迎春(2013)则发现,随着城镇化步伐加快,山体和丘陵等地貌成了传统村落抵御外界冲击的重要因素。[6]亓文飞(2013)通过比较分析西江下游十三个传统村落的传统民居,总结了不同类型的传统村落在纵向历史维度中所展现的空间形态发展状况。[7]陈信、李王鸣(2016)以定量分析法对丽水地区的传统村落进行同质化与差异化的比较,提炼传统村落组群风貌的空间特征。[8]有的研究重点分析传统村落的整体价值评价。聂湘玉(2015)对石家庄81个村落进行等级分类及价值评估,并阐述了定量和定性评价两者结合才是较为适用的分析方式。[9]

海岛村落方面,苗振龙(2016)运用景观基因法深入剖析了舟山海岛村落的物质文化(显性文化)和非物质文化(隐性文化)的文化表征及特殊性内涵,并对传统海岛村落的定义进行了界定。[10]段贝丽(2016)在总结6个舟山海岛传统村落在民居建筑、历史人文、艺术审美等方面具有普遍性和特殊性的价值的基础上,尝试构建了以历史条件、基础评价、居民意向三者为指标的新型评价机制。[11]另外,也有学者主要侧重保护、发展、利用的方式探究,王颖(2012)对舟山传统海岛文化产业集群发展进行了多维度探究[12];陶蕊(2016)以舟山群岛的古村落为研究对象,强调保护与发展不应只停留于形塑,应注重神韵的保留。[13]宋玢(2015)认为应以协同发展的方式主动对接城市发展模式,借助政策、资金等外力与内生动力挖掘两种方式,合理发展城市边缘区的传统村落。[14]陈默(2017)阐述了海岛村落生存中民宿活化的旅游发展路径。[15]综上,总体而言,国内外对传统村落都做了多角度的不同研究,国外学者基本认可将开发村落旅游作为传统村落发展和延续的现实路径,并习惯从文化景观因子、居民生产生活、游客体验等角度切入进行探讨,研究广度更为微观细致。国内对传统村落的保护和利用起步较晚,虽积极提倡对其进行可持续的旅游开发和利用,但侧重点在于传统村落旅游开发模式、经济效益等,缺少对生产生活方式、多个地区比较等多角度的学术探讨。而有关海景村落保护和利用的研究更不多见。本文认为,海景村落是传统村落中的一部分,具有传统村落的发展共性,也应当遵循一般共性发展的保护利用的规律进行,但作为其中较为特殊的一部分,要基于其面积狭小、交通不便、依海而建、就海取材等特点,考虑其在发展演变中的自身特性,整合发展资源,评价其发展价值,寻求在空间合理再造等方面的村落发展策略和路径。

三、玉环市海景村落资源整体价值解析

玉环是全国十三个海岛县之一,岛上坐落着不少传统海景村落,且文化景观独特生动,人文与地理资源丰厚,包含了大量历史故事价值、人文景观价值和民俗文化价值,是玉环市特殊人文地理环境的见证和延续,有不小的保护和开发利用的空间。

(一)玉环市海景村落整体演变的基本概况

玉环市是地处浙东沿海地带的海岛县级市,由一个半岛和本岛以及135个外围岛屿组成,下辖6镇3街道2乡,全域面积378.5平方千米,海域面积1900

多平方公里,海岸线总长达330公里(含岛屿)。海景资源多数分布在沿岸海水周边的地方、临海山坡和山顶,面大量广。新中国成立初期,玉环市本岛和半岛的海岸线上有50多个一线海景村落[①],但随着时间的推移,围海工程、交通建设、滩涂淤积等原因,海景村落日益减少。实地调查发现,海景村落发生了多种演变情形(见图1)。

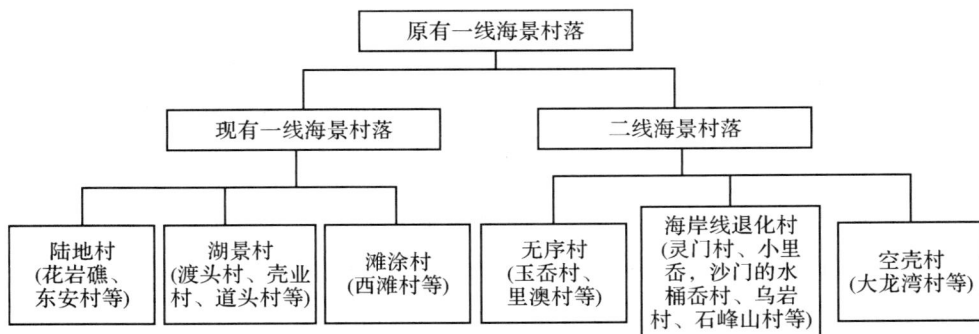

图1 玉环市海景村落变化概括图

资料来源:作者根据玉环市政协提案资料整理所成。

至2019年5月25日,玉环市陆域只剩东沙村、鹰东村和钓艚岙三个连成片的海景村落群,白马岙、鲜迭、炮台、大龙湾、上(下)栈台、黄门、小岙、玉岙、鹭鸶礁、鲳鱼岙、真武、里澳等20余个一线海景村落(见表1),其中拥有海滩的一线海景村落只有9个,特色最鲜明、保护比较完好的一线海景村落当数东沙半岛(东沙村、鹰东村和钓艚岙三个连成一片的海景村落群)、鲳鱼岙和黄门村。

不仅一线海景村落日益减少,除石峰山、断岙村外,因围海工程、交通建设、滩涂淤积、违建乱建等原因,导致原有人文景观较为凸显的二线海景村落也寥寥无几。玉环市陆域海景村落已经消失或退化达三分之二,加上洋屿、鸡山、江岩岛、海山等岛屿上的海景村落总数20余个,像模像样的海景村落大约也就10个。

---

① 本文把海景村落根据与海洋的地理位置远近程度大致划分为一线和二线。一线海景村落是指村庄集聚区域直面海景,并与海景主体水域直线距离在300米以内的海景村落。其余的海景村落则归为二线海景村落。数据根据玉环市旅游局资料整理所得。

表1　现有玉环市一线海景村落名单

乡镇街道名	村落名称
坎门街道	东沙村、鹰东村、钓艚岙、黄门村、里澳村、鲳鱼岙、玉岙、真武村
大麦屿街道	大龙湾村、鲜迭村、鹭鸶礁、小岙村
玉城街道	江岩村
干江镇	上(下)栈台村、炮台村、白马岙村
鸡山乡	洋屿村、后岙村、鸡北村、鸡南村、火车村
海山乡	大青村、横床村、南滩村、抛西村

资料来源:作者根据玉环市政协提案资料整理所成。

(二)玉环市海景村落资源的整体评价

1.历史故事价值

多数海景村落的变迁承载了各式各样的历史故事,人文精神价值丰厚。一是移民文化故事。由于玉环市移民城市的文化属性,其海岛渔村的历史与瓯海文化、闽南文化不可分割。史料记载,明末清初,福建崇武、浙江温州一带渔民出海之时经常中途停泊此地,久而久之,陆续迁居,人丁渐旺,各种文化杂糅而生。二是军事战地故事。有的村落经历过不少战事,当时百姓与军队奋勇抗敌的英勇气概,被口口相传或者载入文献之中,为世人所称道。坎门街道的黄门村,有一个山头烟墩,三面临海,视野开阔,古时是军事要地。这里流传着众多战争时期的故事,留下了抗倭英雄的足迹。海山乡的大青村曾是红十三军海上济南队根据地、浙南游击纵队"三五"支队领导下的"海上游击队"根据地之一,留下了不少佳话。1945年,永乐人民抗日自卫游击队海上大队在玉环、乐清等多地顽强开展抗击海匪游击斗争,建立了以大青岛为中心的乐清湾海上游击根据地。在解放战争期间,海上游击根据地配合浙南陆上革命积极斗争,团结一致,多次打退国民党军队,推动了玉环解放的历史进程。现如今,海上游击大队驻地的革命遗址——陈家老宅仍保留完好,述说着当年的故事。而根据地纪念馆早已落成,并被评为第四批市级爱国主义教育基地。炮台村是与硝烟和战争紧密相连的村庄,这里视野开阔,当时为解放洋屿岛,解放军驻扎该村,修筑战壕。三是民间传说故事。石峰山村是华东地区唯一保存完好的火山遗址。相传古时有神仙驱海石筑寨城,被道破天机,海石落于此地,如蜂聚窝,取名为石峰山,村内奇特的山石连绵起伏,如同传说故事中描述的一样。

2. 人文景观价值

(1)古宅建筑。玉环市大多数的传统村落以石屋古宅为主体建筑,人居环境干净清爽。老民居雕塑以重叠的石头墙与小青瓦顶为主。就地取材的特性决定了这些村落环绕着石头山、石头屋、石头路分布的特色。如三面临海的大龙湾村,采用"纸红包式"房顶的石头屋沿山而建,鳞次栉比,错落有序,极具古朴村落美感。此外,不少民居喜好用檐柱拱斗为龙头鱼身的"鳌龙"雕刻,流露出对龙的崇拜与敬畏。除了美学价值,石头房的设计还非常契合当地居民生活的需要。一方面,由于海边湿气重,普通房屋容易被海水腐蚀,又因玉环市地处台风波及带,对房屋的坚固度要求较高。为预防台风来袭屋顶瓦砾遭到破坏,通常放置斤把重的石头压着。最具特色的古民居在坎门街道一带的海景村落里尤为集中。尤家渔行、翁氏古宅、百步岭等几处是重要的民居古迹。保存较为完好的是花岩礁村老路边的老厝古居,已有近 200 年的历史,属典型的东海海区特色建筑工艺。据老厝古居现有居住人李老先生回忆,这座大院就是祖上为抗台风而专备的。另一方面,古民居结合生产生活需要,做了很多实用的设计。由于渔民作业备的行头物件体积大,如舢板和网具等船用设备需要存放,石头古宅根据功能需求专门设计留出院子作为场地。这样的石屋古宅承载了本土传统社会的人文印记,成为一个历史时代的特殊人居建筑。

(2)古迹遗址。坐落在玉环市境内传统海景村落的众多古迹遗址,如炮台村的古炮台、南滩村寨城遗址,以及境内的多处碉楼等都见证了村落的史海钩沉。其中,位于干江炮台村的古炮台,是用石头垒砌的方形露天炮台,一人左右高,底部崛起,炮眼朝海,在山顶上的炮台内置点火铁质火炮一门,安置土制竹筒炮一门和存放大量石块,作为投杀海匪的一种武器,在当时起到了重要的防御外敌的功能。同样具有此功能的还有一种特殊建筑——碉楼(又称炮楼)。其中西跳碉楼建于 1946 年海山乡大青村西跳自然村境内,7 米之高,厚度 0.8 米左右,墙面开有多处内宽外窄的射击孔,曾有浙南游击纵队"三五"支队驻扎在此抵御敌人偷袭。此类边防海防的设施遗址,还有黄门汕头烟墩(建于明代)、南滩村洪溪坑自然村的寨城(建于清顺治年间,郑成功部将陈文达所筑,周长 280 米,现城墙毁坏严重,西面部分残留)、人民解放军驻军营房、国民党军用无线电台遗址等。

(3)自然景观。海景村落的海滩、沙石、山水等是"海景"一词的自然景观因子。坎门鲜迭村的沙滩全长 500 米,涨潮时有 7 米之宽,退潮时则达 50 多米,滩上沙子质地细腻柔软,景色宜人。另外,鲳鱼呑的鹅卵石海滩及呑湾曲线、沙门日呑村黑石滩、白马呑村沙滩、洋屿村彩石滩、四面环海的大青山沙滩(海岸线 4 公里)都拥有天然的海滩风光。属于二线海景村落的石峰山虽然和海岸线有一定的距离,但是火山遗址的自然地理环境塑造了特殊的自然风光,坐落在火山遗址的火山茶园是华东唯一的海岛火山茶基地。

3.民俗文化价值

海岛渔村的风土民情是在相沿成习的秩序中构建个人生活、文化图式的。这些主要体现在民俗文化上。玉环市海景村落拥有众多物质与非物质文化遗产,并且有多项入选国家、省市县文化遗产名录(见表 2)。其中作为浙江省具有代表性的独特舞龙品种,坎门花龙又称"滚龙",是一项有 500 多年历史的独具地方渔乡风格的民间舞蹈。它的道具是一种特制的布龙,色彩鲜艳明快。坎门花龙滚舞以大幅度跳跃为其主要特色,表演"吉日起档""鸡血开眼""化龙归海"和"花龙绕柱"等内容。地点则通常选在海滩、妈祖庙"绕柱串阵",表达了海岛地区特有的祈求"神龙"庇护出海作业顺利平安、满载而归的美好愿望。坎门花龙还在 2009 年和 2010 年分别列入省非物质文化遗产保护名录和国家级非物质文化遗产项目,滚舞中的"花龙绕柱"还在 19 世纪 80 年代被收入全国艺术科学重点研究项目《中国民族民间舞蹈集成·浙江卷》。除此之外,还有众多的非物质文化遗产项目,都颇具地方特色。如妈祖文化信仰、鸡山八将信仰等,都是海岛渔村才具有的信仰文化,体现了当地社会宇宙秩序观的仪式呈现,意义非常特殊。

表 2 部分玉环市传统海景村落非物质文化遗产情况

非物质文化遗产项目	级别	简介
坎门花龙	国家级	包括花龙的制作工艺和舞龙舞蹈
渔工号子	省级	用舞蹈表达渔民出海作业和妇女补网等工作形态
坎门鳌龙鱼灯	省级	用篾条和油纸糊制形态生动的鱼灯

非物质文化遗产项目	级别	简介
悬绳钓捕捞技艺	省级	旧时渔民独有的捕鱼方式,指用绳子系上诱饵,随波逐流的捕鱼技艺
妈祖信仰习俗	市级	由闽籍渔民迁徙而传入,通过供奉妈祖海神保佑时年顺利,渔业丰收
渔民画	市级	有关渔民、渔村、渔业生活、风光等相关题材的画作
船模	市级	同比例缩小版船体模型,包括图纸设计、选材切割、黏合焊接、雕刻打磨、上色点缀等一系列工艺过程[16]
贝雕	市级	用贝壳制作成各种样式的包含地域性、知识性、趣味性的工艺品
鱼鼓王	县级	击鼓形式表现渔民作业、生活等场景

资料来源:作者根据玉环市文广新局资料整理所成。

4.科学技术价值

建成于1929年的坎门验潮所(现名为坎门海洋环境监测站),占地面积约2000平方米,隶属国家海洋局东海分局,为国际潮位资料交换站,也是国人自己修建的第一座验潮站。该站在1930年5月—1934年10月潮位资料计算所得平均海平面,被称为坎门高程基准面,并在1959年首次向世界公布坎门的精确数据。这也是玉环市海岛村落的一项特殊科学文化资源。另外,灯塔是玉环市海景村落普遍存在的一项标志。西跳灯庄、普安灯塔等,由原先的煤油灯点亮改为现代科技的太阳能供电照明,照亮着来往商渔船只前行的道路,从未停歇。

5.权威认证价值

玉环市传统海景村落的特殊价值不仅止于本土民众的自我认知,还受到了大量外界的肯定与认证。全域内的海景村落,入选了多项国家级或者省级的有关荣誉资格认定,价值可见一斑(见表3)。

表3　玉环市部分海景村落所获荣誉

传统海景村落名	权威资格认证情况
东沙渔村	浙江省首批历史文化村落重点保护村;国家3A级旅游景区;国际公共艺术创作基地;中国女摄影师协会采风基地;中国美术学院艺术写生基地
白马岙村	国家3A级旅游景区;第二批中国传统村落;省级美丽宜居示范村

传统海景村落名	权威资格认证情况
山里村	国家 3A 级旅游景区;第三批中国乡村旅游创客示范基地;国家级美丽宜居示范村建设;国家第一批绿色村庄名单
大青村	省级美丽宜居示范村;省级传统村落;玉环市红色教育基地
石峰山村	省 2A 级景区村庄;华东唯一海岛火山茶基地
上栈台村	省级美丽宜居示范村;国家第一批绿色村庄名单
水桶岙村;鸡山片(鸡北村、鸡南村、火车村);炮台村	省级美丽宜居示范村;国家 3A 级旅游景区;省级风情小镇培育对象;省级传统村落

资料来源:作者根据玉环市政协提案资料整理所成。

四、整体资源综合保护逻辑与价值提升实践

承载了丰富人文地理特色的海景村落,是玉环市特殊区位优势的外在表征。它的合理保护与利用开发,是玉环区域发展对文化空间形塑的必然要求,为现代化海湾城市建设内在活力的有效激活注入了诸多能量。当前,玉环市具体从以下四方面做了相应的实践努力。

(一)"规划体系的构建"开启海景资源脉络性保护

玉环市在 2016 年出台了《特色文化村保护与发展规划》,涉及包括多数海景村落在内的本地村落 114 个。另外,先后编制完成环岛景观风貌保护、传统海景村落保护等专项规划,编制《玉环市国际海岛旅游目的地规划》和《玉环市"十三五"旅游发展规划纲要》、整合环岛景观带沿线乡村旅游资源,构建由山里、东沙、鲜迭等乡村旅游点组成的玉环乡村旅游休闲带,逐步加强环岛沿线海岸生态景观资源的保护和管理。在详细规划方面,编制完成漩门湾地区城市设计和漩门公园详细设计,有序引导城市特色资源的保护与利用。完成《玉环市旅游项目招商手册》制作,整合并精选 13 个具有开发潜力的项目进行整体宣传推介,力图打造"休闲、养生、观光"为一体的文创产业综合旅游品牌。如进行海山国际旅游岛、江岩岛、鹭鸶礁等滨海区域旅游开发。联合干江炮台、白马岙、断岙、上栈头和鸡山洋屿等五大片区打造总投资 25 亿元的"悦隐吾乡"乡村生活综合体项目,分三期实施,其中一期炮台项目投资约 5.4 亿元,现已完成项目策划和前期政策处理。海山国际旅游岛开发项目前期洽谈进展顺利,PPP 方案

已启动编写。在村庄设计方面,编制完成坎门东沙历史文化村保护与利用规划,结合海岛民居风格特点,积极开展海景村落新建农房设计图集和既有房屋改造设计图集的编制工作,有效丰富海湾城市的发展内涵。针对不同海景村落的交通、人气、资源质量及数量等进行因地制宜的保护发展,对于邻近的海景村落强调联动谋划,如石峰山村结合东海石屋文化园、火山遗址、火山茶基地、风力发电与镶额、鹭鸶礁、黄门渔村一起改造成火山遗址山海风光带。

(二)"村落空间的整修"完善综合功能再造

传统海景村落的改造应当遵循村落发展的逻辑自觉,进行功能升级再创造,进而推动古村落文明的发展保护再出发。当前对于文化景观的风貌建设而言,玉环市的传统渔村尽可能保留并修复原有渔村的古朴风貌,并结合石头路、石头山、石头房以及海景风光带的修复美化,形成特定的海景建筑空间风格。同时配以街景小品,突出村落文化主题。

除了民居建筑方面,修建了文化陈列馆,保护及科普本土历史文化资源也是在需求之内。如大青村曾是浙南游击纵队"三五"支队领导下的"海上游击队"根据地之一。修缮游击队纪念馆、游击队纪念碑等历史文化古迹,丰富了本土文化资源的展示窗口。这一类的还有如坎门东沙渔村海防历史展示馆、非物质文化遗产馆、渔海民俗馆。

另外,农家乐的出现与民宿的相伴为生为传统海景村落制造了另一种可能性。建立在本土文化肌理的尊重与勘定基础上,合理发展民宿文化、农家乐文化为传统海景村落注入新的活力因子。一方面为外来人员休闲娱乐提供了配套的必要设施;另一方面,对于本土经济与文化而言,搭建了微妙而直接的展示窗口。农家乐和民宿场域中,人们感知地域小食、体验民俗风情,享受人文自然风光,接受村落整体文化空间信息的供给。村落由此凸显了更为丰富多元的文化、历史、地方的意义感。

最后,传统民俗活动的展演也是需要修复的重点。如鸡山八将信仰文化活动,在每年正月里进行定期展演,配合传统地域风光的展示,共同使文化介入传统民居街巷格局的现实存在之中,实现村落意义空间的创造性生产,重塑旧城生活空间与文化意向,重新激活村落空间中物质性与非物质性要素,达到人居文化复合空间的营造。

（三）"交通基础设施的建设"帮助空间有效性互联

开启新时代的传统海岛村落发展，就要打破故步自封的思维，走活态化的积极道路。这就既要做好优秀传统文化因素的保留，也要转变村落原有陈旧的生产生活状态，加强与社会外界的互通关系，才能建立起和谐的文化生态圈，促进田园综合体理念的切实落地。完善环岛交通路网，全力推进市域交通路网建设，目前修建了东沙渔村环岛路、坎鲜公路、龙盐公路、玉大公路、新漩公路，完成鸡山乡交通码头、海山乡横床码头等四个滚装码头及部分接线工程建设，打破了玉环市城区与海景村落、海景村落与海景村落、海景村落与其他休闲娱乐区域、海景村落与其他地区之间的交通屏障，推进整体海景村落的经济社会转型发展，也为城市居民多元化休闲需求提供了便利，构建起一种良性的互需支持网络。如坎鲜公路是玉环市境内山区公路之一，全长 18.6 千米，从坎门城区到鲜迭村，途经鹭鸶礁村等海景村落，打通了多级交通网络，有效改善了海岛村民的出行环境。

另外，在现有基础上，计划到 2021 年完成投资 56 亿元，建设交通干道 46.4 千米，其中海山高速互通接线全长 1.6 千米，S226 省道龙溪到坎门段全长 16 千米，环岛南路全长 19 千米，坎门后沙至红旗段沿海道路全长 2.7 千米，沙吞至西滩公路全长 7.1 千米。完善滨海慢性系统，加快实施城市景观绿道建设，计划到 2021 年完成投资 6.5 亿元，建设绿道 68 千米，其中开发区环湖绿道 8 千米，大麦屿至坎门段滨海绿道全长 45 千米，干江断吞至下站台滨海绿道全长 15 千米，继续逐步提升海景区域的基础设施水平。

（四）"优化环境的工程"提质海景风貌保护

近年来，玉环市各有关部门加大日常巡查力度和密度，巡查近 1400 次，查处非法采矿行为 14 宗，公开曝光 10 起涉土涉矿违法行为，有效打击了毁林挖山违法行为；大力开展四边山化行动，积极实行山体恢复；划定海岸线 500 米范围畜禽养殖禁养区；新建改造海边山体绿化 612 亩。此外，经相关部门探讨后，明确了本领域内海洋保护区面积为 127.92 平方千米、大陆自然岸线保有长度不少于 90 千米和整治修复岸线长度不少于 14 千米的范围。海岛、海盾等专项行动已开展执法检查 108 次，涉及非法占用海域、超出批准面积填海、开发无居民海岛等方面。总投资约 1.6 亿元的玉城江岩岛、坎门后沙和干江白马吞等多区域的海岸带修复工程全面启动，目前已完成投资 8100 万元；漩门二期 2.9 千米堤坝人工岸线修复完成。坎门、沙门污水处理厂提标改造工程和大麦屿污水处理厂交涉等问题已被妥善解决；区域内乡镇海景村落（除还山乡外）基本实现生活污水集中处理；坎门东沙、龙溪山里、干江白马岙和鸡山岛的无线网络宏站落实建设，村庄基础设施得到完善。

五、思考与启示

总体而言，玉环市在海景村落的保护与利用上，采用统筹兼顾、系统开发、均衡利用三者统一的理念，力图形成一城两貌、互相融合的格局，积累了一定的经验，具有一定的参考启示价值。

（一）政策及规划的制定是重要保障

第一，政策和规划的制定，为合理开发海景资源提供了法定依据和科学路线。玉环市将海景村落的保护列入了政府的常规工作，针对海景村落的保护出台了具体细则的保护和开发措施，并适当做出政策倾斜，对兼具生态、社会和经济效益的开发项目，在新增建设用地指标分配上对沙滩资源开发利用项目予以适当倾斜，涉及基本农田的，在新一轮规划修编时优先予以调整，以保障后续工作的稳步推进和开展。并且借助政协提案办理督办机制"四见面"、督办电视节目《榴岛面对面》跟踪式地曝光相关工作进度，促使保护工作进一步整改落实。第二，公开招标传统（海景）村落保护发展规划，并多次邀请专家调研座谈，结合本土实际合理、科学制定规划，优化城市空间发展蓝图。玉环市编制《玉环市海岸线保护与利用规划》等，科学地划定了生态保护红线、基本农田控制红线和城镇开发边界，将规划核心内容充分体现在即将编制的市域国土空间总体规划中，实现"多规合一"，破解概念性规划落地难和执行难等问题，保障了后续保护开发工作的顺利开展。

（二）资源整合开发是保护利用重心

一是整合环境资源，形成活态保护圈。瞄准海景村落各项价值保护的同时，整合本土地貌多样性资源，围绕山、湖、海、岛、礁、沙滩、湿地、海湾等海岛元素，通过修缮交通，形成海上景观和岸上景观融合、景观与观景互动，增强保护利用的整体价值聚拢性,增强村落魅力指数。如玉环市利用环玉环岛和环玉环湖的滨水公共开放带、玉环岛和环玉环湖生态绿道,串联沿岸海景村落、美丽乡村和旅游景点;建设以闻涛听海为主题的环岛美丽公路,串联各个海景村落,促成自然和人文、传统与现代的相辅相成,形成城市文化功能的修复与更新。二是吸纳优质社会资本,增强资源改造能力。推动精准招商,吸引社会资本投资开发海景资源;合理布局招商项目,完善项目推进机制。玉环市重点围绕干江国际滨海生态旅游区、大龙湾综合开发等项目,抓紧落实已签约项目的前期工作,这为环境保护利用的资金落实与旅游开发打下了可操作性的基础。三是多元组合开发,共建利益共同体。采取"企业＋村集体＋农户"模式,引导农民发展特色餐饮、民宿、乡村旅游等配套产业,做好停车场管理和节假日交通疏导,让游客在农家吃、农家玩、农家住,推动乡村旅游发展。逐步形成"食、住、行、游、购、娱、厕"结构较完整的产业体系,打造绿色、生态、休闲的慢生活风情沙滩海岸。

(三)日常维护是长效落实的基础

一是对开展的项目周边做好道路交通、水电通信、绿化亮化等配套设施建设,实现项目建设和公共服务同步推进,增强休闲度假的便捷性。玉环市推进坎门后沙滨海旅游度假区建设,完成景观配套工程和游客中心建设,积极培育特色产业,加快海水浴场、游艇观光及休闲大道、旅游驿站、停车场、标识系统等建设,积极谋划推进特色度假酒店建设项目,不断完善沙滩旅游配套。二是乡镇要指导村级组织科学实施自建项目,配合上级指导将景观性道路和交通性道路分离,增强功能分区的生态性;做好土地规划,避免因公墓选址、社区公园、海岸栈道、村部大楼建设破坏海景村落生态环境及本身建筑。并通过各种新旧媒体参与监督的方式,强化常态管控,提升海景风貌。三是继续健全完善海岸线保护管理机制。落实日常化、网格化巡查,严厉打击破坏海岸线和自然山体的违法行为,严格保护公益林、湿地、海滩、礁石、红树林、河口等景观资源。加强生态修复治理,着力提升海岸线景观风貌,如玉环市目前重点加快大麦屿鹭鸶礁、沙门日呑、海山茅埏岛等岸线生态修复工作,保护海边文化景观。

参考文献

[1]职建仁.国外古村落保护对中国岭南建筑群落传承的启示[J].世界农业,

2018(4):179-183.

[2] 埃比尼泽·霍华德.明日的田园城市[M].北京:商务印书馆,2010.

[3] HORN C,SIMMONS D. Community Adaptation to Tourism:Comparisons between Rotorua and Kaikoura,New Zealand[J]. Tourism Management,2002,23(2):133-143.

[4] BURNS P M,Mónica M S. Local perceptions of tourism planning:The case of Cuéllar,Spain[J]. Tourism Management,2003,24(3):331-339.

[5] 彭一刚.传统村镇聚落景观分析[M].北京:中国建筑工业出版社,1992.

[6] 曹迎春,张玉坤."中国传统村落"评选及分布探析[J].建筑学报,2013(12):44-49.

[7] 亓文飞.西江下游流域传统民居建筑形式研究[D].广州:华南理工大学,2013.

[8] 陈信,李王鸣.区域视角下传统村落组群风貌的空间特征——以丽水市传统村落为例[J].经济地理,2016(10):185-192.

[9] 聂湘玉,张琰,孙立硕,等.传统村落类型与价值认定——以河北石家庄市域传统村落为例[J].规划师,2015(2):198-202.

[10] 苗振龙,李碧翔.海岛传统村落文化基因的景观表达——以舟山群岛为例[J].农村经济与科技,2016(21):250-252.

[11] 段贝丽.海岛传统村落价值评价研究——舟山案例[D].舟山:浙江海洋大学博士论文,2016.

[12] 王颖,阳立军.舟山群岛海洋文化产业集群形成机理与发展模式研究[J].人文地理,2012(6):73-76.

[13] 陶蕊.浅谈海岛古村落保护与发展——以舟山地区为例[D].天津:天津大学建筑学院,2016.

[14] 宋玢,赵卿,王莉莉.城市边缘区传统村落空间的整体性保护方法:以富平县莲湖村为例[J].城市发展研究,2015(6):124-130.

[15] 陈默."互联网＋"视阈下海岛村落民宿活化模式与对策研究[J].浙江海洋学院学报(人文科学版),2017(2):56-60.

[16] 叶晨阳,黄福兴.用船模留住大海的记忆[J].珠江水运,2011(31):118-119.

传承永嘉学派事功思想，助力永嘉乡村振兴实践启示

林白茹

（永嘉县委党校）

摘要：永嘉学派产生于南宋时期，八百年来，其思想在潜移默化中影响着永嘉的发展。但是随着时代的不断发展，永嘉学派正面临一个机遇与挑战共存的历史时空。本文对永嘉学派事功思想的民本主义、义利并举、重视人才教育、大胆创新的思想进行阐述，并分析传承永嘉学派的实践启示，使其在乡村振兴战略推进过程中充分发挥价值，助力永嘉乡村振兴。

关键词：传承；永嘉学派；乡村振兴

党的十九大报告中首次提出了"乡村振兴战略"，将农业农村农民问题置于关系国计民生的根本性问题的高度，要求必须始终把解决好"三农"问题作为全党工作重中之重。[①] 2018 年，《中共中央国务院关于实施乡村振兴战略的意见》出台，这是指导"三农"工作的中央一号文件，是新时代乡村振兴战略的纲领性指导文件。2019 年，《中共中央国务院关于坚持农业农村优先发展做好"三农"工作的若干意见》指出，今明两年是全面建成小康社会的决胜期，"三农"领域有不少必须完成的硬任务。必须坚持把解决好"三农"问题作为全党工作重中之重不动摇，进一步统一思想、坚定信心、落实工作，巩固发展农业农村好形势，发

---

① 习近平：《决胜全面建成小康社会 夺取新时代中国特色社会主义伟大胜利——在中国共产党第十九次全国代表大会上的报告》，《党的十九大报告辅导读本》，人民出版社 2017 年版，第 31 页。

挥"三农"压舱石作用,为有效应对各种风险挑战赢得主动,为确保经济持续健康发展和社会大局稳定、如期实现第一个百年奋斗目标奠定基础。

实施乡村振兴战略意义重大,是从根本上解决目前我国农业不发达、农村不兴旺、农民不富裕的"三农"问题,解决我国社会主要矛盾的重要路径。乡村振兴必定要有文化的振兴繁荣,而文化的繁荣又能助推乡村振兴战略。习近平总书记指出:"优秀传统文化是一个根基、一个民族传承和发展的根本,如果丢掉了,就割断了精神命脉。"①

一、新时代条件下传统文化的当代价值

文化是民族的血脉,是民族共同体生命延续的精神基础。文化是连接过去和现在的纽带,文化中蕴藏着历史的继承性和时代的创新性辩证统一,任何一个国家和民族文化的发展,都要在本民族文化传统的基础上进行文化传承、变革和创新。实现中华民族的伟大复兴,必须以中华传统文化为根基。②"民族创造文化,文化也可以创造民族,可以陶冶个人。"③

(一)传统文化影响个体价值观的构建

习近平总书记指出:"中国传统文化博大精深,学习和掌握其中的各种思想精华,对树立正确的世界观、人生观、价值观很有益处。学史可以看成败、鉴得失、知兴替;学诗可以情飞扬、志高昂、人灵秀;学伦理可以知廉耻、懂荣辱、辨是非。"④这是从个体视角强调中华优秀传统文化的多重教育价值,即作为一种文化样态的中华优秀传统文化在每一个人的"三观"方面的重要价值;同时,又具体指出了作为一种文化艺术形式的历史学、诗学、伦理学各自所能发挥的特殊文化教育功能。

---

① 任映红:《乡村振兴战略中传统村落文化活化发展的几点思考》,《毛泽东邓小平理论研究》2019年第3期。

② 林建:《深刻理解中华传统文化的当代价值》,《中共福建省委党校学报》2017年第12期,第109页。

③ 钱穆:《中华文化十二讲》,九州出版社2012年版,第64页。

④ 《习近平在中央党校建校80周年庆祝大会暨2013年春季学期开学典礼上的讲话》,《人民日报》2013年3月3日。

从文化内涵上讲，中国文化倡导"观乎人文以化成天下"（《易传·象辞》），就是"文治教化""文以化人"之意。作为本民族全体人民相对稳定的思维方式、生活习性、人格模式及社会规范的综合体，文化总是发挥着规范人们现实行为、整合本民族群际关系、引领人们思想行为的重要作用。从这个意义上讲，文化总是在潜移默化中影响着人们世界观、人生观和价值观的形成。同时，文化本身还具有同化的作用，能够在人们共同的生活与工作中涂抹上"底色"基本相同的价值观、审美观、是非观和善恶观，引领社会群体实现共同的价值取向。①

（二）传统文化是现代化建设的精神力量

民族性格是一个民族在共同生产生活的基础上，并经漫长的历史发展所逐渐形成的相对稳定的思想品质，而从诸多民族性格中提炼出来的核心思想与价值观念就是民族精神。一个民族的文化总是以特定的结构和模式形成系统，并逐步凝练成独特的民族文化传统，以此影响着本民族的思维方式、价值取向、生活习惯及其现实行为，成为本民族薪火相传的重要推动力。文化的主体是民族，中华优秀传统文化在塑造中国人的民族性格、提振中华民族精神方面的确发挥着不可替代的作用。钱穆认为："中国文化不仅由中国民族所创造，而中国文化乃能创造中国民族，成为有史以来世界上独一无二的大民族。"②

习近平总书记指出："中华文明源远流长，蕴育了中华民族的宝贵精神品格，培育了中国人民的崇高价值追求。自强不息、厚德载物的思想，支撑着中华民族生生不息、薪火相传，今天依然是我们推进改革开放和社会主义现代化建设的强大精神力量。"③中华优秀传统文化中"民贵君轻"的民本思想、"为政以德"的执政理念、"协和万邦"的国家观念、"天下大同"的政治理想等，都足以支撑我们这个民族战胜各种艰难险阻，从胜利走向新的胜利。与此同时，实现中华民族伟大复兴的"中国梦"，依然需要全国各族人民以高度的文化自觉，全力彰显中华优秀传统文化的积极元素，推进"中国梦"的早日实现。正如有学者所指出的，实现这个伟大的中国梦，一个重要方面就是要传承和弘扬中华优秀传

---

① 孔宪峰：《思想政治教育视野下儒家"和"文化研究》，中国书籍出版社 2013 年版，第 41 页。
② 钱穆：《中华文化十二讲》，九州出版社 2012 年版，第 59 页。
③ 《习近平在会见第四届全国道德模范及提名奖获得者时的讲话》，《人民日报》2013 年 9 月 27 日。

统文化，坚信中华民族必将因自身厚重丰富的优秀传统文化自立自强于世界民族之林，以中华优秀传统文化助推"中国梦"实现。

二、永嘉学派事功思想

永嘉学派出现于南宋初期的温州，是当时温州与东南地区社会经济与科学文化发展的结果，也是当时处于内忧外患的这个地区的反映。

南宋时期的温州，下辖永嘉、乐清、瑞安、平阳四县。温州在东晋时为永嘉郡，故温州亦称永嘉，因而当时以叶适为代表的一些主张事功学说的温州学者，被统称为永嘉学派。以叶适为代表的永嘉学派，与朱熹为首的道学派（亦称福建学派），以及陆九渊为首的心学派（亦称江西学派），形成鼎足而立的全国三大学派。清代全祖望《宋元学案水心学案》按语说："乾（道）淳（熙）诸老既殁，学术之会总为朱、陆二派，而水心（叶适）断断其间，遂成鼎足。"由此可见永嘉学派在当时学术界的地位和影响。[①]

永嘉派的事功思想强调经世致用。经世，即治理世事；致用，即取得实际功效作用，反对轻视功利，反对空谈义理，注重实际事物的功用和效果，这是永嘉学派倡导的事功之学的根本特点。因此，永嘉学派学者们致力于有关国计民生的实用之学，他们从关心时政、要求改革的立场出发，注意研究现实生活中的经济、政治、国家、法制、教育风俗、民情等各个领域，注意探索历代社会经济与典章制度的沿革，认真考察其源流与得失，他们以历史的眼光治学术，以通今政用为目的，既反对束书不观的空谈，也鄙弃拘泥程朱语录之糟粕，具有很强的务实精神与现实性。黄宗羲曾称赞永嘉学派这种务实、致用的学风。黄氏说："永嘉之学，教人就事上理会，步步着实，言之必使可行，足以开物成务。盖亦鉴一种闭目合眼，矇瞳精神，自附道学者，于古今事物之变不知为何等也。"永嘉之学，言道必就事，知行统一，讲求实际，学以致用的思想和学风，就是从薛季宣开始的，而后陈傅良继之，到叶适而集大成。

（一）"民为政本"的民本思想

民本思想，是我国优秀传统思想中的精华。永嘉学派继承了儒家的民本主

---

① 周梦江：《叶适与永嘉学派》，浙江古籍出版社2005年版，第1页。

义传统,倡导"国以民为本,民以心为本","民之好恶,其心未尝不公,君子以民为心,公其好恶,则民爱之戴之,将父母若也"。

薛季宣一向主张"民惟邦本,本固邦宁",希望能为人民减轻一些负担,特别是革除吏胥的舞弊。他在任湖州知州时,湖州是个大郡,又是吏胥为害甚烈的地方。因此,他在《知湖州朝辞札子一》中就指出当时税收最大的弊害是"一曰科折不均,二曰丁绢催扰",并根据多年的从政经验进行改革,减少吏胥作弊的机会,减轻人民负担。"宽民力"是陈傅良的一贯主张,由于当时冗兵冗官,财政支出浩繁,使人民负担沉重。他反对南宋政府采取重敛于民的办法,主张处置冗兵、慎择官员,整顿财税,主张必须精兵简政,以减轻人民负担。他认为统治者应该以人民的好恶作为施政的参照,以人心的得失作为标准来衡量自己的施政效果,要关心民众疾苦,做有德之君。执事者依民施政便能赢取民心,民众自然安居乐业,这样财用也就会充裕。而不顾民众疾苦,夺民之财,与民争利,行先利后义之事,则君不能称之为有德之君。民心得失是养国固本的第一要务,但是不从实际出发,清谈得民心与得天下的空洞理论是远远不够的。从永嘉学派功利主义角度出发,他认为得民心要将养民行动联系在一起才有实际意义,统治者与人民之间明确的鱼水关系要想长久维系,那么必须脚踏实地地为民着想,行养民之策。

(二)"崇义以养利"的理欲义利观

理欲义利观,实质上就是道德和物质欲望、物质利益的关系。

叶适注重义利之间的调和。《习学记言序目》卷十一,古人之称曰:"利,义之和。"其次曰:"义,利之本。"其后:"何必曰利?"然则虽和义犹不害其为纯义也;虽废利犹不害其为专利也,此古今之分也。叶适认为,"义"和"利"虽属不同的范畴,两者存在冲突,却可以"义"规范"利"。提出了其"崇义以养利"的义利观,倡导因势利导地顺应人的本性去追求合理的求利行为。

叶适还认为义利与理欲是紧密结合的。他说:"性命道德未有超然遗物而独立存在也。""性"与"理"即存在于"物"中。因此叶适的功利主义是建立在道德生活和物质生活相统一的基础上。他认为人民的物质生活和农业生产是整个封建"王业"的根本,是道德的基础。"先王制土处民,富而教之,必世而后仁"。人民物质生活水平提高了,道德水平也能相应地提高。他说:"夫衣食逸则知教，被服深则近雅。"因此，政治家必须照顾人民的利益，不能苟于索取。他说："所以取民，必有正业；取而不得已，必有宽也。有正，义也；有宽，仁也。未有不由仁义而能使民思之者也。"

叶适还将功利与道德的统一作为评价善恶的依据，认为圣贤与小人的区别就在于能否给人民利益。

（三）"才当其任，人宜其官"的用人思想

关于人才的选拔和选才标准，薛季宣提出了其不拘一格的人才观。当时南宋政府虽机构臃肿，官员队伍庞大，但国家却常患无才可用。而薛季宣认为天下从未有乏才之实，只是统治者求才之道不当，用才也未尽其能。如何才能使优秀良才尽归朝廷所有？首先，要从国家自身做起，国家不亦责人太备，政府用才要有足够的包容性，"君子乐得其道，小人乐得其利，雄杰狙诈皆得而用，则其国家靡不振"。当然，包容并不是说要不分忠奸贤愚，来者不拒。其次，国家要给人才创造一个良好的施展空间，政府要严肃纲纪，清明教化，涵养士气。若是居上不明，朝中小人当道，或是权臣柄政，相互倾轧，士气浑浊，则人才便没有用武之地。统治者把小人当作人才使用，所以才会导致官场乌烟瘴气，诬蒙苟且，上下相承。要想国邦兴盛，则执事者必须要振作朝中士气，朝中一派刚正清洁，士气振奋，则人才途径自然畅通，而国家亦无乏才之患。最后，从实用主义的角度出发，薛季宣提出了"才当其任，人宜其官"的人才选用标准。人才使用犹如建房筑屋一般，要根据房屋大小来选材备料，不能"室无广狭，随时而计，研材无小大，随事而取，巨而为细，任窳而为良"。对人才的使用要合理得当，要杜绝随意选任浪费人才的现象，国家选贤任能应以职位需要来遴选良才。他非常注重人才的恰当使用，选拔人才，使用人才，不论资排辈，不偏重门第出身，而应该用其所长，学用对口。①

叶适也提出关于人才问题的宝贵意见。一是认为培养人才最好的办法还是实施学校教育，但又不能仅凭学历和资格来评定人才、选拔人才。二是选拔人才不能"以意行事"，而必须真正"任贤使能"。三是人才的选拔任用必须以"保民为职"为标准，不合这标准的不能任用。他说："天子以保民为职，宰相群

---

① 周梦江：《叶适与永嘉学派》，浙江古籍出版社 2005 年版，第 82 页。

臣，助天子保民者也；智虽绝伦，谋虽超众，必其可以保民而后用之，不足以保民则不可用也。"四是必须珍惜人才，不能横加摧残和压制。他说："天之生材也甚难，人主得材也亦甚难，毋夭阏摧折之使至于尽。"永嘉学派的这些思想在当时具有进步意义，对于今人也有借鉴之处。

（四）"以通世变"的创新思想

宋时温州学者多研究《周礼》与《周易》。目的在于变通创新，"解剥于《周官》《左史》，变通当世之治"。当时温州学者研究《周礼》有 21 家，著作 23 部，研究《周易》的则有 15 家，永嘉学派的著名人物无一不是研究《周礼》与《周易》的佼佼者。《周易》强调易变，变通是它的一个基本思想。叶适认为由于各个时代的历史条件不同，治国的政治理论、主张和观念也会随着变化，"泥古"的道路是走不通的。[①] 他指出："永嘉之学必弥纶以能世变者，薛经其始而陈纬其终也。"是说永嘉之学对古代的典章制度无不研究，在于借古治今"以通世变"，此种学风始于薛季宣，陈傅良继其后，"以通世变"，即主变通。薛季宣推崇《周易》，精研易学，认为《周易》之道是圣人经邦济世的准则，"六经之道易为之宗"。叶适十分重视对《周易》的研究，在《习学记言序目》中较全面地对《周易》经传进行了解释和评论。

三、永嘉学派事功思想助力永嘉乡村振兴的实践启示

（一）传承"民为政本"的民本思想，实现人民当家做主

永嘉学派"民为政本"的思想和中国共产党人的初心是一致的。不忘初心，方得始终。为人民谋幸福，是中国共产党人的初心。习近平总书记指出："人民对美好生活的向往，就是我们的奋斗目标。"必须始终把人民放在心中最高的位置，始终全心全意为人民服务，始终为人民利益和幸福而努力奋斗。

在实施乡村振兴的过程中，首先要树立宗旨意识，始终把人民利益摆在至高无上的地位，始终同人民想在一起、干在一起，以人民忧乐为忧乐，以人民甘苦为甘苦，努力为人民创造更美好、更幸福的生活。其次要找差距抓落实，

---

① 刘公纯、王孝鱼、李哲夫：《叶适集》上，中华书局 2013 年版，第 25 页。

认真贯彻落实主题教育,提升"万名干部进万企,千名干部联千村"的实效。拓宽民情民意征集渠道,广泛听取收集各方意见,以走村进企入户、点对点访谈、网络征集等形式全方位征求意见、建议。问题收集要突出重点、有所聚焦,特别是当前基层群众反映的"急、难、愁、盼"问题,对收集到的问题要及时解决。最后必须毫不动摇坚持发展是硬道理,不断把"蛋糕"做大。同时,还要在不断发展的基础上把促进社会公平正义的事情做好,把不断做大的"蛋糕"分好,让社会主义制度的优越性充分体现出来,让实现全体人民共同富裕在广大人民现实生活中充分展示出来。绝不能出现"富者累巨万,而贫者食糟糠"的现象。

(二)传承"崇义以养利"的理欲义利观,倡导义利并举的价值观

在实施乡村振兴的今天,我们应以什么样的态度去面对,如何引导人们恰当地处理义利关系,树立什么样的义利观,是时代摆在我们面前的新课题。永嘉学派的义利观在我们实施乡村振兴的今天,仍然具有重要的价值和作用。首先,我们应该传承永嘉学派"义利并立""崇义以养利,隆礼以致力"思想,指导人们在实施乡村振兴的过程中恰当地处理义利关系,时刻提醒人们在追求个人正当利益的同时,要时刻注意个人追求正当利益的方式,注意对自己提出高一级的道德层面的要求,不发不义之财,不获不仁之富,实现科学的、可持续的、节约的发展。只有实现农村经济、社会和生态协调发展,个人的利益追求才能成为有源之水、有本之木。其次,要尽快建立健全市场机制的运行规范,使经济活动有法可依,同时辅之以一系列促进社会发展的法规,把人们的经济行为量之以法,使不法之徒不能妄为。最后,要带领人民创造更加美好的生活。要坚持不懈抓发展,不断扩大经济总量,让改革发展的成果更多更公平惠及广大人民群众。打赢脱贫攻坚战,建设全面小康社会,坚持发展中保障和改善民生,必须抓住人民最关心最直接最现实的利益问题,抓住最需要关心的人群,在更高水平上实现幼有所育、学有所教、劳有所得、病有所医、老有所养、住有所居、弱有所扶,让人民有更多、更直接、更实在的获得感、幸福感、安全感。[1]

---

① 《习近平新时代中国特色社会主义思想学习纲要》,学习出版社、人民出版社 2019 年版,第158页。

（三）传承"才当其任，人宜其官"的思想，着力完善人才发展机制

乡村振兴，人才是基石。农村经济社会发展，说到底，关键在人。习近平总书记指出："乡村振兴，人才是关键。要积极培养本土人才，鼓励外出能人返乡创业，鼓励大学生村官扎根基层，为乡村振兴提供人才保障。"当下，永嘉推动乡村振兴，人才和队伍建设是保障。实施乡村振兴战略，要传承永嘉学派实用主义的人才观，破解人才瓶颈制约。

第一，要就地培养更多爱农业、懂技术、善经营的新型职业农民。要通过富裕农民、提高农民、扶持农民，让农业经营有效益，让农业成为有奔头的产业，让农民成为体面的职业。第二，要营造良好的创业环境，制定人才、财税等优惠政策，为人才搭建干事创业的平台，吸引各类人才返乡创业，激活农村的创新活力。第三，要注重建立引导和鼓励高校毕业生到基层工作"下得去、留得住、干得好、流得动"的长效机制，让大学生"愿下来，又留得住"。让愿意留在乡村、建设家乡的人留得安心，让愿意上山下乡、回报乡村的人更有信心，激励各类人才在农村广阔天地大施所能、大展才华、大显身手，打造一支强大的乡村振兴人才队伍，在乡村形成人才、土地、资金、产业汇聚的良性循环。第四，各级党委及组织部门要坚持党管干部原则，坚持正确用人导向，坚持德才兼备、以德为先，努力做到选贤任能、用当其时，知人善任、人尽其才，把好干部及时发掘出来、合理使用起来。要树立强烈的人才意识，寻觅人才求贤若渴，发现人才如获至宝，举荐人才不拘一格，使用人才各尽其能。第五，探索建立容错激励机制，组织对那些敢于探索、敢于创新、敢于担当的干部在工作中出现的一些失误给予宽容，对干部多一些爱护和激励。多任用敢于担当、改革创新的干部，对广大基层干部要充分理解、充分信任，格外关心、格外爱护，多为他们办一些雪中送炭的事情。

（四）传承"以通世变"的思想，弘扬改革创新精神

1978 年实施改革开放以来，变革成为常态。在实施乡村振兴战略的今天，我们需要继续传承"以通世变"的思想，不断改变旧态，排除障碍，通过创新来为乡村发展提供新动能。学习和认识实施乡村振兴战略，需要实现发展观念、发展模式、发展方式、发展动力和发展措施的多维度创新，特别需要重视的还有四个方面的创新，即政策创新、技术创新、组织创新、业态创新。

我们完全有理由认为，作为中国近代思想启蒙的起点之一的永嘉学派，它

批判了当时保守的思想文化,反映了当时自由商人阶级的利益和愿望,要求政府扶持工商业的发展,代表了那个时代先进的思想文化;为近代实学的活跃和发展开辟了道路,并丰富了中华民族的思想文化宝库;它与其他传统文化一起,构成了我国极为丰厚、珍贵的文化遗产,深深地融入了我们的民族心里、民族意识和民族性格之中。看不到传统的价值,轻易抛弃它会使我们有中国特色社会主义的新文化成为无本之木、无源之水。传统是国家的、民族的、社会的文化遗产,是人们在历史中创造的制度、信仰、价值观念和行为方式等构成的表意象征。有了传统,前代与后代、过去与未来之间才有连续性和同一性可言;有了传统,人类社会的延续和更新才有了自己的文化密码。从这一意义上讲,无论是对人类的生存或发展,传统都绝非仅具消极意义。

在实施乡村振兴战略的今天,我们在传承永嘉学派的同时,还要赋予它们反映时代精神的崭新内容。在新时代的背景下继承永嘉学派务实创新、敢为天下先的精神,立足县情农情,顺势而为,切实增强责任感、使命感、紧迫感,举全县之力,以更大的决心、更明确的目标、更有力的举措,推动永嘉农业全面升级、农村全面进步、农民全面发展,谱写永嘉新时代乡村全面振兴的新篇章。

参考文献

[1] 习近平.决胜全面建成小康社会 夺取新时代中国特色社会主义伟大胜利——在中国共产党第十九次全国代表大会上的报告[M].北京:人民出版社,2017.

[2] 周梦江.叶适与永嘉学派[M].杭州:浙江古籍出版社,2005.

[3] 陈安金,王宇.永嘉学派与温州区域文化崛起研究[M].北京:人民出版社,2008.

[4] 朱迎平.永嘉巨子——叶适传[M].杭州:浙江人民出版社,2006.

[5] 陈国灿.80年代以来南宋事功学派研究概述[J].中国史研究动态,1996(3):2-10.

[6] 陈安金.薛季宣学术思想及其事功特质[J].浙江社会科学,2011(8):120,127-130,162.

[7] 陈安金.薛季宣思想研究[D].杭州:浙江大学,2011.

[8] 唐银华.叶适经济伦理思想初探[D].杭州:浙江财经大学,2013.

[9] 朱晓鹏.试论叶适的经济思想及其现代意义[J].温州大学学报(社会科学版),1999(4):7-10.

[10] 洪振宁.永嘉学派与今日温州[J].温州大学学报,2001(2):15-18.

[11] 刘晓雪.新时代乡村振兴战略的新要求——2018 年中央一号文件解读[J].毛泽东邓小平理论研究,2018(3):13-20.

[12] 陈中权.永嘉学派和温州人精神[J].中共浙江省委学报,1999(4):76-80.

弘扬红船精神与提升红色文化
软实力的思考

——基于嘉兴地域视角

祁红亭

（海宁市委党校）

摘　要：红船精神是中国共产党建党精神的集中体现，是嘉兴红色文化的灵魂，它所承载的首创精神、奋斗精神、奉献精神成为嘉兴红色文化软实力的核心。作为嘉兴红色文化的知名品牌，红船精神是提升嘉兴文化形象的重要载体，是发展嘉兴文化产业的优质资源，也是丰富民众文化生活的鲜活教材。新时代背景下提升嘉兴红色文化软实力，需要围绕红船精神这一核心，深化红色文化研究，加大红色文化传播，优化红色文化产业，注重红色文化教育，从而进一步增强红色文化的凝聚力、影响力、竞争力和感召力。

关键词：红船精神；红色文化；软实力

嘉兴是红船扬帆起航之地、"红船精神"凝练升华之所，其红色文化的地位较为特殊。充分开发利用好嘉兴红色文化资源，大力弘扬以红船精神为核心的红色文化，深入发掘红色文化的当代价值，这对于全面贯彻落实习近平总书记的殷切嘱托，守护好中国共产党人的精神家园、传承好中国共产党的红色基因，努力提升嘉兴红色文化的凝聚力、生命力和影响力，具有十分重要的意义。

一、红色文化是嘉兴发展繁荣的重要软实力

嘉兴是中国共产党诞生之地,拥有丰富独特的红色文化资源,是中国共产党整个红色文化脉络的开篇。以红船精神为核心的红色文化是嘉兴文化的代表,也是嘉兴发展繁荣的重要软实力。

(一)红色文化与红色文化软实力

红色文化是指在马克思主义的指导下,中国共产党领导人民在新民主主义革命、社会主义革命及建设、改革的实践中共同创造出来的各种物质和精神财富的总和[1]。红色文化具有两种基本形态,即物质形态和精神形态。前者包括革命遗址、陈展场馆、烈士陵园、珍贵实物等,后者包括红色革命精神、优秀革命传统和科学价值观等资源。嘉兴是中国共产党诞生之地,拥有丰富的红色文化资源,既有南湖红船、南湖革命纪念馆、沈钧儒先生纪念馆等物态资源,又有红船精神等精神文化资源。这些物质和精神形态文化的总和构筑了嘉兴的红色文化,也是嘉兴发展的重要软实力[2]。

文化软实力主要是指一个国家或一个地区基于文化而拥有的凝聚力、生命力、创新力和传播力,以及由此而产生的感召力和影响力[3]。它对促进一个国家经济发展,推动社会进步,提高人的素质,以及对提高国家的综合竞争力方面起着重要的作用。红色文化作为具有历史性、革命性和政治性三位一体的特定文化形态,是党的价值理念和人民群众精神追求的统一,是通过研究、传播、传承和发展所产生的凝聚力、影响力和感召力,其价值已被中国的革命、建设和改革开放的历史所验证。嘉兴红色文化软实力是嘉兴红色文化的综合实力,产生于嘉兴市地域范围内,呈现出新民主主义时期的发展特点,具有鲜明的爱国主义立场,在时代浪潮中不断发展与升华,其历史性、革命性、政治性三位一体的有机统一,成为有利于嘉兴地域甚至全国发展的文化力量。

(二)红船精神是嘉兴红色文化的灵魂

嘉兴是一座国家历史文化名城,位于杭嘉湖平原腹地,文化积淀深厚,人文历史独特,不仅是马家浜文化的发祥之地,吴越文化、端午文化、蚕桑文化等传

统文化的汇聚之地,也是中国共产党的诞生之地,深厚的传统历史文化与近现代革命文化融合而形成了独具特色的区域红色文化。嘉兴南湖、南湖的红船、红船精神等成为嘉兴红色文化的主要构成部分,也是嘉兴红色文化软实力的首要文化资源。"一大"代表董必武曾两次重访南湖,邓小平、江泽民、胡锦涛、习近平等一大批党和国家领导人,对嘉兴南湖关怀备至,不断勉励我们沿着南湖红船开辟的革命航道奋勇前进[4]。习近平总书记 2017 年 10 月 31 日的南湖重要讲话中,明确指出"我们要结合时代特点大力弘扬'红船精神'"[5],使红船精神成为当前全党学习革命精神、传承红色文化的重要内容,这也进一步确立了红船精神在嘉兴红色文化中的核心地位。

嘉兴的南湖是中国共产党起航的地方,以红船精神为核心的嘉兴红色文化承载了中国共产党诞生这一划时代意义的历史,是中国共产党整个红色文化脉络的开篇,它渊源于中华民族优秀传统文化,也是井冈山、苏区、延安、西柏坡等红色文化体系的源头,是红色文化之源。红色文化已成为嘉兴物质文明和精神文明建设的宝贵财富,成为嘉兴区域性文化的代表,其中红船精神则成为嘉兴最具特色、最有影响力的红色文化,也是嘉兴塑造独特红色文化品牌的基础。在 90 多年的风雨历程中,红船精神已经成为嘉兴人民克服困难、砥砺奋进、谋求发展的核心动力。

在新时代背景下,进一步加强以红船精神为核心的红色文化研究和弘扬,是时代的需要,也是提升嘉兴红色文化软实力的需要。

二、弘扬红船精神对提升嘉兴红色文化的意义

红船精神是中国共产党建党精神的集中体现,是嘉兴红色文化的知名品牌、提升文化形象的重要载体、发展文化产业的优质资源,也是丰富民众文化生活的鲜活教材。

(一)红船精神是嘉兴红色文化的知名品牌

红船精神是中国共产党建党精神的集中体现,是中国革命精神之源,因其深刻的理论内涵、时代价值和历史地位,已成为我们党宝贵的精神财富,成为培育理想信念的丰厚沃土、涵养社会主义核心价值观的有效载体、践行以人民为

中心发展理念的力量源泉。今天我国已经进入了新时代，坚持和发展中国特色社会主义、实现"四个伟大"不仅需要苦干实干，还需要红船精神这一强大的精神力量。因此，王沪宁同志在弘扬"红船精神"座谈会上，要求大力学习和弘扬红船精神，用伟大精神去推动伟大实践，在全国上下深化对红船精神的宣传学习、理论研究，以及开展形式多样的教育实践。其中以"一船红中国、万众跟党走"为主题，"党的生日——党员的节日"为主线的红船节，目前已成为嘉兴红色文化的独有品牌。[6]

(二)红船精神是提升嘉兴文化形象的重要载体

嘉兴区域文化是嘉兴人民长久以来在社会实践中形成的，在不同历史时期呈现出阶段性外在形象。地处吴越文化区域，嘉兴人历来具有自强不息、敢于抗争、勤劳俭朴的人文精神和好学善思、勇于接受、开放进取的文化心态。近现代以来，随着形势发展变化和社会实践变化，嘉兴区域文化注入了具有永恒价值的伟大红船精神，这一精神与传统优秀文化一脉相承，又具有鲜明的时代特点，既是我们党伟大事业的精神支柱，也是嘉兴区域特色文化的核心价值观、嘉兴红色文化的灵魂、嘉兴文化形象的优质载体。这不仅进一步增强了嘉兴人的归属感和自豪感，也增强了干部群众始终坚持勇于创新、敢于奋斗和乐于奉献的优良品格。

(三)红船精神是发展嘉兴文化产业的优质资源

嘉兴坚持文化兴市战略，历来注重保护和发展红色文化。中华人民共和国成立以来，嘉兴不仅建设了南湖革命纪念馆，复原了南湖红船，还出版了中英文读本《"红船精神"：启航的梦想》、摄制了《红船驶进中国梦》、编排了大型舞台剧《红船颂》、撰写了报告文学《红船精神南湖领航记》等，已累计推出十多种普及类文化精品，还依托嘉兴区域的自然与人文资源，围绕红船精神所承载的首创、奋斗和奉献精神，推出了9条红色精品旅游线路，设计了红船工艺纪念品、红船邮票、画册等文化商品，以多样化的形式对红船精神加以物化展示，充分发挥了红船精神的带动效应，已经成为发展嘉兴文化产业的重要资源。同时，通过发展红色文化产业，有助于优化嘉兴的文化产业结构、提升文化产业的层次。

(四)红船精神是丰富民众文化生活的鲜活教材

红船精神作为嘉兴红色文化的核心，其传承与弘扬不仅有助于党员干部围绕创新型、担当型、服务型要求进行自我反省、自我教育，有助于进一步培养"四有"新人,也为各行各业发展建设提供了价值指引。嘉兴在传承和弘扬红船精神的过程中,始终坚持优秀传统文化与近现代红色文化相结合,在嘉兴市本级和五县两区辖区内,建立众多爱国主义教育基地以及党性教育基地,大力挖掘、有效整合各类红色资源,传承革命历史、事迹及其精神内涵;采取多元化方式加强红船精神的宣传展陈,新建了南湖革命纪念馆、修葺了沈钧儒纪念馆等重点红色文化场馆,举办"红船精神"主题学术论坛和各类主题活动,广泛开展红船精神"七进"等宣传活动,形成以红船精神为核心的文化育人环境,不断提升人民群众的精神生活品位。

然而,与周边城市乃至全国范围内横向比较看,近年来各地红色文化不断兴盛。嘉兴红色文化资源及红色文化发展方面既有优势也有短板,大力弘扬红船精神以进一步增强嘉兴地域文化软实力,成为必然选择。

三、提升红色文化软实力的思考

在新时代背景下增强嘉兴区域的红色文化软实力,需要围绕红船精神这一核心,立足嘉兴实际、尊重历史事实,科学把握红色文化资源的保护与开发,进一步深化红色文化研究,加大红色文化传播,提升红色文化产业,注重红色文化教育,以红船精神引领各行各业文化建设发展方向,实现经济效益与文化效益、社会效益相辅相成,着力打造嘉兴红色文化高地。

(一)深化红色文化研究,增强文化的凝聚力

对红色文化的研究是增强文化的凝聚力的基础。作为红色文化资源大市,近年来嘉兴市围绕本区域性红色文化组织开展了不少研究,如创建全国首个"红船精神研究中心",重点围绕红船精神这一核心开展了广泛而深入的研究,连续多年召开大型红船精神主题征文和学术论坛,并取得了丰硕的成果。在前人研究成果的基础上,当下及未来我们还需坚持与时俱进,充分利用好中国革命历史这本"最好的教科书",加强对红船精神为重点的嘉兴红色文化资源现状调查和历史脉络梳理,加大投入加强对嘉兴地域红色资源的整理保护工作,深入征集文献书籍、笔记手稿、图片及实物,并进一步完善红色资源数据库,以新的视角、新的理论、新的方法深化研究,以进一步增强嘉兴红色文化的凝聚力。

(二)加大红色文化传播,增强文化的影响力

人民群众对红色文化的认同感是增强文化的影响力的前提。提升红色文化的影响力,要在整合传统与现代媒介基础上创新传播的途径。一是以"互联网＋红色文化"的形式,充分运用新媒体进行传播,搭建红色文化教育网络、微信公众号等信息平台,以文本、图片、音频、微视频等形式对红色文物、红色文化相关历史等开展宣传普及;二是以多样化演艺形式,组建好高素质的红色文化传播队伍,充分运用舞台表演与影视形式进行传播,围绕嘉兴红色文化中的典型题材,进一步创作内容丰富、形式新颖、感人至深的情景剧、歌舞剧、话剧节目,拍摄专题影片等,通过视听类节目这种喜闻乐见的形式将其展现出来;三是以主题活动的形式,通过举办学术论坛、文化体验、节庆营销等途径开展红色文化传播,以进一步提升嘉兴红色文化的影响力。

(三)提升红色文化产业,增强文化的竞争力

科学把握红色资源的保护性开发是增强文化竞争力的重要路径。一是打响红色文化品牌,嘉兴作为红色文化的发源地,要做好与周边城市乃至全国范围内横向比较,从战略高度规划好嘉兴红色文化产业,实现与周边城市的错位发展,就需要依托红船精神为核心的独特的红色文化资源,努力打造出属于嘉兴自己的独有文化品牌,打造具有嘉兴特点的文化精品,着力提升嘉兴红色文化的美誉度。二是发展红色文化旅游,以嘉兴的南湖为中心,整合嘉兴五县两区现有红色资源,推进文化与旅游深度融合,加快改善红色旅游基础设施,创作以红船作为主题的特色演艺产品,尝试"红色文化＋休闲文化＋时尚文化"的深度体验模式,积极承办区域性甚至全国性的红色主题论坛等活动,进一步提升嘉兴红色文化的知名度。三是大力培养专门人才,实施"人才兴文"战略,依托嘉兴红色文化资源,培养一支政治强、业务精、素质高的红色文化工作队伍,以人才优势助力嘉兴红色文化产业的竞争力。

(四)注重红色文化教育,增强文化的感召力

开展红色文化教育熏陶是增强文化感召力的重要方式。加强对嘉兴广大干部群众特别是青少年开展好爱国主义教育和革命传统教育,使其更加坚定"四个自信",更加积极地参与到现代化嘉兴建设中来。一是与"两学一做"活动

相结合,以红船精神和嘉兴党史党建为重点内容,广泛开展以红色文化为主要内容的学习践行活动,着力提高党员干部的党性修养。二是与中小学思想品德教育相结合,围绕红船精神主题,在嘉兴全市范围内开展红色文化进校园活动,使他们在潜移默化中接受红色文化的熏陶,着力提高全市中小学生的道德品行修养。三是与行业文化建设相结合,以红船精神引领嘉兴各行各业文化建设的发展方向,融入嘉兴区域红色文化基因,以进一步增强嘉兴红色文化的感召力。

参考文献

[1] 渠长根:红色文化概论[M].北京:红旗出版社,2017.

[2] 李卫宁.弘扬"红船精神"打造红色文化[J].求是,2011(10):26-27.

[3] 软实力也是硬道理[N].光明日报,2008-07-30(3).

[4] 习近平.弘扬"红船精神"走在时代前列[N].光明日报,2005-6-23(A3).

[5] 习近平在瞻仰中共一大会址时强调:铭记党的奋斗历程时刻不忘初心担当党的崇高使命矢志永远奋斗[N].人民日报,2017-1-01(1).

[6] 连小敏.弘扬红船精神打造党建高地[J].政策瞭望,2015(8):21-24.

文化自信视域下红十三军革命精神
生成条件及其内涵特质探微

刘开耿

（永嘉县委党校）

摘　要:温州文脉源远流长,不仅蕴藏深厚的耕读传统,还诞生了独特的红色文化,尤其是 20 世纪二三十年代滥觞于楠溪江流域的红十三军革命精神文化,构成温州红色文化的重要一环。为此,从革命史的角度出发,窥探红十三军革命精神的生成"密码",在此基础上,对其内涵特质作一考究、采掘,不论是对中共党史理论的丰富充实还是新时代红十三军革命精神的实践转化,无疑有其双重意义。

关键词:浙南;红十三军;永嘉学派;红色文化

"文化是一个国家、一个民族的灵魂。"[①]进入新时代,"文化"一词频频出现,如果说"新时期"解决了国人思想"僵化"的问题,那么,"新时代"则需着重解决思想"分化"的问题。在这样的话语环境下,重塑文化品格,增强文化自信,将成为解题的关键一招,从而更好地构筑中国精神、中国价值、中国力量。

不可否认,"文化"一词是最具人文意味的。《易经》载曰:"刚柔交错,天文也;文明以止,人文也。观乎天文,以察时变,观乎人文,以化成天下。"[②]文化来源于人,也必将服务于人。随着改革开放全面深化,人们思想活动的独立性、选

---

① 中共中央宣传部:《习近平新时代中国特色社会主义思想学习纲要》,学习出版社、人民出版社2019 年版,第 138 页。

② 梁海明译注:《易经》,山西古籍出版社 2000 年版,第 1 页。

择性、多变性不断增强,特别是面对历史虚无主义的"塔西佗陷阱"①,如何最大限度凝聚共识,成为一个严峻而又棘手的现实课题。

浙江是中国革命红船起航地,温州是"省一大"召开地,永嘉是"红十三军"策源地。本文尝试从挖掘浙南革命文化这一视角出发,以把脉红十三军革命精神的生成机理为线索,深入探寻其背后蕴藏的丰富而多元的内涵特质,以更好地继承和弘扬新时代红十三军精神,进一步突出"不忘初心、牢记使命"主题教育的实践性,为融合红色文化实现区域高质量发展提供强大的精神动力。

一、关于"革命精神"的概念溯源

在探讨革命精神之前,首先有必要对"精神"一词进行再认识。

"精神"一词,是由"精"和"神"二字组成。"圣人察阴阳之宜,辨万物之利,以便生,故精神安乎形,而年寿得长焉。"②可见,我国古人所指称的"精神",泛指人的精气、元神,是相对于形骸而言的,始见于《庄子》等先秦元典。长期以来,由于人们认知标准的差异性,以及字源本身的复杂性,导致对"精神"一词的理解往往停留在"朦胧"的状态,主要指个人的精力意态,抑或是天地间的精妙神异。直到现代,著名哲学家、哲学史家张岱年先生做出这样的解释:"何谓'精神'? 就字源来讲,'精'是细微之义,'神'是能动的作用之义。"③

较之中国,西方最早可追溯至古希腊的哲学术语"努斯"④。从苏格拉底、柏拉图和亚里士多德开始,将"努斯"说成是一个纯粹精神性的实体,是认识的主体"理性"。之后,脱胎于"努斯"的"精神"概念渐入西方哲学的视野,并被广泛应用。值得注意的是,"精神"成为黑格尔哲学的重要标识,在其《精神现象学》一书中,将人类意识发展分为 5 个阶段,即意识—自我意识—理性—精神—绝对精神。在此基础上,形成马克思主义哲学体系。至 20 世纪,瑞士心理学家卡

---

① "塔西佗陷阱"这一概念最初来自《塔西佗历史》:"一旦皇帝成了人们憎恨的对象,他做的好事和坏事就同样会引起人们对他的厌恶。"塔西佗话语的原意,既批评当时的皇帝,也指向群众的主观好恶。

② [汉]高诱注:《吕氏春秋》,上海古籍出版社 2014 年版,第 8 页。

③ 张岱年:《中国文化的基本精神(上)》,《党政论坛》2015 年第 18 期。

④ 一般译为"理性""心灵本原"。希腊文,最初是指感知、认识、理解事物的东西。见于古希腊哲学家阿那克萨戈拉《论自然》的残篇第 12 条。

尔·荣格的集体无意识原型理论从反映主体的内在精神背景以及心理特征方面，对马克思主义艺术反映论进行补益。"这种游离于人体的精神又以另一种形式积淀成为一种集体无意识或者一种文化传统，过渡为一种超越肉体的、超越个人的某个时代、某个族群的普遍特殊性，如'时代精神''抗战精神''民族精神'就属于此类。"[1]

中国文化博大精深，"革命"一词出现较早，先秦典籍有"汤武革命"[2]的提法，而"革命精神"作为语汇出现，在 20 世纪二三十年代初现端倪。1923 年 2 月 9 日，被毛泽东称为"农民运动大王"的彭湃致信友人李春涛，信中介绍农会成员如是表述："里头不乏有革命精神的人。"[3]"革命精神"是特定历史的产物，集先锋性、实践性、创造性和群众性于一体，诸如井冈山精神、长征精神、抗战精神、延安精神、西柏坡精神、红船精神等，均是革命队伍集体无意识的"缩影"，构成了中国共产党人的精神源泉。这点上，习近平总书记对革命精神的重视是一以贯之的。党的十八大以来，从"革命理想高于天"到"不忘革命初心"，从"以自我革命精神推进改革"到"大力弘扬将革命进行到底精神"，无不集中体现了中国共产党人对马克思主义革命观的深刻认识、科学遵循与自觉践履。"不忘初心，牢记使命，就不要忘记我们是共产党人，我们是革命者，不要丧失了革命精神。"[4]

二、特殊环境下红十三军革命精神的生成条件

温州，地处浙江南部，以"温商"称著于世，但在这片广袤的瓯越大地上，"山岭莽苍，峰峦重叠，水网交叉，区域广阔，是我国南方的革命老根据地之一"[5]，也曾遍地燃起革命的烈焰，本文所探讨的红十三军就是典型代表之一。

红十三军，全称为"中国工农红军第十三军"，是中国工农红军正式编制序列里的部队番号，于 1930 年 5 月在浙江省永嘉县建立，是直属中央军委领导、

---

① 张曙光主编：《民族信念与文化特征》，人民出版社 2009 年版，第 113 页。
② 指的是商朝开国国君商汤灭夏的战争，《易·革·彖辞》载曰："汤武革命，顺乎天而应乎人。"
③ 彭湃：《彭湃文集》，人民出版社 1981 年版，第 24 页。
④ 语出 2018 年 1 月 5 日习近平总书记在学习贯彻党的十九大精神研讨班开班式上的重要讲话。
⑤ 叶大兵：《浙南农民暴动和红十三军》，浙江人民出版社 1982 年版，第 2 页。

编入中央军委序列的全国 14 支红军之一,是中国共产党在浙江最早创建的工农革命武装,也是浙江省唯一一支正式的红军队伍。红十三军全盛时拥有 6000 余人,从 20 世纪 20 年代末滥觞于永嘉西溪一带的农民武装暴动,到 20 世纪 30 年代末红十三军余部加入中国工农红军挺进师涌入抗日大潮,经历大小战斗百余次,沉重打击了国民党在浙统治势力,力援中央苏区及其他地区的革命斗争,尽管"命短多舛",但给后人留下的革命精神矿藏值得采掘。"那些体现在革命先烈身上的精神食粮,却是广大青年学生最好的'营养剂'。"①

然而,时至今日,学界对红十三军革命精神的论述仍存较大空白,红十三军革命精神是在特定历史时空下生成的,绝非臆想,但"历史从哪里开始,思想的进程也必然从哪里开始"②,从革命历史出发,用革命历史的眼光,探考其生成的条件,也是更好地解读红十三军革命精神的不二法门。

(一)红十三军革命精神生成的主要土壤

常言道,"一方水土养一方人",自然环境的"塑人"作用不可小觑,"人的精神、观念等都是人脑的产物,是在特定的环境、特定的条件下所生成的"③。这在孟德斯鸠的经典著作《论法的精神》一书中更为直白。他指出,北方的气候使当地人"邪恶少,品德多,诚恳而坦白",南方的气候则使人进入南方就会"感到已完全离开了道德的边界"。就红十三军革命精神生成的"土壤"而言,一方面,地理环境提供诞生的摇篮。浙江多山,尤其是浙南地区崇山峻岭,河谷深切,呈现出"八山一水一分田"的地理格局。山多田少使人们生存多艰,当地甚至还流传"柴桩当棉袄,番薯吃到老"的民谣。在长期与自然"战天斗地"的生产生活过程中,逐渐形成了"敢闯、敢拼、敢干"的民风。特殊的地理环境也使得聚落形态成为传统浙南乡村的普遍标识,在楠溪江一带"几乎都是血缘村落,一村一姓或一姓数村"④,如永嘉枫林以徐姓族人为主,堪称典型的山区宗族社会。受传统宗族观念影响,"同乡、同宗、同行等观念都很强,而且特别推崇权威和领袖"⑤。同

---

① 陈俊儒:《革命文化对于新时代学生价值观形成的意义——从红十三军革命文化视角分析》,《文存阅刊》2019 年第 7 期。

② 李建强:《西柏坡精神》,中共党史出版社 2017 年版,第 4 页。

③ 李单晶:《长征精神及其当代价值研究》,2017 年电子科技大学毕业论文。

④ 胡念望:《楠溪江古村落文化》,文化艺术出版社 1999 年版,第 46 页。

⑤ 刘建国、谭桂涛编著:《丹心铁骨英勇战斗的红十三军》,浙江大学出版社 2016 年版,第 1 页。

时,浙南毗邻赣、闽,国民党统治力量相对薄弱,且山高、林密、岩洞多的地形构成有利军事条件。种种因素,客观上生成了敢于抗争、吃苦耐劳的红十三军革命精神。

另一方面,区域文化的微妙作用。在马克思看来,人们创造自己的历史和文化,并不是简单的随心所欲地创造,精神文化的创造和生成不是无根之木,"任何精神现象的出现都不是想象出来的,而是特定时代的产物,是特定的文化背景和历史传统的影响下的产物"①。历史上,浙南永嘉有着"溪山邹鲁"之美誉,而经世致用的区域文化沾溉了世世代代、祖祖辈辈的永嘉族群。这一文化范式在不同历史阶段发挥出了不同的微妙作用,如,在盛行科举的古代农业社会,集中体现为耕读文化,"两件事读书种田,一等人忠臣孝子"即为显证,造就了深厚影响力的永嘉学派。五四运动以降,伴随马克思主义的传入,浙南区域文化演变为红色文化,特别是谢文锦、胡公冕、李得钊等一批知识分子接受马克思主义,入党之后,在浙南新民主主义革命中发挥了重要作用。"经世致用的区域文化既形成了古代浙南文教的昌盛,又推动了近代进步思想在该地的传播,促进了红十三军的兴起。"②

(二)红十三军革命精神生成的刺激因素

"每一个文化产品都是时代的产物,也是时代精神的展现。"③革命文化也是如此,红十三军革命精神作为一种具体的革命文化"产品",其萌发诞生并非偶然。除了浙南风物文化的潜移默化作用,也生成建构于一个极其艰难的特殊时代。具体来说,红十三军革命精神生成的刺激因素主要体现在以下方面:

第一,白色恐怖下的特殊政治环境。20 世纪 20 年代,不论对于国际形势风起云涌的世界,还是对于历经清末劫难、接受新思潮新文化的中国,都是一个特殊不凡的年代。1921 年 7 月 23 日,中国共产党第一次全国代表大会在上海召开,宣告了中国共产党的正式诞生。但至 1927 年,蒋介石发动"四一二"反革命政变,使得当时北伐战争节节胜利、工农运动不断高涨的局面迅速回落。同年,南京国民政府建立了对全国的统治,实行政治、经济等多方面压迫,并大肆破坏

---

① 李单晶:《长征精神及其当代价值研究》,2017 年电子科技大学毕业论文。
② 刘建国、谭桂涛编著:《丹心铁骨英勇战斗的红十三军》,浙江大学出版社 2016 年版,第 2 页。
③ 艾斐:《时代精神与文化品格》,《求是》2016 年第 11 期。

"温独支"①,制造"白色恐怖",给浙南人民带来了深重灾难,时人把大肆搜刮的国民党斥为"刮民党"。"目下白色恐怖,可说达到极点——悬赏、通缉、逮捕、枪决,特别是戒严,挨户查搜,侦探密查,布满乡村城市。"②尽管如此,"不仅没有吓倒共产党员和革命群众,反而更坚定了他们的革命意志,强化了他们的反抗精神"③,成为酝酿、产生红十三军革命精神的特殊政治环境。

第二,自然灾害频仍成"催化剂"。20世纪二三十年代,国民党新军阀的黑暗统治和横征暴敛,致使浙南贫瘠山区工农群众的生活陷入水深火热之中,但祸不单行,浙南地区自然灾害几乎年年发生,特别是1929年11月,又逢大灾荒,"乐清、永嘉、玉环、瑞安四县,风虫水旱交相为害,加以秋遭狂风大雨,平地水深丈余,居民攀屋登檐,断食数日,偏僻之处,无人拯救,毙命者为数不少,以致顿成不毛之地,人多以野草藤叶充饥,因无计自杀者多"④。此次罕见天灾,造成了温属六县饥民达40万人以上,但国民政府变本加厉,农村阶级矛盾被进一步激化。

在1930年1月5日《中共永嘉中心县委为灾荒告民众书》上,可见一斑。

> 全国这样的大灾荒,国民党军阀是不管的。他们所做的事情:……如温属各县的灾荒,国民党军阀不但没有一点方法救济,并且不断地向灾民身上抽捐抽税(如土地陈报、增加田粮、发行公债)。殷户家、资本家拼命向灾民身上逼债、放高利贷。国民党军阀,真是吃人的妖精!⑤

频仍的天灾人祸、恶劣的生存环境等多重因素的作用下,浙南贫瘠山区农民不得不为生存揭竿起义,表现出较强的革命性。正如红十三军军长胡公冕的回忆,"在我的家乡,贫苦农民对土地要求很迫切,对反动统治势力非常痛恨,革

---

① 即中共温州独立支部的简称,1924年12月建立,是浙南地区最早的党组织。
② 中共温州市委党史研究室编:《浙南革命历史文献汇编(一、二战时期)》,中共党史出版社2006年版,第144页。
③ 刘建国、谭桂涛编著:《丹心铁骨英勇战斗的红十三军》,浙江大学出版社2016年版,第3页。
④ 据《申报》,1929年11月26日。
⑤ 解放军档案馆:《红十三军和浙南革命斗争》,解放军出版社2014年版,第163页。

命积极性是很高的"[①]。他们积极参加并支援中国工农红军,客观上为红十三军革命精神的生成提供了强有力的社会力量"加持"。

(三)红十三军革命精神生成的理论来源

没有革命的理论,就没有革命运动。"中国共产党在成立之初就把马克思主义写在自己的旗帜上"[②],红十三军革命精神是中国共产党革命精神在浙南地区艰苦卓绝大环境下的凝结与具化,其生成与马克思主义在中国的传播是密不可分的。

1917年,列宁领导了俄国"十月革命",建立了世界上第一个社会主义国家。"十月革命"的一声炮响,成为20世纪中世界革命的先声,也为中国送来了马克思主义。作为中国土地革命时期中国共产党在浙江建立起的一支最大的武装力量,红十三军在组建前夕便表现出了对象征真理和信仰的马克思主义的狂热追求。如红十三军政委金贯真,原名"家济",改名寄托了为实践真理而奋斗终生的美好寓意。

在红十三军革命队伍中,类似金贯真这样追求真理、探索真理、实践真理的,为革命理想举旗定向的,不在少数。

> 我在听介绍中了解到,仅永嘉县,就有13个人到苏联莫斯科东方大学学习,一个县有那么多人到东方大学学习,这个恐怕是很少有的、不容易的……从红十三军的组成人员来看,除了当地的农民以外,其中起骨干作用的,是很多知识分子,是选择了革命斗争道路和革命理想的知识分子,这应该说是有一定特色的。[③]

可见,在当时,中华民族的前途和命运未卜,马克思主义的出现,仿佛是一颗夜尽前的启明星,照耀历史的天空,"十月革命一声炮响,给我们送来了马克思列宁主义。十月革命帮助了全世界的也帮助了中国的先进分子,用无产阶级

---

① 参见胡公冕:《回忆红十三军》,《浙南人民革命风云》收录,浙江省新四军历史研究会浙南分会编,2009年9月第1版,第46页。

② 参见《中国共产党革命精神史读本·新民主主义篇》,人民出版社2014年版,第6页。

③ 参见时任中共中央党史研究室副主任李忠杰在中国工农红军第十三军成立80周年纪念座谈会上的讲话。

的宇宙观作为观察国家命运的工具,重新考虑自己的问题"①,为红十三军革命队伍由"星星之火"渐成"燎原之势"提供了理论源头,成为一面进行革命斗争的鲜明战旗。

三、红十三军革命精神的内涵特质

中国工农红军第十三军的创建,"不仅仅是浙南革命斗争史上的一件大事,而且是全省、全国革命斗争史上的一件大事"②。红十三军所处的时代,正值全国革命低潮,由于种种因素,最终以失败告终。但在内忧外患、风雨飘摇的特殊时期,正如"秋收起义"、"八一"南昌起义等,以流血牺牲为中国革命道路、为民族出路做了艰难探索。革命的失败并不意味着革命事业的流产和革命理想的覆灭,决不允许以简单的"否定革命论"来评判,"否定革命就是否定中国近代史"③。

从这个层面上看,红十三军革命精神的内涵特质恰恰体现了红十三军革命精神的元问题,具有基础性地位。红十三军革命斗争这一伟大实践的历史本身有其高度的复杂性和可挖掘性,也决定了包括革命精神内涵特质在内的红十三军革命精神研究将是一个长期并不断丰富的过程。就其内涵特质而言,大致梳理如下:

(一)追求真理、忠心赤胆是其内核

思想是行动的先导,也是激发前行的动力源。文艺复兴时期,英国哲人弗朗西斯·培根认为:"思想决定行为。"④马克思主义的出现和传入,无疑为当时的中国革命提供了一种重要的思想支撑和信念养分,特别是对于投身红十三军的先进知识分子而言,"革命"不仅仅是一个抽象的符号,更是充满切身体验的历史实践。可以说,基于马克思主义的革命理想,客观上成为红十三军这支革命队伍推进革命斗争的灵魂主线。也正是因为信仰的存在,使得红十三军队伍焕发出"砍头不要紧,只要主义真"的革命精神之光。

---

① 见毛泽东同志于 1949 年 6 月 30 日写成的《论人民民主专政》。

② 参见时任中共永嘉县委副书记李文照在红十三军建军 60 周年纪念会上的讲话。

③ 引自《否定革命就是否定中国近代史——访中国红色文化研究会会长刘润为》,中国共产党新闻网刊载,2014 年 9 月 11 日。

④ [英]弗兰西斯·培根:《培根论人生》,译林出版社 2016 年版。

1930 年 5 月 30 日，惊闻金贯真英勇就义的噩耗，其同学、亲密战友、时任中共中央军委秘书的李得钊写了一篇悼文：

> 贯真同志死了，永远离我们而去了。未死的我们在他被支解了的、血淋淋的尸身前，没有悲哀，没有流泪的叹息，而只有复仇的决心！当我们推翻帝国主义、国民党的统治，建立起全中国苏维埃政权的时候，就是我们替贯真同志以及其他许多死难的同志复仇雪恨的日子！我们发誓：血债要血还！我们深信：要他们还债的日子不会在遥远的将来的。①

在红十三军斗争的年代里，很多人正如金贯真同志，高举革命红旗，对革命事业忠心耿耿，以自己的血肉之躯书写了坚定信念、忠于理想的革命史诗。

（二）不怕牺牲、敢于斗争是其品质

"不怕牺牲"是革命英雄主义精神的集中体现，在特殊情境的作用下，能够催生出无限的战斗力，"弥补军事技术装备等物质上的不足，成为战争力量'倍增器'"②。在当时，敌我力量过于悬殊，红十三军普遍以火药枪、大刀为主。与之相对的是，国民党军队的武器装备精良，如驻丽水城的国民党省防军"长官配有短枪，士兵以步枪为主，还有少量冲锋枪、卡宾枪等。其营区弹药库内有轻重机枪、迫击炮和整箱的手榴弹、子弹"③。但即便装备落后，红十三军战士依然士气高昂，勇敢应战，"红十三军在浙南坚持四年斗争……不怕流血牺牲，用血肉表现出他们大无畏的革命精神"④。

这样的革命英雄主义精神，在 1930 年 3 月西攻处州中，展现得淋漓尽致。

> 三月十八日深夜攻打处州城，敌人越战越多，我们步枪少，火枪多，天公不作美，倾盆大雨，火枪不能发挥威力，战斗坚持到四五个小时……三月廿二日，我部队退到青田海溪地方……双方激战八小时，

---

① 参见《红旗日报》第 109 期，1930 年 6 月 11 日。
② 李单晶：《长征精神及其当代价值研究》，2017 年电子科技大学毕业论文。
③ 参见《血染的丰碑——红十三军斗争纪实》，中共党史出版社 2008 年版，第 86 页。
④ 语出时任中共永嘉县委书记卢春中，参见中共永嘉县委党史研究室、永嘉县新四军研究会编：《血染的丰碑——红十三军斗争纪实》，中共党史出版社 2008 年版，序二。

我军在群众的大力支持下,打败了数倍于我的敌人,击毙敌连长一名、士兵二十三名,我军无一伤亡。后来王国桢向中央报告中就讲到:我军战斗力异常坚强。①

可以说,基于理想、信念铸就的不怕流血牺牲的革命英雄主义精神是构成红十三军革命队伍的珍贵品质之一。

(三)艰苦奋斗、百折不挠是其表征

"人创造环境,同样,环境也创造人"②。革命战争年代,条件艰苦,生存多艰,在充满未知的革命活动中,考验人类生理和心理上的极限。纵观人民军队发展壮大的漫漫征程,艰苦奋斗的革命精神犹如一根红线贯穿其中。从井冈山的"红米饭、南瓜汤",到长征路上"啃树皮、嚼草根";从延安时期的"住窑洞、开荒山",到解放战争时期的"小米加步枪"……无论面对多么匮乏的物质条件、多么恶劣的自然环境、多么严峻的斗争形势,将士们始终以革命乐观主义对待困境。红十三军发乎卒伍,血液中流淌着楠溪山人勤劳、吃苦的渔樵耕读的"DNA",这样敢吃苦、肯吃苦的品质也内化为革命队伍前行的不竭动力。

1930年,浙南红军游击总指挥部成立时,有这样的记载:

> 部队武器装备和给养都非常困难。全军只有100多支步枪,多数战士用的是火枪、鸟枪、大刀、长矛、梭标。时值三月天气,春寒未消,只有少数人有军服,多数战士穿的是土布单衣,衣衫褴褛,参差不齐,足上穿的是布鞋、蒲鞋、草鞋,甚至赤脚行军。为了解决武器弹药,改善部队装备,只能向敌人夺取。③

在这样恶劣艰苦的环境下,彰显红十三军革命队伍鲜明的本色,也蕴含红十三军革命队伍的制胜"密码"。1930年5月上旬,中国工农红军第十三军在永

---

① 参见政协永嘉县委员会文史资料编纂委员会编:《永嘉文史资料》(第一辑),第16页。
② 参见马克思、恩格斯:《马克思恩格斯选集》第1卷,人民出版社1995年版,第92页。
③ 中共永嘉县委党史研究室、永嘉县新四军研究会编:《血染的丰碑——红十三军斗争纪实》,中共党史出版社2008年版,第85页。

嘉创建后即频频出击，进行大小战斗百余次，"震撼了浙江南部国民党的统治基础，红十三军的革命旗帜在浙南各地招展飘扬"[①]。

（四）智取突围、勇探新路是其精髓

文以载道、文以化人。文化作为一种上层建筑，不仅对文明的进程产生深远影响，对人的行为影响也是本质的、深刻的。回溯历史，"如果说北宋温州尚处于文化版图中不起眼的边缘一角的话，那么南宋温州则迎来了一个学术文化极大繁荣、科举成就傲视全国的黄金时期，永嘉学派是这种辉煌的标志"[②]。楠溪江滋养并孕育了"永嘉学派"，其最大特点是提倡经世致用，这种崇实、创新、变通的事功之学构成"敢为天下先"的温州精神的历史源头。在红十三军革命队伍的身上，也恰恰折射出了这样的"事功"思想。

1930年5月，红十三军平阳兵败被迫撤退，面对敌人尾追而来，有如下一段记述：

到了黄坦，眼看就要被追上……有全军覆没的危险……于是一个"智甩敌人"的方案便在红军领导人心中形成……嘱黄坦的豪绅在当晚办饭120桌，分别设在指定的地点……120桌饭，夜餐吃一点，早餐吃一点，桌桌杯盘狼藉。拂晓时，我军已远去30多里。敌人一到，一经打听，昨晚长夜响着军号，120桌饭，桌桌被吃，屈指一算，至少还有一千人，因此就不敢追了。[③]

类似"黄坦派饭、智甩敌人"这样以智取胜的经历，在红十三军革命斗争史上还有很多，在今人看来，依然惊心动魄。

（五）纪律严明、一心为民是其宗旨

习近平总书记曾这样说道："一支没有纪律的军队，只能是乌合之众。"纪律是执行路线的保证，如果缺乏一支"有令必行、有禁必止"的革命队伍，那么，在

---

① 语出时任中共永嘉县委书记卢春中，参见中共永嘉县委党史研究室、永嘉县新四军研究会编：《血染的丰碑——红十三军斗争纪实》，中共党史出版社2008年版，序二。

② 王宇：《永嘉学派与温州区域文化》，社会科学文献出版社2010年版。

③ 引自政协永嘉县委员会文史资料编纂委员会编：《永嘉文史资料》（第一辑），第22—23页。

特殊的战时环境下队伍的整体战斗力就难以有效保证,特别是在革命年代,离开革命纪律去谈革命理想,几乎沦为"空想主义"。可以说,"能否遵守革命纪律,直接关系到革命的成败、政权的巩固,绝非小事一桩"①。红十三军是浙南革命斗争的一股重要力量,为浙南创造"14年红旗不倒"②的光辉范例,起到了奠基的作用。这样的一支英雄队伍,与严明纪律是密不可分的。

红十三军军部建立后,集中枫林整编时有如下记载:

> 进入枫林后,……加强了军纪教育,并向枫林人民宣传我党的政治主张。在此期间,一个班长名叫李陀四,私自去下箬溪有不法行为,严重违反军纪。但他平日作战勇敢,跟随胡公冕多年,不忍下手,今碰在整饬军纪的刀口上,在人证物证面前,军长只得挥泪枪决。自此军纪肃然,军威大振,名闻遐迩。③

"李陀四"的遭遇,令人唏嘘的同时,深感红十三军治军的严肃性,不仅仅是规范革命队伍的需要,某种意义上,也内嵌着为了百姓切身利益的革命初心。

综上,红十三军在浙南的光辉历程,其产生并非偶然,其精神更是辉耀瓯越。红十三军是一支英雄的队伍,更是一座血染的丰碑,其轰轰烈烈的革命斗争历程为我们提供了一部革命传统和理想信念教育的生动教材。在红色文化教育话语转换的新趋向下,重新认识和定位起源于浙南永嘉的红十三军的革命故事及其革命精神,包孕多重现实意义,也形成了一道"永嘉之问",值得后人为之不断发掘、探索。

参考文献

[1] 中共中央宣传部. 习近平新时代中国特色社会主义思想学习纲要[M]. 北京:学习出版社,人民出版社,2019.

---

① 晁俊年:《革命纪律和革命事业》,《陕西教育》1976年第1期。
② 见《血染的丰碑——红十三军斗争纪实》,中共党史出版社2008年版,序一。
③ 引自政协永嘉县委员会文史资料编纂委员会编:《永嘉文史资料》(第一辑),第18页。

［2］叶大兵.浙南农民暴动和红十三军［M］.杭州:浙江人民出版社,1982.

［3］刘建国,谭桂涛.丹心铁骨英勇战斗的红十三军［M］.杭州:浙江大学出版社,2016.

［4］解放军档案馆.红十三军和浙南革命斗争［M］.北京:解放军出版社,2014.

［5］中共永嘉县委党史研究室,永嘉县新四军研究会.血染的丰碑——红十三军斗争纪实［M］.中共党史出版社,2008.

［6］杨河主.中国共产党革命精神史读本新民主主义篇［M］.北京:人民出版社,2014.

［7］李建强.西柏坡精神［M］.北京:中共党史出版社,2017.

［8］李单晶.长征精神及其当代价值研究［D］.成都:电子科技大学,2017.

［9］中共温州市委党史研究室.浙南革命历史文献汇编(一、二战时期)［M］.北京:中共党史出版社,2006.

［10］王宇.永嘉学派与温州区域文化［M］.北京:社会科学文献出版社,2010.

［11］晁俊年.革命纪律和革命事业［J］.陕西教育,1976(1).

［12］张岱年.中国文化的基本精神(上)［J］.党政论坛,2015(18):1.

［13］张曙光.民族信念与文化特征［M］.北京:人民出版社,2009.

［14］胡念望.楠溪江古村落文化［M］.北京:文化艺术出版社,1999.

［15］浙江省新四军历史研究会浙南分会.浙南人民革命风云［M］.2009.

［16］彭湃.彭湃文集［M］.北京:人民出版社,1981.

［17］梁海明译注.易经［M］.太原:山西古籍出版社,2000.

［18］高诱.吕氏春秋［M］.上海:上海古籍出版社,2014.

［19］艾斐.时代精神与文化品格［J］.求是,2016(11):48-50.

［20］陈俊儒.革命文化对于新时代学生价值观形成的意义——从红十三军革命文化视角分析［J］.文存阅刊,2019(7):129-131.

新时代"枫桥经验"与基层文化治理

——以嵊州实践为例

冯 波

（嵊州市委党校）

摘　要：文化是治理的对象也是治理的工具，优秀的文化滋养孕育了"枫桥经验"，也是其创新发展的重要资源。"枫桥经验"与文化治理在目标、主体和手段上高度契合，发挥文化治理的作用是新时代"枫桥经验"创新发展的重要维度之一。本文以嵊州为例，从"资源、规则、主体、活动"四个维度解析基层文化治理的实践，分析文化治理的路径和逻辑，提炼得出基层文化治理需要在"改造传统文化、拓展治理主体、活化文化空间、深化活动实效"上下功夫。

关键词：文化；治理；拓展；"枫桥经验"

"枫桥经验"诞生于 20 世纪 60 年代初，55 年来一直焕发着灿烂的生命力，我国学术界也一直紧跟"枫桥经验"的实践发展不断推进研究，结出了累累硕果。但众多的文献中鲜有把"枫桥经验"与文化结合起来进行研究的，在为数不多的稍有结合的文献中，也是以探讨"枫桥经验"中的法文化思想居多，或者只是把"枫桥经验"与文化治理的个别举措相联系，比如"枫桥经验"与乡规民约，而没有从整体上进行观照。但实践层面上，文化是"枫桥经验"的重要维度，优秀的传统文化孕育了"枫桥经验"，基层文化治理实践滋养了新时代"枫桥经验"。"枫桥经验"的推广，不仅需要从技术层面上下功夫，更不能忽视其背后的文化治理实践。

一、"枫桥经验"与基层文化治理

（一）文化治理的内涵

"文化治理"是一个由西方学者首先提出、经由台湾传入大陆的概念，党的十八届三中全会提出"国家治理体系和治理能力现代化"的总目标后，文化治理迅速成为学界与实践领域探讨和行动的热门议题。目前学界对"文化治理"这一概念尚未做出明确清晰的界定，学者们从不同的视角对"文化治理"有不同的解读。郭灵凤从文化政策的视角认为，"文化治理"指的是文化发展确定方向的公共部门、私营机构和自愿/非营利团体组成的复杂网络。① 胡惠林从文化产业的视角关注"文化治理"，认为文化产业发展与国家治理的融合就是当今中国的国家文化治理。② 吴理财认为虽然文化治理在具体实践中具有多样的面孔，但其实质都是要透过文化和以文化为场域达致治理。③ 王前通过梳理文化治理的理论渊源与概念流变，认为"文化治理"是一种集理念、制度、机制和技术于一体的治理形式与治理领域，它的治理主体是多元的，治理对象包括文化产业、公共文化服务和日常文化生活等，治理技术包括对他者的治理技术和自我治理技术，治理目标是"透过文化和以文化为场域"达致国家公共政策所设定达到的某一特定时期的目标。④ 陈野概括文化治理是以文化的理念（比如以文化人、凝聚人心、价值认同）、资源（比如传承至今的优秀传统文化）、平台（比如公共文化服务体系、旨在转型升级调结构的文化产业）、方式（比如感化、习得的柔性调控）、路径（比如日用而不觉的浸润）参与、介入社会治理，以此发挥文化的社会治理功能。⑤

总结学者们的论述，发现"文化治理"的内涵主要涉及两方面：一是将文化作为治理的对象，即通常所指的"文化建设"问题；二是将文化作为治理的工具，探讨文化的治理性功能发挥与运行的问题。

---

① 郭灵凤：《欧盟文化政策与文化治理》，《欧洲研究》2007年第2期。
② 胡惠林：《国家文化治理：发展文化产业的新维度》，《学术月刊》2012年第5期。
③ 吴理财：《文化治理的三张面孔》，《华中师范大学学报（人文社会科学版）》2014年第1期。
④ 王前：《理解"文化治理"：理论渊源与概念流变》，《云南行政学院学报》2015年第6期。
⑤ 陈野：《文化治理功能的浙江样本浅析——以农村文化礼堂为例》，《观察与思考》2017年第4期。

除了从理论层面探讨外,学者们还结合具体案例对文化治理的实践路径及其功能进行了研究。赵晓峰、付少平在研究农村老年人协会的基础上,认为老年人协会的文化活动能够孕育契约主义文化、提供社区治理的文化网络、提高农民的参与度、增强农民对社区的认同感和归属感,从而有利于维护农村社区秩序稳定。[1] 李世敏、吴理财在调查武汉市百步亭社区的基础上,提出要引入社区文化治理的概念,着重加强社区文化空间建构、文化价值重构、文化认同培育,推进社区治理的文化转向。[2] 施雪华、禄琼以保定美地社区为例,探索了社区文化治理的模式,通过重塑社区家教门风、塑造公民治理主体性、提升社区服务效能、发展社区文化产业等文化举措,推进社区再造。[3]

二、"枫桥经验"与文化治理的关系

首先,"枫桥经验"是枫桥历史文化孕育滋养的结果。关于"枫桥经验"的文化渊源,金伯中认为"枫桥经验"诞生和发展于枫桥这块土地,绝非偶然,而是枫桥文化传承发展的产物。枫桥的耕读文化、理学文化孕育和滋养了"枫桥经验"说理斗争的基本内涵和人文精神。[4] 陈强认为"枫桥经验"与传统社会的宗族自治密不可分,源于宗族自治,是从传统文化里去粗取精、提炼升华的产物。具体而言,"止讼息讼"是"枫桥经验"的宗旨,"民间自治"是"枫桥经验"的手段,"睦族和邻"是"枫桥经验"的基础,"忠孝义安"是"枫桥经验"的基因。[5]

其次,文化是"枫桥经验"在新时代创新发展的重要资源和工具。浙江省政法委书记王昌荣蹲点调研"枫桥经验"后撰文指出,新时代"枫桥经验"的创新实践之一是"不失时机地加强乡村文化建设,打造群众的精神家园",自治、法治、德治三治相融合是新时代"枫桥经验"的根本方法,要"充分发挥中华优秀传统

---

① 赵晓峰、付少平:《通过组织的农村社区文化治理:何以可能,何以可为——以农村老年人协会为考察对象》,《华中农业大学学报(社会科学版)》2013年第5期。

② 李世敏、吴理财:《社区治理的文化转向:一种新的理论视角》,《理论与改革》2015年第1期。

③ 施雪华、禄琼:《我国社区文化治理的新探索——以保定美地社区为例》,《理论探索》2017年第3期。

④ 金伯中:《论"枫桥经验"的文化底蕴》,《公安学刊》2004年第3期。

⑤ 陈强:《"枫桥经验"的文化解读与文创路径》,《纪念毛泽东同志批示"枫桥经验"54周年暨"枫桥经验"与基层社会治理研讨会论文集》,2017年。

文化优势,大力弘扬社会主义核心价值观,通过乡贤、道德榜样、村规民约、家训家风、生活礼俗的教化作用,引导人们行为,规范社会秩序,平息矛盾纠纷"①。绍兴市委、市政府印发的《关于打造"枫桥经验"升级版建设"平安中国示范市"实施计划(2017—2018)》,提出要建设平安、文明、富裕、活力的"平安中国示范市",清楚地指出"文明"指数的提升除了硬件建设外,还需要深入实施乡风民风提升行动、身边典型引领行动、道德文化品牌打造行动、优良家风培育行动、移风易俗深化行动等举措;"活力"的提升也需要充分激活文化活力,建设公共文化设施、发展特色文化、开展各种形式的文化下乡活动。

最后,"文化治理"与"枫桥经验"在目标、主体和手段上是高度契合的。"枫桥经验"一直力求实现"小事不出村,大事不出镇,矛盾不上交"的治理目标,要实现这一治理目标,最主要是从本源上预防、减少和杜绝矛盾。文化治理就是一种积极的源头治理,通过人们在文化享受的过程中提升文明素质,主动避免矛盾发生。从治理主体看,"枫桥经验"一直是"党政主导、发动群众"的经验,不是依靠政府包揽的经验。文化治理同样需要积极发展社会组织,构建多元共治的治理格局。从治理手段上看,"枫桥经验"一直是"刚柔相济,柔性为主"的经验,文化治理就是一种典型的柔性治理,以潜移默化、润物细无声的方式达到对人思想的改变,从而支配人的言行。

三、基层文化治理的实践分析:以嵊州为例

嵊州隶属于绍兴市,毗邻"枫桥经验"发源地诸暨,嵊州与枫桥在文化上有诸多的相似之处,都具有深厚的文化底蕴,深受古越文化和浙东学派的影响。"枫桥经验"很早在嵊州落地生根、开枝散叶,尤其在利用深厚的文化底蕴促进乡村治理方面,积累了丰富的经验做法。2004 年,时任浙江省委书记的习近平曾到嵊州视察农村精神文明建设,对嵊州的做法予以了充分的肯定。嵊州的基层文化治理实践,可以作为剖析新时代"枫桥经验"与文化治理的案例。具体而言,可以分为四大方面。

---

① 王昌荣:《新时代"枫桥经验"的深刻意蕴》,《浙江日报》2018 年 6 月 11 日。

（一）传承优秀传统文化，培育乡村文明新风尚

嵊州传承优秀传统文化，其一是做好"保护"的文章。习近平总书记指出，城镇建设要体现尊重自然、顺应自然、天人合一的理念，依托现有山水脉络等独特风光，让城市融入大自然，让居民望得见山、看得见水、记得住乡愁。嵊州在新农村建设的过程中，注重保护有价值的古村落、古民居和山水风光。如金庭镇华堂村，保留了一大批明清以来的街道建筑、民风民俗和人文景观，古建筑70多处，有国家级文保单位王氏宗祠、省级文保单位王羲之墓和文物保护点九曲水圳。早在2012年11月就被省政府列入首批省级历史文化村落保护利用重点单位。注重保护村落的原始风貌，有效避免了千村一面，塑造了乡村独特的气质和魅力，使乡村真正成为能够留住乡愁的地方，也使文化治理有了源头活水。

其二，写好"改造"的篇章。嵊州是绍兴市唯一一个浙江省移风易俗示范县（市），农村物资交流会的整治被省文明办以文件形式作为移风易俗样板案例和做法进行推广。农村物资交流会曾经是盛行在嵊州乡村方便群众商品交易、繁荣农村市场的一种重要形式，但是随着经济的发展和交通的便利，物资交流会原来的物资交流功能逐渐淡化，假借物资交流之名，乱设摊点、占道经营，甚至售卖假冒伪劣产品的现象十分突出，在交流会期间村民相互宴请吃喝、攀比铺张之风盛行，村民之间相互比客人的多少、宴请的天数、酒席的桌数，社会影响非常不好，也给广大群众造成较大的经济压力和精神负担。针对上述问题，2013年以来，嵊州市开展"移风易俗倡新风"的教育实践活动，以停办农村物资交流会为突破口，制定下发《党员干部操办婚丧喜庆事宜若干规定》《关于开展"远离牌局扬新风创业创新谋新篇"签名承诺活动的通知》《关于开展乡风文明建设"三立三破"活动的通知》等文件，持续推进移风易俗活动的开展，取得了显著成效。

（二）重塑现代化乡规民约，助力软法之治

在古代中国，"国权不下县，县下唯宗族，宗族皆自治"。宗族聚居于村，县以下乡土社会的宗族自治靠的是两个要件：一是"乡绅"，二是"乡约"和"族规族训"。[①]

---

① 王先明：《近代绅士》，天津人民出版社1997年版，第21页；张静：《基层政权——乡村制度诸问题》，浙江人民出版社2000年版，第18—19页。古时候交通不发达，在自然环境的阻隔下，乡土社会流动性较差，往往聚族而居，形成一村一姓，所以很多族规族训和乡规民约基本等同。

"乡绅"是治理的主体,"乡约"和"族规族训"是治理的依凭,发挥着教化民众、互帮互助、引人向善、化解矛盾和维护统治的作用。在当代,乡规民约被视为村级组织事务运行的"小宪法",它"与国家制定法在属性上是一种包容与互补,而非完全独立的两个法律体系"①,是对刚性国法的一种柔性补充,也被学术界称为"软法"。

嵊州与中国历史上有明文记载的第一部乡规民约——"吕氏乡约"有深厚的渊源。"吕氏乡约"是宋代陕西蓝田吕大钧所制,它是宋代吕学(吕学分为理论和实践两部分)的实践部分。北宋败亡后,宋室南渡,吕学也随南迁的吕氏官宦和孺人来到东南偏安之地,吕规叔(讳名吕大棋)迁入嵊州贵门创办鹿门书院,把吕学和《吕氏乡约》也带到了嵊州,大大教化了嵊州百姓。吕氏后人在嵊州定居繁衍生息,吕氏乡约也一直被传承至今,教育启迪了一代又一代的嵊州人,净化了乡风,提升了乡民素质。

2003 年,浙江省在全国率先开展"民主法治村(社区)"创建活动,嵊州涌现了"八郑规程"村治模式。2006 年中国"村治模式"论坛在嵊州举行。党的十八届四中全会提出要发挥市民公约、乡规民约在社会治理中的积极作用后,嵊州市下发了《嵊州市村规民约试点工作意见》,全面启动制定乡规民约的工作,并且要求制定的过程充分注入现代化的元素。一是强调因地制宜,与村民日常生活方式高度吻合,注重村庄个体差异;二是强调程序合法,乡规民约的制定主体不是个别的村干部,而是全体村民,必须经过村民大会或村民代表大会的同意通过;三是强调内容合法,指乡规民约的内容不能与现行的法律法规相冲突,加强合法性审查;四是强调"取其精华、去其糟粕",吸收传统族规族训、乡约中的优秀文化和传统美德,摈弃其中不符合现代社会要求的糟粕。

除了以行政村(社)为单位制定乡规民约、传承优秀传统文化外,嵊州市还非常注重家庭细胞的建设。广泛开展好家风建设,在各行政村开展"传家训"活动,举办"华堂杯——临羲之家训·书百家家规"全民书法大赛,建立王羲之家风馆,做好家风家训悬挂工作等,大力传承家训家教中耕读传家、勤俭持家、尊老爱幼等优秀传统文化,推动全社会形成注重家庭、注重家教、注重家风的共识。2016 年,金庭镇在全省好家风建设现场会上作为唯一的乡镇层面代表作交流发言。

---

① 苏洁:《宋代家法族规与基层社会治理》,《现代法学》2013 年第 3 期。

(三)弘扬传统美德,培育社会组织

高度重视社会组织的培育和实质性作用的发挥,是新时代"枫桥经验"之一。社会组织的培育,可以从传统伦理中吸取营养。比如嵊州农村社会组织中最为著名的"村嫂"志愿服务组织,①就是充分弘扬了邻里守望互助的传统美德。"村嫂"志愿者与空巢老人、残疾人、留守儿童等结为"邻里互助"对子,开展家政服务、心理疏导、亲情陪伴等活动。同时借助与村民感情深、易沟通、亲和力强等特点,有效调解邻里纠纷,化解社会矛盾。虽然农村随着传统经济结构的解体、社会流动的加快、传统价值观念的改变,从熟人社会变成了"半熟人社会",但生活于同一个村庄的地缘联系仍然存在,村民朴素的关爱亲朋的感情能在恰当的引导下"推广发挥"——关爱与自己没有血缘、姻亲等关系的人。正如中国人民大学社会学教授刘少杰所说"中国伦理社会的特点为志愿者精神提供了复兴的文化土壤","'情理'成为社会行动者开展各种活动的基本依据,即使在改革以来剧烈的制度变迁条件下也不例外"。②

再如乡贤调解,也是创新利用传统文化资源的产物。在古代,乡贤的社会功能之一就是息讼止争,致力和谐。秦汉以来,乡贤调处息争的职能就越来越受到官府重视和民众青睐,元明清还以法律形式确认了乡贤调解民间纠纷的功能。"悠久的历史传统表明,乡贤调解的文化传统是基层治理特别是化解矛盾纠纷的优秀法文化资源。"③当前,嵊州市在各村建立乡贤参事会,将乡贤调解纳入社会矛盾大调解体系之中,成效显著。

(四)以文化礼堂为阵地,繁荣公共文化活动

第一,按照"高质量建设"的思路,大力推进农村文化礼堂建设,在广大农村地区铺设了广泛的文化活动阵地,目前已通过验收 128 个,数量位居绍兴前列。在不具备建设农村文化礼堂条件的山区村,也探索建设了山区文化小广场。第

---

① 嵊州"村嫂"志愿服务组织于 2016 年获得全国一百个最美志愿服务组织奖,同时被评为全省宣传思想文化工作十大创新项目。村嫂之歌《我们村嫂》荣获省第十三届精神文明建设"五个一工程"奖。其事迹被《人民日报》、中央电视台、新华社、《党建》、《今日浙江》、《浙江日报》、浙江卫视、中国文明网等主流媒体和网站广泛宣传推介。

② 刘少杰、王建民:《市场经济条件下的志愿精神》,《社会科学研究》2009 年第 3 期。

③ 王斌通:《乡贤调解:创新"枫桥经验"的传统文化资源》,《山东科技大学学报(社会科学版)》2018年第 4 期。

二,按"高标准管理"的思路,建立健全长效管理机制,印发了《关于推进农村文化礼堂长效机制建设的实施意见》,制定了《嵊州市农村文化礼堂星级评定标准》,有效规范管理文化礼堂。第三,按"高效能用"的思路,立足资源优势,注重功能整合,丰富活动形式和内涵。探索出了以五"送"、五"节"、五"喜"、五"评"、五"员"进礼堂为主要内容的"五进"模式[①],进一步激发农村文化礼堂建设的活力。第四,按"特色化育"的思路,启动"越剧文化示范村"的创建活动。以越剧为重点推动群众文化活动特色化,每年举办越剧戏迷大会,每季推出越剧主题文化活动,每月开展越剧大家唱评比,每周进行越剧戏迷角活动,受到老百姓的广泛好评。以嵊州百姓喜闻乐见的越剧为载体宣传弘扬社会主义核心价值观,老百姓能够在愉悦的享受中自然接受教育,活动实效显著。

一次次公共的文化活动,不仅陶冶了村民的情操,缓解了日常工作生活的紧张情绪,也创建了村民与村民之间、村民与村干部之间交流沟通的机会,增加了村庄内部的社会关联度,以熟人社会来缓和村民之间、村民与干部之间的陌生化导致的不信任。

四、思考与讨论

随着社会的快速发展和现代化转型,乡村社会建设出现了诸多问题,如攀比现象严重、迷信思想抬头、赌博之风盛行、邻里矛盾突出、干群关系紧张、黑恶势力当道等。这些问题的产生,背后有着深刻的文化原因。费孝通先生说"社会问题起源于文化失调"。在现代化的过程中,植根于乡村社会、被中国人作为精神依托的传统伦理道德逐渐消失,传统价值观念逐渐被解构,许多人内心深处处于什么都不信的地步,人生观和价值观扭曲,信仰迷失,理想缺失。但新的令人信服的文化价值体系尚未完全深入人心,农民迷失在了多元的文化价值洪

---

① 五"送"指把文化走亲、道德巡讲、春泥关爱、老年照料、评议展示等五项内容送进礼堂;五"节"指抓住春节等五个重大节日,挖掘节日文化内涵,组织开展系列民俗庆祝展示活动,加深村民对传统文化的理解和认同;五"喜"指启动入学开蒙、金榜题名、军营建功、喜结良缘、寿诞贺福等"五喜"进礼堂活动;五"评"指在文化礼堂组织开展评大事要事、评实绩实效、评新风好事、评陈规陋习、评文明三户等"五评"活动,通过身边人评身边事,进一步凝聚村民的思想共识,弘扬新风正气;五"员"指每个文化礼堂组建一支由组织管理员、常驻管理员、文化辅导员、政策宣讲员、指导联络员等5人组成的队伍,形成统一的运行网络。

流中,内心无所适从。乡土社会中的"差序格局"也日益解体,村落和家族的共同体作用逐渐弱化,村民的行为越来越呈现工具性,乡村治理成本随之不断上升,乡村治理成效甚微。因此,文化治理是基层社会治理中重要的内容,新时代创新发展"枫桥经验",更要发挥文化治理的作用。① 嵊州的实践,带给我们一些思考与启示。

(一)改造传统文化

习近平总书记指出,优秀传统文化是中华民族永远不能离别的精神家园。优秀传统文化是文化治理的重要资源,要传承好优秀传统文化。但传承不是盲目保护,需要辩证看待传统文化,取其精华、去其糟粕,坚持古为今用,吸收社会主义核心价值观的内容对其进行现代化改造,移风易俗,去除诸如男尊女卑、推崇厚葬等思想,赋予传统文化以丰富的时代内涵。在这个过程中,可以先从党员干部这个"关键少数"群体入手,充分发挥党员干部的带头示范作用,进而推而广之,在全社会形成良好氛围。

(二)拓展治理主体

党的十九大报告更加明确地指出,要打造共建共治共享的社会治理格局,完善党委领导、政府负责、社会协同、公众参与、法治保障的社会治理体制,提高社会治理社会化、法治化、智能化、专业化水平。文化治理过程中,也要实现主体多元化,完善村民自治,培育社会组织,广泛吸引基层公务员、村干部、党员、乡贤、普通群众、社工、志愿者等社会力量参与文化治理。同时,健全完善村民自治制度,推进基层民主协商,牢固树立以人民为中心的理念,发挥群众的主人翁精神。

(三)活化文化空间

列斐伏尔认为:"空间是一种社会关系,空间里弥漫着社会关系,它不仅受社会关系支持,也生产社会关系和被社会关系生产。"②但空间本身不会主动生产社会关系,人与人之间的关系是在各种活动中创建的,通过各种公共文化活动,空间能够不断生产与再生产具有黏合作用的人际关系,增进共同体要素成

---

① 徐东良:《发挥文化在创新发展"枫桥经验"中的作用》,《绍兴日报》2017 年 8 月 13 日第 3 版。
② 王志弘:《文化治理与空间政治》,群学出版有限公司 2011 年版,第 77—79 页。

长。"共同的关系和参与活动是乡土性社区精神共同体形成的载体。"①因此,公共文化设施和场地是增进乡村共同体成长的重要阵地,而其中举办的文化活动是激活、使之真正发挥作用的密钥。但现实的情况是,很多建成的公共文化设施存在大门紧闭、利用率不高的问题,需要加大公共文化活动的举办力度,形成常态化的活动机制,尤其要激发当地群众的主体意识,主动参与到各种文化阵地活动中去,才能在开展文化活动的同时生产乡村社会资本,助推乡村治理。

(四)深化活动实效

文化不只是唱唱跳跳,只有具备深刻内涵的文化活动才能真正吸引群众、打动群众。深化内涵一要内容上更加贴近群众,比如通过把群众身边的真实经历改编成一种艺术化的公共文化活动,更加能够引起群众的关注;二要形式上更加活泼多样,静态化的文化墙、文化空间、道德宣讲等虽然能一定程度发挥教化人的作用,但效力有限,光靠口号与标语是不够的,只有将一些文明理念注入活动中,通过群众喜闻乐见的活动才能达到"以文化人"的目的;三要在创作主体上更加"草根化",农民虽然普遍文化程度不高,但也不乏洞察人情世态的智者,他们有自己独特的语言体系和表达方式,能够创作出深刻而有趣的作品,而且他们创作的作品更加贴近群众,能够引起群众的认同和共鸣。

---

① 赵定东:《乡风文明建设的关键在于乡土性社区精神共同体的培育》,《杭州》(周刊)2017 年第 6 期。

新时代的大陈岛垦荒精神及其价值

——基于大陈岛垦荒的历史研究

李金花

（椒江区委党校）

摘　要：垦荒是红色文化。大陈岛垦荒属于带有红色资源的垦荒运动，它成行于社会主义建设初期特殊的历史背景和政治原因，因之形成的"艰苦创业、奋发图强、无私奉献、开拓创新"的大陈岛垦荒精神，是垦荒历史中群体性劳动创造的结果，基于社会主义建设的特殊发展需要，是时代青年在政治热情驱使下的担当奉献，以及海岛垦荒的特性使然。因此，结合新时代中国特色社会主义的发展背景，研究大陈岛垦荒精神的当代价值，如劳动创造与垦荒精神相衍生、青年担当与时代发展共融、"垦荒"与奋斗中国梦要求并存，利于以精神促实践总结经验启示，从而助推社会发展。

关键词：大陈岛；垦荒精神；艰苦创业；奋发图强；无私奉献；开拓创新

中华人民共和国成立 70 周年之际，研究社会主义发展阶段中的垦荒运动及其垦荒精神，尤其是以共青团系统的垦荒为代表，如北大荒垦荒、江西共青城垦荒、大陈岛垦荒等，有助于窥见社会主义初级阶段建设的发展历史。其中，大陈岛垦荒作为有代表性的一支，有国家统一需要的特殊历史背景，基于此形成的大陈岛垦荒精神更具有历史特点和时代意义。

一、大陈岛垦荒的由来

中华人民共和国成立之后,出于发展社会主义的需要,解决社会主义改造时期的经济发展困难和大量青年就业的问题,在毛泽东同志关切下,垦荒运动应运而生,各种形式的垦荒队向有待开荒的地方集结,大量的城市青年、知识青年不断支援垦荒运动。在这波垦荒浪潮中,以 1955 年兴起的青年垦荒运动最有代表性,它的特点是借助"共青团协助政府",由共青团发起和组织,按照胡耀邦设想的垦荒原则,在自愿基础上不向国家要钱,其中部分靠贷款,部分靠动员青年们捐献的形式进行,这一原则是共青团系统的垦荒区别于国营农场、国家组织移民的重要标志。因此,共青团系统的垦荒在社会主义国家建设初期的社会主义发展阶段中,打上了深刻的时代烙印,奠定了独特的历史地位。而大陈岛垦荒,属于该历史时期共青团系统垦荒的一支,有独特的历史背景和政治原因。

1955 年 1 月,基于第一次台海危机中的一江山岛战役,改变了国共双方在浙江沿海的战略格局。1955 年 2 月大陈岛解放,以此为标志,浙东南沿海全部解放。同年 11 月份,时任共青团中央书记的胡耀邦在浙江考察时了解到,大陈岛在国民党军队撤退时被烧成一座死岛,于是,他提议组织一支垦荒队去建设大陈岛,实践"敌人破坏,我们建设"。该号召发出之后,1956 年 1 月 29 日,在团中央亲自倡导组织并且授旗的情况下,由温台青年组成的垦荒队奔赴大陈岛,到垦荒任务基本结束,共五批 467 名青年登上大陈岛从事垦荒。他们和在岛上的军民一起克服"五大难关"(安全关、环境关、生活关、劳动关、思想关),实现"垦荒三步走"(农业—畜牧业—海洋渔业),将荒岛建设得充满生机。所以,透过大陈岛垦荒,可以窥见新中国建立初期,社会主义初级阶段的阶段性建设历史。

较之共青团系统的其他垦荒,大陈岛垦荒有独特的个性,它是社会主义建设历史上唯一的一次海岛垦荒。从垦荒历史看,这是国家统一号召的背景下,青年人奉献劳动,克服挑战收获垦荒成果的故事。从垦荒的动员组织看,垦荒队在成立的时候,没有向国家要钱,依靠青年的捐献和来自其他的帮助支持,并在垦荒建设中实现了自给自足。从垦荒背景看,大陈岛垦荒有浓重的历史色彩,是基于第一次台海危机解放台湾的需要,历经一江山岛战役、大陈岛解放而进行的垦荒。因此,基于垦荒历史中的群体性劳动创造,大陈岛垦荒精神逐步形成。

二、大陈岛垦荒精神的含义

"艰苦创业、奋发图强、无私奉献,开拓创新"的大陈岛垦荒精神,形成于社会主义建设的初级阶段,是劳动人民和时代青年劳动创造的结果。十六个字的大陈岛垦荒精神不仅得到了习近平同志的高度肯定,而且同之前胡耀邦同志对老垦荒队员的复信内容有关系。1983 年 6 月 27 日,胡耀邦同志针对垦荒队批示,"他们走的是一条奋发图强、艰苦创业的道路",并于 1985 年 12 月 29 日登上大陈岛,表扬了垦荒队的这种垦荒精神。习近平同志曾在 2006 年登上大陈岛,提出"发扬'艰苦创业、奋发图强、无私奉献,开拓创新'"的垦荒精神,建立一个"小康的大陈,现代化的大陈";在 2010 年 4 月和 2016 年 5 月他两次复信垦荒队员,对大陈岛垦荒精神给予肯定,在 2016 年的回信中再次肯定了大陈岛垦荒精神,指出"用青春和汗水培育了垦荒精神",要为实现中国梦贡献力量。

(一)艰苦创业是垦荒共建的生存前提

大陈岛垦荒史,是垦荒队与大陈岛上的军民共同打破艰苦的条件限制,创造生存发展的条件,共建垦荒的历史。登岛之前,大陈岛的具体情况垦荒队员并不了解。上岛之后,现实和理想的差距是他们要克服的首要难题,"走路高低不平、夜里电灯不明、急事电话不灵、遇风航船常停、生活单调苦闷、环境艰苦冷清"[①],这段顺口溜是垦荒队员当时在岛上境况的真实写照。而更大的难题在于岛上的可耕地面积连一亩都没有,还要拆除到处遗留的地雷、铁丝网,简言之就是生存环境恶劣、劳动环境艰难。他们白手起家、自力更生。首先,建设基础设施,炸石开山、修路搭桥、盖房、筑码头等;其次,开荒种地和畜牧养殖,从蔬菜、番薯到小麦,从养猪场、养兔场到养牛场等;再次,创办工业,通过学习技术兴办了酱

---

① 李金花:《大陈岛垦荒精神及其当代价值》,《台州学院学报》2019 年第 1 期。

油厂、造船厂、玻璃厂、奶产品加工厂等;最后,开启文化教育事业,创建了文化馆、学校、医院等。通过艰苦创业和共建垦荒,断壁残垣、满目疮痍的荒岛恢复了活力。

垦荒队员展现的艰苦创业的精神,有着深刻的时代烙印,是成就事业不可或缺的素质前提。创业没有完成时,只有现在进行时,艰苦创业的精神是中国共产党奋斗"两个一百年"的基本前提。

(二)奋发图强是进取有为的关键条件

奋发图强是基于艰苦创业前提下的锐意进取、奋发有为,是实现创业创新的基石。当时的垦荒队员只有一个信念,那就是把大陈岛建设成为可爱的家园。他们继承解放一江山岛烈士的遗志,不等不靠、敢于拼搏。其一,攻克"生活关"。到了岛上,垦荒队员的生活十分简单,蜗居在黑暗潮湿的陋室里,吃着咸菜喝着地瓜粥。但是通过种植农作物和不断扩大再生产,他们实现了自给自足。其二,攻克"思想关"。日复一日的平凡劳动消磨了垦荒队员的建设热情,有人认为放牧、锄草的工作没有意义选择离开岛上。垦荒队经历了思想风波,但是通过党组织的积极引导他们渡过了这一难关,垦荒事业有了新发展。其三,攻克"劳动关"。年轻的垦荒队员大多来自城市,没有农业生产经验和劳动技术,闹出了韭菜、葱不分的笑话。但是他们振奋精神,不断学习并加以劳动实践。李光旦从瘦弱无力变成了劳动能手,张菊莲从鼠兔不辨变成养兔专家,金育育从年轻姑娘变成了"击风搏浪"的优秀女轮机手等。

垦荒队员展现出了奋发图强的精神,虽然创业维艰,但是进取有成。励志奋进、自强不息的奋发图强精神,是中国共产党人实现中国梦的力量源泉。

(三)无私奉献是时代前行的精神保障

无私奉献,是一种价值取向,甘于付出,勇于担当,公而忘私。大陈岛垦荒中的青年们,践行"让青春在祖国东海海面上发出强烈的光和热"的誓言,在困难挑战面前,敢于作为,奉献劳动,创造新生活。垦荒队中出现的奉献故事,是他们挥洒汗水,用劳动谱写青春赞歌的故事。比如,垦荒队员每人每月有14.5元钱,扣除其他费用剩4.5元,他们从4.5元钱中贡献出2.5元钱支援垦荒队的机帆船建设,发展渔业生产;在出海捕鱼获得9万元经济效益的时候,他们又将其用于扩大渔业再生产,真正实现了"向海洋要经济"的目标。还有荒岛牧者张寿春,从一个人在荒岛放牧坚持六年零四个月,到调任大陈镇供水站担任放水员,在平凡的岗位上兢兢业业 30 年,其间他始终牢记自己的党员身份,不向困难低头,诠释了一位共产党员的优秀品格和价值担当。

垦荒队员用率先垂范和乐于奉献铸成的大陈岛垦荒精神,凸显了为国家发展和社会前行选择的集体价值观,是中国共产党人的资源财富,是助力新时代中国特色社会主义建设的精神保障。

(四)开拓创新是与时俱进发展的不竭动力

开拓创新是与时俱进的探索,是锐意创新的发展。亦如垦荒队员埋头苦干,充分发挥自己的创造力,在不断地学习实践中磨炼出能力、创新工作方法、提高劳动效率,发展了种植业、畜牧业、海洋渔业生产,将大陈岛变成新生活开始的地方。比如,"养猪三姐妹"陈兰芬、张秀媚、狄莲霞,想办法攻克海岛不能养猪的条件限制,办起了养猪场,创造了海岛养猪经验。垦荒队为了扩展渔业产业,打破海洋的气候环境所限,将适合生长在北方部分沿海地区的海带向南移植到大陈岛,从养殖基地的选择再到技术难题的攻克,最终成功实现"海带南移"。垦荒队打破海岛泥土不能制砖瓦的旧规律,从技术上下功夫,办起了砖瓦厂等。凭借着不断的探索创新,垦荒队实现了多业并举和综合发展,拓展了垦荒事业,取得了新成就。

垦荒队员在创造性实践中开拓新的事业,在创新性劳动中拓展新的发展,这种开拓创新的大陈岛垦荒精神,是中国共产党人与时俱进的重要品格,是社会主义发展充满活力的不竭动力。

总之,艰苦创业是攻坚克难的拼搏,奋发图强是民富国强的追求,无私奉献是贡献力量的价值,开拓创新是与时俱进发展的源泉,共同构成了大陈岛垦荒精神的时代特征。

三、大陈岛垦荒精神的形成原因

大陈岛垦荒精神,是劳动人民艰苦奋斗、创新发展的时代缩影,浓缩了垦荒者们在社会主义建设岁月中的革命情怀,彰显着历史的价值走向。

（一）社会主义建设的特殊发展需要

中华人民共和国成立不久,开始实行社会主义的三大改造,基于人们建设农业、手工业、资本主义工商业的热情和动力,劳动创造和社会创造是那个时期的主旋律,到处充满建设社会主义的干劲,于是形成一波波的垦荒运动。垦荒浪潮的出现,不仅打开了社会主义建设发展的新局面,而且深刻影响到当时的青年们响应号召,积极投身其中。在这样的历史条件下,奔赴大陈岛的青年人无惧挑战和困难,在荒岛上投身劳动开辟新生活,用新办法、新举措打开了垦荒事业的新局面,将一座孤寂的荒岛打造成生产发展的"东海明珠"。大陈岛垦荒,是青年投身祖国海防建设的奋斗史和垦荒奉献的建设史,由此而生的大陈岛垦荒精神,因社会主义建设的特殊发展需要而形成。

（二）政治热情的驱动有为

大陈岛垦荒精神因垦荒队员高昂的政治热情而变得更加生动,纵使物质资源匮乏,但是他们建设发展的精神动力却很充足,这是垦荒队员将对党、国家、社会的热爱转换成建设大陈岛的激情而产生的精神动力,那就是"敌人破坏,我们建设"。大陈岛垦荒精神因理想信念而生,因垦荒建设而发展。年轻的垦荒队员用满腔的政治热情,以及精神追求的韧劲,去创造丰富的物质生活,实现有所作为,以此为基础形成的大陈岛垦荒精神,才更具有时代的特点。

（三）时代青年的担当奉献

每个时代的青年都有该时代特有的担当。对处于社会主义初级阶段的青年来说,建设社会主义,实现共产主义是至高追求,这是一代代青年的使命和责任。大陈岛垦荒中的青年受到建设共产主义理想的鼓舞,勇挑使命,诠释担当,承担任务,立誓要把海岛建设成为家乡,以此为目标导向,他们在发展中不断创造生活,谱写垦荒业绩,体现了新中国第一代青年人建设社会主义,实现共产主义理想的不懈追求。如此而生的大陈岛垦荒精神是在历史条件下,时代青年担当奉献的结果。

（四）海岛垦荒的特性要求

大陈岛垦荒,是社会主义垦荒史上唯一的一支海岛垦荒,这是区别于其他在陆上垦荒的独特之处。从垦荒意义上看,北大荒垦荒和江西共青城垦荒侧重经济发展的作用,承担地方发展和储备粮食的需要,而大陈岛垦荒的政治意义强过经济意义,更具临时性、突击性的垦荒特点,主要是担负戍边责任,践行"敌人破坏,我们建设"的誓言,维护东南沿海社会稳定和人民安居乐业。

四、大陈岛垦荒精神的时代价值

以创业、奉献、开拓为核心的垦荒精神,承载了社会主义建设的理想与实践,以及青年人对国家发展的情怀与担当。在中国特色社会主义发展迈进新时代之时,研究垦荒精神的当代价值和影响力具有现实意义。

(一)劳动创造与垦荒精神相衍生

在马克思主义视角下,劳动不是简单的手工劳动,"而是对社会生产力和生产关系的一种改造,代指整个社会生产过程和改革发展进程"[①],是创造物质世界和精神世界,以及物质生活和精神生活的本源。

1.劳动,创造大陈岛的新生活

劳动创造生活是基于垦荒过程中的奋斗、进取、创新等而生的物质财富,进而提炼垦荒的精神财富,实现二者相互促进的结果。一方面,大陈岛的垦荒历程中,垦荒队员通过在农业、畜牧业等方面的劳动改变了荒岛的模样,获得劳动成果,取得经济效益,创造发展潜力,这是物质生活的创造。新时期,有新一代垦荒者在大陈岛上传承垦荒精神,践行习近平同志提出的"两个大陈"的目标。例如,全国人大代表、大陈实验学校校长翁丽芬,纵使学校只有几名学生,仍然在岛上坚持从事教育事业30多年;"黑蛋医生"项文斌,风雨无阻地背着药箱,30多年如一日地守护岛上居民的生命健康。他们用创造新生活的目标传承大陈岛垦荒精神,诠释新一代垦荒者的坚守和责任。另一方面,劳动带来收获感和自豪感。垦荒队员回忆,虽然岛上的劳动艰苦,但是心情却十分愉悦,劳动带给他们满满的收获和成就,而且提升了修养,锤炼了思想,这是精神生活的创造。

---

① 李金花:《大陈岛垦荒精神及其当代价值》,《台州学院学报》2019年第1期。

2.垦荒,助力城市的新经济

垦荒是一种红色资源,属于红色文化,蕴含着爱国主义的情怀,是助推地方经济发展的文化资源和精神财富。大力弘扬垦荒精神,发挥并挖掘垦荒特色,比如爱国主义资源、青年垦荒资源、军民共建资源、海岛垦荒特性资源等;打造具有地方特色的垦荒基地,比如"青年志愿垦荒基地""青年垦荒精神教育基地"等,旨在用红色文化力激活经济生产力,提升红色资源的品质,助力城市发展的新经济增长点。

3.劳动垦荒,创造生产的新发展

垦荒是用劳动创造改变旧面貌实现新发展,是用改革创新破除旧方式实现生产力的再解放。纵观垦荒史不难发现,垦荒精神是一代代垦荒者以垦荒创业为己任,在艰苦环境下培育和锤炼出来的克难制胜的法宝,在改造自然的物质生产实践中形成的立业兴业的动力,在不间断的奋斗历程中用智慧和汗水创造出来的精神财富,在特定时代环境和文化氛围中诞生的意志品格,其中浓缩了人民群众、有志青年、广大官兵、科技人员、外来移民等的劳动智慧,是全民总动员垦荒创造,实现生产力解放发展的结果。

因此,垦荒精神的与时俱进,需要顺应社会主义市场经济的时代发展,融入新的时代问题,解决新的挑战。作为时代发展的永恒主题,垦荒精神因劳动创造而生,劳动创造因垦荒精神而动。

(二)青年担当与时代发展共融

大陈岛垦荒属于共青团系统垦荒的分支,大陈岛垦荒精神在中国青年运动史上留下了特殊的色彩,是青年弘扬五四精神的创业史和爱国史。那种勇于分担国家困难的社会责任心,敢于实践理想的奉献追求,不惧艰难困苦的挑战精神,彰显了青年艰苦创业、改革创新的精神风貌,既是时代对青年有担当的要求,更是青年对时代作为的表现。

1.青年有信念,责任有价值

理想信念赋予个人责任,责任反馈价值追求。在垦荒的年代,最缺的是物质,最不缺的是信念和责任。回看大陈岛的垦荒,青年们自愿响应团中央的号召承担垦荒,把建设国家和社会主义的热情,转化成建设大陈岛的动力,创业发展,贡献青春。这种信念又激发了他们的斗志和责任,无论岛上的条件多么艰苦,发展的困难有多大,他们一直坚持建设更加美好大陈岛的信念,讲劳动讲奉献,践行着那个时代青年的责任。青年的信念,将内化成他们追求理想和实现目标过程中的责任,这种责任因信念而生,又因信念更具价值。

2. 青年有担当,民族有希望

习近平总书记在纪念五四运动 100 周年大会的讲话中指出,"新时代中国青年要担当时代责任","要珍惜这个时代、担负时代使命,在担当中历练,在尽责中成长"。[1] 正所谓青年有担当,民族有希望,这是时代赋予青年人的责任。五四运动,青年走上历史舞台,发挥了思想引领的作用;中华人民共和国成立,青年们走上建设岗位,承担社会建设的责任;在处于并长期处于社会主义初级阶段的发展时期,需要青年继续发扬艰苦奋斗、无私奉献的垦荒精神。在当下,新时代的青年成为新一代的垦荒者,比如守岛 32 年的王德才,耶鲁大学毕业的大学生村干部秦玥飞等在社会发展的各个层面发挥着作用,他们将个人理想与社会发展相契合,用"垦荒"之志诠释新时代青年的担当。

因此,只有一代代青年勇做时代垦荒者,"两个一百年"目标的实现才有了生力军保障,这是建设新时代中国特色社会主义的重要法宝。

(三)"垦荒"与奋斗中国梦要求并存

大陈岛垦荒精神与中国梦有内在联系。艰苦创业,是中国共产党创业的基础,使社会主义从一穷二白变得丰衣足食,是中国梦实现的前提。奋发图强,是中国共产党守业的条件,是实现中国梦的力量源泉。无私奉献,是中国共产党执政的根本要求,是践行中国梦的价值导向。开拓创新,是中国共产党自我发展的保障,是社会主义与时俱进的前提,是实现中国梦的根本动力。

1. 垦荒精神与中国共产党革命精神脉络相传

"开天辟地、敢为人先的首创精神,坚定理想、百折不挠的奋斗精神,立党为公、忠诚为民的奉献精神。"[2]这是习近平同志对中国共产党带领广大人民开展社会革命和进行社会主义建设的经验总结,"植根于中国共产党的革命历史和

① 习近平:《在纪念五四运动 100 周年大会上的讲话》,人民网,http://jhsjk. people. cn/article/31059998。

② 习近平:《弘扬"红船精神"走在时代前列》,《光明日报》2005 年 6 月 21 日。

优良的作风传统,是对各个历史时期党领导人民创造民族精神的凝练提升,这是中国革命精神"。① 时代造就精神,红船精神、井冈山精神、延安精神、大庆精神、大陈岛垦荒精神等因时而生,无论是革命年代还是和平发展年代,它们延续了革命精神的文化精髓,拓展了中国共产党革命精神的外延。在探索中国特色社会主义实践中产生的大陈岛垦荒精神,是中国共产党和中国人民进行社会创造的一种精神,用艰苦奋斗的开始和奋发图强的坚持,实践着中国革命精神中的首创、奋斗、创新。故而,中国梦的实现,离不开中国特色社会主义的伟大实践,以及贯穿始终的垦荒精神。

2. 垦荒,突出以人民为中心发展

垦荒精神强调在创造基础上的与时俱进和不断创新,并以此激发人民的能动性和创造力,使之有收获感和共享感,这一点同中国共产党的宗旨服务人民的中心相一致,二者均以人民的福祉获得为目的。人民对美好生活的向往,是社会主义改革努力的方向和落脚点,人民对未来的创造力,是社会主义发展的助推力和保障,这两个层面的结合,就是社会主义垦荒。历史上,大陈岛通过垦荒焕发新的生机。现如今,改革发展借助垦荒实现新的突破,这是代际相传的垦荒意志和勇气,是时代精神的最好诠释,是新时代"垦荒者"的中国梦。因此,在实现中国梦的进程中,需要折射家国情怀的垦荒精神为其提供强大的内在支持。

3. 垦荒,凸显社会主义的制度优势

大陈岛垦荒精神是劳动创造生活的价值写照,垦荒使人们更加理解社会主义是何种制度,中国共产党要走什么道路,中国要实现什么样的发展,增强了道路自信和制度自信,从本质上凸显了社会主义的制度优势。一方面,新时代中国特色社会主义发展挑战和机遇并存,问题和发展并存,要想继续增强这种制度优势,关键课题在于如何让民众获得发展红利,实现共享,这需要劳动创造,需要"垦荒"。另一方面,垦荒是理想信念的塑造过程,实现共产主义是中国共产党的终极使命,在资本运作和价值解构的双重影响下,市场经济越发展越离不开价值确立和信念坚定的精神垦荒,以此提升共产党人的党性修养,内化理

---

① 李金花:《大陈岛垦荒精神及其当代价值》,《台州学院学报》2019 年第 1 期。

想信念为革命意志,这将是社会主义发展的制度优势,更是实现中国梦的宝贵财富。

总之,结合新时代的新挑战、新问题,研究大陈岛垦荒精神带来的现实启示和价值,有助于为全面深化改革进程中的困惑提供答疑的不同考量。

参考文献

[1] 中共台州市委宣传部.永恒的丰碑[M].2018.

[2] 池德杰.大陈岛梦缘[M].2016.

[3] 李金花.大陈岛垦荒精神及其时代价值[J].台州学院学报,2019(1).

[4] 张燕.大陈岛垦荒精神形成的时代背景及历史影响述论[J].台州学院学报,2019(1):54-60.

[5] 王诚宏.论北大荒精神及当代价值[J].黑龙江省社会主义学院学报,2010(3):51-53.

"美好生活"视域下"幸福"内涵及本质探究

——一种基于词源学和传统文化的考释

田东兴　李　硕

（松阳县委党校、浙江省委党校）

摘　要：十九大报告指出，我国社会主要矛盾已发生转变，由人民日益增长的物质文化需要同落后的社会生产之间的矛盾，转化为人民日益增长的美好生活需要和不平衡不充分的发展之间的矛盾。幸福，是美好生活的应有之义。如何让民众幸福，这是"两个一百年"奋斗目标的题中之义。本文旨在"美好生活"的视域下，从"幸"和"福"的字源考释中来探求"幸福"的本源含义，重新给"幸福"一个更有时代关怀的科学化定义。全篇以马克思主义唯物史观为根本视角，同时结合西方关于人的需求层次理论，并深度融合中华优秀传统文化的精神，希望对人们理解"幸福"有所裨益，对人们追求"美好生活"有所启示，对新时代中国特色社会主义精神文明建设以及全面深化改革有所借鉴。

关键词：幸福；道德伦理；美好生活；传统文化；词源学

习近平总书记在十九大报告中指出："不忘初心，方得始终。中国共产党人的初心和使命就是为中国人民谋幸福，为中华民族谋复兴。"[①]自 2016 年 6 月以来，在全党范围内轰轰烈烈地开展了"不忘初心，牢记使命"的主题教育活动。习近平总书记多次强调，要坚持以人民为中心，增强全心全意为人民服务的宗

---

① 习近平：《决胜全面建成小康社会　夺取新时代中国特色社会主义伟大胜利——在中国共产党第十九次全国代表大会上的报告》，人民出版社 2017 年版，第 1 页。

旨意识,立党为公,执政为民,要守初心、担使命。可见,跟中国人民切身利益密切相关的"幸福"问题非常重要,也是十分迫切需要进行深入的研究,从而帮助全党上下全面深刻领悟"初心"和"使命"。可以说,"幸福"不仅仅是关乎十四亿中国人民过上"美好生活"的根本要求,更是关系到上下五千年中华民族实现伟大复兴的重要指标,也是实现"两个一百年"奋斗目标的题中之义。2019年,是中华人民共和国成立70周年,是全面建成小康社会的关键之年。研究弄懂"幸福"问题,科学理性地认识和理解"幸福",对于提高人们的"幸福感"以及帮助民众过上"美好生活"具有十分重要的现实意义。下面将分别从"幸"和"福"的词源释义着手,主要探索"幸福"产生的内在机理,然后结合马克思主义唯物史观的观点,从而给出一个对"幸福"相对比较深刻且全面的定义,旨在帮助人们更加深刻地认识和理解"幸福"以及获得真正的"幸福"。

一、"幸"的字源考释

首先,解释一下"幸"字的含义。"幸",《说文解字》本作"夭"(上为"夭"字,下为"屰"字),意为"吉而免凶也"①。要理解"幸"为何是"吉而免凶"之意,似乎得理解何谓"夭"义和何谓"屰"义。

关于"夭"字义,清代著名文字学家段玉裁所著《说文解字注》这样解释:"屈也。从大。象形。② 象首夭屈之形也。《隰有苌楚传》曰:'夭,少也。'《桃夭传》曰:'夭夭,桃之少壮也。'《凯风传》曰:'夭夭,盛兒也。'《月令注》曰:'少长曰夭。'此皆谓物初长可观也。物初长者尚屈而未申。段令不成遂,则终于夭而已矣。故《左传》《国语》注曰:'短折曰夭。'《国语注》又曰:'不终曰夭。'又曰:'夭,折也。'孟康注《五行志》曰:'用人不以次弟为夭。'皆其引申之义也。"③由此可得出,"夭"的本意为植物正长得比较欣欣向荣但又没有达到非常苗壮粗稳的状态,类比到人的身上,则差不多对应为少年和青年这两个阶段,所以后来引申为人少壮而早死为夭折,也简称"夭"。

---

① [东汉]许慎著,汤可敬撰:《说文解字今释》,岳麓书社2001年版,第494页。
② 粗体字为东汉许慎著的《说文解字》的原文,以下不再说明。
③ [东汉]许慎著,汤可敬撰:《说文解字今释》,岳麓书社2001年版,第494页。

　　"幸"字下面那个"屰"字的篆体为"屰",《说文解字注》训释曰："不顺也。后人多用'逆','逆'行而'屰'废矣。从干下凵。屰之也。凶下云:'象地穿交陷其中也。'方上干而下有陷之者,是为不顺。'屰之也'当作'屰之意也。'"①为何"从干下凵"为"屰之也"? 这似乎得追究一下"干"字的含义。《说文解字》释"干,犯也"②,段玉裁又注"犯也。犯,侵也"③。为何"干"象征着"犯""侵"等义呢? 从"干"的甲骨文"¥"的造型可以看出,"干"最初应该是取象一棵大树深扎在土里,所以有"树干""枝干""根干"等词。再看"干"的金文"¥",会很明显地发现,原来甲骨文的那一横变成了一个小圆圈,这大概说明"干"开始象征着人使用树干插进地表或事物表层的意思。结合考古学,确实发现在冶金技术诞生之前,原始社会的人们用以畋猎佃渔的主要工具是将木干顶头削尖类似矛这样的器械。我国最早的一部诗歌总集《诗经》有《干旄》篇,"干旄"的意思盖为将旌旗插到地上或车乘上吧。后来"干戈"并用,借喻战争,如《诗·大雅》"干戈戚扬"④。到此便不难理解"屰"字的含义,所谓"从干下凵"盖指用尖头木干插地而地凹陷,用其畋猎佃渔则其必然会刺入动物体内,用其战斗则其必然会刺进人的身体。故"屰"亦作"戟"的别字,而"戟"为早在中国春秋时期便有的一种合戈、矛为一体的长柄兵器。不管"干"是用作畋猎佃渔的工具,还是用作打斗战争的兵器,都与破坏杀戮相关。盖古人心慈不忍,对天地抱有敬畏,对众生也十分体切,故以"不顺"为"逆"意也,以此来警诫世人吧。

　　综上观之,"夭"本是指事物呈现欣欣向荣之盛貌,象征事物正处在生机勃勃、充满活力之情状。《论语》云:"血气方刚,戒之在斗。"⑤可见当时古人已深察到,人到青少年则容易逞血气之勇,容易与人发生争斗,而争斗则必定有伤亡,故人生"夭"(盛貌)之时也是人生最容易"夭"(夭折)之时。"夭"下加一个"屰"字,更是取战争中正处在风华正茂的年轻人拼杀械斗而牺牲死亡之意象。由此可见,古人以"幸"为"吉而免凶"之意,可见古时之人以免遭战祸为人生之"幸"。所以《说文解字注》曰:"幸,所以惊人也!"⑥一个"惊",盖旨意在让年轻人引起足

---

① ［东汉］许慎著,汤可敬撰:《说文解字今释》,岳麓书社 2001 年版,第 77 页。
② ［东汉］许慎著,汤可敬撰:《说文解字今释》,岳麓书社 2001 年版,第 87 页。
③ ［东汉］许慎著,汤可敬撰:《说文解字今释》,岳麓书社 2001 年版,第 87 页。
④ 刘毓庆、李蹊译注:《诗经》,中华书局 2011 年版,第 716 页。
⑤ ［宋］朱熹注:《四书章句集注》,中华书局 2011 年版,第 161 页。
⑥ ［东汉］许慎著,汤可敬撰:《说文解字今释》,岳麓书社 2001 年版,第 494 页。

够的警觉,不要轻易暴怒而打斗,更是提醒年轻的君王不要逞一时血气之勇,而让整个国家的年轻人去为之争夺战斗,此是人生之"凶",也是国运之"凶",故不可不特别谨慎和警惕。

在人类文明早期,对人的生命构成最大危险的莫过于天灾和人祸。而天灾基本上是难以防范,甚至是无法避免的,所以古人一方面对天地万物基本上恒持敬畏之心,另一方面还会定期举行祭祀活动,像祭祀天地、祭祀山神和土地神等,其主要目的无非是祈求太平或能够幸免于灾祸。《说文解字》解释"凶"字为"恶也,象地穿交陷其中也"[1],又《康熙字典》"徐曰:恶不可居;象地之堑也,恶可陷人也"[2]。可见,人类早期由于生产力极不发达,难以克服自然界比较恶劣的环境,所以以陷入地之堑为"凶",盖指一旦惨遭天灾便难以幸免吧。纵观人类发展史,人祸最烈的莫过于战争,而战争的主角永远是年轻人。黄沙战场,硝烟战火,樯橹灰飞烟灭之际,也是血流成河、横尸遍野之时,多少正处在风华正茂之龄的年轻人葬送于此!故"幸"免于天灾和人祸成为古代人们共同的主要愿望。从此可以得出,这其实也是"幸"字最本初的主要含义。

二、"福"的字源考释

其次,再来探索一下"福"字的含义。在古代中国可能再也找不到第二个字比"福"字更让民众欢迎了,上自皇帝,下至平民百姓,无不对"福"字情有独钟!过年过节,挨家挨户都会贴个"福"字,"百福图"也可谓"洋洋大观",还有道教三神"福禄寿","福"神排在第一位。这些都可以看出,中国传统社会的人们对"福"字是何等的钟爱!那么人人皆渴望得"福"并通过各种形式来祈"福",是不是每个人就都清楚"福"到底是一种什么样的生命状态,或者说它到底是一种怎样的事物?估计大部分人是有笼统的感觉而不能给出精准的概括。下面将从考察"福"字的本源意义着手,然后结合其引申义,最后给出"福"字的定义。

"福"字的甲骨文为"禎",其形象如"两手捧酒坛把酒浇在祭台上"[3],左边应

---

① [东汉]许慎著,汤可敬撰:《说文解字今释》,岳麓书社 2001 年版,第 334 页。
② [清]张玉书、陈廷敬等著:《康熙字典》,中华书局 1958 年版,第 135 页。
③ 王炜:《福字溯源》,《人才资源开发》2011 年第 3 期。

为祭台,右边应为人。《康熙字典》曰:"《礼·祭统》福者,备也。"[①]《说文解字注》曰:"备也。《祭统》曰:'贤者之祭也,必受其福,非世所谓福也。福者,备也。备者百顺之名也,无所不顺者之谓备。"[②]由此可得出以下三点:

第一,"福"字是取象于人正在祭祀这个事相。为什么"福"跟人进行祭祀活动密切相关?要解决这个问题,似乎得进一步拆分解释"福"字。《说文解字》释"福"字"从示畐声"。从其金文字体"福"可以发现,甲骨文中左边那个形似祭台的部分已经演变成如"示"字造型的偏旁,到其篆体"福"则左边已经变成了一个"示"字。那何谓"示"字?《说文解字》曰:"天垂象,见吉凶,所以示人也。从二。三垂,日月星也。观乎天文,以察时变。示,神事也。"[③]《康熙字典》曰:"徐曰:二,古'上'字。左画为日,右为月,中为星。画纵者取其光下垂也。示,神事也。故凡宗庙社神祇皆从示。"[④]根据中国古代祭祀的礼节,祭祀的对象可分为三类:天神、地祇、人鬼。天神称祀,地祇称祭,宗庙称享。再结合《周易》"天、地、人"三才之理,"示"字上部分的"二"字则应该可以解释为指代"天"和"地"。《说文解字》上说古文"示"字为"爪",其上部分"一"字,盖为"天"。在中国传统经典里,"一"是非常尊贵的一个字。如《道德经》有曰,"道生一,一生二,二生三,三生万物"[⑤],可见知"一"是件很不简单的事。"天垂象,见吉凶,所以示人也","天"不易知,所以只能通过"天"所垂示的具体物象"日、月、星"来达到从具象理解抽象的目的。为什么所垂示的事物是"三"个,而不是"二"个呢?盖"二"指"阴、阳",还不是眼睛能看到的,而"三"则已到具体的事物层面,人的"眼、耳、鼻、舌、身"等感觉器官能把握的了。所以"示"字本源意思盖为抽象的"一"化生"天、地""二""阴、阳",再进一步衍生"三""日、月、星"等具体的事物,以达到指示、明示或示意的目的。例如《易·系辞》下传曰:"夫乾,确然示人易矣;夫坤,隤然示人简矣。"[⑥]那为什么祭祀活动基本上与"示"有关呢?即为什么"凡宗庙社神祇皆从示"?盖祭祀活动本身的仪式和事相有示意"天"道的作用,上自天子,下至诸侯大夫,以至于庶民,皆可通过祭祀活动来领会或体悟"天"的旨意,

---

① 〔清〕张玉书、陈廷敬等著:《康熙字典》,中华书局1958年版,第845页。
② 〔东汉〕许慎著,汤可敬撰:《说文解字今释》,岳麓书社2001年版,第3页。
③ 〔东汉〕许慎著,汤可敬撰:《说文解字今释》,岳麓书社2001年版,第2页。
④ 〔清〕张玉书、陈廷敬等著:《康熙字典》,中华书局1958年版,第839页。
⑤ 〔东汉〕许慎著,汤可敬撰:《说文解字今释》,岳麓书社2001年版,第120页。
⑥ 〔东汉〕许慎著,汤可敬撰:《说文解字今释》,岳麓书社2001年版,第605页。

从而达到"致福"的目的。如中国古代祭祀有着严格的等级区分,天神地祇是由天子来祭,诸侯大夫最高只能祭山川,士庶则只能祭己祖先和灶神;再如"礼有五经,莫重于祭,是以事神致福"①。由此可见,在古代的中国是如此重视祭祀活动,这里面的奥秘和机制应该与"福"字有很深的关系。

第二,正在祭祀的这个人若是贤者则必受其"福"。言外之意,不是贤者,或者说贤者以下的则不会受其"福",只有贤者及其以上的才能受其"福"。为什么只有贤者及其以上的才能受其"福"? 这与贤者本身有什么关系呢?"贤"这个称呼本来只有从道德的角度对一个人进行评价时才有的,也就是说"贤"与"不贤"只是评价这个人道德水平的高低,而与该人的职业、性别以及社会地位等等都没有必然关系。那么"贤"这个道德境界到底是个什么样的情况呢? 从根本上讲,这只能是"如人饮水,冷暖自知",最多也只能从一些相关经典文本中找到关乎此道德境界的文字性描述,大致了解其概貌。宋代周敦颐在其《通书·志学》中提出了"士希贤、贤希圣、圣希天"②的道德修养次第论。后来近代醇儒伍庸伯先生又根据儒家经典《大学》的"慎独"功夫进阶情况,将儒家的道德境界分成了如下三大层次③。(见表1)

表 1　儒家的道德境界分层

第一阶段		第二阶段		第三阶段	
(志道)	(据德)	(依仁)		(游艺)	
(共学)	(适道)	(立)		(权)	
明　明德		新　民		止至善	
道学	自修	恂慄	威仪	盛德	至善
(善)(信)		(美)(大)		(圣)(神)	
士		贤		圣	

如《孟子·尽心下》中记载:"浩生不害问曰:'乐正子,何人也?'孟子曰:'善人也,信人也。''何谓善? 何谓信?'曰:'可欲之谓善,有诸己之谓信,充实之谓美,充实而有光辉之谓大,大而化之之谓圣,圣而不可知之之谓神。乐正子,二

---

①　刘小强:《黄河祭祀》,《音乐天地》2012 年第 1 期。
②　[东汉]许慎著,汤可敬撰:《说文解字今释》,岳麓书社 2001 年版,第 22 页。
③　梁漱溟:《梁漱溟全集·第四卷》,山东人民出版社 2005 年版,第 41 页。

之中,四之下也'。"①由此也可以大致想见,"贤"的道德境界到底是个什么样的状况。"充实而有光辉"盖形容贤者内在的道德生命境界,与"示"字"画纵者取其光下垂也",有一定程度上相契合的地方。贤者达到此种道德境界方可以"依于仁"而"新民"吧?是故也只有"贤者"及其以上之"圣人""神人"祭祀方可以受到"天"赐之"福"吧?虽然现在还是不能详细知道"福"到底为何物,但现在至少可以知道此"福"与人内在的道德生命境界有关,应为一种生命体验,而不是具体的一种事物,这点应该是无疑的。

第三,此所受之"福",非世所谓之"福"。暂时不论此两种"福"到底有何所异,先看一下这个"福"字到底为何义。从"福"的甲骨文字体,到其金文字体,再到其篆体,会很明显发现其右边在不断演进变化,先从人祭祀时的身形体态相状"𥃩",到开始省略脚和手部分"畐",再到用"畐"简单地勾勒来象征人。如果以"畐"来象征人的头部和身部,那么变化的是人的四肢手脚被去掉了,盖其不影响"大体",还有就是象征着身部的那个大"口"字里面多了一个"十"字,而唯一没有变化的是祭祀人头顶上那一横。在甲骨文字体中这一横应该为古代帝王君主所佩戴的"旒冕"。据相关史料记载,"旒冕"为古代帝王、诸侯及卿大夫在举行祭祀等大典时所戴的大礼冠,如《淮南子·主术训》曰"古之王者,冕而前旒"②,又高诱注"冕,王者冠也"③。另有《乐府诗集·郊庙歌辞三·北齐明堂乐歌》曰:"邕齐云终,折旋告罄。穆穆旒冕,蕴诚毕敬。"根据相关资料显示:冕的顶部叫"綖板",綖板前圆后方,比喻天圆地方,表示博大之意。由此可见,"旒冕"象征着帝王君主上承"天"旨。盖"福"字右边顶上这一横,既是指代"天",也是指代人或祭祀者道德生命的本体!儒家重要经典《中庸》曰,"诚者,天之道也;诚之者,人之道也"④,"自诚明,谓之性。自明诚,谓之教。诚则明矣,明则诚矣。唯天下至诚,为能尽其性。能尽其性,则能尽人之性。能尽人之性,则能尽物之性。能尽物之性,则可以赞天地之化育。可以赞天地之化育,则可以与天地参矣"⑤,"至诚之道,可以前知。国家将兴,必有祯祥。国家将亡,必有妖孽。

---

① [宋]朱熹注:《四书章句集注》,中华书局2011年版,第346页。
② 张双棣撰:《淮南子校释》,北京大学出版社2013年版,第94页。
③ 张双棣撰:《淮南子校释》,北京大学出版社2013年版,第906页。
④ [宋]朱熹注:《四书章句集注》,中华书局2011年版,第32页。
⑤ [宋]朱熹注:《四书章句集注》,中华书局2011年版,第33—34页。

见乎蓍龟,动乎四体。祸福将至:善,必先知之;不善,必先知之。故至诚如神"[1]。由此可以得出,当祭祀者的道德生命达到"至诚"的地步便可以知"性"知"天","可以前知",可以预知吉凶祸福,盖一切都可以明了。这一横之"一",盖喻示祭祀者可以通过祭祀活动进入"至诚"的生命状态,从而达到与"天"合其"一"的效验,此时便自然可以得受"福"。《礼记·祭统》曰:"夫祭者,非物自外至者也,自中出生于心也。"[2]《说文解字》释:"畐"为"满也。从高省,象高厚之形"。象征着身部的大"口"字增添一个"十"字,盖表示身体里有"充实""饱满"之意。孟子有言,"我善养吾浩然之气"[3]"其为气也,至大至刚"[4]"塞于天地之间"。[5] 道家老子所著《道德经》中亦有云:"道之为物,惟恍惟惚。惚兮恍兮,其中有象。恍兮惚兮,其中有物。窈兮冥兮,其中有精,其精甚真。"[6]佛家更是有相关之语句,"真如性海"以"海"之广袤来形容佛之"真如"之"性"。综上所述,"福"本义应该为古代圣贤祭祀时因道德生命达到"至诚"的地步,身心随之处在一种无比充实而且光明的状态。《礼记·祭统》曰:"福者,备也。备者百顺之名也,无所不顺者之谓备。"[7]孟子曰:"万物皆备于我矣,反身而诚,乐莫大焉。"[8]盖从当时祭祀者身心的具体感受言其"福"的那种主观体验。

三、"幸福"的词源释义

最后,看一下"幸福"这个词义。在中国文言文中,"幸"与"福"一般都是单用,即使合在一起用,那也是各取单字义。据查考,"幸"和"福"最早并列出现在北宋时期的《新唐书·李蔚等传赞》"至宪宗世,遂迎佛骨于凤翔,内之宫中。韩愈指言其弊,帝怒,窜愈濒死,宪亦弗获天年。幸福而祸,无亦左乎!"但这里也是两个单字字义合在一起的意思,即祈求得福,与今天所讲"幸福"的词义还是

---

① [宋]朱熹注:《四书章句集注》,中华书局2011年版,第34页。
② [元]陈澔注,万久富整理《礼记集说》,凤凰出版社2010年版,第378页。
③ [宋]朱熹注:《四书章句集注》,中华书局2011年版,第215页。
④ [宋]朱熹注:《四书章句集注》,中华书局2011年版,第215页。
⑤ [宋]朱熹注:《四书章句集注》,中华书局2011年版,第215页。
⑥ [魏]王弼注,楼宇烈校释《老子道德经注》,中华书局2011年版,第55页。
⑦ [元]陈澔注,万久富整理《礼记集说》,凤凰出版社2010年版,第378页。
⑧ [宋]朱熹注:《四书章句集注》,中华书局2011年版,第328页。

有明显的区别。那么"幸"和"福"合并在一起,其最初的本源意义是什么呢?结合以上对"幸"和"福"字源意义的考释,应该可以进行这样的概括:幸福的本义就是因免于灾祸且感到身心安泰愉悦的一种类似祭祀时内心无比充实且光明的"仁"的生命状态。

根据美国心理学家马斯洛关于人的需求层次理论,"幸"的本义应该与当时社会生产力比较低下有直接关系,当时人们主要应该还处在"生理需要"和"安全需要"这两个层次,免于天灾人祸(包括避免战争和自然的疾病)而获得安定和健康,成为人们最为关切的愿望。从"福"的本义上看,似乎与人的道德生命直接相关,而且是一种比较深刻的光明愉悦的身心感受,这似乎已经是处于"自我实现需要"或已经实现"自我实现需要"的层次。这不得不令人诧异。根据史料和考古材料,"福"字最起码在商周时期便有了,难道早在中国三千年前的古代先贤就已经实现了人的需求的最高层次?按照梁漱溟先生在其《中国文化要义》这本著作中的观点,中国传统的以儒家为主的文化实属于一种"早熟"的文化,其特点是"理性早起",道德生命开发较早。梁漱溟先生更是在其《东方学术概观》中将人类的文化分为三期:第一期是以西方文化为代表的身的文化,主要解决人与外物的关系,所以西方文化以科学见长;第二期是以中国儒家文化为代表的"心"的文化,主要解决的是人与人之间的关系,所以中国儒家文化情理发达;第三期是以印度的佛教文化为代表,主要解决的是人与自己的关系,所以能从根本上解决人的一切烦恼和痛苦并实现永恒的性悦。由此便可以理解,为什么早在中国三千年前的商周,当时的人们就有的已经实现了或已经开始追求人的"自我实现需要"或更高需求层次的满足,其主要表现为开始追求人的道德生命的深度开发,追求更为深醇的"福"感,这便是《礼记·祭统》所说的"非世所谓福也"[①]。由此,便不得不对"幸福"要有一个更为深层次的认识,给"幸福"一个更为深刻的定义。

综观全篇,"幸福"应该为人在免于消极因素影响后,实现了相应层次的需求而获得满足,身心处在安泰愉悦的一种道德生命感受。虽然幸福与外在的自然环境和社会现实条件有很大程度上的关系,但个人幸福与否,自身的道德水

---

① [元]陈澔注,万久富整理:《礼记集说》,凤凰出版社 2010 年版,第 378 页。

平很关键。道德水平越高,幸福感越强。因此,在新时代社会主要矛盾发生改变,中国人民由过去主要为物质层面的需求上升到对"美好生活"的综合性需求,政府应该在保持经济高质量绿色发展的同时,更加注重社会的精神文明建设,充分发挥中国特色社会主义优秀文化涵养人民群众的性情和培育道德的巨大作用,这样人民群众才能真正获得物质财富增长带来的愈久弥深的幸福感,从而真正实现"美好生活"。

参考文献

[1] 许慎.说文解字今释[M].汤可敬,撰.长沙:岳麓书社,2001.

[2] 张玉书,陈廷敬,等.康熙字典[M].北京:中华书局,1958.

[3] 朱熹.四书章句集注[M].北京:中华书局,2011.

[4] 陈澔.礼记集说[M].万久富,整理.南京:凤凰出版社,2010.

[5] 刘毓庆,李蹊.诗经[M].北京:中华书局,2011.

[6] 王弼注.老子道德经注[M].楼宇烈,校释.北京:中华书局,2011.

[7] 张双棣.淮南子校释[M].北京:北京大学出版社,2013.

[8] 梁漱溟.梁漱溟全集·第四卷[M].济南:山东人民出版社,2005.

[9] 王炜.福字溯源[J].人才资源开发,2011(3).

[10] 刘小强.黄河祭祀[J].音乐天地,2012(1).

[11] 中共中央马克思恩格斯列宁斯大林著作编译局.马克思恩格斯选集[M].北京:人民出版社,1972.